OBSESSIONS

DU MÊME AUTEUR

Les Juges kaki,
1977 (Avec Mireille Debard. Préface de Michel Foucault)
Les Garçons de passe,
1978
Morgue,
1979
Le Voyeur,
1981, *Voyeure,* éd. Gustav Lübbe, 1982
Grisélidis, courtisane,
1981
Les Français de la honte,
1983 (avec Guy Hocquenghem)

Jean-Luc Hennig

OBSESSIONS

Enquête sur
les délires amoureux

Albin Michel

22, rue Huyghens, 75014 Paris

ISBN 2-226-02232-5

PRÉSENTATION

Ossessione,
de Luchino Visconti (1942).

L'amour parfait

Qu'on tombe un instant dans l'obsession,
on perd le paradis, on est chassé, nu, par l'épée de l'ange.
Simone WEIL, *Cahiers*, t. I.

On l'appelle la Vestale de Nazca. Maria Reiche a 80 ans. Depuis 37 ans, elle vit là, dans le désert de Nazca, au Pérou. Entre l'équateur et le tropique du Capricorne, sur la plaine élevée qui s'étend du nord au sud entre la cordillère des Andes et le Pacifique. Une pampa désolée. Une sorte d'immense tableau noir où sont tracées, depuis des millénaires, les *lineas* de Nazca, des dessins géométriques à la signification obscure. Depuis 37 ans, cette femme diplômée de la Technische Hochschule de Dresde, cherche à résoudre l'énigme de cette géométrie divine. Elle vit là, dans une chambre d'hôtel. Quand elle est arrivée, les dessins, pour la plupart, n'étaient plus visibles que par endroits. Le vent avait charrié des cailloux gros comme des grains de café qui en avaient engorgé les traces.

Alors elle a balayé, elle a nettoyé le désert. Et puis, elle a arpenté, déchiffré, mesuré, photographié. Elle a cherché longtemps l'énigme des rides de la terre. Elle croit aujourd'hui que Nazca n'était jamais qu'un observatoire, un appareil à mesurer le temps, un calendrier astronomique, un véritable zodiaque. Peut-être s'est-elle trompée toute sa vie. On croit plutôt à d'immenses places réservées au tissage des linceuls magiques, et à des signes divins qui devaient assurer au corps son passage dans l'autre monde. Qu'importe. Maria aura rêvé Nazca, elle y aura voué sa vie, vivant dans ce désert comme dans une cellule de couvent, renonçant à tout pour venir ici dormir sur un lit de camp, et croire en ces dessins du ciel, en cette ménagerie cosmique, composée d'un condor, d'un colibri, d'un serpent, d'une araignée, d'une baleine tueuse, d'un singe, d'un poisson, d'un chien à longue queue et de lézards qui paraissent surveiller des hommes à tête de hibou, gravés verticalement sur les parois rocheuses. C'est là qu'elle mourra, dans ces lignes de sable dont le sens est perdu, mais dont le mystère contribue à la paix des dieux.

Maria est une grande extatique du désert. Elle a tout quitté pour déchiffrer ce palimpseste infini. Elle gratte l'Écriture de Dieu, et on croit qu'elle prie.

Comment comprendre les choses ?

Au moment, en effet, où tous les particularismes dans les modes de vie et les comportements érotiques sont peu ou prou reconnus et installés dans l'idéal hédoniste de l'époque, qui favorise l'expansion de soi et le free style, peut-il encore exister de ces maudits par qui le scandale arrive, de ces exclus sur qui jeter l'anathème, de ces relaps de l'amour ?

Comment le croire ? Comment croire que dans une société du software, de la détente et de l'humour, il en est encore qui se vouent, presque comme un défi ou un destin, à cette obsession de l'amour, à cette monomanie de la passion, qui les transporte jusqu'au bout de soi, et parfois jusque dans le sang et la cruauté ? Comment croire qu'ils vivent leur aventure (mystique, sadique ou obsessionnelle) dans une discontinuité sociale radicale et un comportement aussi suicidaire ? Qu'ils se replient dans leur intimité souveraine et envisagent l'amour comme dans des « fortifications à la Vauban » ?

A vrai dire, toutes ces conduites extrêmes ne sont représentatives de rien. Elles se donnent à vivre comme ça, dans leur infini vertigineux et leur solitude totale. Marginales, désocialisées, déliées de tout ? Sans doute. Mais significatives de ce rapport à soi et à l'autre qu'on peut encore envisager, aujourd'hui, dans une société où toute référence à des idéaux communautaires et à des grands systèmes de sens a disparu. Voués à eux-mêmes, ils le sont dans la fidélité à soi. Et s'ils vivent sur le mode grave leur passion retirée, c'est sans doute qu'elle n'est pas habitable, et qu'ils y trouvent seuls de quoi justifier leur vie.

L'amour parfait, en ce sens, serait cette ultime reconnaissance, cet ultime déchirement, cette ultime déclamation solitaire de leur attachement presque mystique à l'autre, ou à soi. Ce serait, en somme, des hors-la-loi, des traîtres, des irrévocables : les derniers-nés des passions immémoriales, les derniers délirants de l'amour, les derniers condamnés.

Ils font partie, sans doute, de cette « ère du vide », du narcissisme aigu, de la recherche éperdue d'autarcie et de liberté, et en même temps ils n'en sont pas. Ils en sont loin. Rien à voir avec ces apathies frivoles, ces sentiments climatisés, ces flottaisons individuelles qui caractérisent l'époque du postmodernisme.

Dans une société cool, fluide, équivalente, ils font figure de décentrés, d'atypiques ou de monstres : « L'idéal ascétique, fait remarquer Lipovetsky, n'est plus la figure dominante du capitalisme moderne; la consommation, les loisirs, la permissivité, n'ont plus rien à voir avec les grandes opérations de la mécanique sacerdotale : hypnotisation-estivation de la vie, crispation des sensibilités au moyen d'activités machinales et d'obéissances strictes, intensification des émotions aiguillée par les notions de péché et de culpabilité. La *décontraction* abolit la fixation ascétique[1]. » Par leur passion radicale ou tragique, leur investissement extrême de la vie ou de la mort, le défi lancé jusqu'au bout de soi, ils affirment davantage la déraison, ou le désespoir. Ils y poursuivent sans fin une relation amoureuse improbable, jusque dans le sans-amour, la violence ou la mort.

Sans doute revendiquent-ils leur obsession d'une façon trop drapée ou trop blessante, donnent-ils à leur folie une violence jusqu'au-boutiste et relèguent-ils leur singularité aux frontières parfois de l'acceptable, jusqu'à en être confrontés à la folie ou au crime, mais leur rébellion est au prix de toutes ces incompréhensions et même du délaissement. Seule la mort aura raison finalement de leur obsession. Même si elle s'est écartée pour un temps, même si elle s'accorde des rémissions, elle est toujours à l'embuscade, comme un vertige et une souffrance à la fois. On est toujours nostalgique parce que trop meurtri. On sait bien que le retour est promis, qu'elle peut vous arracher d'un coup et qu'on lui a destiné sa vie. Que sa vie même n'a plus de sens qu'en elle.

Une vieille porte de bois mal équarri, au fond d'une petite salle obscure. Une porte de grange à deux battants, et qui reste fermée. Il n'y a pas de verrou, rien. C'est, de toute évidence, une porte condamnée. Deux clous, pourtant, peuvent être retirés. Deux clous à hauteur des yeux. Deux judas.

Des éblouissements de bleu et de jaune dans l'échancrure du mur de brique. Elle enfin, elle, dans les branchages. Il a mis vingt ans à faire ça. Elle est nue complètement, renversée dans les buissons, les jambes écartées, la toison épilée (ou rasée ?), la poitrine formée. On ne voit pas sa tête, à part quelques mèches blondes, ni son bras droit. De sa main gauche, elle tient un bec Auer allumé. On dirait qu'un viol a eu lieu, un étranglement, un fait divers. Nature morte en bordure d'étang. Cascade mécanique sur la droite. Arbres à la Vinci dans le fond. Bleu paisible et vallonnements.

1. Gilles Lipovetsky, *L'Ère du vide*, Gallimard, 1983.

Marcel Duchamp a mis vingt ans pour construire son secret, son testament obscène. De 1946 à 1966. Il y travaillait dans un atelier de la 14e rue, à New York, sans que personne fût au courant, sinon sa femme et son exécuteur testamentaire. Ce n'étaient ni une peinture ni une sculpture, mais ce qu'il appelait une « approximation démontable », à laquelle il donna pour titre : *Étant donné 1° la chute d'eau 2° le gaz d'éclairage.*

Mise en caisse d'un drôle de fétiche, commente Philippe Muray[1]. La tombe obscène. Le reliquaire à chair. La dernière châsse. Appelons ça sa tombe à retardement. Toute la carrière de Duchamp ne raconte peut-être que la difficulté cent fois contournée d'en arriver à la mise en scène d'une fille nue aux cuisses bâillantes sous les spots, à la fin d'un orgasme ou d'un étranglement. On attendait un événement. Un assaut en plein d'œil. Un crime. Ce n'est qu'une chimère de plus.

Mirage, illusion des yeux, vertige de la tête. L'obsession s'écroule avec la mort. Ce n'était qu'un « château en l'air ». Il n'en reste plus qu'une fiancée sacrée derrière la porte espagnole. Il lui ouvre le ventre, à sa morte, mais il n'arrive pas à la décorer de son crêpelage décisif d'obscénité animale. Il a mis vingt ans à faire cette fée des sources épilée, cette poupée mutilée, cette reine idéale du Palais du facteur Cheval. La doublure empaillée de ses lubies.

Pas de modèles amoureux, ou d'*ars erotica*, dans ces portraits sombres ou cruels. Leur conduite ne vaut que pour eux. Ils en repousseraient même l'exemple : cette érotique extrême n'est qu'un atomisme amoureux, aveugle à tout et ignorant des autres. Ils font de leur expérience un moment inclassable, et circonscrit dans son obsession particulière, comme un *pic of tension*. Ils s'offrent comme autant de nuances de la manie amoureuse, comme autant de singularités de la jouissance : chasteté du cœur ou emprise du fantasme, fidélité à une image insistante ou désir d'une incarnation impossible, commerce de Dieu ou malédiction du démon, peu importe. Ils tombent chacun dans une déraison qu'ils reconnaissent, mais à laquelle ils se vouent presque impuissants, car elle leur permet sans doute de s'appartenir, ou de s'oublier.

L'amour en est assurément dépaysé. Il est à la limite de l'amour. Repoussé dans des visions, des détails infimes, des

1. Ph. Muray, *La Religion sexuelle de Marcel Duchamp*, Art Press, septembre 1984.

trahisons, des extases célibataires, des envies de meurtre, des étouffements, des litanies, etc. Ce n'est pas la carte du Tendre, c'est le point d'intensité des amours maniaques et des maladies de l'âme. Qu'on n'espère pas, dans cette galerie de saints, de pervers ou de martyrs, l'énoncé d'une nosographie de l'obsession amoureuse : ce n'en sont que les faits divers, ou les carnets de comptes. Que certains s'identifient à leur délire, comme une tumeur invisible qui défigure leur vie, ou que d'autres l'envisagent de façon esthétique, en usent comme d'un exercice à la création, comme un travestissement de leur imagination, ils ne font finalement, dans l'hétéroclité de leurs passions exclusives, qu'avouer les circonstances de leur ruse, ou de leur défaite.

Simple collection, en somme, simple lexique de passions livrées à elles-mêmes et de romans désordonnés, qui pourtant se réfèrent à trois procédures : 1. Une morale du retirement et de l'invisibilité : pour vivre leur passion sur le mode pathétique du déchirement, ils se retranchent, ils la circonscrivent dans le secret, ils la défendent derrière des redans et des chicanes; 2. Une stratégie de la règle, du protocole rigoureux, de la passion méthodique (qui parfois se résume entièrement au texte de la prescription, aux termes du contrat, dans le rituel sadique ou l'exercice spirituel); rien à voir ici avec les partisans du spontanéisme amoureux, de l'inconstance ou de la surprise : tout est codé, minutieux maniaque dans l'élaboration de la relation amoureuse; 3. Une esthétique du détachement et de la distance, par la mise en scène de leurs propres scénarios, par la dramatisation de leurs émois, par cette façon qu'ils ont toujours de se confier, d'écrire à ce propos, d'en garder la preuve et d'en inscrire le tourment. Revendication du sérieux, goût de la contrainte, respect de la loi : ce sont, assurément, d'indiscutables illuminés.

Tout commence, pour eux, par un regard. Un regard qui fait toujours, à la façon de l'extase mystique, l'expérience du « loin-près » (comme on l'appelle dans *Le Miroir des âmes simples et anéanties*[1]), de l'attachement désiré et de la désolation profonde. Toutes ces amoureuses, tous ces amoureux, qui vivent leur passion comme dans un camp retranché, une ville assiégée, une prison désaffectée, sont avant tout des contemplatifs, des oblatifs du regard, des voyeurs de l'amour : en un mot, des adorants. Ils deviennent photographes de leur manie, adorateurs pieux de fétiches ou prisonniers de songes nocturnes : autant de visions foudroyantes qu'ils invoquent à n'en plus finir. L'image

1. Marguerite Porete, *Le Miroir des âmes simples et anéanties*, Albin Michel, 1984.

dans l'œil a ceci de captivant pour eux que la jouissance en est toujours retirée : c'est l'image absolue, et c'est la douleur de l'amour.

Frederick, le héros du roman de John Fowles, *The Collector*[1], est un jeune employé de bureau londonien, dont la seule passion est de collectionner les papillons. Depuis longtemps déjà, il apercevait de son bureau, dans l'annexe de la mairie, cette jeune fille aux yeux clairs dont les parents habitaient juste en face. Elle s'appelait Miranda. Chaque fois qu'il la voyait, il lui semblait qu'il venait de découvrir un papillon d'une espèce rare. Il savait qu'il n'avait aucune chance avec elle, mais il était éperdument amoureux. Il a fallu qu'il gagne le gros lot aux Pools pour songer sérieusement à l'attraper.

Il a alors, d'une façon presque scientifique, combiné les choses pour la kidnapper et la garder captive dans une maison de campagne qu'il avait achetée exprès. Il n'avait pas de mauvaises intentions, il voulait simplement pouvoir la regarder sans se cacher, ne pas être tout le temps obligé de l'épier, l'avoir près de lui et se sentir en sécurité. Il a acheté une fourgonnette, aménagé la cave la plus profonde de sa maison et il a attendu des jours et des jours la jeune fille, devant l'école des Beaux-Arts où elle étudiait. Elle s'est débattue, bien sûr, mais enfin il la tenait : il eut alors le sentiment d'avoir attrapé entre le pouce et l'index un spécimen extraordinaire qu'il convoitait.

Et il a fermé la maison sur leur amour. Il a coupé le téléphone, bouclé la porte du jardin, installé des verrous partout et même bouché certaines fenêtres avec des planches. Il faisait tout ça avec méthode, il était très préoccupé des moindres détails : il voulait par là se protéger des importuns, mais aussi sans doute la couper de tout pour qu'elle pense davantage à lui. On aurait pu croire, en tout cas, qu'ils étaient seuls au monde. Il se méfiait d'elle aussi, bien sûr, il était toujours à l'affût, il prévoyait ses coups, car il pensait bien qu'elle chercherait à s'enfuir. Peut-être avait-il le sentiment déjà qu'il allait falloir la tuer, tant elle était belle.

Une chose, en tout cas, l'offusqua réellement. C'était à l'occasion d'une fête qu'il avait organisée pour elle. Elle avait bu deux ou trois verres de sherry. Et, dans la pénombre, à la lueur du feu, elle s'est reculée d'un pas et a ouvert son déshabillé. Elle était nue. « C'était épouvantable, devait-il écrire dans son cahier d'observations. J'en étais malade : je tremblais, je souhaitais me trouver à l'autre bout du monde. » Cette nudité de trop, contre

1. John Fowles. *The Collector*, éd. Jonathan Cape, Londres, 1963.

laquelle il s'était tant prémuni, effondrait soudain le respect qu'il avait toujours gardé pour Miranda. C'est à ce moment-là sans doute qu'il a décidé d'en finir. Et s'il ne l'a pas violée dans son corps, la séance de photographies, où il l'a prise nue et ligotée, en tint lieu : il la regardera alors, sans douleur, s'étouffer dans sa virginité déchue.

Mais rien n'était dit aussi clairement. S'il écrit son journal d'un ton froid, extrêmement précis et toujours en essayant de démêler le vrai du faux, comme un naturaliste, il se surprend aussi à faire des choses qu'il ne comprend pas tout de suite. Il enregistre ses réactions simplement. C'est pourquoi, quand il a su que Miranda allait mourir d'une pneumonie, au bout de quelques semaines, il a tenté sans doute de la sauver, mais au fond sans le vouloir vraiment. Et il a renoncé par peur et désespoir de la perdre à la fois. « Ce qui me fait peur en vous, lui avait dit un jour Miranda, c'est quelque chose dont vous ignorez l'existence. Une chose qui se cache dans cette maison, dans cette pièce, qui nous guette en ce moment même et qui s'apprête à sauter sur nous. » Mais il ne savait pas reconnaître sa folie. Il l'a regardée mourir comme il serait resté à regarder les ailes d'un papillon se raidir et se dessécher, et la façon qu'elles ont de battre encore.

Après sa mort, il a découvert le journal de Miranda, et il a su qu'elle ne l'avait jamais aimé. Et c'est le jour même où il allait chercher des fleurs qu'il aperçut la jeune fille. C'était une autre Miranda. Une petite vendeuse, un peu moins jolie qu'elle, mais qui aurait peut-être plus de considération pour lui. Il songeait déjà qu'il pourrait peut-être l'attraper un jour. Par curiosité.

Tous se défendent de l'emprise de l'autre, des assauts et des envahissements de la passion : ils en multiplient donc les obstacles. Comment comprendre autrement cette façon qu'ils ont de se barricader dans leur trouble, de se retrancher de l'amour, de s'emmurer vivants ? Comment comprendre autrement cette mise à distance de soi qui ne les effraie plus de l'autre ? Voyez Peter Klasen. Champion de la protection sécuritaire, de l'isolation électrique et de l'étanchéité industrielle. Il n'y a plus que ça, dans les œuvres de la dernière période. Rideaux de fer, stores et volets métalliques, portes de camion ou de wagons de marchandises, portes grillagées, chaînes, extincteurs et colonnes sèches, fils de fer barbelés, panneaux *Attenzione, No Admittance, Danger Haute Tension, Keep Out, Propriété privée*, camions alu bâchés, containers gris, wagons réfrigérants blindés, etc. Klasen isole, cloisonne, bouche ses toiles, dans leur cadre strict et fragmentaire, rend tous ces objets encore plus lisses et plus glacés, d'une netteté dépourvue de toute addition humaine, pas même, comme dans les premières toiles, en leur juxtaposant une bouche entrouverte, un œil, des fesses. Il n'y a plus rien qu'un objet neutre, brut, franc, qui paraît au service d'une gratuité diabolique par la seule contrainte, ou la seule gêne qu'il impose : interdit, fermeture, illisibilité. L'objet de Klasen n'est là, à vrai dire, que pour se défendre de l'autre. Qui a fini par disparaître.

« Fantôme » ou « illusion » (comme on disait, au XVIIe siècle, de l'obsession), leur passion en devient très vite une religion. Elle organise autour d'elle toute une série de liturgies, superstitions, menus rites secrets et actions votives dont le sens échappe, mais que l'on suit aveuglément, presque comme une mécanique à ressorts. Le rapport amoureux obéit à une logique de la contrainte renouvelée : par les exercices de prière et de pénitence, par les séances extrêmement détaillées du rituel sadique, par des gestes d'apaisement et de contentement qui réassurent l'amour, et lui permettent d'affronter l'insoutenable. La passion en devient quelque chose qui ne doit plus rien à l'imprévu ou au hasard de l'improvisation : elle est au contraire légiférée par une ordonnance nécessaire, une règle éprouvante et implacable. On croit trouver dans cette jugulation du désir autant de disponibilité à sa folie, autant de liberté à ses élans.

Allongé sur le lit de cette petite chambre carrée, en soupente, avec simplement un banc et un meuble de rangement en tôle verte, comme on en voit dans les casernes, il est là, dans la nuit d'été qui commence, attentif à ses mots rauques, épuisés et un peu empêtrés. Il a 25 ans, il travaille à la RAPT et a gardé l'accent picard de son enfance. Petit, fluet, il parle pour lui, presque sans intonation. Allongé sur ce lit fait d'une planche et d'une couverture de l'armée. Dans cette chambre vide d'un quartier de banlieue.

Il dit qu'il a toujours pensé à ça. Il se souvient, quand il était enfant, il devait avoir 8 ans, un jour, sur un livre d'histoire, il est tombé sur une gravure qui représentait une cage avec de très gros barreaux, dans la basse-fosse d'un château fort. Elle datait de Louis XI. Il dit que ce dessin lui a aussitôt révélé le désir d'être enfermé. D'ailleurs, par la suite, avec ses cousins, il s'amusait à repérer tous les endroits susceptibles de servir de prison : il y avait le poulailler, la fosse du garage où l'on descendait pour réparer les voitures, le grenier aussi et, de l'autre côté de la rue, une petite cabane de cantonnier. Le jour où un gars était saoul au village, on le mettait là. Oui, depuis ce temps-là, il a toujours eu l'idée de vouloir vivre enfermé.

Dans une prison, dans des commissariats de police ou à l'hospice de Nanterre, peu importe. D'ailleurs, il lui arrive encore de se faire ramasser le soir par les bleus, et d'aller dormir là-bas. Dans ces salles communes de 92 lits entièrement grillagées de l'intérieur. Dans ces dortoirs pleins de grognements et d'odeurs assommantes. Ou parfois, dans une cellule. Il y a deux lits côte à côte, des barreaux aux fenêtres, un judas et puis le mouchard, par où passaient les plats, quand Nanterre était encore une prison. Par terre, c'est toujours du parquet. Il dit que la première fois où il est arrivé par le car au bâtiment 45, c'était finalement un plaisir immense.

C'est vrai qu'on entre au dépôt un peu comme dans une prison. On donne ses habits, on prend une douche et on enfile des espèces de bleus de travail, avec des sabots. Il a connu ça. Et le lendemain, on signe la levée d'écrou. Une fois, il s'est même fait ramasser 20 jours de suite. Il prenait le car au Châtelet à 7 heures, et il arrivait à 9 heures à Nanterre. C'était un peu pénible bien sûr, d'autant qu'il travaillait en même temps, et qu'il devait filer très vite le matin à 6 heures. Finalement, il a tout connu à Nanterre, le dépôt, le centre d'hébergement et même le foyer de réinsertion sociale. Il a d'ailleurs demandé à rester dans la maison. Et on lui a donné un travail. Au vestiaire, d'abord, et à la fin, aux baignoires. Il y est resté 4 mois. Mais le plus souvent, il n'y reste qu'une nuit ou deux nuits ou trois nuits. Et ça, depuis qu'il a 18 ans.

Il ne sait pas dire exactement ce qu'il recherche là. Sentir dans cette collectivité de poivrots et de désespérés une manière de proximité, entrer dans un monde tout à fait à part, où l'on se côtoie en bleu, connaître une complicité dépourvue de tout embarras, et sans doute aussi des incompréhensions maternelles (il reproche beaucoup à sa mère ses mimiques de jeux d'enfants) et trouver finalement une protection neutre, indifférente, qui le défend d'affections trop pénibles.

« Ce n'est pas vraiment une solitude, dit-il, que je recherche dans la cellule. Il y a toujours le gardien qui m'enferme, et il est obligé d'être là, il ne peut pas me laisser indéfiniment enfermé. Mais il y a toujours un mur qui me sépare de lui. »

Ses relations amoureuses, évidemment, sont un peu éparpillées. Est-ce trop dire qu'il n'en a jamais vraiment eues, bien qu'il se défende d'être vierge. Il dit qu'il existe en lui une sorte de répulsion, de dégoût des relations forcées. C'est ça, c'est le défaut de ces relations sociales forcées qui l'incite à vouloir être seul. Et à fréquenter ces maisons qui ressemblent à Nanterre, comme le Château-des-Rentiers ou l'Armée du salut. Il a connu quelques hommes. Il a connu une femme aussi.

« Mais avec les hommes je sens un certain bien-être, une certaine compréhension, plus facilement qu'avec les femmes. J'ai souvent été isolé des femmes. »

Il se souvient qu'il avait 19 ans quand il a rencontré un homme à l'Armée du salut, justement, un homme de 56 ans. « Je n'ai pas eu de jouissance avec lui, dit-il, j'ai essayé d'avoir une étreinte, un corps à corps, pendant quelques minutes, je n'ai pas pu aller plus loin. Lui disait que j'étais comme un animal sauvage auquel on ne peut pas toucher. » Une autre fois, c'était à Nanterre, avec un gars qui travaillait là, je ne sais pas s'il se souvient encore de son nom. Il avait peut-être 35 ans. « Il voulait avoir une relation avec moi, il le voulait tant, que moi je ne pouvais pas lui faire la peine de refuser, sans pour autant le satisfaire. Et je n'ai pas eu de plaisir. » Une autre fois encore, dans une étreinte, il a pleuré. L'autre en a été touché. Mais il n'a pas joui.

« Lui, j'ai eu l'occasion de le revoir. Il aime beaucoup le baiser. Embrasser sur la bouche, surtout en mélangeant les langues. Mais ça me fait vraiment horreur. Je ne peux pas le supporter, même si c'est une femme. Je n'ai jamais embrassé personne comme ça, non. »

Il a parfois demandé à ces hommes ou à ces femmes de rencontre de l'enfermer n'importe où, dans un cagibi, dans un coffre de voiture, dans une cave. Quand ils le lui accordaient, il restait là à dormir. En chien de fusil. Et en pyjama. Mais on admet difficilement un désir qui n'est pas payé de retour. C'est ce qui s'est passé avec cette femme avec qui il a eu, semble-t-il, une relation plus continue.

« Je suis arrivé chez elle, je lui ai dit que j'étais très curieux, que je cherchais toutes les cachettes, tous les réduits pour m'enfermer, et j'ai trouvé une sorte de débarras qui faisait juste ma grandeur. Mais elle, elle ne s'est jamais vraiment intéressée à m'enfermer. J'aurais aimé qu'elle prenne un certain plaisir à ça, effectivement. C'était trop peu lui demander, en fait. Ce qu'elle voulait, c'était une relation charnelle. »

Alors, forcément, il a fini par s'enfermer seul. Ce qui lui est arrivé, même à Nanterre. Il avait remarqué des sortes de placards d'atelier, c'étaient des vestiaires en fait, mais qui étaient juste à sa taille. Alors, il est rentré dedans deux fois de suite, et deux fois de suite il a réussi à ouvrir. Finalement, il a eu l'idée de faire son lit dedans : il a couché le placard sur le lit, et s'est enfermé là.

Pendant dix nuits. Il dormait dedans. Il jouissait dedans. Jusqu'à ce qu'un jour, on le découvre. L'idée lui plairait aussi, dit-il, d'être enfermé comme ça dans une consigne automatique. Celui qui l'enfermerait aurait la clé, et serait son gardien.

Il dit qu'au fond il ne désire personne. Qu'il est totalement insensible aux caresses et qu'il veut rester seul. Qu'il préfère une planche.

Une planche, ça ne cause aucun souci, et justement, ce qui lui fait souci, c'est l'idée d'avoir une relation sexuelle véritable, parce que c'est un grand engagement. Quand il était gosse, un de ses copains qui le voyait toujours se promener avec une planche, qu'il gardait d'ailleurs aussi dans son lit, lui avait dit en blaguant qu'il pourrait faire l'amour avec elle. C'est ce qu'il a fait toute sa vie. Il se souvient encore que, dans sa chambre, il y avait une table en chêne assez lourde, et qu'il avait eu l'idée de s'allonger sur le lit, et de la poser sur lui. Et de l'étreindre comme un corps. Ah ça, oui, il avait du plaisir.

Dormir avec une planche, ou dormir dans une cellule, c'est toujours pour lui quelque chose de fonctionnel. Fonctionnel, c'est ça. D'ailleurs, les seuls meubles qu'il aime sont des meubles fonctionnels. Ceux qu'on trouve dans les collectivités, les ateliers, les buanderies ou les arrière-cuisines. Des meubles sans aucune surcharge qui serait susceptible de recouvrir des sentiments directs. La décoration, dit-il, a pout but de réchauffer, mais aussi un peu de cacher. Justement, la prison, c'est plus direct, c'est plus franc.

L'été dernier, il a rapporté de chez lui un banc qui avait été laissé dans un garage. Il a fait l'amour avec lui. Et avec ce petit meuble de rangement en tôle qui est là, et qu'on trouve dans les salles communes, au-dessus de chaque lit. Il l'a embrassé longuement. Il l'a embrassé de tous les côtés. Chez cette femme qu'il a connue, il a aussi démonté une porte, une porte qui avait les dimensions qui lui convenaient, il l'a posée sur le lit, et il s'est allongé sur elle. La jeune femme le regardait. Il était loin d'être immobile, alors qu'avec elle, il n'y a rien à faire, il reste mort.

Trois ou quatre fois, aussi, il a eu l'occasion de se faire héberger dans les commissariats de nuit. Mais il est toujours déçu, soit qu'on ne ferme pas sa cellule, soit qu'il reste bonnement sur un banc à attendre. Alors, il a pensé acheter un commissariat de quartier désaffecté. Ça lui ferait vraiment plaisir, le soir, d'avoir pour chambre à coucher une cellule dans laquelle il serait enfermé. Il dit même que ce serait pour lui le salut.

Finalement, peut-être est-ce ainsi, dans ces existences corsetées, ces gestes indéfiniment repris, méticuleusement ourlés, dans ces vies monastiques et mystiques du détail des choses, dans ces arrangements méthodiques et ces bonheurs pliés, que surgissent effectivement, sans crier gare, les folies les plus archaïques, les croyances les plus inexplicables : c'en était fait, ils étaient ensorcelés. Comme deux amants attachés à la fatalité. Ils ne savent pas comment pareille idée ou pareil souci a pu ainsi dérégler leur vie jusqu'à les épuiser, les capturer entièrement, les miner du dedans. Ils n'arrivent jamais à savoir. Ils ne veulent jamais savoir. Ce n'est rien, rien qu'un épisode de leur vie, une vision soudaine, le hasard d'une étreinte, la fantaisie d'une cambrure ou d'un décolleté, l'attraction enfantine pour les femmes intouchables ou les grands hérésiarques, que sais-je ? qui brusquement les a saisis et enchantés : ils allaient dérouler leur vie amoureuse comme un grand roman obsessionnel, vriller leur âme sur cet éblouissement sans fin, défaire le temps comme une tapisserie interminable qui ne serait que pure attente. Ils deviendraient les locataires imprévus de leur passion-vampire.

Fallait-il croire à une foi naïve et superstitieuse en un destin éblouissant, ou à l'illusion d'un esprit malade pris au piège de ses représentations ? Toujours est-il que l'histoire de Dina mélange curieusement le merveilleux des romans de chevalerie et les récits un peu illuminés de la pathologie du siècle dernier. C'est en Tunisie qu'elle est née, et restée 8 ans. Grand-père anglais, et fier encore du nom qu'il portait, et qui remontait à Richard III. Noblesse ruinée. Éducation à la trique. On avait le sens du devoir, de la terre et de l'honneur. Dina se souvient des oliveraies, des colères violentes du père, du grand-père qui ressemblait un peu à Clark Gable, et qui s'est pendu. Elle se souvient surtout de son nom, dont le père lui parlait toujours.

Le blason, elle le connaissait. Tous les hommes de la famille le portaient au petit doigt de la main droite. Au-dessus de la couronne figure une tête de licorne. Une licorne seule. Le père était manifestement déçu d'avoir eu une fille. Pourtant, c'est lui qui a voulu le lui offrir quand elle eut 18 ans. Mais elle l'a refusé. Quatre ans après, quand elle était déjà à Paris, elle reçut la bague. Elle a toujours gardé la boîte en bois, la matrice du blason et la petite carte qui l'accompagnait. C'est la première fois qu'elle le regardait vraiment. Elle l'avait toujours vu pourtant, elle avait même reçu ses premières gifles avec la bague du père. Mais c'est seulement alors qu'elle reconnut la licorne.

Un jour, un homme qu'elle rencontre se dit bouleversé. Il lui promet qu'elle sera sans doute amenée à fréquenter de grands mystères. Il lui parle aussi d'un destin magnifique, mais elle souffrira aussi. Elle est troublée. Elle apprend à connaître cette cavale qui habite dans les forêts, rapide, farouche et douce, que seule attire une jeune fille d'une chasteté irréprochable, mais qu'elle transperce sans pitié de sa corne d'ivoire si elle a failli une seule fois à la pureté. C'est du moins ce que disent les légendes d'ici, dans les tapisseries, les armoiries ou les médailles. Dina croit comprendre qu'elle est de sang de licorne. Une vieille dame fait l'anagramme de ses nom et prénom, et voici ce qu'elle lit : QUE TA LICORNE DOMINE. C'était un destin.

Elle dit qu'elle a commencé alors à percevoir les choses. Chaque fois qu'elle avait des liaisons, elle remarquait que les hommes lui trouvaient une énergie sexuelle tout à fait masculine, une espèce de pouvoir d'affrontement. Dina est allée voir la licorne au musée de Cluny et au musée Gustave Moreau, et justement elle a été frappée du mélange de virilité par la corne, et de rotondité spécifiquement féminine dans la croupe. Elle a voulu un jour, sans y penser, changer de prénom, et s'appeler Lara. Elle voulait être comédienne. Elle trouvait que ce nom lui irait mieux. Qu'il était plus chic. Elle avait oublié l'anagramme. Elle l'a gardé trois ans. Jusqu'à ce qu'elle rencontre un autre homme qui lui préférait son premier nom. Elle en changea, et elle eut brusquement le sentiment de sa réappartenir.

Elle croit aujourd'hui se donner toujours au même homme. Très souvent, ce sont des gens un peu perdus, qui doutent, qui ont peur, qui ne sont pas finis. Elle croit qu'elle leur révèle des choses cachées : la licorne, c'est celle qui montre, qui désigne. Du fait de sa morphologie, sabots au sol et corne, elle fait l'échelle entre la matière et le divin. Elle est à ce point convaincue de cette élection qu'ils finissent par avoir peur d'elle, et qu'ils la quittent.

Justement, elle a connu une très belle histoire d'amour. Avec cet homme, dit-elle, elle fut le plus licorne possible. Ça a duré deux ans et demi. Il était comédien. Un jour qu'il était en tournée en Angleterre, c'était au mois de mars, sa grand-mère est morte. Elle la connaissait, elle allait souvent la voir, elle la touchait beaucoup, ça la soulageait. L'été de cette année-là, il y eut une chaleur épouvantable. Un après-midi, elle s'est sentie fatiguée, au point d'éprouver le besoin de se coucher. Brusquement, elle entendit du bruit dans la pièce. Elle a vu une femme. Un corps de femme de 60 ans, plus jeune que la grand-mère, dans un tailleur gris fil-à-fil, avec le chemisier et le sac. Elle est venue s'asseoir à côté d'elle. Dina n'était pas effrayée. Elle lui a dit : « Écoute, ma petite fille, je suis venue te parler de l'état de grâce. » Et puis des voisins sont arrivés, et tout a disparu.

Quelques jours après, avec cet homme, elle est allée faire du rangement chez la grand-mère. Et au pied du lit de cette dame, il y avait tous les vêtements, sac, chaussures, tailleurs, chemisier, qu'elle avait vus quand elle était venue la voir. Elle a eu un spasme. Et cet homme aussi l'a quittée, sans doute épouvanté. Elle a cru mourir de souffrance. Une nuit, elle a eu, dit-elle, un accès de douleur morale. Un déchirement inouï. Elle a senti qu'elle tombait dans la folie. Elle ne pouvait pas dominer ce sentiment. Elle s'est couchée en larmes. Elle a cru que tout allait lâcher. Ça a duré deux heures. Elle a compris qu'il fallait qu'elle fasse le signe de croix. Elle a eu si mal qu'elle l'a fait. Et c'est comme si elle avait rassemblé aussitôt toutes les forces de son corps. Elle suppose que c'est cet état de grâce dont la vieille dame voulait parler.

Elle dit encore que la licorne est effroyable et néfaste aux gens particulièrement impurs. Et qu'elle n'est visible et révélée qu'aux gens vraiment sages. Elle dit que la licorne est en elle. Qu'elle vient dans elle et qu'elle devient ce qu'elle veut. Elle dit sentir ça depuis qu'on lui a donné cette bague. Qu'elle s'appartient avec cette bague. Qu'elle est inaltérable. La légende veut que, lorsqu'elle est capturée par les hommes, la licorne refuse de se nourrir et se laisse mourir de mélancolie. Selon une fable, aussi, le lion n'a qu'un moyen de la vaincre. Elle l'accule contre un arbre. Il s'y prête. Elle se précipite sur lui pour le clouer avec sa corne. Il s'esquive. Sa corne s'enfonce dans le tronc, elle ne peut la dégager, et le lion la dévore.

Dina dit avoir souvent rêvé aux hommes-lions. Une nuit, elle était en train de courir sur une route qui surplomblait la forêt, elle courait, elle regardait la forêt, et elle avait très peur d'y entrer. Elle a finalement descendu la route. Elle galopait dans la forêt, elle galopait. Et brusquement, à une distance assez courte, elle a vu une licorne qui volait au-dessus du chemin et qui est venue planter sa corne devant elle. Elle pensait qu'elle allait la voir et la transpercer. Mais elle a dégagé sa corne, et puis elle s'est retournée, très belle, elle l'a regardée avec cet œil très rond qu'elle a, et elle l'a vue lui sourire. Elle s'est approchée très doucement, et la licorne a ri franchement, oui, vraiment, elle a ri.

Puis elle a traversé le chemin et elle est rentrée dans une grotte. Et elle est ressortie de la grotte accompagnée d'un homme que Dina n'a pas su distinguer, sinon la silhouette, une silhouette très massive. La licorne lui a montré l'homme avec sa corne en riant franchement. Il s'est approché d'elle. Elle s'est enfuie en hurlant. Et puis elle s'est réveillée. Elle a tout de suite pensé à cet homme qu'elle connaît depuis deux ans, dont elle s'approche avec peur, mais qui la trouble beaucoup. Elle s'est dit que c'était lui, c'était absolument lui. Dans un autre rêve, elle était dans la rue devant chez elle, elle courait. Elle courait encore. Et elle s'est heurtée de plein fouet contre un mur. Elle a levé la tête et elle a réalisé qu'elle s'était cognée dans lui, dans sa poitrine. Et elle s'est sentie toute petite, vraiment toute petite. Elle ne savait pas à l'époque que l'homme était lion.

Dina sait que le lion est le seul animal qui arrive à piéger sensuellement la licorne. Il l'épuise d'abord, il la course pendant des lieues et des lieues, et elle arrive à ce point d'affolement et de peur qu'elle plante sa corne dans un arbre, et qu'il la prend ainsi. Dina croit que la licorne atteint alors son accomplissement. C'est du moins ce que montrent les tapisseries de Cluny. Elle se défait de tous ses bijoux, elle est conquise, elle se rend. Dina dit qu'on y perd forcément quelque chose, qu'on n'est plus que la moitié de soi, mais elle croit aussi qu'elle ne se soumettra jamais vraiment. Qu'elle sera toujours Licorne, caressante et impitoyable, inspiratrice et cruelle, naïve et infaillible.

C'est dans ce dessaisissement de soi qu'ils vivent leur drame, sans pouvoir s'en arracher vraiment, sans pouvoir jamais l'oublier non plus. Ils en paraissent toujours un peu détachés, lointains, extérieurs. Ils l'examinent avec curiosité ou suspicion, avec un souci rigoureux dans la démonstration et une imagination exemplaire dans le détail : ils fabriquent, à vrai dire, un spectacle qui les enchante, ils en organisent les péripéties, ils en créent les surprises, et font de ce théâtre discret un tourment supplémentaire. Stendhal, à propos d'un de ses amis qu'une femme qu'il aimait à l'idolâtrie avait condamné tout à coup à ne la voir que deux fois par mois, parce qu'elle se prétendait offensée par je ne sais quel manque de délicatesse, a cette réflexion : « Ces visites, si rares et si désirées, étaient un accès de folie, et il fallait toute la force et le caractère de Salviati pour qu'elle ne parût pas au-dehors. A peine en sa présence il survenait comme une sorte d'ivresse dans les yeux, il se sentait porté comme un maniaque à faire des actions étranges, il avait le sentiment d'avoir deux âmes : l'une pour faire, et l'autre pour blâmer ce qu'il faisait[1]. »

1. Stendhal, *De l'amour*, XXIV.

Amoureux, utopiques ou déclassés, qui ne sont « reliés » à nul autre qu'à eux-mêmes, ils font toujours écho à leur drame dans la confidence, la lettre ou la photographie, comme s'ils voulaient y succomber encore et s'en dédire à la fois, peut-être s'en moquer ou s'en blâmer. Cet effet de rétrospection de leur délire, qu'ils mettent en scène de façon parfois très pathétique, lui donne des allures de roman-catastrophe qui les excite, et les apaise aussi[1]. Ils en deviennent les héros de vies clandestines, ils s'inventent des pseudonymes et des déguisements, ils mutiplient les pièges et les complications. Ce sont les artistes de leur obsession. Ils enferment l'autre dans des litanies, des prescriptions, des lexiques, des journaux intimes, pour mieux le circonvenir, le posséder, et en redire infiniment toute l'absence, les déchirements et les peurs. C'est pour eux un plaisir sans merci. Ces grands abandonnés n'ont, au fond, d'autre souci que cette parole manquée, cette image surprise ou cette écriture déçue : c'est ce qu'ils appellent, précisément, l'amour parfait.

On pourrait évidemment se demander si, dans une société qui a adopté tous les comportements du style lisse, de l'anémie des émotions et de l'apathie new-look, les « fantômes » de l'obsession amoureuse peuvent encore survivre aux interdits et aux contraintes que suppose pareil écart ou pareille folie. Ou s'il faut imaginer d'autres tabous pour en perpétuer le genre. La science-fiction s'est parfois intéressée à la question, et a volontiers confié à l'ère obsessionnelle le statut positif d'un âge d'or. C'est ainsi que Jherek Cornelian, dans *An Alien Heat*[2], doit recourir, un million d'années après notre ère, pour connaître enfin le secret de la vertu, qui n'est jamais que de rechercher volontairement le contraire de ce qu'on désire, aux délices d'une cour éconduite qu'il fait à une certaine Mrs. Amelia Underwood, bourgeoise victorienne excessivement pointilleuse sur le chapitre des conventions et le sens du péché.

Enlevée, on ne sait pas très bien comment, une nuit d'avril 1896 à 3 heures du matin, de son Kent natal, elle fit sensation effectivement par son ton pincé et ses grandes envolées morales. Et pourtant, à cette époque où les Terriens avaient du goût pour le paradoxe, l'esthétique et l'humour baroque, où leur philosophie, s'ils en avaient une, se résumait à la sensualité et au plaisir, où les projets étaient entrepris sans obsession et oubliés sans regret, car la mort était rare, il se trouva un homme, sans doute trop sensible

1. R. Barthes, *Fragments d'un discours amoureux*, Le Seuil, 1977.
2. Michaël Moorcock, *An Alien Heat*, Harper and Row, Londres, 1972.

ou trop décadent, pour s'enflammer soudain de sentiments gothiques, de tourments de l'âme et de passion sans espoir. Il trouva d'ailleurs en cette Amelia, femme intelligente, quoique rigide, la créature idéale. Il ne crut d'abord qu'au jeu de la passion, avec baisers sur l'ottomane, serments éperdus, suicides, promenades mélancoliques et adieux doux-amers, mais quand il la vit avec ses petites bottines à boutons, son chapeau si simple muni d'une voilette et son gros chignon noisette, il fut étourdi, à sa grande stupéfaction. La voyageuse du temps lui apprit très vite la souffrance, les baisers chastes et la douleur d'amour.

Jherek ne s'en remit pas. Il fit même pour elle une escapade extrêmement risquée dans le Kent. Et dut attendre jusqu'à la fin des jours la promesse du bonheur, dont le sens lui restait d'ailleurs toujours inexplicable[1].

Octobre 1984

1. Après *Garçons de passe*, *Morgue* et *Le Voyeur*, ce livre constitue le quatrième tableau de quelques-unes des « passions impures » de notre époque.

Je remercie

Mireille Debard qui m'a permis de mener cette enquête à son terme, ainsi que Jacques Vallet, directeur du *Fou parle*, qui m'a autorisé à reproduire ici quelques-uns de ces textes.

Je remercie également, pour leur collaboration :

Catherine Allessandri, Friedl Bondy, Klaus Henke, Emmanuel Ibañez, Dominique Issermann, Roland Jaccard, Jean-Louis Katz, Annie Livrozet, Bernard Mathieu, Orlan, Françoise Routhier et Elisabeth Stockhausen.

PORTRAITS

1.

Le délire célibataire

L'encyclopédiste

> *« ... Il reprend son va-et-vient, finit de manger la banane, retourne à la table, s'assoit, demeure un moment immobile, pousse un grand soupir, sort les clés de sa poche, les élève à hauteur des yeux, choisit une clé, se lève et va vers le devant de la table, fait jouer la serrure du second tiroir, en sort une seconde grosse banane, l'examine de tout près, referme le tiroir à clé, remet les clés dans sa poche, se retourne, s'avance jusqu'au bord de la scène, s'arrête, caresse la banane, l'épluche, flanque la peau dans la fosse, met le bout de la banane dans sa bouche et demeure immobile, regardant dans le vide devant lui. »*
>
> S. BECKETT, *La dernière bande.*

« Frappez fort ! La sonnette ne marche pas. Ne parlez pas aux putes ! Et moi, je dois résoudre la quadrature du cercle : faire entrer deux personnes dans mon chaos sans le changer. Signé : Michel. »

La carte représentait un carré de Albers. Elle était écrite de différentes couleurs (certains mots étaient même soulignés) et dans tous les sens. La carte était déjà d'un fouillis innommable.

C'était un grenier, au 5e, rue Saint-Denis, à Paris. Une vie en miettes, dans les cartons, les papiers d'emballage, les cartes postales, les berlingots de lait, les journaux vieillis, les saletés. Un micmac invraisemblable, un tombeau inutile. Le chantier d'une vie, en effet.

Michel a la soixantaine. Osseux et maigre. Les cheveux jaunes. Il peste contre tout. Ne fumez pas ! Ne marchez pas sur le papier par terre ! Son origine allemande lui fait accrocher les mots, il bégaie, cite tout le monde, saute du coq à l'âne, s'agite beaucoup et parle à n'en plus finir. Il a la drôlerie involontaire des célibataires.

Il vit ici depuis plus de 30 ans. Dans ce grenier usé. Tout est perdu, dit-il, dans mes archives. Les archives de l'Encyclopédie. Car Michel (comme Diderot) rédige l'Encyclopédie. C'est une collection très particulière. Monsieur Thiers avait le souci, également, d'arranger autour de lui un musée où il aurait fait tenir dans un espace de 80 m^2 environ, le Vatican, et l'Escurial, l'Alhambra et le Palais d'été. Ici, ce serait plutôt les ruines de Babel.

Sans électricité ni téléphone, Michel écrit seul l'Encyclopédie du monde, ou le livre de sa vie, qui sans doute partira à la poubelle. C'est l'épopée de la poussière. Il parlait, ce jour-là, de la mort de sa souris, des éléphants, de la perte de sa dent, d'une jeune femme avec un bébé lion dans les bras, de sa main, d'une boîte de graisse, des cageots italiens, de sa vie à Rome et à Copenhague qui s'entasse, elle aussi, dans d'autres malles, Dieu sait où.

C'étaient ces petites choses qui devaient constituer la somme, ou l'abrégé, du savoir universel. Il les notait jour après jour, et les envoyait par lettres à des correspondants. Des lettres qui n'en finissaient jamais, et qui d'ailleurs servaient à tout le monde, grâce à la photocopie, dont il abusait un peu. C'étaient plutôt des puzzles. Comme chaque pièce d'une collection est une miniature de la collection entière, Michel avait dans l'idée que chaque lettre, chaque page de la lettre, chaque mot de la page suffisait à énumérer le monde.

Au fond, une seule initiale eût suffi au projet : la sienne, M. C'était celle aussi de son tatouage sur la peau. Il se confondait avec l'Encyclopédie. Il mourrait avec elle, elle mourrait avec lui. C'était un amour avec lui-même.

Son ultime espoir, c'était l'index de l'Encyclopédie. L'ordre dans le chaos, comme dit W. Benjamin à propos de la bibliothèque : « Qu'est-ce qu'une bibliothèque, sinon un désordre où l'habitude a si bien su élire domicile qu'elle peut donner l'apparence d'un ordre ? En fait, il existe, dans la constitution d'une bibliothèque, un contrepoids à l'absence de règles, et c'est la rigueur de son catalogue raisonné[1]. » *Mais l'Encyclopédie de Michel n'est pas une bibliothèque. Il sait bien qu'il n'en viendra jamais à bout. Et que rien ne servira à rien. Son Encyclopédie, c'est son chaos. Elle est là, partout, dans ce débarras infernal et ces entassements fuligineux. C'est son ossuaire. Elle sature son existence, le ronge comme ses souris et s'éparpille dans les déménagements. Et c'est elle, comme une illusion assommante, qui finira par l'avoir, dans cet amour seul à seul[2].*

— Vous voyez, l'ordre règne ici quand même, hein !

— Qu'est-ce que c'est, ça ?

— Ça, c'est des boîtes, parce que les Italiens ont brûlé leurs forêts, ils font maintenant des cageots pour les fruits et les légumes en matière plastique... Je vous expliquerai après... Là, je mets une partie de mes lettres, de mon Encyclopédie...

— Une partie de votre Encyclopédie ?

— C'est l'Encyclopédie, c'est un livre où il y aura tout...

— Vous mettez ça dans des cageots italiens ?

1. *Œuvres complètes.* IV, I, éd. Suhrkamp, 1972.

2. Michel a participé à l'exposition sur *Les Machines célibataires*, au musée des Arts Décoratifs, Paris, 1976, où il a exposé *La Veuve*.

— Italiens ou pas, ça, je m'en fous, hein ! Mais je vous dirai ça tout à l'heure. Parce que moi, je suis le maître de la discrétion, il faut faire attention. L'Encyclopédie, vous prenez un mot et vous retrouvez l'univers. Par correspondance, par le hasard objectif, par ceci et par cela. Tout de suite, non ? Vous comprenez...

— Est-ce que vous pouvez me dire les titres qu'il y a là-dessus ?

— Non, non, c'est pas des titres, c'est des noms. Parce que ça se fait par lettres. C'est des noms de gens à qui j'écris... Et moi, je me fais un double, c'est un boulot fou... Je vous montrerai tout à l'heure...

— Mais expliquez-moi, ce sont des lettres que vous recevez ou des lettres que vous envoyez ?

— Vous n'avez pas reçu la mienne à cause de la grève... Quelquefois, je fais une photocopie de la lettre ou de la carte postale que je reçois. Je peux vous montrer ce que je vous ai écrit, parce que je fais toujours un double. J'écris ma réponse sur une copie quelquefois d'une lettre ou d'une carte postale que je reçois.

— Et qu'est-ce que vous en faites de cette copie ?

— C'est mon Encyclopédie, ça !

— Ah bon !

— Vous allez être enchanté tout à l'heure, lorsque je vous montrerai un exemple.

— Et ça, ce sont vos correspondants préférés ?

— Le seul correspondant privilégié, c'est moi-même !

— Mais il faut bien les envoyer à quelqu'un !

— Non, l'essentiel, c'est que ce soit chez moi. Il y a des gens qui attendent depuis 12 ans une réponse, parce que je peux pas... Je peux pas faire tout à la fois. Je suis seul... Diderot n'était pas seul, moi je suis seul... Je vais commencer. Est-ce que vous pouvez m'offrir une cigarette ?... Vous êtes le plus petit, le plus insignifiant... Vous êtes dedans aussi, comme un exemple pour le moment... Le plus court, mais significatif !

— Un exemple de quoi ?

— Mais de la façon dont ça se fait, mon Encyclopédie !

— Parce qu'elle ne traite que de...

— Non, non ! Elle traite de tout. Une encyclopédie, c'est tout. C'est l'œuvre totale.

— Et qu'est-ce que je viens faire là-dedans ?

— Ça, c'est votre faute, vous vous êtes foutu dedans, vous m'avez écrit, je vous ai répondu...

— Le simple fait d'écrire ?

— Ah oui, bien sûr ! Vous savez, on peut bâtir un monde sur rien. Je peux analyser votre écriture, je peux écrire une histoire de la ville où vous habitez, je peux partir de votre timbre sur l'enveloppe, c'est une Sabine, ou une Marianne, ou n'importe quoi... On peut toujours partir... Malheureusement, vous n'avez pas reçu mon courrier. Maintenant, je vous explique les cageots italiens. Pour ranger tout ça, j'ai commencé à rafler des cartons... Qu'est-ce que vous cherchez ?

— Je voudrais bien m'asseoir. C'est pas possible ?

— Ah non, ce n'est pas possible. Je vous ai averti. Depuis des années, il n'y a que de la place debout ici... Alors voilà, j'ai collé des fiches dessus, pour ranger selon le nom de mes correspondants... Et après, ça m'a emmerdé, parce que je suis esthète, la couleur m'a emmerdé...

— La couleur brune, la couleur de carton, vous n'aimez pas ça ?

— Voilà. J'ai peint ça en noir. Parce que j'aime le noir, le bleu et le blanc. Et j'ai recollé les fiches, ça a duré des années, parce qu'il faut ramasser les cartons... j'en ai des centaines et des centaines... c'est un boulot fou ! Il faut avoir l'argent, il faut acheter la peinture noire... et puis à cause du poids, les livres, les documents, les journaux, les notes, tout ça, petit à petit, ça s'est écroulé, ça s'est écrasé et c'est tombé. Et on est arrivé au chaos primitif !... Mais l'année passée, j'ai découvert, dans la rue Saint-Denis, chez des gens qui vendent des fruits, ces cageots en matière plastique... Ça, c'est plus pratique... Et j'ai recommencé tout ça...

— Vous les avez repeints en noir ?

— Non, non, c'est de la matière plastique... Alors, évidemment, parfois, c'est gris, c'est vert clair, c'est moche... Il faut en trouver des noirs ou, à la rigueur, des bleus... parce que j'ai deux souris... enfin, j'avais deux souris... l'une est maintenant dans le formol, elle est morte. Les deux souris sont venues il y a deux ans, au mois de septembre, et l'une est encore là...

— Elle est où ?

— Dans les archives. Elle mange des cartes postales, elle mange mes archives, enfin !

— Vous avez tué la première ?

— Mais je l'ai pas tuée ! Elle est morte ! Comme ça, d'un cancer... elle avait un cancer aussi grand qu'elle-même... Je vais vous la montrer, je l'ai mise dans le formol, avant de la jeter dans la Seine...

— Vous l'avez jetée dans la Seine ?

— Non ! Je la jetterai, parce que le formol, ça ne sert absolument à rien si vous ne videz pas la souris...

— Et vous ne l'avez pas vidée ?

— Mais non ! Je suis pas chirurgien, je l'ai foutue dedans comme ça... j'ai assisté à sa longue agonie, parce qu'elle ne se sauvait plus, elle ne sautait plus, parce que ça sautait, ça allait partout, ça montait... l'épaisseur d'un carton, ça suffit, pour monter ! Ça bouffe le carton, le contre-plaqué, ça fait des trous... Lorsqu'elle était vieille, elle avait un cancer énorme, elle restait dans son coin, elle n'a plus sauté, elle n'a plus fait de trous... Je l'ai nourrie deux ans avec des flocons d'avoine et de l'eau... Mais ça se sauve, et ça chie ailleurs, ça dort ailleurs, ça s'amuse ailleurs, je ne pouvais pas l'enfermer... Et puis elle est restée dans son coin, elle a chié dans le flocon d'avoine, elle a mangé de moins en mois... j'ai pu faire des photos d'elle avec le flash, elle ne s'est pas sauvée, elle n'a pas bougé, et finalement elle est morte à la mi-septembre. Alors, je l'ai mise dans le formol...

— Pourquoi ?

— Mais pour mon histoire ! La souris, dans l'Encyclopédie c'est un sujet assez vaste, par la force des choses. Malheureusement, j'ai pas écrit assez, parce que je peux pas, j'ai pas de collaborateurs... Depuis deux ans, j'ai voulu noter toute la vie de mes souris ici, chez moi... mais il n'y a que des détails, il y a par-ci par-là des bribes, je vous montrerai tout à l'heure... La pauvre Emma... Je les ai appelées Emma, Emma 1 et Emma 2... mais comme je ne savais pas le sexe, j'avais une frousse terrible, je ne savais pas si c'était un mâle ou une femelle... ça peut faire des petits... ou alors c'étaient des pédés, c'étaient des lesbiennes... J'en sais rien. Heureusement, ça n'a rien fait, les deux, mais je les ai appelées Emma, parce qu'il y a une revue de lesbiennes en Allemagne qui s'appelle *Emma*... Il y a quelques jours, j'ai écrit une lettre... et je fais des copies, parce que vous savez, les lettres, ça s'imbrique aussi... Il y a des trucs dedans qui ne sont pas destinés à la personne à qui j'écris, mais à une autre personne, alors ce que j'écris à la deuxième, il faut que je l'explique pour qu'elle comprenne et il faut que je fasse les copies à la main... moi, je suis sur une lettre que je dois recopier six fois...

— Ah bon ?

— Parce que ça s'adresse à trois personnes, il faut que je fasse trois copies...

— La même lettre pour trois personnes ?

— Pas tout à fait, mais presque... quelquefois, ce que j'écris, ça peut concerner plusieurs personnes, alors j'envoie la même lettre... quelquefois j'écris une lettre à la personne A et j'envoie une copie à la personne B, mais j'ajoute quelque chose qui concerne une troisième personne aussi...

— Vous en avez combien, comme ça, de correspondants ?

— J'en sais plus rien... une douzaine peut-être...

— Pas plus ?

— Non, mais ça suffit, parce qu'il y a toute la littérature dedans, il y a toutes les techniques, il y a toute ma vie... Alors, Emma, Emma, eh bien... elle est dans le formol, voilà !... Regardez le cancer !

— Ah oui, c'est affreux... Elle était belle. Elle avait un beau poil gris...

— Vous savez, elle est devenue toute chauve... vous voyez, elle était toute rose... elle était chauve de tête et de dos, elle a perdu ses poils... et acheter le formol, ça a été toute une histoire, parce que c'est interdit, un pharmacien n'a pas le droit de vendre ça... En plus, il savait très bien que je n'en avais pas assez, parce qu'il ne faut pas d'air... je l'ai pendue par la queue... ça devrait être rempli tout à fait, mais il y a de l'air...

— On peut s'asseoir ?

— Non ! Où est-ce que vous voulez vous asseoir ici ?

— Ah oui, mais moi, je suis fatigué...

— Vous êtes déjà fatigué ? Écoutez, mettez-vous là puisque vous êtes fatigué, comme ça je suis sûr que vous ne marcherez pas sur des choses...

— Oui, il y a beaucoup de choses par terre !

— Ben oui, de temps en temps, je voudrais montrer quelque chose à quelqu'un, mais malheureusement, on ne peut plus entrer... Tout ça, c'est parce que je dois travailler sur mon lit... j'ai entassé des cartons qui se sont renversés... Alors, c'est tout un boulot d'archéologue... C'est comme si une pyramide se renversait sur la pointe..., il faut d'abord reconstruire la base, mais où ?

— Je ne sais pas, il n'y a plus de place nulle part.

— Voilà, vous le dites ! Donnez-moi encore une cigarette... Vous ne devriez plus être très loin avec votre dossier...

— Vous n'avez jamais eu l'intention de ranger tout ça ?

— Ben, je ne fais que ça ! je ne fais que ça !

— Non, je veux dire, balayer un peu.

— Où est-ce que vous voulez que je balaie ?

— Eh bien, partout !

— Mais comment ?

— En jetant !

— Ah oui ! Eh bien, jetez-vous à la Seine !

— Vous ne voulez pas jeter tous ces papiers, tous ces cartons qui sont là ?

— Mais pourquoi je travaille ? Pour jeter tout ça après ?

— Non, mais en jeter une partie. Jeter des vieux *Monde*, des choses comme ça...

— Mais, mais...

— Les classer, alors !

— Mais je ne fais que ça ! Depuis l'entrée, je vous explique que je classe.

— Et pourquoi vous les laissez par terre, alors ?

— Où voulez-vous que je les mette ? Je ne fais que ça, de classer, vous voyez bien ! Je vous ai expliqué, j'ai commencé avec ces cartons-là, après je les ai empilés, après ça s'est écrasé, après je les ai remplacés par des cageots en matière plastique, ça tient debout... je ne fais que ça ! Vous avez compris ?

— Et vous en avez combien de pages, maintenant, de cette Encyclopédie ?

— Je fais le livre depuis... Je crois, 72. Douze ans, oui... Il y a, malheureusement, une partie très belle, c'est le livre d'Olevano... C'est un petit bled au sud de Rome où j'ai vécu 7 ans, et où, par hasard, j'ai commencé un livre par lettres... Ça se trouve en Allemagne, dans le grenier de quelqu'un, c'est une valise qui pèse maintenant tellement lourd qu'il faut la faire porter par deux hommes... Ça, c'était le début, où j'ai expliqué ce que je fais... Dans ce livre-là, il y a déjà des citations, il y a des journaux, il y a une bande magnétique, il y a des catalogues, des copies de lettres, des cartes postales qu'on m'a envoyées ou que j'ai envoyées, il y a des tas de choses... Parce que je fais aussi la collection de cartes postales... j'ai des millions de cartes postales d'art que je mélange, ça c'est mon histoire de l'art en cartes postales, et la plupart du temps, mes lettres sont illustrées par des cartes postales d'art mélangées, croisées, trafiquées... Vous connaissez ce tableau de David, le portrait inachevé de Bonaparte, au Louvre ? Il a fait une esquisse à l'huile, uniquement la tête et le cou, mais le tableau est resté blanc... En coupant comme ça, verticalement, j'ai mis les deux moitiés ensemble avec les deux autres moitiés de Mona Lisa...

— Vous avez mélangé Bonaparte et Mona Lisa ?

— Oui. J'ai fait comme ça... Mi-Mona Lisa, mi-Bonaparte, c'est désopilant, parce que ça louche terriblement. Ça va ensemble, mais ça louche...

— Mais votre Encyclopédie, ça fait combien de pages à peu près ?

— Ah ça, j'en sais rien, des dizaines de milliers certainement... J'en fais tous les jours...

— Vous avez quel âge ?

— Ah ! 60 ans, à peu près... De toute façon, c'est immense, l'Encyclopédie, c'est *l'Œuvre,* c'est l'univers, et moi je vis éternellement. Ça n'a ni début, ni fin...

— Mais est-ce qu'on pourrait la trouver quelque part, si jamais vous aviez un accident ?

— Ah ben ça, c'est gentil ! On jette tout, quoi ! Et on va me mettre dans le formol comme Emma 2 !... Mais l'Encyclopédie, elle est partout ! Elle est partiellement chez moi, et lorsque je sors dans la rue, elle est aussi dans la rue...

— Mais on ne peut pas publier quelque chose qui est partout, vous comprenez bien ?

— C'est une question philosophique, n'est-ce pas ? Est-ce qu'on peut reproduire le monde ? On ne peut pas, parce que le monde existe. On ne peut pas le reproduire.

— On peut le reproduire en petit...

— Comment vous allez faire ? Le monde ! C'est absurde, ça ! Le monde, vous ne pouvez pas le faire plus petit puisqu'il existe déjà...

— Mais votre Encyclopédie, c'est quoi alors ? C'est un fragment du monde ?

— C'est moi !

— Alors il faut que vous soyez vivant pour qu'elle existe. En dehors de vous, elle n'existe plus ?

— Partiellement... Parce que Dieu existe, mais le monde est une partie de Dieu...

— Mais est-ce que vous vous déciderez à classer tout ça un jour ?

— Mais je suis en train de le faire ! Je fais ça depuis 10 ans, j'ai essayé de vous expliquer !

— Et ça sera fini quand ?

— Ça sera fini quand le monde sera fini. Un jour peut-être j'en sais rien, c'est une question philosophique. C'est une question de foi...

— Montrez-moi votre Encyclopédie sur la table.

— Non, sur le lit !

— Montrez-la-moi sur le lit.

— Mais je suis en train de chercher votre dossier...

— Mais je ne veux pas voir mon dossier, je veux voir l'Encyclopédie !

— Vous ne pouvez pas... Vous êtes dedans... Vous ne pouvez pas voir quelque chose dans lequel vous êtes ! Impossible ! Il faut se mettre dehors. Alors est-ce que je vais vous mettre dehors ? Vous ne verrez rien. Et maintenant que vous êtes dedans, vous ne voyez rien du tout.

— Mais tout est dérangé...

— Ah non ! Vous ne voyez toujours qu'un aspect des choses... Ou vous voyez le dérangement, ou vous voyez le rangement, mais vous ne voyez pas le mystère entre les deux... Vous êtes jeune, déjà fatigué, vous avez besoin d'une place assise, tandis que moi, dans mon propre univers, je reste debout, ou je dois aller au café pour écrire...

— Et ce dossier-là, sur le lit ?

— C'est une lettre que je suis en train d'écrire...

— A une dame ?

— Mais non ! Enfin oui, ça commence avec une dame, mais pourquoi vous dites à une dame ?

— Je ne sais pas, parce que je vois Mrs...

— Mais non ! M, c'est moi, Michel !

— Vous écrivez en allemand ?

— J'écris dans toutes les langues, puisque c'est une encyclopédie...

— Et cette lettre, vous l'envoyez à qui ?

— Attendez ! C'est une inconnue, c'est la mère d'une jeune femme qui a à peu près votre âge, en Allemagne... Cette lettre est presque toute en allemand, mais puisqu'il y a une autre lettre incorporée à un ami français, c'est bilingue... Maintenant, je dois dire quelque chose sur la couleur... La suite des pages qu'on peut étaler est importante, évidemment, pour lire, mais on peut lire aussi en travers... on peut sauter en plein milieu... vous savez, j'écris en rond, parce qu'une encyclopédie, c'est comme une pierre qu'on met dans l'eau, il y a des cercles... C'est pas linéaire, ça fuse dans toutes les directions... On prend un mot et on peut aller vers toutes sortes de choses... Et la couleur est importante, c'est une pause n'est-ce pas ? Donc je colle les feuilles sur du carton en couleur, et on ouvre la lettre comme ça...

— Alors, la première feuille, c'est lie-de-vin... Pourquoi il y a deux feuilles de publicité ?

— C'est la publicité que vous recevez dans votre boîte aux lettres, parce que ça fait communication avec le monde... Je trouve des trucs et je les utilise... Maintenant, voilà une carte postale de Siné que je n'ai pas transformée... Il appelle ça *Le Chasseur*... il a une souris dans la main, puisque moi j'ai des souris, et que cette dame-là, elle a 20 chats... il s'agit d'un tas de choses dans cette lettre-là... il s'agit aussi de chats et de souris. C'est pour ça que c'est gris.

— Et pourquoi c'était lie-de-vin, avant ?

— Parce qu'il y a quelque chose en rose dedans... Quelquefois c'est symbolique, quelquefois c'est esthétique, quelquefois ça n'a aucun sens. Ça peut tromper les gens. Ils disent : Ah ! ça doit signifier ci ou ça. Non. Parce que l'absolu est difficile à atteindre...

— Vous pensez qu'ils gardent ces lettres, vos correspondants, ou qu'ils les jettent ?

— Je m'en fous ! Je m'en fous !

— L'Encyclopédie est destinée à être jetée ?

— Ah non ! Pourquoi vous dites toujours des choses comme ça ?

— Mais s'ils ne les gardent pas...

— Et vous, si vous possédez le plus célèbre Picasso du monde, vous pouvez le jeter ! Vous pouvez même foutre votre doigt à travers la toile !... Donnez-moi une cigarette !... Quelquefois aussi je me fais renvoyer les enveloppes pour en faire des photocopies... Il y a déjà, par la photocopie, une transformation automatique... et ces photocopies, je les colore, je les décolore, mais ça ne donne pas, évidemment, l'original du timbre, ça change, et j'écris dessus... Ça, c'est une photocopie que j'ai collée sur du papier parme...

— Une photocopie de quoi ?

— Une photocopie de 4 Photomaton...

— Ah, c'est vous !

— Oui, c'est moi, ça ! Je suis de dos...

— Et qu'est-ce que vous racontez dans cette lettre ? Vous parlez de vous ?

— Ça, c'est toute une histoire ! Parce que c'est difficile de se photographier de dos... Et une partie de la lettre c'est justement de dire comment il faut faire lorsqu'on veut se photographier de dos dans une photocabine... Où est-ce que vous mettez vos genoux ? Comment vous savez que vous êtes au milieu de la petite fenêtre ? Vous avez compris ?... J'ai déjà expliqué il y a quelques années comment on doit faire pour se photographier le cul nu dans une photocabine. Ça aussi c'est compliqué. Comment se photographier le cul dans une photocabine publique au métro Arts-et-Métiers ? Et là je dis, c'est presque plus difficile, parce qu'on ne peut pas s'asseoir, on n'a pas de place pour les genoux, on ne se voit pas. Bon, j'ai réussi, l'original est dans la collection de l'artiste... Et maintenant, je parle d'Emma, j'ai fait des photos en Polaroïd des derniers jours d'Emma...

— Vous écrivez en majuscule souvent ?

— Oui, je souligne quelquefois au-dessous du mot, mais la plupart du temps, j'écris en majuscule et en couleur. Et en lisant les mots soulignés, vous avez une petite histoire, ou tout simplement des slogans, ou des titres dans le texte... Et vous pouvez séparer ces phrases ou ces mots rien que par la couleur, vous pouvez lire le rouge, le bleu, le jaune et vous trouvez quelque chose... qui est à l'origine de toute une histoire...

— Vous faites le double, finalement, de tout ?

— Oui, je vous ai dit, je vous ai dit, c'est ça qui fait un boulot terrible, c'est ça, l'Encyclopédie !... Le tout est chez moi, et les bribes sont distribuées à travers le monde...

— Il est où alors, le tout ?

— Mais vous avez le nez dessus ! Le plus grand boulot, ça sera de faire un index un jour... C'est ça qui sera l'œuvre, au fond... On saura qu'il se trouve une lettre de moi sur un sujet particulier dans telle et telle lettre de telle année... Alors en cherchant, on pourra reconstituer. C'est un musée, si vous voulez. Pour le moment, je ne fais que des pierres, mais je sais qu'il y a déjà un dessin; là, déjà une tête, là, un pied, une jambe, etc. Et le tout doit être quand même lisible un jour, mais dans toutes les directions... Vous prenez un mot dans une lettre et vous trouvez des correspondances ou des révélations dans une autre lettre, 3 années avant, vous comprenez ? Alors la lettre continue, mais elle est coupée en deux, vous voyez, j'écris aussi au beau-fils de cette dame à qui est destinée la lettre...

— Vous écrivez à toute la famille ?

— Quelquefois... et l'autre partie, à un écrivain allemand qui a son portrait dans une revue... et j'ai fait des photocopies.

— Comment il s'appelle ?

— Ça n'a pas d'importance... Et pourquoi il est dedans ? Parce que je lui découvre une certaine ressemblance...

— Avec la souris ?

— Non, avec le chat de Siné.

— Il s'appelle comment ce monsieur ?

— Ça n'a pas d'importance, il vaut mieux garder le secret... J'ai colorié la photocopie du portrait, et j'ai écrit un tas de choses autour... Un poème qui est destiné à lui, et qui est collé sur papier vert clair puisqu'il s'agit de vodka...

— Heureusement que c'est en allemand !

— Pourquoi heureusement ?

— On ne risque pas de ne pas comprendre. Il y a des crochets, un point d'exclamation, des astérisques, c'est compliqué !

— C'est pas compliqué du tout ! On n'a qu'à suivre le texte, suivre les signes, suivre les couleurs, on retombe toujours... mais vous n'avez pas l'habitude de parler avec des gens comme moi qui parlent tout le temps... Vous voulez justement que je vous explique... On revient toujours !

— On revient toujours où ?

— Au début. Le monde va retourner au commencement.

— Pourquoi on est parti alors ?

— Ah, j'en sais rien !

— Donc, on continue par la vodka, mais il y a des taches... Vous avez fait exprès des taches ?

— Non, mais vous voyez mon bordel... Je n'ai pas d'électricité, je vis avec des bougies...

— Et vous avez renversé la bougie...

— Exactement, j'ai renversé... Alors lui, il a l'original... ça, c'est une photocopie.

— Mais vous avez peint les traces de bougie, non ?

— Mais non, mais non, mais non ! Ça, c'est un brouillon, c'est un brouillon qui traînait par terre, et un jour, la bougie s'est renversée et a fait les taches sur le brouillon. En rouge...

— Et vous avez trouvé ça joli ?

— J'estime que c'est un très grand honneur pour quelqu'un, si en plus d'une copie exacte d'un poème, je lui fait cadeau du brouillon...

(Rires.)

— Ben oui ! Ça se vend très cher !

— Vous le vendez, vous ?

— Non ! Pour mon Encyclopédie, il faut que je garde tout... Donc, j'ai fait une photocopie, mais le rouge devient noir, c'est pour ça que j'ai cerclé les taches noires de rouge, parce que c'était une bougie rouge... Et j'ai ajouté à ce brouillon d'autres choses qui n'étaient pas dans l'original...

— C'est jamais fini !

— Mais non, le monde ne finira pas ! Et je lui ai dit que c'était une préciosité... que je lui faisais cadeau de cette préciosité qu'est le brouillon... Mais puisque j'ai fait des photocopies du brouillon, je lui en envoie une aussi... et puisqu'il s'agit de vodka et de saoulographie, j'ai fait une photocopie des deux brouillons sur la même page... Je les ai pliés en diagonale et j'en ai tourné un à l'envers comme sur les cartes à jouer. L'un en haut et l'autre en bas. C'est joli, hein !... Et là-dedans, vous savez, il y a toujours un mot, c'est le *Sang de Taureau,* c'est un célèbre vin hongrois, le stierblut... Vous voyez, ça revient toujours... Alors voilà, ça continue comme ça, et je vais vous dire une chose... mais il faut me donner une cigarette... La plus grande partie de mon Encyclopédie, ça c'est un secret que je vous livre, c'est évidemment la façon... Il y a un contenu, mais il est très franchement dans la forme... Et dans la préface, et la postface, et les explications, et les renvois, et la bibliographie, et les postfaces aux préfaces, et les préfaces aux postfaces, de façon évidemment que ça ne finira jamais... Alors, vous me demandez, évidemment, où est le contenu, le texte qui en parle ?

— Eh oui !

— Mais vous, vous êtes trop jeune, vous voyez la nouvelle, vous voyez le roman, vous voyez le poème, ça commence avec Moi, et ça finit par Toi ! Mon amour ! Pour vous, c'est clair, mais c'est pas comme ça ! Le monde, au fond, n'existe pas. Le monde n'est que la postface...

— ... De la préface.

— Vous m'avez interrompu, je vais vous demander de ne pas le faire ! Le monde n'est que la postface de la création, du jour de la création, et la préface de l'éternité. Donc, il n'existe pas. Le monde, personne jusqu'à maintenant n'a pu dire ce que c'est... Ce n'est que la postface de la création, mais qu'est-ce que c'est la création, puisqu'elle continue, elle n'est pas finie ? Eh bien, c'est la préface à l'éternité. Parce que finalement, ici-bas, c'est pas l'essentiel. L'essentiel est ce qui vient après...

— C'est ce que vous racontez ?

— C'est une idée qui trottine dans ma tête depuis à peu près 60 ans, c'est ça, c'est ça... le tout n'existe pas...

— Et là, pourquoi vous parlez d'un café et d'un chocolat ?

— Attendez ? Ah oui, oui, oui ! Je suis dans un café, et je bois du chocolat... J'ai pas de lumière, la nuit, je dois aller au café pour écrire, et pour faire des copies... Vous voyez, c'est difficile le travail ici... Bon, ça, je ne vous explique pas, il y a dix pages... Je vous dis une seule chose, j'ai dit : « Le chocolat au café doit remplacer le jus d'Electra cité par M. »

—...

— Ça, ça veut dire, le jus d'électricité... Donc, le chocolat que je bois au café où j'écris doit remplacer le jus d'électricité que je n'ai pas ici... Alors, brusquement, j'ai eu l'idée de dire : le jus d'Electra cité par M... Je rattrape Electra et je la cite... Je la cite ici... Bon, on va tourner la page, et vous voyez, je prends du brun tout simplement parce que le brun sort un peu...

— Sort un peu d'où ?

— De la feuille.

— Mais pourquoi vous le faites sortir ?

— Parce qu'il s'agit de cul, il s'agit de merde, il s'agit de lion ! Je ne peux pas vous raconter l'histoire du lion et de la souris ! Je ne peux pas vous raconter tout ! On n'en finira jamais !

— C'est une fable de La Fontaine ?

— Non, c'est une fable de Michel... Le lion, je ne sais pas comment... Donnez-moi une cigarette ! C'est terrible, vous m'énervez, vous m'énervez, alors... maintenant, je me rappelle.

— Parce que vous ne vous rappeliez plus ?

— C'est pour ça que j'écris. Pourquoi on écrit ? Parce qu'on ne se rappelle pas...

— Mais vous pourriez utiliser un magnétophone comme moi...

— Non, je ne peux pas. Vous savez, c'est pour ça que je suis content que vous soyez là, d'une certaine manière, parce que tout seul, je ne peux pas parler... Et je vous dis, j'ai un mal fou à écrire, justement, parce que mon monologue intérieur m'échappe. Vous comprenez ? Mon monologue intérieur va évidemment beaucoup plus vite que l'écriture et même le magnétophone, parce que dès que je presse le bouton, il y a un déclic qui se fait, une rupture, une cassure... Je ne peux pas, je ne peux pas parler...

— Vous êtes né où ?

— A Stettin, en Poméranie...

— Et pourquoi vous avez des tatouages ?

— Écoutez ! Ça, c'est encore une histoire, elle est dedans ! La réponse est dans l'Encyclopédie !

— Vous n'êtes pas passé en camp de concentration ?

— Non, non... D'une certaine manière, le monde est un camp de concentration...

— Montrez-moi votre tatouage !

— Non, non, non ! Je me déshabille pas devant vous ! Je fais déjà un strip-tease mental suffisamment riche, alors si vous voulez encore un strip-tease physique... Vous avez demandé le lion, je réponds maintenant au lion... Bon, cette femme qui avait des chats m'a envoyé un jour, il y a deux ans, je crois, une boîte, ça fait partie de mon Encyclopédie, de mes archives, c'est important ! Moi, je sais mieux ce qui est important pour vous que vous-même... Il ne faut pas m'interrompre tout le temps... C'était une boîte en fer-blanc, il y avait de la graisse dedans, mais c'était une boîte pour le café... Elle a mis la graisse dedans et elle m'a envoyé ça...

— De la graisse ?

— Vous ne connaissez pas la graisse ? La graisse de porc, vous ne mangez pas ça ?

— Il n'y avait pas de pâté dedans ?

— Non, non, de la graisse, c'est tout ! Dans le beurre, est-ce qu'il y a un gigot ? Non. Est-ce qu'il y a des œufs sur le plat dans le beurre ? Vous achetez le beurre tout simplement et vous le mangez...

— Donc, elle vous a envoyé 5 kilos de graisse...

— Non, pas 5 kilos, je n'ai jamais parlé de 5 kilos de graisse... Une boîte, et sur la boîte, parce que c'était une boîte de café, il y avait un lion du Kenya. Parce qu'il y a des lions au Kenya et il y a du café au Kenya... Le meilleur café du monde, enfin un des meilleurs, très cher, très cher... De toute façon, pour me rappeler que je dois un jour remercier cette dame de ce colis où il y avait la graisse avec le lion sur la boîte, pour me rappeler ça, parce que je ne peux pas écrire à tout le monde en même temps, j'ai nettoyé la boîte, après avoir mangé la graisse, même si ça vous paraît bizarre, mais ça, vous savez, ça fait partie de la partie culinaire et gastronomique de mon Encyclopédie, j'ai nettoyé la boîte et je l'ai mise dans mes archives... Elle y est restée, je crois, pendant deux ans... La pauvre dame va se dire, ce type-là, il n'est pas reconnaissant... Et j'espère que, par une lettre de temps en temps, elle comprendra que l'Encyclopédie c'est long... Vous commencez à comprendre ? C'est difficile à faire, c'est long... Alors j'ai redécouvert cette boîte, récemment, dans mes archives, malgré le bordel, et puisque c'est la même dame à qui je parle déjà depuis une éternité de mes souris, parce qu'elle m'a écrit qu'elle avait des chats, le lion apparaît dans mes écrits... Et comme Emma 1 était mourante, j'ai pris des photos au Polaroïd, le Polaroïd ça sort tout de suite... alors, j'ai réussi dans une troisième photo à mettre les deux photos d'Emma qui traînaient sur la table et en plus le lion sur la boîte... Ça s'appelle, dans l'histoire de l'art, le tableau dans le tableau, vous avez entendu parler de ça ?... Voilà, j'ai réussi à mettre sur la même photo Emma, ma souris, avec le lion... Et en me promenant le même jour à la FNAC, je trouve une anthologie de fables, une jolie petite édition de fables d'animaux avec des images, des gravures sur bois, des dessins romantiques, et je trouve là-dedans *Le monument à un chat*... Et là, je reviens aux 20 chats de madame, en demandant : « Comment ça va se présenter un jour dans votre jardin ? Est-ce que vous allez avoir 20 monuments comme ça, ou est-ce que vous allez les mettre dans le formol comme Emma ? » Et j'ai inscrit la formule chimique du formol parce que c'est une encyclopédie...

— C'est HC2OH...

— Non ! Ça, c'est autre chose...

— C'est CHO ?

— Voilà. Et maintenant, il y a un truc extraordinaire que je dois écrire. Le jour où je vais à la pharmacie, pour acheter du formol, je fais la queue leu leu, j'explique, je me bagarre, parce qu'ils ne veulent pas m'en donner assez, ils refusent parce que c'est interdit par la police si on n'est pas spécialiste dans la préparation d'animaux morts... C'est en plein jour, au début de l'après-midi... Rentre une jeune fille avec un lion.

— En laisse ?

— Non, sur le bras...

— En tatouage ?

— Non ! Un lion... Sur les bras, un bébé lion... C'est charmant, ça ! Elle est venue acheter du lait en poudre ou je ne sais quoi... Elle avait eu ce lion le matin même par le zoo. Il avait 4 semaines... il mettait ses pattes autour du cou de la jeune fille, elle portait ça comme un grand bébé... C'était joli à voir... De temps en temps, quand les gens s'approchaient trop, il montrait un peu les dents, il ouvrait la gueule, mais c'était gentil, et la patte presque autour du cou de la jeune fille... Évidemment, les gens ont posé des questions... Qu'est-ce que vous allez faire plus tard lorsqu'il sera grand, lorsqu'il pèsera 200 kilos ? Elle a dit, oh ! on verra bien, on a déjà un chimpanzé et un léopard... Alors là, dans ma lettre...

— Vous avez fait un nouveau chapitre...

— Je pose la question, pourquoi pas un éléphant ? Or, Rilke, que je cite déjà, a fait un poème sur un manège, et il dit : « ... De temps en temps, un éléphant blanc qui tourne... » Et il y a des éléphants, dans mon Encyclopédie... Évidemment, puisque tout y est, il y a des éléphants aussi... *Les Éléphants* par Pouppeville... Il a dessiné un grand éléphant en bois fait comme le cheval de Troie, si vous voulez, avec un cornac derrière, et l'éléphant est sur une planche avec des roues... Je ne peux pas vous expliquer tout... De toute façon, j'ai illustré ça, et l'éléphant a maintenant sur le dos le nom de Rilke, écrivain allemand... Donnez-moi une cigarette... Ça c'est le télégramme qu'Emma est décédée... « Emma 2 est morte. Tristesse profonde. Emma 1 et M... » Emma 1 est dans le coin... J'ai mis un moment à les distinguer, parce qu'au début, je pensais que c'était une seule. Et brusquement, j'en vois deux... Alors un jour, j'ai dit, je deviens fou, j'ai pris une frousse terrible, si ça me faisait douze petits d'un coup...

— Comment vous les avez distinguées ?

— Un jour, lorsque je les ai vues ensemble, par hasard, elles étaient très effarouchées évidemment... J'étais très silencieux à ma table en écrivant, j'ai pas bougé, je les ai entendues et je les ai vues venir boire... L'une a une queue un peu pointue, l'autre a le bout de la queue pas pointu... C'est comme ça que je les ai distinguées... Mais le sexe, j'ai jamais découvert, sauf maintenant, puisque Emma 1 est morte, j'ai vu que c'était un mâle. Je sais toujours pas ce que c'est que l'autre. Peut-être, je la trouverai un jour morte... Je veux essayer maintenant de la familiariser avec le coin, pour qu'elle ne s'échappe plus, parce que ça chie partout depuis deux ans, dans les endroits les plus invraisemblables... Et maintenant, je suis fatigué... Ah oui, je peux vous dire quand même, ça c'est une page d'un livre sur le Coran. Vous allez évidemment poser la question, pourquoi le Coran ? Parce que la dernière personne à laquelle j'ai écrit est arabisante.

— Et pourquoi vous avez mis bof ?

— Alors, écoutez, ne cherchez pas parmi des millions de mots pourquoi il y a un mot...

— C'est sur les interdictions alimentaires. Vous dites bof, pourquoi ?

— Parce que je dis que de toute façon je n'ai déjà rien à manger, alors !... Vous voyez le bleu revient ici, ça c'est une citation de moi, mais que j'attribue au poète arabe Omar Khayyam... C'était le jour où j'ai perdu une dent en or... Je mâche mon pain et je trouve quelque chose de dur là-dedans, et crac ! je m'aperçois que... Emma était morte, elle était déjà dans le formol...

— Alors vous avez mis la dent dans le formol ?

— Non, on n'a pas besoin de mettre une dent en or dans le formol. Ça se garde très bien. Sauf dans la bouche quand ça se casse... Donc j'ai pris une photo avec flash et sans flash avec la dent devant le verre de formol. Et il y a une dent dure avec flash et une dent molle sans flash, parce que la lumière sans flash n'était pas suffisante, donc la photo est floue.

— Et qu'est-ce que vous avez fait de la dent ?

— Ben écoutez, je me suis pas foutu la dent dans le cul ! Elle est toujours là quelque part, dans les archives, voyons !

— Vous n'êtes pas trop fatigué ?

— Maintenant, c'est terminé. Je ne dis plus un mot.

— Si, votre tatouage...

— C'est « Merdre » !

— Montrez-le-moi !

— Non ! Je me suis baladé avec la plaie saignante pendant toute une journée à Copenhague, avec une serviette en papier dessus, collée avec du Scotch par les tatoueurs, et l'original de la serviette en papier avec des taches de mon sang...

— Qu'est-ce que vous en avez fait ?

— Elle se trouve dans mon Encyclopédie ! Et dans les Mémoires de Copenhague que j'ai écrites à l'époque... Et certains amis ont une photocopie de cette serviette avec les taches de sang et le Scotch...

— Et il y a marqué « Merdre » dessus ?

— Oui, on dit que c'est le dernier mot de Jarry sur son lit de mort. Et avec ce mot-là, terminé notre conversation !

— Je croyais que ça ne se terminerait jamais...

— Mais je pourrais vous raconter toute l'histoire, et comment dans mon passeport, que je ne peux pas retrouver, le mot est dedans... Parce que le tatouage fait partie des signes particuliers...

— Et vous ne pouvez pas retrouver votre passeport ?

— Vous voyez, l'histoire recommence. Sans passeport et sans papier, on n'est rien. C'est pour ça que je fais des papiers, parce qu'avec les papiers que vous voyez autour de nous, je suis quelqu'un... Ah ! J'ai oublié quelque chose, voilà, j'étais à Beaubourg... Le soir, lorsque la lumière commence à manquer, je vais jusqu'à 10 heures à Beaubourg, dans la bibliothèque, pour écrire... Je me cherche de loin déjà une place, je vois une place vide, je m'approche et je trouve sur la table, le roman de Jane Austen, *Emma*. Le bouquin, sur la place ! Presque la seule place vide !... Et ce bouquin-là, c'est une sorte d'épitaphe, de pierre tombale pour ma souris !

— Dites-moi, vous ne terminerez jamais votre Encyclopédie ?

— Non, jamais... C'est pour ça que je vis éternellement...

— Ça vous plaît cette idée de ne pas la terminer ?

— Oui, assez. Parce que vous savez, si une chose est terminée elle est morte.

— Mais si elle n'est pas terminée, elle n'existe pas vraiment non plus ?

— La vie est impossible.

— Ça ne vous effraie pas de vivre seul comme ça ?

— C'est effarant ! C'est comme vivre avec les autres, c'est effarant aussi... La vie est effarante, vous savez !

— Vous continuez quand même ?

— Je ne vais pas sauter par la fenêtre ! Enfin, seul... Après la mort, on ne sait pas non plus.

— Vous savez, vous me faites penser à Krapp, le vieil homme avachi dans *La Dernière Bande* de Beckett...

— Ah ! c'est drôle que vous disiez ça... Parce que Krapp c'est moi...

— Comment ça, c'est vous ? Cet homme devant ses vieilles bandes magnétiques usées, c'est vous ?

— C'est l'âge aussi, c'est l'âge...

— Quel âge ?

— Finalement, l'âge de moi... Le type qui est confronté avec lui-même...

— Qui est perdu dans tous ses objets, dans ses choses, dans la poussière ?

— Non, non, il n'est pas tellement perdu, parce que finalement la pièce est vide. Il n'a que ses souvenirs qu'il a enregistrés, et c'est très curieux parce que ça devient abstrait. A un moment donné, vous vous rappelez peut-être, à un moment donné, il dit quelque chose comme ça : « Qu'est-ce que j'étais con à l'époque ! » Donc, finalement, il n'a même plus ses souvenirs.

— Non, il n'a plus rien.

— Il n'a plus rien.

— C'est comme vous ?

— Lorsqu'on n'a plus rien, on arrive à l'essentiel, c'est-à-dire juste avant le rien, ou après le rien, ça dépend ce qu'on entend par rien... Krapp, lui, il a encore la bande, mais qu'est-ce que ça signifie pour lui, les souvenirs, comme ça ? Refaire la vie par la bande, c'est déjà la réflexion, c'est pas la vie... Et il y a un truc que vous ne savez peut-être pas, c'est moi qui l'ai découvert, je vais vous livrer un secret... La banane, qu'est-ce que c'est la banane ?...

— La banane ?

— C'est le sexe. Et justement, qu'est-ce qu'elle vient foutre là-dedans ! Personne n'a écrit là-dessus, je ne devrais pas vous livrer ce secret.

— Il l'épluche et la caresse longtemps...

— Évidemment. Il la mange.

— Et alors ?

— Si la banane est le symbole du sexe et que vous mangez votre propre sexe, qu'est-ce que ça signifie ?... Il y a autre chose. Vous savez que Beckett était le secrétaire de Joyce. Et à la fin d'*Ulysse*, lorsque Molly se rappelle la scène à Gibraltar, avec le lieutenant qui l'a baisée, il y a ce monologue de 40 pages où elle dit qu'elle a voulu se foutre une banane dedans... *Ulysse* finit avec la banane. Et *La Dernière Bande* commence avec une banane. Donc, c'est la banane de Joyce... C'est marrant ça !... Pourquoi il mange une banane ?... La pièce pourrait aussi se passer sans banane, il pourrait aussi manger une pomme, ou une orange, ou rien du tout... Pourquoi il sort du tiroir une banane ? Il commence à manger la banane, il lance la peau à la gueule du public, c'est une façon de dire merde, aussi ! Il la mange... Peut-être aussi pour se donner de la force, je ne sais pas. Mais si la banane est vraiment un symbole du sexe, il tire sa propre force de lui-même. Du dehors, il n'y a plus rien qui tienne... A la fin de la vie, il n'y a plus rien. Et lorsqu'il n'y a plus rien dans votre vie, la dernière chose qui reste, c'est Dieu ou c'est le sexe... C'est quand même les choses les plus importantes...

— C'est une pièce qui vous a beaucoup...

— Je l'ai vue deux fois. Je l'ai vue, je crois, très peu de temps après la création, et récemment aussi, avec un acteur qui sortait d'un pénitencier américain... Et justement à la fin de la pièce, j'ai laissé un peu sortir les gens... (rires) j'ai ramassé un morceau de la banane, et je l'ai tout simplement accroché ici... Ça a séché, c'est devenu tout noir et tout mince, c'est comme un poulpe à quatre branches, complètement recroquevillé, noirâtre, dur... Et ça restera accroché dans mon Encyclopédie.

Le carnet à Georgina

> *C'est un des êtres les plus fous que je connaisse. A l'aise dans sa folie, organisé dans sa solitude. Mystérieux. Il est là, avec vous, il plaisante. Et en même temps, on ne sait pas qui c'est. Sans faire de roman, c'est quelqu'un qui serait capable de disparaître sans laisser de traces. Il est bouleversant.*
> Sophie Calle, *L'homme au carnet.*

Monsieur Edouard est mort en 1975, à la fin du mois de juin sans doute, il n'avait pas tourné la page du calendrier, et une petite croix était inscrite à la date du 30. Il allait avoir 62 ans. Il est vraisemblablement mort de son infarctus. Il avait eu une première attaque le 2 octobre 71, qu'il avait aussitôt notée dans son carnet noir, une douleur violente sous le bras gauche, dans sa petite soupente du 37, rue du Champ-de-Mars, à Tours, qu'il louait pour une bouchée de pain. Monsieur Edouard était retraité, on ne sait pas vraiment de quoi, peut-être de l'armée, qui lui versait une pension d'invalidité à 80 %, mais il faut dire qu'il était également pensionné de guerre, à la suite de sa blessure à la colonne vertébrale le 17 janvier 1940. Il en souffrait beaucoup, ce qui ne l'empêchait pas de trotter en ville tous les jours, en s'aidant de ses deux béquilles, toujours dans un costume gris anthracite à larges revers, et le crâne un peu blanc.

Monsieur Edouard habitait un petit quartier, non loin de l'église, de la caserne du 501e de cavalerie et du marché aux cochons. Et aussi d'un claque des années 20, L'Étoile bleue, *aux murs fardés de carreaux carmin et de grilles bleues comme des paupières. C'est là qu'il est mort, sans héritiers, sans famille. Des scellés de justice ont été apposés, des petits tampons rouges sur la serrure. La voisine du dessous, la mère Denise, avec qui il échangeait* La Nouvelle République du Centre-Ouest *(en donnant 50 centimes à sa fille), se disait gardienne des scellés. C'était une drôle de femme, d'ailleurs. Complètement alcoolique, elle ne sortait jamais de chez elle. Elle avait simplement une petite bonne portugaise qui lui faisait ses courses, et lui lavait son linge dans la cour. La seule fois où elle mettait le pied dehors, c'était le soir : elle sortait sa poubelle en même temps qu'elle fermait ses volets. Et le matin, elle rentrait sa poubelle en ouvrant ses volets. C'est tout. Elle avait des yeux très clairs, qu'elle plissait toujours d'une façon méchante.*

Quand on montait l'escalier, on pouvait quand même jeter un œil chez Monsieur Edouard, par une petite lucarne à claire-voie. C'était plutôt sale, mais méticuleusement rangé. Il y avait d'ailleurs une curieuse odeur, une odeur qui devait être la sienne, de naphtaline et d'eau de Javel. Un matin, en 79, des huissiers sont venus retirer les scellés, sur ordre du Parquet. Ils ont constaté qu'il n'y avait aucune chose de valeur, sinon dans une poche de veston, 500 000 F en billets dans un portefeuille, qui ont été aussitôt saisis. Le soir même, l'un des huissiers est repassé, et il a transporté dans sa camionnette le fauteuil en paille, la chaise longue, une table et trois chaises paillées. Le grenier a été par la suite complètement dévasté, vraisemblablement par les gitans d'à côté. Tout à été fouillé, la cheminée à été cassée et le matelas éventré.

Au cours de l'été 80, je suis monté là-haut. La porte était encore ouverte. Le vieux lino jaspé était presque entièrement couvert d'une invraisemblable paperasserie. Une seule fenêtre très grande éclairait plein sud. Elle était sans rideaux. Manifestement, rien ici n'avait été jamais lavé, malgré les stocks importants de désinfectant. Il y avait un encombrement assez difficilement réalisable de lacets, petites casseroles accrochées au mur, boîtes d'épingles de nourrice, paires de bretelles, cartes de visite de médecins, clés de montre, chausse-pieds, une quinzaine de bouteilles de Primpéran pour les maux d'estomac, des ouvre-boîtes, bouteilles d'eau de Javel, chemises pliées neuves, tickets de caisse (avec, au dos, des comptes ou des petits mots : Bernard Chereau va avoir 38 ans, ou : 44 F dans mon paletot rouge) et bons de la Quinzaine commerciale, bouteilles de Synthol, vieux numéros de Guérir, plusieurs paires de lunettes, des radios, des lettres d'agences matrimoniales, bouts de ficelle, pochons de pharmacie glissés l'un dans l'autre, des caisses entières de lettres, de Semaine religieuse du diocèse et de feuilles de caisse primaire de Sécurité sociale, des gargarismes de Luchon, quinze boîtes d'Antésite, dont une monumentale pour collectivités, des grands paquets de lessive Persil, flacons d'Eau précieuse Dépensier, sachets de queues de cerise, de serpolet et de camomille, une casquette, du sel, deux lames de scie neuves, des boîtes de haricots verts Princesse qui n'avaient pas été ouvertes, des bouteilles de Dépuratif des Alpes, des paquets d'allume-feu, des boîtes de fumigation et de pastilles Pulmoll, des bouteilles d'alcool camphré, quantité de clous et de n'importe quoi. Il y avait aussi une petite combinaison de dentelle, la seule chose de femme apparemment.

Sur le toit, le papier à fleurs jaunes crevait un peu. Monsieur Edouard le reprisait avec du papier timbré, ou plus volontiers avec des étiquettes d'écolier, et toujours son nom dessus. J'ai retrouvé deux porte-monnaie rouges flambant neuf, comme on les faisait en 1950, *et un peu plus loin, en fouillant dans ce bazar, le même porte-monnaie, mais complètement usagé. J'ai fait la même observation pour les bretelles, les slips, les médicaments et les support-chaussettes : un vieux et deux neufs. J'ai retrouvé également plusieurs agendas noirs, de vieux agendas qui servaient à recopier au propre, vraisemblablement à l'aide d'autres notes qui ont été détruites au fur et à mesure, tout l'ordinaire de la vie de Monsieur Edouard. C'était un véritable délire domestique. Des « livres de raison » d'une précision maniaque, et d'une ordonnance tout à fait militaire, sur les achats effectués, les boutiques où il s'approvisionnait, les activités de la semaine (le coiffeur tous les derniers mardis du mois, le raccommodage au Sanitas tous les vendredis, la messe à la basilique Saint-Martin, la petite lampe jaune à pétrole à remplir tous les quatre jours, le bain simple aux établissements de l'avenue de Grammont tous les 15 jours, le samedi) et les quelques personnes qu'il fréquentait, surtout parce qu'elles lui rendaient de petits services : Monsieur Robeyre qui lui nettoie son évier et la rigole de son tuyau sur la rue (il lui payait un paquet de tabac), le fils Joël de Madame Robeyre, sa voisine, qui lui fend son bois pendant 4 heures (1 500 F), l'employé aux archives de* La Nouvelle République du Centre-Ouest *qui lui ramone les tuyaux de sa cuisinière, le menuisier de l'entreprise Launay et Guillemot qui lui remplit un sac de frollons (100 F), la gardienne des cabinets de la place du Palais qui lui met sa musette chez elle le temps qu'il aille à ses visites commentées (100 F) ou encore l'employé de la ville qui travaille au nettoyage des marchés et qui lui donne des plumes (200 F).*

Monsieur Edouard archivait tout. Jusqu'à l'étiquette d'une boîte de haricots Maingourd, qui d'ailleurs avaient sa préférence, à l'enseigne de la devanture de la Charcuterie-Comestibles de la rue Georges-Courteline (« Nos spécialités : andouillettes, jambons fumés et boudins blancs »), aux dépliants touristiques, aux lettres qu'il adresse à Monsieur Jean Royer, député-maire, ou au médecin-chef colonel Suffran, et qu'il recopie toujours avec soin, ou encore aux articles de revue, par exemple sur la signification exacte du nombre d'étoiles impressionnantes, parfois, que portent les casquettes des employés de la SNCF. Ce sont des carnets, à vrai dire, assez illisibles, tant il donne l'air, quand il écrit, d'empiler les mots, de les attacher, de les stocker, de les boucler les uns aux autres. Monsieur Edouard était peut-être très sentimental, ou terriblement avare.

Il recopie toutes ses petites feuilles jaunies et bavées avec une nervosité qui lui fait parfois oublier les choses, alors il les rajoute trois lignes plus bas, en plein milieu d'une phrase : jamais il ne barre, il préfère tresser. C'est qu'il consacre chaque page de son carnet à un secteur important de son activité : la montre, le bain, le raccommodage, le garde-manger, le journal, le coiffeur ou les ongles. Toutes les pages en torsade du carnet de Monsieur Edouard résument un mois de sa vie, et je crois qu'il faut beaucoup de courage pour ainsi envisager sa vie, tour à tour sous l'angle des petits pois ou du poêle à charbon. C'est ce qui ressort, en tout cas, de ces additions méticuleuses, ces petits achats si ponctuels et cette écriture nouée de remords.

Dans le carnet de 1970 qui nous occupe, Monsieur Edouard parle évidemment de tout ça : de Monsieur Meunier, coiffeur pour hommes et dames, chez qui il se faisait parfois raser; de Madame Aufrère, la couturière, et de sa fille, Mademoiselle Odette, avec qui, semble-t-il, il a eu une petite liaison sans conséquences : il leur payait le restaurant, certains dimanches, à Saint-Cyr-sur-Loire, au café Les Charmilles *(en tout 65,50 F) et aussi des petites choses, une culotte ou un gilet de coton, vu qu'elle lui avait offert de son côté une paire de chaussettes et un cache-nez; il parlait très souvent du contrefort de ses talonnettes qu'il faisait rehausser régulièrement, du moins au pied droit (en fait, Monsieur Edouard boitait légèrement), de son corset de flanelle qu'il avait acheté au Paradis des Dames (« Nouveautés, confection, lingerie, bonneterie »), et évidemment de ses ongles incarnés qu'il se faisait enlever régulièrement chez un spécialiste du pied sensible; de ses montres (car il en avait beaucoup), qu'il retardait alternativement les mardis, jeudis et dimanches et les lundis, mercredis et vendredis, de 10, de 15 ou même de 20 minutes, mais sans qu'on sache vraiment la raison de cette fantaisie. Le réveil subissait d'ailleurs le même sort, et pour finir, il allait régulièrement le porter chez Monsieur Faivre, bijoutier-horloger rue des Halles, pour un nettoyage complet, ou simplement pour se procurer un ressort, ou un boîtier. Il en profitait d'ailleurs toujours pour acheter deux clés. Les heures tracassaient tant Monsieur Edouard que parfois il notait, dans son agenda : « Aujourd'hui, j'ai remarqué que la pendule de la basilique Saint-Martin retardait de 10 minutes. » Pour les œuvres, Monsieur Edouard donnait régulièrement 50 centimes, à la quête du dimanche, pour le vestiaire des pauvres, ou le chauffage de la crypte, ou les conférences de Saint-Vincent-de-Paul, ou pour rien.*

Le linge ne paraît pas avoir énormément absorbé les pensées de Monsieur Edouard : il avait ses paires de chaussettes, ses tricots de peau, son paletot bleu, ses chemisettes courtes à rayures bleues, ses caleçons et ses culottes, et ça suffisait. En fait, s'il achetait peu, c'est qu'il reprisait tout. Tous ses vêtements avaient des pièces partout, même à l'entrejambe, même avec des carrés de tissu à fleurs. C'est peut-être aussi pour cette raison que ses rapports avec les femmes passaient surtout par les raccommodeuses du Sanitas. Monsieur Edouard, en fait, n'était pas coquet : il était gourmand. L'essentiel de sa pension y passait.

Ses goûts variaient peu. Ou disons, il y avait des périodes où il s'en tenait à un régime catégorique. Il avait assez le caractère d'un intendant des armées. La viande, par exemple : il y eut l'époque 1 morceau de rôti + 4 croquettes de poisson + 2 côtelettes de cochon + 3 morceaux de poulet, et puis une autre époque, résolument différente, 3 côtelettes de chèvre à la boucherie chevaline (qui faisait aussi veau et chèvre), avenue de la Tranchée. C'est vrai qu'il avait une préférence pour les conserves de haricots verts (surtout les Maingourd, ou les Princesse), même si parfois il leur préférait une boîte de petits pois à l'étuvée, d'endives au naturel ou de céleri garniture. Et il adorait vraiment le pâté de grives, les cornets de poireaux cuits (à la Charcuterie-Comestibles Au Roy Gourmet), le camembert Le Délectable (ou Duc de Champagne, 50 % de matières grasses) et les pots de miel surfin du Jardin de la France. Mais Monsieur Edouard ne buvait pas, du moins rien d'autre que du Vittel-Délices à l'orange.

Mais ce carnet de l'année 70 et suivantes nous intéresse surtout pour Georgina. Monsieur Edouard avait finalement assez peu de commerce avec les femmes, sinon avec sa mégère du dessous, et ses petites excursions avec Mademoiselle Odette. Il allait bien voir les filles quelquefois, Mademoiselle Jeannette Grandin entre autres, mais c'était assez rare. Il s'était inscrit aussi dans une agence matrimoniale, on lui envoyait des listes de dames de 35 à 40 ans, femmes de chambre ou ouvrières à domicile, catholiques toujours, qui auraient pu combler la vie tranquille de Monsieur Edouard. Mais elles ne répondaient pas. Il s'en était plaint à l'agence. On lui expliqua sur deux pages serrées que certaines lettres ne reçoivent jamais de réponse parce que le mariage était déjà fait. Il s'en était tenu là.

Et le saint jour de la Pentecôte 1971, il a vu pour la première fois Georgina.

La fille avait 26 ans, on ne sait rien d'autre d'elle. Il l'appelle d'abord Madame Georgina, dans son carnet de comptes, et lui réserve sa place, parmi les 300 kilos de boulets à faire rentrer et l'affûtage de sa hache, de son ouvre-boîte et de son couteau. Et si elle figure ici, c'est que déjà il lui « avance » des petites sommes dans le jardin du musée, il lui offre des gâteaux et boit avec elle un café nature au Sporting-Bar. Il la voit irrégulièrement, mais toujours de matin très tôt, et manifestement il ne monte pas encore avec elle. Bientôt, c'est-à-dire l'année suivante, il l'appelle simplement Georgina Gatineau. Il continue à la voir plus ou moins souvent, et à lui payer des bonbons, des petits gâteaux au beurre ou des éclairs au chocolat qu'il achète aux magasins Menus Prix, libre-service Lefroid. Ce n'est que le 16 novembre 72, c'est-à-dire un an et demi après, qu'il fait l'amour avec elle pour la première fois, dans un petit hôtel de la rue des Trois-Écritoires, où ils iront d'ailleurs invariablement. Bien sûr, Monsieur Edouard ne dit pas les choses ainsi : il note simplement, sans émotion, qu'il a payé la chambre 1 200 F et qu'il a avancé en même temps 3 000 F à Georgina. Ce n'est d'ailleurs pas tout : le lendemain matin, il lui paye un corset de 20 000 F, qui est bien la plus formidable somme qu'il ait dû débourser d'un coup. Mais Monsieur Edouard était mordu.

Il montera alors avec Georgina, d'abord une fois par mois, le jeudi matin, vers 8 h 45, puis dès le mois de mars 1973, ce qui est assez vite, une fois par semaine. Les sommes qu'il lui avance sont plus élevées qu'au début de sa liaison, mais toujours différentes, sans qu'on en sache exactement les raisons : 6 000, 9 000, 10 000, 12 000 F. Peut-être simplement donnait-il un peu plus quand il touchait sa pension de guerre. Un jour, il rencontre Monsieur James, chez qui Georgina habitera un moment, et qu'elle a dû lui présenter, ainsi que Madame Jacqueline. Fin juillet, Georgina vient chez lui, tôt le matin, pour la première fois. Et maintenant ils se voient tous les jours ou presque, pour les avances, au coin de la rue des Trois-Écritoires, place de la Victoire ou rue de la Grosse-Tour. Ou bien chez lui. Font-ils encore l'amour ? On ne sait pas. Certains jours, les avances sont de quelques centaines de francs seulement, parfois même rien. Mais Georgina était quand même gentille avec lui. Un jour du mois d'août, Monsieur Edouard lui donne 1 000 F, un paquet de bonbons et un billet de car aller-retour pour l'hôpital Bretonneau, un contrôle sans doute. Le surlendemain, il lui donne 10 000 F et ils font l'amour. Ils ne s'étaient pas aimés depuis un mois.

Fin septembre, c'est lui qui va chez elle, pour la première fois, rue des Quatre-Vents. C'est pour lui apporter le gilet qu'il lui offre. Fin octobre, il l'accompagne à l'hôpital. Et toujours, il va la voir chez elle, et elle vient le voir chez lui. Le matin, très tôt. Pour des avances. Fin décembre de cette même année 73, il la voit pour la première fois avec son fils Roger, elle est d'ailleurs aussi en compagnie de son ami, Monsieur Marcel Fouquet. Depuis fin octobre, ils ne sont pas remontés à l'hôtel ensemble.

L'hiver, Georgina prend toujours un lait chaud avec un verre de rhum. Parfois, un verre de rouge aussi, et parfois rien. Lui, c'est toujours un café nature. Mais ils se voient moins au café. Ils règlent toujours les affaires d'argent chez lui, ou dans la rue. Certains jours, Georgina discute avec une autre fille, au coin de la rue du Champ-de-Mars, c'est un quartier connu pour la monte. D'ailleurs, peut-être est-ce dû à cet ami de cœur qu'elle fréquente à présent, Georgina a déménagé rue des Tanneurs. Elle a changé aussi de quartier général : elle ne fait plus la chandelle au Sporting, mais au Putois, rue de la Grosse-Tour, chez Madame Besnard. Même, un matin, Monsieur Edouard l'a trouvée accoudée au comptoir de Madame Charles, aux Caves Tourangelles. Elle était encore avec ce Marcel Fouquet, qui cette fois-là lui a payé son petit café nature. Elle aussi, c'est vrai, le lui avait payé un jour, rien qu'un jour, le 6 mars.

Ils monteront encore dans la petite chambre des Trois-Écritoires. Trois fois, c'est ça. Monsieur Edouard voit d'ailleurs Georgina de plus en plus souvent en compagnie de Fouquet. Il cherche à la voir plusieurs fois dans la journée, apparemment pour rien. Maintenant, ils ne font plus l'amour ensemble.

Monsieur Edouard est mort un an plus tard. Pour qui avait-il laissé cet effarant secret enfoui au fond de son carnet de comptes ? Pour personne, sans doute. Peut-être même voulait-il se le dissimuler à lui-même : la Georgina n'avait, au fond, guère plus d'importance que trois côtelettes de chèvre. C'est pourtant dans ce carnet obscur, aux enluminures de pointe Bic et de comptes minables, que son histoire s'effondre, et qu'il a en d'ailleurs défendu l'ultime révélation : le visage de Georgina.

(*1971*) Le Saint Jour de la Pentecôte, le dimanche 30 mai, j'ai avancé 150 F à Mme Georgina Gatineau que j'ai rencontrée vers 8 heures moins 5 du matin Pl. du Grand-Marché.

Le lundi 14 juin, j'ai donné 2 500 F à Mme Georgina Gatineau, 15, rue Étienne-Marcel.

J'ai donné 1 000 F à Mme Georgina Gatineau, le vendredi 25 juin, place du Palais, sur les bancs du boulevard, 15, rue Étienne-Marcel, que j'ai rencontrée.

J'ai donné 200 F à Mme Georgina Gatineau, 15, rue Étienne-Marcel, rencontrée dans la rue de la Grosse-Tour, que j'ai bu un café nature avec elle, chez Mme Courtin, café comptoir, le jeudi 15 juillet. Je lui ai avancé 2 000 F.

Le jeudi 19 août, j'ai donné 1 000 F, à Mme Georgina Gatineau, 15, rue Étienne-Marcel, rencontrée dans la rue du Grand-Marché et que j'ai bu un café nature avec elle chez Mme Courtin, café comptoir de la Grosse-Tour.

Le lundi 23 août, j'ai rencontré Mme Georgina Gatineau, 15, rue Étienne-Marcel, rue de la Victoire vers 9 h du matin, et le soir j'ai porté mon paquet de pâtes et de gâteaux chez Mme Courtin, Sporting, café bar, 10, rue de la Grosse-Tour.

J'ai rencontré Mme Georgina Gatineau, 15, rue, Étienne-Marcel, rue du Grand-Marché vers 8 h et demie du matin, avec toute son équipe de chez elle, et en même temps je lui ai donné le paquet de gâteaux. C'était le jeudi 27 août.

J'ai rencontré Mme Georgina Gatineau, 15, rue Étienne-Marcel, le dimanche 5 septembre, vers 7 h moins le quart, Pl. des Halles. Je lui ai avancé 100 F.

J'ai rencontré Mme Georgina Gatineau, 15, rue Étienne-Marcel, le mardi 14 septembre, vers 8 h et demie du matin, chez Mme Courtin, au Sporting-Bar, rue de la Grosse-Tour, 15, rue Étienne-Marcel, avec toute son équipe, qu'on a bu un café nature rhum qui me fait en tout 240 F. Je lui ai avancé 500 F le même jour.

J'ai rencontré Mme Georgina Gatineau, 15, rue Étienne-Marcel, le lundi 21 septembre, vers 8 h moins le quart du matin, à côté de chez M. Buisson, chiffonnier en gros, Pl. de la Victoire.

J'ai donné un paquet de pâtes à Mme Courtin, au Sporting-Bar, rue de la Grosse-Tour, pour Mme Georgina Gatineau, 15, rue Étienne-Marcel, le jeudi 30 septembre.

J'ai rencontré Mme Georgina Gatineau, rue de la Grille, le jeudi 7 octobre. Je lui ai avancé 100 F, d'où on a été prendre un café nature et elle aussi chez Mme Courtin, Sporting-Bar, café, 10, rue de la Grosse-Tour, qui me fait en tout 140 F (70 F + 70 F).

J'ai vu Mme Georgina Gatineau le mardi 12 octobre, rue de la Grille, au coin de la rue de la Grosse-Tour. Je lui ai donné 100 F.

J'ai vu Mme Georgina Gatineau le jeudi 4 novembre, auprès du Sporting-Bar, café, 10, rue de la Grosse-Tour, d'où elle rentrait chez Mme Courtin. Je lui ai avancé 300 F en même temps.

(*1972*) J'ai vu une femme avec Georgina Gatineau, le vendredi 14 janvier, vers 4 h et demie, rue du Grand-Marché, tout près de chez le coutelier.

J'ai vu Georgina Gatineau, le jeudi 27 janvier. Je lui ai avancé 300 F, d'où on a été prendre un café nature tous les deux, qui font 140 F, chez Mme Courtin, Sporting-Bar, café, 10, rue de la Grosse-Tour.

J'ai vu Georgina Gatineau, le vendredi 25 février, vers midi 15 du tantôt, au coin de la rue de la République, avec un chien noir, très près du pont Bonaparte.

J'ai vu Georgina Gatineau, le vendredi 10 mars, vers 4 h 25 du soir, rue du Grand-Marché aux Magasins les Docks de France, au coin de la rue de la Rôtisserie, d'où on a été prendre un verre de rouge pour elle et pour moi un verre de menthe chez Mme Courtin, café Sporting-Bar, 10, rue de la Grosse-Tour, avec un chien noir dans la main.

Le samedi 2 octobre 1971, en fin de soirée, j'ai eu une douleur violente sous le bras gauche, dont j'avais été touché à la colonne vertébrale le 17 janvier 1940, et le vendredi 8 octobre à 1 h et demie, j'ai été voir le Dr Durand, 9, rue Charles Guinot, il m'a fait un électrocardiogramme pour le cœur, il m'a trouvé un impharctus.

J'ai vu Georgina Gatineau avec sa voisine, ensemble, rue Émile-Zola, le vendredi 21 avril, au coin de la rue de Lucé.

J'ai vu Georgina Gatineau Pl. de la Victoire le mardi 2 mai, sur les 8 h et demie du matin, d'où on a été prendre un café nature pour moi et un verre de limonade, qui font en tout 120 F, chez Mme Courtin, Sporting-Bar, café, 10, rue de la Grosse-Tour, et en même temps je lui ai avancé 200 F le même jour.

J'ai vu Georgina Gatineau, Pl. de la

Gare, le mercredi 3 mai, d'où je lui ai donné 3 000 F.

J'ai vu Georgina Gatineau, Pl. de la Gare, rue de la Grosse-Tour, le mardi 6 juin, d'où on a été prendre un café nature pour moi et pour elle, 160 F et je lui ai avancé 1 000 F, chez Mme Courtin, Sporting-Bar, café, 10, rue de la Grosse-Tour.

J'ai vu Georgina Gatineau, le mercredi 7 juin, Pl. de la Gare, et le jeudi 8 juin, au coin de la rue du Petit-St-Martin.

J'ai vu Georgina Gatineau le vendredi 30 juin, vers 9 h 5 du matin, sur la place des Halles, entre les deux marchés.

J'ai vu Georgina Gatineau, rue de la Grosse-Tour, le lundi 10 juillet, vers 5 h moins 20 du soir.

J'ai vu Georgina Gatineau, rue de la Grosse-Tour, le dimanche 16 juillet, vers 8 h du matin, d'où on a été prendre un café nature ensemble chez Mme Courtin, Sporting-Bar, café, 10 rue de la Grosse-Tour, et je lui ai avancé 200 F, et j'ai payé 160 F à nous deux les deux cafés à 80 F.

J'ai vu Georgina Gatineau le lundi 17 juillet, vers 11 h du matin, pl. de la Préfecture, à *La Nouvelle République*, d'où je lui ai donné 2 000 F.

J'ai vu Georgina Gatineau le vendredi 10 août, vers 5 h moins le quart du soir, rue de la Rôtisserie, avec plusieurs personnes avec elle.

J'ai vu Georgina Gatineau le mercredi 16 août vers 9 h 10 du matin, rue Jules-Charpentier, j'ai offert un café nature, 70 F, à Georgina Gatineau, chez Mme Courtin, Sporting-Bar, café, 10 rue de la Grosse-Tour.

Le jeudi 17 août, j'ai vu Georgina Gatineau, vers 9 h du matin, au coin de la rue des Trois-Écritoires, avec une autre femme avec elle, qui s'en allaient le samedi 19 août.

J'ai vu Georgina Gatineau le samedi 2 septembre, vers 9 h et demie du matin, Pl. de la Victoire, d'où on a été prendre un café nature moi seul, et elle un calva en plus, au café-bar-comptoir, Pl. de la Victoire, 250 F à nous deux. Et après je lui ai avancé 3 200 F dans le Jardin du Musée.

J'ai vu Georgina Gatineau, le samedi 9 septembre, vers 9 h moins 20 du matin, rue de la Grosse-Tour, d'où on a été prendre un café nature pour moi et elle en plus en rhum, qui font en tout 250 F, pris chez Mme Courtin, Sporting-Bar café, 10 rue de la Grosse-Tour.

J'ai vu Georgina Gatineau le jeudi 21 septembre, vers 8 h et demie du matin, rue du Grand-Marché, avec Mme Lucienne qui est chez elle, d'où on a été prendre tous les trois un café rhum pour les deux et moi un café nature, chez Mme Courtin, Sporting-Bar, café, 10 rue de la Grosse-Tour.

J'ai vu Georgina Gatineau vers 9 h et demie du matin, au coin de la rue Émile-Zola. Je lui ai avancé 3 000 F dans le Jardin du Musée, et après je lui ai offert deux gâteaux bretons au beurre, que j'ai pris rue de Bordeaux, à 510 F, qui font 1 020 F.

J'ai vu Georgina Gatineau le jeudi 5 octobre vers 8 h et demie du matin, chez Mme Courtin, café Sporting-Bar, 10, rue de la Grosse-Tour, et je lui ai avancé 1 000 F, et je lui ai payé un café rhum et moi j'ai pris un café nature, qui font en tout 240 F.

J'ai vu Georgina Gatineau le jeudi 12 octobre, vers 9 h du matin, chez Mme Courtin, café Sporting-Bar, 10 rue de la Grosse-Tour, d'où je lui ai avancé 1 500 F, et je lui ai payé un café rhum et moi j'ai pris un café nature qui font en tout 230 F.

J'ai vu Georgina Gatineau au coin de la rue Alleron le lundi 16 octobre vers 8 h et demie du matin, et je lui ai avancé 200 F. Je l'ai revue le même jour à 2 h du tantôt, Bd. Heurtheloup, en face les Magasins Lefroid, et on a rentré aux Magasins pour acheter deux culottes, 400 F, et deux collants, qui font en tout 1 500 F, et après je lui ai avancé le même jour 1 500 F.

Le mercredi 18 octobre, j'ai acheté aux magasins Lefroid, Bd. Heurtheloup, pour Georgina Gatineau, 2 éclairs au chocolat 130 F. J'ai vu Georgina Gatineau chez Mme Courtin, café Sporting-Bar, 10 rue de la Grosse-Tour, vers 8 h et demie du matin, d'où je lui ai payé un café rhum et moi j'ai pris un café nature, qui font en tout 240 F, et je lui ai avancé 1 000 F.

Le jeudi 9 novembre, Georgina Gatineau.

J'ai vu Georgina Gatineau, le samedi 11 novembre, à 8 h et demie du matin, rue Delperier, d'où je lui ai payé un café-crème et un rhum en plus, et moi j'ai pris un café nature, 220 F, qui font en tout, d'où on a été au café Georges-Courteline, 440 F, Georges Courteline, et je lui ai avancé 400 F.

J'ai vu Georgina Gatineau le dimanche 12 novembre, à 8 h du matin, rue du Grand-Marché, d'où on a été prendre pour elle un café-crème et un rhum en plus, et moi j'ai pris un café nature. 220 F + 80 F, qui font en tout 300 F, et je lui ai avancé 1 500 F.

J'ai vu Georgina Gatineau, le Café-Bar-Hôtel de la Paix, jeudi 16 novembre à 8 h et demie du matin, rue Georges-Courteline, d'où on a été prendre un café rhum pour elle et moi un café nature, qui font en tout 240 F, chez Mme Courtin, Café Sporting-Bar, 10, rue de la Grosse-Tour, et après on a été à l'Hôtel-Bar, rue des Trois-Écritoires, d'où j'ai payé la chambre 1 200 F, et je lui ai avancé 3 000 F en même temps.

J'ai vu Georgina Gatineau le samedi 17 novembre vers 9 h 10 du matin, d'où je lui ai donné 20 000 F pour son corset.

J'ai vu Georgina Gatineau le jeudi 23 novembre à 8 h et demie du matin chez Mme Courtin, café comptoir bar Sporting, 10 rue de la Grosse-Tour, d'où on a été prendre un café rhum pour elle, et moi un café nature, qui font en tout 240 F et je lui ai avancé 1 500 F.

J'ai vu Georgina Gatineau le jeudi 7 décembre, à 8 h et demie du matin, d'où on a été prendre un café rhum et un cognac pour elle, et moi un café nature, qui font en tout 320 F, chez Mme Courtin, Café Sporting-Bar, 10 rue de la Grosse-Tour, et je lui ai avancé 5 700 F.

J'ai vu Georgina Gatineau le jeudi 14 décembre, à 8 h et demie du matin, d'où on a été prendre un café rhum pour elle, et moi un café nature, qui font en tout 220 F, chez Mme Courtin, café Sporting-Bar, 10 rue de la Grosse-Tour, et après on a été à l'Hôtel-Bar, rue des Trois-Écritoires, d'où j'ai payé la chambre, 1 000 F, et je lui ai avancé 1 500 F.

J'ai vu Georgina Gatineau le jeudi 21 décembre, vers 8 h et demie du matin, d'où on a été prendre un café rhum pour elle et moi un café nature, qui font en tout 220 F, chez Mme Courtin, Café Sporting-Bar, 10 rue de la Grosse-Tour, et je lui ai avancé 5 000 F.

J'ai vu Georgina Gatineau le jeudi 28 décembre, vers 8 h et demie du matin, on a été prendre un café rhum pour elle et moi un café nature, qui font en tout 220 F, chez Mme Courtin, Café Sporting-Bar, 10 rue de la Grosse-Tour, et je lui ai avancé 6 000 F.

(*1973*) J'ai vu Georgina Gatineau le jeudi 4 janvier 73 chez Mme Courtin, Café Sporting-Bar, 10 rue de la Grosse-Tour, vers 8 h et demie du matin, d'où on a été prendre un café cognac et moi aussi, qui font en tout 480 F et je lui ai avancé 6 000 F, et après on a été à l'Hôtel-Bar, rue des Trois-Écritoires, d'où j'ai payé la chambre 1 300 F.

J'ai vu Georgina Gatineau le dimanche 7 janvier à 8 h 15 du matin, rue du Grand-Marché, au café Bar comptoir, d'où on a été prendre pour elle un café rhum crème et moi un café nature, 230 F, et elle a bu, Georgina, un verre de vin rouge, 90 F, et je lui ai avancé 1 000 F, et je lui ai offert deux morceaux à 30 F de galette des rois et un petit bouleau.

J'ai vu Georgina Gatineau le mardi 9 janvier, vers 8 h et demie du matin, chez Mme Courtin, Sporting-Bar, 10 rue de la Grosse-Tour, d'où elle a été prendre un café rhum, qui font en tout 160 F, et je lui ai avancé 2 000 F.

J'ai vu Georgina Gatineau le jeudi 10 janvier chez Mme Courtin, à 8 h et demie du matin, café Sporting-Bar, 10 rue de la Grosse-Tour, d'où on a été prendre pour elle un café rhum crème et moi un café nature, 260 F, et je lui ai avancé 5 000 F, et payé un sirop pour la toux Pectosan.

J'ai vu Georgina Gatineau le mardi 16 janvier, à 8 h 45 du matin chez Mme Courtin, Sporting-Bar, 10 rue de la Grosse-Tour.

J'ai vu Georgina Gatineau le jeudi 8 février, chez M. Bergère, au café bar comptoir, rue du Grand-Marché, vers 8 h et demie du matin, avec Mme Lucienne, rue Étienne-Marcel, d'où on a été prendre pour elle Georgina, un café rhum crème, et Mme Lucienne et moi un café nature, et lui ai avancé 2 000 F.

J'ai vu Georgina Gatineau le jeudi 22 février, à 9 h 10 du matin, rue Rouget-de-l'Isle à la boulangerie-pâtisserie de M. Aroulès, et je lui ai avancé 8 400 F, d'où on a été à l'hôtel meublé, rue des Trois-Écritoires, et j'ai payé la chambre 1 200 F.

J'ai vu Georgina Gatineau le jeudi 8 mars vers 8 h 15 du matin, chez Mme Courtin, Café Sporting-Bar, 10 rue de la Grosse-Tour, d'où on a été prendre pour elle un café rhum crème et moi un café nature, 240 F, et je lui ai avancé 4 000 F.

J'ai vu Georgina Gatineau le mardi 13 mars à 9 h du matin, chez Mme-Courtin, Café Sporting-Bar, 10 rue de la Grosse-Tour, d'où elle a pris un café crème rhum, et je lui ai avancé 3 000 F.

J'ai vu Georgina Gatineau le jeudi 15 mars, chez Mme Courtin, Café Sporting-Bar, 10 rue de la Grosse-Tour, vers 9 h moins le quart du matin, d'où on a été prendre pour elle un café crème rhum et moi un café nature, et je lui ai avancé 4 000 F, et après on a été à l'hôtel-Bar, rue des Trois-Écritoires, d'où j'ai payé la chambre 1 200 F.

J'ai vu Georgina Gatineau le jeudi 22 mars, chez Mme Courtin, café Sporting-Bar, 10 rue de la Grosse-Tour, vers 9 h moins le quart du matin, d'où on a été prendre pour elle un café crème rhum et moi un café nature, 240 F, et je lui ai avancé 12 500 F, et après on a été à l'Hôtel-Bar rue des Trois-Écritoires, d'où j'ai payé la chambre.

J'ai vu Georgina Gatineau le mardi 27 mars, vers 9 h moins le quart, chez Mme Courtin, café Sporting-Bar, 10 rue de la Grosse-Tour, d'où on a été prendre pour elle un café-crème et moi un café nature, 280 F, et je lui ai avancé 5 500 F.

J'ai vu Georgina Gatineau le jeudi 29 mars, vers 9 h moins le quart, chez Mme Courtin, café Sporting-Bar, 10 rue de la Grosse-Tour, d'où on a été prendre un café rhum crème pour elle et moi un café nature, et je lui ai avancé 8 500 F, et après on a été à l'Hôtel-Bar, rue des Trois-Écritoires, d'où j'ai payé la chambre 1 200 F.

J'ai vu Georgina Gatineau le 5 avril, vers 9 h moins le quart, chez Mme Courtin, café Sporting-Bar, 10 rue de la Grosse-Tour, d'où on a été prendre pour elle un café crème rhum et moi un café nature, 280 F, et je lui ai avancé 4 000 F, et après on a été à l'Hôtel-Bar, rue des Trois-Écritoires, d'où j'ai payé la chambre 1 200 F.

J'ai vu Georgina Gatineau le jeudi 12 avril, vers 9 h moins le quart, chez Mme Courtin, café bar Sporting, 10 rue de la Grosse-Tour, d'où on a été prendre pour elle un café crème rhum et moi un café nature, 280 F, et je lui ai avancé 4 500 F, et après on a été à l'Hôtel-Bar, 5 rue des Trois-Écritoires, d'où j'ai payé la chambre 1 200 F.

J'ai vu Georgina Gatineau le jeudi

26 avril, vers 9 h moins le quart du matin, chez Mme Courtin, café bar Sporting, 10 rue de la Grosse-Tour, d'où on a été prendre pour elle un café crème rhum et moi café nature, 280 F, et je lui ai avancé 5 000 F, et après on a été à l'Hôtel-Bar, 5 rue des Trois-Écritoires, d'où j'ai payé la chambre 1 200 F.

J'ai vu Georgina Gatineau le 10 mai, vers 9 h moins le quart du matin, chez Mme Courtin, café bar Sporting, 10 rue de la Grosse-Tour, d'où on a été prendre pour elle un café crème rhum et moi un café nature, 250 F, et je lui ai avancé 10 000 F, et après on a été à l'Hôtel-Bar, 5 rue des Trois-Écritoires, d'où j'ai payé la chambre 1 200 F.

J'ai vu Georgina Gatineau le vendredi 18 mai vers 4 h et demie du soir, en face de l'épicerie-alimentation, 65 rue du Grand-Marché, et je lui ai avancé 2 000 F.

J'ai vu Georgina Gatineau le jeudi 24 mai vers 9 h moins le quart du matin, chez Mme Courtin, café comptoir bar Sporting, 10 rue de la Grosse-Tour, d'où on a été prendre pour elle un café-crème et rhum, moi un café nature, et je lui ai avancé 6 000 F, et après on a été à l'Hôtel-Bar, 5 rue des Trois-Écritoires, d'où j'ai payé la chambre 1 200 F.

J'ai vu Georgina Gatineau le dimanche 27 mai à 8 h 5 du matin, rue du Petit-St-Martin, d'où je lui ai avancé 2 000 F.

J'ai vu Georgina Gatineau le mardi 29 mai vers 9 h moins le quart du matin chez M. Bergère, au Petit-Noir, café-bar comptoir, 59 rue du Grand-Marché, moi j'ai pris un café nature, et elle, Georgina Gatineau, M. James et Mme Jaqueline ont bu un Dubonnet, 600 F que j'ai payés, et je lui ai avancé 7 300 F, et après on a été à l'Hôtel-Bar, 5 rue des Trois-Écritoires, d'où j'ai payé la chambre.

J'ai vu Georgina Gatineau le vendredi 1er juin vers 4 h et demie du soir, pl. du Grand-Marché, avec Mme Jacqueline, et je lui ai avancé 1 000 F.

J'ai vu Georgina Gatineau le jeudi 14 juin vers 9 h moins le quart du matin, chez Mme Courtin, café-comptoir bar Sporting, 10 rue de la Grosse-Tour, d'où on a été prendre pour elle un café-crème rhum et moi un café nature, 280 F, et je lui ai avancé 6 000 F, et après on a été à l'Hôtel-Bar, rue des Trois-Écritoires 5, d'où j'ai payé la chambre 1 200 F.

J'ai vu Georgina Gatineau le jeudi 21 juin, vers 9 h moins le quart chez Mme Courtin, café bar Sporting, 10 rue de la Grosse-Tour, d'où on a été prendre pour elle un café-crème rhum, et moi un café nature, 270 F, et je lui ai avancé 9 000 F, et après on a été à l'Hôtel-Bar, rue des Trois-Écritoires 5, d'où j'ai payé la chambre 1 200 F.

J'ai vu Georgina Gatineau le jeudi 28 juin, à 8 h 45, chez Mme Courtin, café bar Sporting, rue de la Grosse-Tour, d'où on a été prendre pour elle un café-crème rhum et moi un café nature, 270 F, et je lui ai avancé 10 000 F, et après on a été à l'Hôtel-Bar, 5 rue des Trois-Écritoires, d'où j'ai payé la chambre 1 200 F.

J'ai vu Georgina Gatineau le mardi 3 juillet, vers 8 h 45, rue des Balais, d'où je lui ai avancé 2 000 F.

J'ai vu Georgina Gatineau le jeudi 5 juillet, à 8 h 45 du matin, chez Mme Courtin, café bar Sporting, 10 rue de la Grosse-Tour, d'où on a été prendre un café-crème rhum pour elle et moi un café nature, 270 F, et je lui ai avancé 12 000 F, et après on a été à l'Hôtel-Bar, 5 rue des Trois-Écritoires, d'où j'ai payé la chambre 1 200 F.

J'ai vu Georgina Gatineau le vendredi 6 juillet. 2 000 F.

J'ai vu Georgina Gatineau le mardi 10 juillet, vers 9 h moins le quart, chez Mme Courtin, café Sporting-Bar, 10 rue de la Grosse-Tour, d'où on a été prendre pour elle un café-crème rhum et moi un café nature, 270 F, et je lui ai avancé 6 000 F, et après on a été à l'Hôtel-Bar, 5 rue des Trois-Écritoires, d'où j'ai payé la chambre 1 200 F.

J'ai vu Georgina Gatineau le jeudi 12 juillet à la maison. Je lui ai avancé 2 000 F.

J'ai vu Georgina Gatineau le vendredi 13 juillet, en face de la rue du Petit-St-Martin, au café comptoir de la pl. du Grand-Marché, vers 5 h moins le quart. J'ai vu Georgina Gatineau.

J'ai vu Georgina Gatineau le samedi 15 juillet, vers 9 h, pl. des Halles, d'où on a été prendre chacun un diabolo-menthe, et pour moi la même chose, dans la Jehan-Fouquet, 10, au café comptoir alimentation, 130 + 130 F qui font en tout 260 F, et je lui ai avancé 3 000 F.

J'ai vu Georgina Gatineau le jeudi 19 juillet, vers 8 h 45, chez Mme Courtin, café Sporting-Bar, 10 rue de la Grosse-Tour, d'où on a été prendre pour elle un café rhum-crème et moi un café nature, 270 F, et je lui ai avancé 8 000 F, et après on a été à l'Hôtel-Bar, 5 rue des Trois-Écritoires d'où j'ai payé la chambre 1 200 F.

J'ai vu Georgina Gatineau le samedi 21 juillet, qui est venue me voir vers 7 h du matin et je lui ai avancé 5 000 F.

J'ai vu Georgina Gatineau le dimanche 22 juillet vers 8 h et demie du matin, qui est venue me voir, et je lui ai avancé 400 F.

J'ai vu Georgina Gatineau le lundi 23 juillet vers 9 h 10 du matin, pl. de la Victoire. 100 F.

J'ai vu Georgina Gatineau le mardi 24 juillet, qui est venue me voir vers 6 h et demie du matin, et je lui ai avancé 5 000 F.

J'ai vu Georgina Gatineau le mercredi 25 juillet qui est venue me voir vers 6 h et demie du matin, et je lui ai avancé 2 000 F.

J'ai vu Georgina Gatineau chez Mme Courtin, café Sporting-Bar, 10 rue de la Grosse-Tour, le jeudi 26 juillet, vers 8 h 45 du matin, d'où on a été prendre pour elle un café-crème rhum et moi un café nature, et je lui ai avancé 500 F.

J'ai vu Georgina Gatineau le dimanche 29 juillet, vers 5 h et demie du matin, qui est venue me voir, et je lui ai avancé 400 F.

J'ai vu Georgina Gatineau le lundi 30 juillet, vers 9 h et demie du matin, rue du Champs-de-Mars, d'où on a été prendre pour elle un café-crème rhum et moi un café nature (230 F), rue Georges-Courteline, au café hôtel comptoir de la Paix, et je lui ai avancé 200 F.

J'ai vu Georgina Gatineau le mardi 31 juillet vers 5 h et demie du matin, qui est venue me voir, et je lui ai avancé 500 F.

J'ai vu Georgina Gatineau le mercredi 1er août, vers 6 h et demie du soir, qui est venue me voir, et je lui ai avancé 300 F.

J'ai vu Georgina Gatineau le jeudi 2 août vers 8 h 45 du matin, au café Sporting-Bar, 10 rue de la Grosse-Tour, d'où on a été prendre pour elle un café-crème rhum, et moi un café nature, 270 F, et je lui ai avancé 1 300 F.

J'ai vu Georgina Gatineau le vendredi 3 août qui est venue me voir, et je lui ai avancé 1 300 F.

J'ai vu Georgina Gatineau le samedi 4 août qui est venue me voir, et je lui ai avancé 1 300 F.

J'ai vu Georgina Gatineau le mardi 7 août, et je lui ai avancé 1 000 F, qui est venue me voir vers 8 h et demie du matin.

J'ai vu Georgina Gatineau le jeudi 10 août chez Mme Courtin, vers 8 h 45 du matin, au café Sporting-Bar, 10 rue de la Grosse-Tour, d'où on a été prendre pour elle un café-crème rhum et moi un café nature, 270 F, et je lui ai avancé 1 500 F.

J'ai vu Georgina Gatineau le samedi 11 août, vers 6 h 15 du soir, qui est venue me voir, et je lui ai avancé 1 000 F.

J'ai vu Georgina Gatineau le dimanche 12 août, pl des Halles et de la rue Rouget-de-l'Isle, vers 6 h 45 du matin, et je lui ai avancé 700 F ce jour même.

J'ai vu Georgina Gatineau le lundi 13 août, qui est venue me voir vers 7 h et demie du matin.

J'ai vu Georgina Gatineau et je lui ai avancé 1 000 F.

J'ai vu Georgina Gatineau le mercredi 15 août, qui est venue me voir vers 5 h du soir à la maison.

J'ai vu Georgina Gatineau le jeudi 16 août, qui est venue me voir, et je lui ai avancé 1 000 F, chez Mme Courtin, café Sporting-Bar, 10 rue de la Grosse-Tour, vers 8 h 45 du matin d'où on a été prendre pour elle un café-crème rhum et moi un café nature, 280 F, et je lui ai avancé 500 F.

J'ai vu Georgina Gatineau le vendredi 17 août vers 1 h du tantôt, rue du Champ-de-Mars, d'où on a été boire un diabolo-menthe pour elle, et un pour moi au café-bar, rue Georges-Courteline.

J'ai vu Georgina Gatineau qui est venue me voir vers 7 h et demie du matin, et je lui ai avancé 2 000 F.

J'ai vu Georgina Gatineau le dimanche 19 août qui est venue me voir, rue du Champ-de-Mars à 9 h et demie du matin, et je lui ai avancé 2 000 F.

J'ai vu Georgina Gatineau le lundi 20 août qui est venue me voir à 7 h et demie du matin, et je lui ai avancé 3 000 F, rue du Champ-de-Mars, café de la Chaumière, et je l'ai rencontrée ce même jour rue du Grand-Marché, à 5 h moins le quart, à l'épicerie-alimentation, d'où je lui ai avancé 300 F.

J'ai vu Georgina Gatineau le mardi 21 août, chez Mme Courtin, café Sporting-Bar, 10 rue de la Grosse-Tour, vers 8 h et demie du matin, d'où on a été prendre pour elle un café-crème rhum et moi un café nature, et je lui ai avancé 300 F, et 1 000 F en plus, et payé un paquet de bonbons, et le car de la rue de la Grandière à l'hôpital Général Bretonneau, 130 F pour aller, et de l'hôpital Général Bretonneau, 130 F, jusqu'à la place de la Victoire, qui font en tout 260 F.

J'ai vu Georgina Gatineau le mercredi 22 août à 6 h 20 du matin, qui est venue me voir, chez Mme Courtin, café Sporting-Bar, 10 rue de la Grosse-Tour, rue du Champ-de-Mars, d'où on a été prendre pour elle et moi un diabolo-menthe, et je lui ai avancé 10 000 F.

J'ai vu Georgina Gatineau le jeudi 23 août, à 8 h et demie du matin, chez Mme Courtin, Café Sporting-Bar, 10 rue de la Grosse-Tour, d'où on a été prendre pour elle un café-crème rhum et moi un café nature, et je lui ai payé des vêtements, et après on a été à l'Hôtel-Bar, 5 rue des Trois-Écritoires, d'où j'ai payé la chambre 1 200 F.

J'ai vu Georgina Gatineau le dimanche 26 août, qui est venue me voir à 6 h et demie du matin, rue du Champ-de-Mars, et je lui ai avancé 2 000 F.

J'ai vu Georgina Gatineau le lundi 27 août qui est venue me voir à 7 h du matin, et je l'ai rencontrée à l'épicerie-alimentation, rue du Grand-Marché, et après on a été chez Mme Courtin, café bar Sporting, 10 rue de la Grosse-Tour, elle Georgina a pris un rhum et je lui ai donné 2 500 F, et j'ai pris 1 kilo de poires, 200 F, chez elle en même temps.

J'ai vu Georgina Gatineau le mardi 28 août, chez Mme Courtin, café Sporting-Bar, 10 rue de la Grosse-Tour, d'où on a été prendre pour elle un café-crème rhum et moi un café nature 280 F et je lui ai avancé 2 000 F, vers 8 h 15 du matin.

J'ai vu Georgina Gatineau le jeudi 30 août, chez Mme Courtin, café Sporting-Bar, 10 rue de la Grosse-Tour, vers 8 h 45 du matin, d'où on a été prendre pour elle un café-crème rhum et moi un café nature, 280 F, et je lui ai avancé 1 500 F, et après on a été à l'Hôtel-Bar, 5 rue des Trois-Écritoires, d'où j'ai payé la chambre.

J'ai vu Georgina Gatineau le lundi 3 septembre, vers 4 h et demie, rue du Grand-Marché, chez M. Bergère, Le Petit Noir, café comptoir, et je lui ai avancé 3 000 F.

J'ai vu Georgina Gatineau le mardi 4 septembre à 2 h moins le quart, rue du Champ-de-Mars, qui est venue me voir, et je lui ai avancé 2 000 F.

J'ai vu Georgina Gatineau le mercredi 5 septembre, à 7 h 8 du matin, qui est venue me voir rue du Champ-de-Mars et je lui avancé 1 500 F.

J'ai vu Georgina Gatineau le jeudi 6 septembre, chez M. Bergère, Le Petit Noir, café comptoir, et après elle Georgina a pris un café-crème rhum et moi un café nature, 280 F, et je l'ai revue chez M. Bergère à 8 h et demie du matin, d'où elle Georgina a pris un café-crème rhum et moi un café nature. Le Petit Noir, café comptoir, pl. du Grand-Marché.

J'ai vu Georgina Gatineau le mardi 11 septembre, vers 8 h et demie du matin, chez Mme Courtin, Café Sporting-Bar, 10 rue de la Grosse-Tour, et je lui ai avancé 1 000 F.

J'ai vu Georgina Gatineau le jeudi 13 septembre vers 8 h et demie du matin chez Mme Courtin, café Sporting-Bar, 10 rue de la Grosse-Tour, et je lui ai avancé 5 600 F, d'où on a été prendre pour elle un café-crème rhum et moi un café nature, 280 F, et après on a été à l'Hôtel-Bar, rue des Trois-Écritoires, d'où j'ai payé la chambre 1 000 F.

J'ai vu Georgina Gatineau le vendredi 14 septembre, à 7 h 45 du matin, qui est venue me voir rue du Champ-de-Mars, et je lui ai avancé 1 000 F, le tantôt à 1 h 10, rue Georges-Courteline.

J'ai vu Georgina Gatineau le dimanche 16 septembre vers 8 h 10 du matin, rue Alleron, et je lui ai avancé 2 500 F.

J'ai vu Georgina Gatineau le mardi 18 septembre, vers 8 h du matin, qui est venue me voir, rue du Champ-de-Mars, et je lui ai avancé 3 000 F.

J'ai vu Georgina Gatineau le mercredi 19 septembre, vers 8 h moins 5 du matin, au café le Putois, rue de la Grosse-Tour, et je lui ai avancé 2 000 F.

J'ai vu Georgina Gatineau le jeudi 20 septembre, rue du Grand-Marché, au café comptoir, d'où on a été prendre pour elle un café-crème rhum et moi un café nature, 300 F, et après on a été à l'Hôtel-Bar, 5 rue des Trois-Écritoires, d'où j'ai payé la chambre, et je lui ai avancé 3 000 F.

J'ai vu Georgina Gatineau le vendredi 21 septembre, vers 8 h moins 20 du matin, qui est venue me voir rue du Champ-de-Mars, et je lui ai avancé 2 000 F, et 100 F de plus pour la charcuterie.

J'ai vu Georgina Gatineau le mardi 25 septembre vers 9 h 15 du matin au café le Putois, rue de la Grosse-Tour, et je lui ai avancé 2 000 F.

J'ai vu Georgina Gatineau le mercredi 26 septembre, vers 8 h moins 20 du matin, qui est venue me voir rue du Champ-de-Mars, et je lui ai avancé 2 000 F.

J'ai vu Georgina Gatineau le vendredi 28 septembre, à 8 h et demie du matin, qui est venue me voir, rue du Champ-de-Mars, aux Caves Tourangelles, et je lui ai avancé 2 000 F.

J'ai vu Georgina Gatineau le samedi 29 septembre, vers 11 h chez elle, rue des Quatre-Vents, et je lui ai remis le gilet, 8 500 F, et je lui ai avancé 1 000 F.

J'ai vu Georgina Gatineau le lundi 1er octobre vers 9 h 15 du matin, pl. de la Victoire, à côté du chiffonnier, M. Fernand Buisson, et je lui ai avancé 2 000 F.

J'ai vu Georgina Gatineau le mercredi 3 octobre, vers 8 h moins 20 du matin, qui est venue me voir rue du Champ-de-Mars, et je lui ai avancé 2 500 F + 200 F qui font en tout 2 700 F.

J'ai vu Georgina Gatineau le jeudi 4 octobre, chez Mme Courtin, café Sporting-Bar, 10 rue de la Grosse-Tour, vers 8 h et demie du matin, et après on a été à l'Hôtel-Bar, 5 rue des Trois-Écritoires, d'où j'ai payé la chambre 1 300 F, et je lui ai avancé 3 000 F.

J'ai vu Georgina Gatineau le vendredi 5 octobre sur la place Gaston-Pollou, à côté du boulanger-pâtissier, à 4 h 25 du soir, et je lui ai avancé 1 000 F.

J'ai vu Georgina Gatineau le samedi 6 octobre, qui est venue me voir, rue du Champ-de-Mars, vers 8 h 45 du matin, et on a été boire un café rhum pour elle et moi un café nature au café-restaurant La Paix, rue Georges-Courteline et je lui ai avancé 200 F.

J'ai vu Georgina Gatineau le lundi 8 octobre, vers 9 h 25 du matin, rue Georges-Courteline, à côté de la pâtisserie-confiserie, et je lui ai avancé 1 000 F.

J'ai vu Georgina Gatineau le mardi 9 octobre, vers 9 h 15 du matin, rue des Quatre-Vents et je lui ai avancé 2 000 F.

J'ai vu Georgina Gatineau le jeudi 11 octobre, vers 9 h moins le quart du matin, chez Mme Courtin, café Sporting-Bar, 10 rue de la Grosse-Tour, d'où on a été prendre pour elle un café-crème rhum, et moi un café nature, 370 F, et je lui ai avancé 2 000 F, d'où j'ai été chez elle.

J'ai vu Georgina Gatineau le samedi 13 octobre, vers 7 h et demie du matin, rue du Champ-de-Mars, et je lui ai avancé 3 000 F.

J'ai vu Georgina Gatineau le vendredi 19 octobre à l'hospice général Bretonneau, à 1 h et demie, elle était dans le service du Dr Andral et je lui ai avancé 2 000 F.

J'ai vu Georgina Gatineau le samedi 20 octobre, vers 7 h et demie du soir, qui est venue me voir, rue du Champ-de-Mars.

J'ai vu Georgina Gatineau le mardi 23 octobre, à midi 10 minutes du matin, qui est venue me voir rue du Champ-de-Mars, et je lui ai avancé 3 000 F.

J'ai vu Georgina Gatineau le jeudi 25 octobre, à 8 h 45, chez Mme Courtin, café Sporting-Bar, 10 rue de la Grosse-Tour, et je lui ai avancé 3 000 F, d'où on a été prendre pour elle un café-crème nature et moi un café nature, 180 F, et en plus elle a bu un verre de vin rouge, 50 F, et après on a été à l'Hôtel-Bar, 5 rue des Trois-Écritoires, d'où j'ai payé la chambre 1 300 F.

J'ai vu Georgina Gatineau le jeudi 25 octobre, à 2 h 15 du tantôt, chez elle et je lui ai avancé 1 000 F.

J'ai vu Georgina Gatineau le lundi 29 octobre, vers 7 h et demie du matin, qui est venue me voir rue du Champ-de-Mars, et je lui ai avancé 3 000 F.

J'ai vu Georgina Gatineau le mardi 30 octobre, vers 8 h 45 du matin, chez Mme Courtin, café Sporting-Bar, 10 rue de la Grosse-Tour, et je lui ai avancé 2 000 F d'où j'ai pris un diabiolo-menthe, 150 F, et elle rien, et après on a été à l'Hôtel-Bar, 5 rue des Trois-Écritoires, d'où j'ai payé la chambre.

J'ai vu Georgina Gatineau le jeudi 1er novembre, vers 2 h et demie du tantôt, chez elle, et je lui ai avancé 1 000 F pour boire un litre de vin rouge avec sa voisine, et le restant de l'argent je lui ai donné.

J'ai vu Georgina Gatineau le samedi 3 novembre, vers 8 h 45 du matin, rue Alleron, et je lui ai avancé 2 000 F.

J'ai vu Georgina Gatineau le mardi 6 novembre, vers 9 h et demie du matin, rue des Quatre-Vents, et je lui ai avancé 2 000 F.

J'ai vu Georgina Gatineau le jeudi 8 novembre vers 9 h et demie du matin chez elle. 180 F deux cafés nature pris chez Mme Courtin, café Sporting-Bar, 10 rue de la Grosse-

Tour, à 90 F la tasse, qui font en tout, et je lui ai avancé 2 000 F.

J'ai vu Georgina Gatineau le mardi 13 novembre, vers 9 h et demie du matin, chez elle, et je lui ai avancé 3 000 F.

J'ai vu Georgina Gatineau le jeudi 15 novembre, vers 8 h 45 du matin, chez elle, et je lui ai avancé 2 000 F.

J'ai vu Georgina Gatineau le mardi 20 novembre, vers 8 h 45 du matin, chez elle, et je lui ai avancé 3 000 F.

J'ai vu Georgina Gatineau, le jeudi 22 novembre, vers 9 h du matin, chez elle, et je lui ai avancé 4 000 F, et moi j'ai été prendre un café nature chez M. Charles, café bar comptoir, rue du Grand-Marché, Le Putois, rue de la Grosse-Tour.

J'ai vu Georgina Gatineau qui est venue me voir vers 8 h 45 du matin, et je lui ai avancé 2 000 F, le samedi 24 novembre.

J'ai vu Georgina Gatineau le mardi 27 novembre, vers 9 h et demie du matin, chez elle, et je lui ai avancé 3 000 F.

J'ai vu Georgina Gatineau chez elle le jeudi 29 novembre, vers 8 h 45 du matin, et je lui ai avancé 4 000 F.

J'ai vu Georgina Gatineau le vendredi 30 novembre, rue du Grand-Marché, auprès de la rue du Petit-St-Martin, vers 4 h et demie du soir, et je lui ai avancé 2 000 F.

J'ai vu Georgina Gatineau le lundi 3 décembre, vers 5 h moins vingt du soir, qui est venue me voir, rue du Champ-de-Mars.

J'ai vu Georgina Gatineau le mardi 4 décembre, vers 8 h 45 du matin, chez elle, et je lui ai avancé 3 000 F.

J'ai vu Georgina Gatineau le mercredi 5 décembre, vers 5 h moins vingt, pl. de la Victoire, avec un voisin de sa maison, et je lui ai avancé 1 000 F.

J'ai vu Georgina Gatineau, le jeudi 6 décembre, chez elle, vers 9 h du matin chez elle, et je lui ai avancé 2 000 F.

J'ai vu Georgina Gatineau le vendredi 7 décembre, vers 5 h moins 20 du soir, rue du Grand-Marché, à côté de chez M. Morjon, coutelier.

J'ai vu Georgina Gatineau le mardi 11 décembre vers 8 h 45 du matin, chez elle, et je lui ai avancé 3 000 F.

J'ai vu Georgina Gatineau le samedi 15 décembre, vers 7 h 25 du matin, qui est venue me voir, rue du Champ-de-Mars, 17.

J'ai vu Georgina Gatineau le vendredi 21 décembre vers 8 h moins 10 du matin, qui est venue me voir rue du Champ-de-Mars, et elle est revenue vers 8 h 30 du matin à la maison, et je lui ai avancé 3 000 F.

J'ai vu Georgina Gatineau le samedi 22 décembre vers 8 h et demie du matin, qui est venue me voir à la maison, et je lui ai avancé 2 000 F + 20 F de commission pour avoir été me chercher deux paquets d'allume-feu. Je l'ai revue vers 9 h et demie avec M. Marcel Fouquet, son ami, et on a bu ensemble à tous les trois, moi un diabolo-menthe, 150 F, et Georgina et M. Marcel Fouquet, un verre de rouge à 50 F chacun, qui font les deux 100 F, chez Mme Courtin, café Sporting-Bar, 10 rue de la Grosse-Tour.

J'ai vu Georgina Gatineau le lundi 24 décembre vers 4 h et demie du soir, rue du Grand-Marché, à côté de chez M. Morjon, coutelier, armurier, et je lui ai avancé 2 000 F.

J'ai vu Georgina Gatineau le jeudi 27 décembre chez elle, il était 9 h moins 7 minutes du matin, avec son fils Roger et M. Marcel Fouquet, et je lui ai avancé 2 000 F.

J'ai vu Georgina Gatineau le dimanche 30 décembre, qui est venue me voir à la maison vers 8 h et demie du matin, et je lui ai avancé 3 000 F.

(*1974*) J'ai vu Georgina Gatineau le mardi 1er janvier 74 sur la place de Laroche, au tournant de la rue Alleron, vers 9 h du matin, et je lui ai avancé 2 000 F.

J'ai vu Georgina Gatineau le jeudi

3 janvier, vers 9 h du matin, chez elle, et je lui ai avancé 2 000 F.

J'ai vu Georgina Gatineau le vendredi 4 janvier, à midi 10, rue des Tanneurs, à l'angle du carré des Tanneurs, avec M. Marcel Fouquet, son ami, et je lui ai avancé 2 000 F.

J'ai vu Georgina Gatineau le dimanche 6 janvier qui est venue me voir à la maison à 9 h moins 3 minutes du matin.

J'ai vu Georgina Gatineau le jeudi 10 janvier à 8 h 45 du matin chez elle, et je lui ai avancé 2 000 F.

J'ai vu Georgina Gatineau le samedi 12 janvier, à 6 h moins 3 minutes du soir, qui est venue me voir à la maison.

J'ai vu Georgina Gatineau, le mardi 15 janvier à 8 h 45 du matin, chez elle, et je lui ai avancé 2 000 F.

J'ai vu Georgina Gatineau le jeudi 17 janvier à 8 h 45 du matin, qui est venue me voir à la maison.

J'ai vu Georgina Gatineau le dimanche 20 janvier, à 4 h et demie du soir, qui est venue me voir à la maison.

J'ai vu Georgina Gatineau le mardi 22 janvier vers 9 h et demie du matin, chez elle, et je lui ai avancé 1 000 F.

J'ai vu Georgina Gatineau, le dimanche 10 février, à 8 h 15 du matin, avec une autre femme avec elle, au coin de la rue Alleron et de la rue du Champ-de-Mars, et je lui ai avancé 1 500 F.

J'ai vu Georgina Gatineau le jeudi 21 février, à 6 h 15 du matin, qui est venue me voir, et je l'ai revue au Café-Bar Putois, rue de la Grosse-Tour, chez Mme Besnard, d'où je lui ai payé un café-crème et moi un café nature, 180 F, et après on a été à l'Hôtel-Bar, 5 rue des Trois-Écritoires, d'où j'ai payé la chambre 1 500 F.

J'ai vu Georgina Gatineau le samedi 23 février, à 8 h moins le quart du matin, qui est venue me voir, et je l'ai revue chez elle, rue des Tanneurs, à 9 h du matin, et je lui ai avancé 5 000 F.

J'ai vu Georgina Gatineau le mardi 6 mars, qui est venue me voir à 8 h moins le quart, et je l'ai revue à 8 h 15 du matin, au café-bar Le Putois, rue de la Grosse-Tour, chez Mme Besnard, d'où Georgina m'a payé un café nature.

J'ai vu Georgina Gatineau le dimanche 10 mars, qui est venue me voir à 6 h 35 du matin, à la maison, et je lui ai avancé 2 000 F.

J'ai vu Georgina Gatineau, le mardi 12 mars, vers 9 h du matin, chez elle, rue des Tanneurs, et je lui ai avancé 6 000 F.

J'ai vu Georgina Gatineau le jeudi 14 mars, qui est venue me voir à 8 h 8 minutes du matin, à la maison, et je l'ai revue au café-bar Le Putois, rue de la Grosse-Tour, chez Mme Besnard, d'où Georgina a pris une tasse de lait avec un rhum, 160 F, et moi un café nature, 160 F, et après on a été à l'Hôtel-Bar, rue des Trois-Écritoires 5, d'où j'ai payé la chambre 1 500 F.

J'ai vu Georgina Gatineau le lundi 18 mars, qui est venue me voir à la maison, à 7 h 5 du matin, et je lui ai avancé 3 000 F, et je l'ai revue rue du Grand-Marché, à 4 h et demie du soir, qui sortait du café comptoir, pl. de la Victoire.

J'ai vu Georgina Gatineau le jeudi 21 mars, qui est venue me voir à la maison, à 7 h 25 du matin, et je l'ai revue au café-bar Le Putois, rue de la Grosse-Tour, chez Mme Besnard, d'où Georgina a pris deux tasses de lait et moi un café nature, qui font en tout 430 F, et après on a été à l'Hôtel-Bar, rue des Trois-Écritoires 5, d'où j'ai payé la chambre 1 500 F.

J'ai vu Georgina Gatineau le vendredi 22 mars à 8 h et demie du matin, rue du Champ-de-Mars, et je lui ai avancé 1 000 F.

J'ai vu Georgina Gatineau le samedi 23 mars à 7 h 15 minutes du matin, qui est venue me voir à la maison, et je l'ai revue une heure après à la maison, et une troisième fois au tournant de la rue de la Madeleine, et je lui ai avancé 2 000 F.

J'ai vu Georgina Gatineau le lundi 25 mars, qui est venue me voir à 8 h et demie du matin, au tournant de la rue de la Madeleine, et je lui ai avancé 1 000 F.

J'ai vu Georgina Gatineau le mercredi 27 mars, à 8 h et demie du matin chez elle, rue du Petit-St-Martin, dans la maison où habitait M. James, et je lui ai avancé 5 000 F, elle est revenue dans le quartier vers 7 h 15 du soir.

J'ai vu Georgina Gatineau, jeudi 28 mars, à 8 h 45 du matin, chez elle, et je lui ai avancé 1 000 F.

J'ai vu Georgina Gatineau le vendredi 29 mars, à 4 h et demie du soir, rue du Petit-St-Martin.

J'ai vu Georgina Gatineau qui est venue me voir à 6 h 15 du matin pour la 1re fois, le mardi 2 avril et je l'ai revue pour la 2e fois à 8 h et demie du matin chez Mme Besnard, café-bar Le Putois, rue de la Grosse-Tour, elle a pris un rhum, une tasse de lait, et moi un café nature, qui font en tout 420 F.

J'ai vu Georgina Gatineau le jeudi 4 avril, qui est venue me voir à 5 h 45 du matin, et je l'ai revue une 2e fois à 8 h et demie du matin chez Mme Besnard, café-bar Le Putois, rue de la Grosse-Tour, et je lui ai avancé 5 000 F.

J'ai vu Georgina Gatineau le lundi 8 avril, qui est venue me voir à 6 h 40 du matin, et je l'ai revue une 2e fois chez Mme Besnard, bar Le Putois, rue de la Grosse-Tour, elle a pris un rhum et une tasse de lait, et moi un café nature, et je lui ai avancé 3 000 F, et la 3e fois, rue des Tanneurs, à 4 h et demie du tantôt.

J'ai vu Georgina Gatineau le jeudi 11 avril, à 7 h moins le quart du matin, qui est venue me voir, et je l'ai revue une 2e fois rue des Tanneurs chez elle, et je lui ai avancé 5 000 F, et une 3e fois rue des Tanneurs.

J'ai vu Georgina Gatineau le dimanche 14 avril, qui est venue me voir à 5 h du matin, pour la 1re fois et je l'ai revue rue des Tanneurs une 2e fois chez elle, et je lui ai avancé 2 000 F.

J'ai vu Georgina Gatineau le mardi 16 avril, qui est venue me voir à 5 h 45 du matin, pour la 1re fois, et je l'ai revue une 2e fois rue des Tanneurs, à 9 h 15 du matin, et je lui ai avancé 2 000 F.

J'ai vu Georgina Gatineau le jeudi 18 avril, à 8 h 45 du matin, pour la 1re fois, aux Caves Tourangelles, chez Mme Charles, café comptoir, rue du Grand-Marché, et avec M. Marcel Fouquet, son ami, et il m'a payé un café nature, et je l'ai revue une 2e fois rue des Tanneurs, et je lui ai avancé 5 000 F.

J'ai vu Georgina Gatineau le vendredi 19 avril, à 7 h 45 du matin, qui est venue me voir, et je lui ai avancé 200 F.

J'ai vu Georgina Gatineau le mardi 23 avril, qui est venue me voir à 7 h 45 du matin, la 1re fois, et je l'ai revue une 2e fois rue des Tanneurs, et je lui ai avancé 2 000 F.

J'ai vu Georgina Gatineau le jeudi 25 avril à 6 h moins 10 du matin, qui est venue me voir pour la 1re fois, et je l'ai revue une 2e fois, chez Mme Besnard, et je lui ai avancé 5 000 F, café-bar Le Putois, rue de la Grosse-Tour, elle a pris une tasse de lait et moi un café nature, qui font en tout 160 F.

J'ai vu Georgina Gatineau le lundi 29 avril qui est venue me voir pour la 1re fois à 8 h moins 10 du matin et je l'ai revue une 2e fois rue des Tanneurs, et je l'ai revue, et je lui ai avancé 3 000 F à 8 h 45 du matin.

J'ai vu Georgina Gatineau le mardi 30 avril, rue des Tanneurs, à 9 h 5 du matin, et je lui ai avancé 2 200 F, et avec son ami M. Marcel Fouquet.

J'ai vu Georgina Gatineau le mercredi 1er mai, rue des Tanneurs, à 9 h et demie du matin, avec son ami

M. Marcel Fouquet, et je lui ai avancé 200 F.

J'ai vu Georgina Gatineau le jeudi 2 mai, rue des Tanneurs, à 9 h du matin, et je lui ai avancé 5 000 F.

J'ai vu Georgina Gatineau le lundi 5 mai, rue du Grand-Marché, à 4 h et demie du tantôt, d'où je l'ai retrouvée rue des Tanneurs et je lui ai avancé 500 F.

J'ai vu Georgina Gatineau le mardi 6 mai, à 8 h 45 du matin, rue des Tanneurs, et je lui ai avancé 1 000 F.

J'ai vu Georgina Gatineau le jeudi 9 mai, à 7 h 10 du matin, qui est venue me voir, et je l'ai revue rue des Tanneurs, à 9 h 15 du matin, et je lui ai avancé 5 000 F.

J'ai vu Georgina Gatineau le vendredi 10 mai à 9 h du matin, rue Georges-Courteline, qui rentrait à la charcuterie.

J'ai vu Georgina Gatineau le dimanche 12 mai, à 9 h 45 du matin, rue des Tanneurs, et je lui avancé 1 000 F.

J'ai vu Georgina Gatineau le lundi 13 mai, à 8 h 20 du matin, rue du Grand-Marché, et je lui ai avancé 200 F pour la 1re fois, et je l'ai revue une 2e fois, au coin de la rue du Petit-St-Martin.

J'ai vu Georgina Gatineau, le mardi 14 mai, à 8 h 45 du matin, chez elle, et je lui ai avancé 3 000 F.

J'ai vu Georgina Gatineau le jeudi 16 mai, à 8 h 45 du matin chez elle, et je lui ai avancé 5 000 F.

J'ai vu Georgina Gatineau le vendredi 17 mai, à midi moins 10, rue du Grand-Marché, chez elle, et je lui ai avancé 25 F.

J'ai vu Georgina Gatineau le dimanche 19 mai, à 9 h 45 du matin, chez elle, et je lui ai avancé 1 000 F.

J'ai vu Georgina Gatineau le lundi 20 mai chez elle, et je lui ai avancé 3 000 F.

J'ai vu Georgina Gatineau le mardi 21 mai chez elle.

J'ai vu Georgina Gatineau le mercredi 22 mai chez elle, à 8 h 45 du matin, et je lui ai avancé 5 000 F.

J'ai vu Georgina Gatineau le dimanche 26 mai chez elle, à 8 h 5 du matin.

J'ai vu Georgina Gatineau, le mardi 28 mai, chez elle, à 8 h et demie du matin, et je lui ai avancé 4 000 F.

J'ai vu Georgina Gatineau le jeudi 30 mai chez elle à 8 h et demie du matin, et je lui ai avancé 5 000 F.

J'ai vu Georgina Gatineau le vendredi 31 mai, à 11 h 15 du matin, chez elle.

J'ai vu Georgina Gatineau le samedi 1er juin, à 8 h et demie du matin.

2.

Photographies de l'amour

Barbara Bates,
Folies de Paris-Hollywood.

Le bas nylon

Moi, j'ai toujours eu horreur de la nudité. La nudité, c'est pire qu'indécent, c'est bestial. Le vêtement, c'est l'âme humaine. Et plus que le vêtement encore, la chaussure.
Michel TOURNIER, *Le Fétichiste.*

« Madame, vous aimez parer vos pieds de chaussures à haut talon aiguille, vos jambes de bas fins à couture ? Monsieur, vous aimez la cambrure et l'allure que donnent aux femmes les unes et les autres ? Adhérez au Club 50-60 ! Le Club qui veut promouvoir le port du bas à couture et du talon-vertige. »

C'est sa carte de visite. Patrick est le vendeur attitré, et même le zélateur un peu toqué de la femme new-look *: robe bustier fourreau en ottoman et jupe à triple épaisseur de tulle, ou petit tailleur cintré, boa en renard rose et jupe droite à carreaux, mais toujours avec un bustier-guêpière et des sandales hautes en satin, ou gerbées de strass. Le talon, pour lui, c'est vraiment l'essentiel de la féminité, et d'ailleurs la féminité ne s'est jamais tant exprimée que dans ces années-là. Comme on voit, rien à voir avec les femmes de Bruno Schulz qui, avec leurs pieds, torturent, piétinent, amènent à une sombre et impuissante folie des hommes-crapauds, de véritables nabots humiliés par la souffrance érotique, et qui, dans leur avilissement, trouvent un plaisir suprême et douloureux, comme dit joliment Witkiewicz[1]. Non, il ne s'agit pas pour lui de ramper devant de moqueuses Circé à bas noirs, mais plutôt d'organiser des thés dansants avec ses amis.*

Qu'importe après tout que certains préfèrent l'escarpin à bout pointu, ou la claquette, ou la salomé, Patrick les adore toutes, et d'ailleurs les expose avec honneur dans son salon, car elles ont avant tout le privilège de ne pas laisser le pied nu. Il déteste le nu. Un corps sans vêtements, disait déjà le fétichiste de Michel Tournier, c'est un arbre en hiver, c'est du bois[2]. Comme lui, Patrick est aussi sensible au piqué du falbala, au point d'Alençon d'une petite culotte, à cette petite aiguille qui mord le désir, qu'à l'audace d'un talon-vertige. Pas seulement parce qu'ils voilent la nudité, mais parce qu'ils signifient

1. Bruno Schulz, *Le Livre idolâtre*, Calligrammes, 1983.
2. Michel Tournier, *Le Coq de bruyère*, Gallimard, 1978.

sans doute aussi que l'amour est toujours un affrontement piquant, et peut-être la promesse inespérée, ou la nostalgie d'une goutte de sang.

C'est évidemment à des femmes comme Doris Day ou June Allyson que Patrick rend hommage aujourd'hui. A ces femmes aux paupières ambrées et au mollet galbé qui savaient, par exemple, dans une longue robe bustier, drapée en mousseline de soie arc-en-ciel, confectionner une tarte dans leur cuisine tout équipée. Ou encore à ces femmes à fourreau noir et jambes laquées, lipstick et bas fumés qui prenaient un Comet de la BOAC, à l'aéroport d'Idlewild, New York, ou un thé glacé chez Bloomingdale's. Car la mode des années 60, comme le rappelle un éditorial de Vogue New York, *« doit être conçue pour des femmes qui conduisent, qui se déplacent en jet ou en jeep et qui aiment néanmoins paraître élégantes et sophistiquées, surtout lorsqu'elles sortent le soir. Sans oublier qu'elles doivent souvent se lever à 6 heures du matin et préparer leurs enfants pour l'école, et que, comme les ménagères d'antan, elles ne dédaignent pas passer un certain temps dans leur cuisine, mijoter de bons petits plats ». Bref, la femme des années 60, même dans une situation intime, est toujours vêtue à la pointe de la mode, et infiniment soignée de sa personne.*

Est-ce à dire que cette folie de la guêpière et du talon aigu et du balancement de hanches n'est, pour Patrick, qu'une façon de célébrer une femme extrêmement sûre d'elle-même, et qui resplendissait de luxe et de sophistication ? Il y a certes, chez lui, de cette admiration, jusque dans le choix des mots d'une époque, mais est-ce trop dire qu'il peut être aussi, dans son corps athlétique et plein, cette petite femme fière d'elle et qui se plaît à vamper les hommes qui l'envient ? Patrick m'a accordé deux interviews qui prouvent, en tout cas, qu'on ne joue pas impunément avec les accessoires ou les parures des femmes, et qu'on finit toujours par y laisser son âme.

1. C'est la cambrure qui émeut dans la chaussure

— Alors, comme ça, vous exposez ces chaussures dans votre salon ?

— Ici, absolument ! C'est une collection qui remonte maintenant à 10 ans, environ. A un moment donné, j'en avais un peu plus d'une dizaine, et j'exposais les chaussures autour du téléviseur, parce que moi, je trouvais que c'était inconcevable de collectionner et de ne pas montrer. Et un soir, je suis rentré et j'ai trouvé l'appartement totalement transformé, ma femme en avait assez de trouver toutes ces babioles un peu partout, elle a viré tout ce qu'on avait sur ce présentoir en plastique, et elle a disposé les chaussures là-dessus. C'est donc mon épouse qui, par esprit pratique et esthétique, a mis en place la présentation des chaussures dans le séjour.

— Mais c'est vous qui les aviez achetées ? Comment ça s'est passé la première fois ?

— Oh ! Tout bêtement. Avant d'être marié, j'ai eu le bonheur de faire quelques conquêtes, et ma foi, j'ai toujours eu l'initiative d'offrir des bas... En tout cas, si j'offrais du parfum, il ne m'est jamais arrivé de l'offrir sans une paire de bas !

— La première chose que vous demandiez, c'est quelle pointure tu fais ?

— Ce n'était pas nécessaire. Disons que neuf fois sur dix, je détermine en un coup d'œil la pointure des chaussures...

— C'est ce que vous regardez en premier ?

— Non, en regardant une femme, je sais quel tour de poitrine elle fait, son tour de taille, son tour de hanches, je me trompe rarement de plus de 2 ou 3 cm. Ça vous étonne ? Je ne me suis jamais trompé sur les bas que j'ai offerts.

— Et vous en avez offert beaucoup, des bas ?

— C'est peut-être ce que j'ai offert le plus dans ma vie ! Je suis persuadé d'avoir offert une bonne centaine de paires de bas aux différentes femmes que j'ai connues.

— Elles ne trouvaient pas un peu bizarre que vous leur offriez tant de bas ?

— Je ne crois pas. Mais il y en a quelques-unes qui m'ont dit, pourquoi tu me donnes des bas à couture ? Ça a toujours été, pour moi un geste presque naturel. Mais ça n'a jamais été mal pris, je ne me suis jamais reçu une gifle, en aucune manière, et je n'ai jamais eu l'impression de taper à côté !

— Et la première fois que vous avez osé acheter une paire de talons aiguilles, vous avez été assez audacieux, non ?

— La première fois, j'avais convaincu une amie d'en porter. Or, comme elle était serveuse dans un bar, elle n'avait pas le loisir d'aller à Paris quand les magasins étaient ouverts. C'est comme ça que j'ai acheté la première paire, mais bien souvent les hommes disent, je viens acheter une paire de chaussures pour une amie, et c'est pour eux. Dans le cas présent, manifestement, la vendeuse était certaine que ce n'était pas pour moi, dans la mesure où je fais du 42 et que j'avais acheté du 36. Au début, évidemment, on a quelques craintes, on n'ose pas demander franchement, et puis je me suis aperçu finalement que les vendeuses voulaient qu'on aille directement au but. Je n'étonnais pas tellement d'ailleurs en demandant des talons aiguilles, j'étonnais quand je ne demandais pas de taille. Je voulais voir ce qu'il y avait dans le stock. Parce que le choix aujourd'hui est plus restreint, mais dans les années 73, 75, on trouvait encore des stocks importants. La seule chose qui était difficile, c'était de convaincre les commerçants d'aller chercher ces chaussures et de me les présenter. Souvent, c'est moi qui allais en réserve et qui fouillais. Mais quand vous trouvez un modèle intéressant, vous ne pouvez pas choisir la pointure, c'est d'ailleurs la raison pour laquelle une grande partie de ma collection, c'est du 35/36 ou du 40/41. Les autres étaient vendues, c'étaient les pointures classiques.

— Mais ils ne vous prenaient pas pour un type un peu pervers ?

— Non, non ! Jamais ! Ça, je peux vous assurer qu'aucun commerçant n'a jamais cru... bon, ou ne s'est jamais permis de me traiter de pervers ! Ou même de sous-entendre dans la conversation qu'on pouvait avoir ce genre d'avis sur moi, jamais !

— Et vous choisissiez des talons aiguilles comme on en voit dans *Maîtresse*, le film avec Bulle Ogier...

— Dans *Maîtresse*, c'est une autre vision de la chaussure. Comme le titre l'indique, c'est la rencontre d'un loubard et d'une jeune femme, qui est la maîtresse d'un certain nombre de clients, auxquels elle impose des sévices. Et parmi les sévices bien connus, il y a le cuir, le caoutchouc et la chaussure à très haut talon aiguille, 18, 20 cm mais ça, c'est vraiment monstrueux. Moi, je ne la collectionne pas.

— Celles que je vois sont quand même très hautes, non ?

— Non, non. Il se trouve que justement l'art de dessiner une chaussure à talon aiguille, par le biais de la cambrure, des coloris et de la finesse du talon, bien sûr, c'est de faire penser qu'on a un talon très haut. Or, celles que vous avez devant vous font au maximum, 12, 13 cm...

— Dans *Maîtresse*, il y avait aussi des chaussures à lacets, non ?

— Oui, des cuissardes, des bottines avec laçage, vraiment des bottes très contraignantes. Celui qui aime souffrir aimera volontiers qu'on le chausse de bottines à une, deux, trois tailles en dessous, qu'on le lace un peu comme on corsetait une femme, qu'on serre jusqu'à n'en plus finir le cuir de la botte autour du pied et du mollet...

— Vous, plutôt que Sacher-Masoch, c'est Marilyn qui vous fait de l'effet...

— Oui. Cyd Charisse aussi, une grande danseuse des années 50 qui chaussait d'ailleurs très bien les talons hauts... C'est la féminité des années 50 jusqu'aux années 62, c'est-à-dire la grande période de la féminité... Il y a Martine Carol, par exemple, qui avait des chaussures tout à fait remarquables, d'autant qu'elle avait un petit pied, je ne pense pas me tromper en disant qu'elle chaussait du 36, elle avait donc des chaussures très cambrées, et c'est la cambrure qui émeut dans la chaussure. Pratiquement toutes les héroïnes des années 60, quand elles tournaient des films d'époque, mettaient des chaussures à talons hauts. Gina Lollobrigida, Mylène Demongeot, Anita Ekberg... De toute façon, toutes les femmes les mettaient... On appelait ça, les talons-vertige, c'est d'ailleurs le nom qu'avait donné Ernest, un chausseur parisien, à un de ses modèles à talon aiguille parmi les plus hauts. L'essentiel de ma collection, c'est ça !

— Combien vous en avez ?

— Environ 200 paires.

— Mais qu'est-ce que vous faites de la 2e chaussure, puisque je n'en vois qu'une ?

— Je la stocke. Elles sont rangées dans leur boîte d'origine. Je vous laisse imaginer avec quel soin c'est fait.

— Vous avez une prédilection pour des modèles particuliers ?

— Il faut en tout cas que le talon soit de 10 cm au minimum. C'est celui, à mon avis, qui donne la plus jolie cambrure à la chaussure. Ça permet aussi de faire un pied tout petit, ça a toujours été un rêve de la femme d'avoir un pied petit. Le talon aiguille a cette particularité d'avoir une courbe ogivale. Je pourrais comparer le profil du talon aiguille aux arches des cathédrales gothiques, c'est quelque chose d'élancé. Il ne faut pas oublier qu'un talon aiguille de 12 cm qui repose sur une section grosse comme un crayon de papier, supporte un poids moyen de 50 à 60 kilos. Donc, il faut que la chaussure soit à la fois très fine, élégante, mais très solide, c'est d'ailleurs pourquoi les chaussures à talon aiguille sont rarement mal faites, parce qu'il faut qu'elles soient une synthèse d'exigences tout à fait contradictoires. Moi, je trouve que c'est la plus belle forme de talon qui ait jamais été créée pour la chaussure...

— Mais les chaussures qui sont là, personne ne les a portées ? Elles sont neuves, n'est-ce pas ?

— Oui, bien sûr.

— Et les bas couture, alors ?

— C'est une des collections qui est sans doute la plus difficile à constituer. On trouve le bas à couture de marche pour les personnes âgées, mais ce n'est pas le bas à couture tel qu'il était diffusé dans les années 50, un bas voile très fin, très soyeux, avec des reflets, qui faisait une jambe vraiment magnifique aux femmes ! Celui-là, par exemple, c'est un bas à couture très spécial, dans la mesure où il est brodé. Parce qu'à l'époque, le métier à tisser travaillait à plat, il fallait donc, pour obtenir un tube, fermer ce tissage et il y avait, dans les manufactures de bas, des ouvriers qu'on appelait des ouvriers finisseurs qui, sur des machines spéciales, cousaient les deux extrémités. Imaginez un mouchoir que vous fermez, vous cousez, vous avez ça ! On ne savait pas tisser en rond, comme on l'a su dans les années 60. Et de deux choses l'une, ou vous essayez de camoufler au maximum la couture, ou vous allez la montrer en ajoutant des motifs brodés le long des renforts du pied, du talon, du bout de pied, etc. On se servait donc de cet élément indispensable à la fabrication du bas pour enjoliver la jambe.

— Et vous avez beaucoup de bas différents ?

— Les bas, je dois en avoir 500 paires environ, mais sur les 500 paires, j'en ai à peine 25 qui sont absolument originales dans leur broderie, leur dessin, leur façon. Parce qu'il faut considérer le nombre d'aiguilles par pouce, la grosseur du fil, la façon dont c'est tissé, la façon dont c'est teint... Le bas à couture, c'est un bas qui est prévu pour épouser les formes de la jambe, ce n'est pas un article que l'élasticité de la fibre permet d'adapter à la jambe. C'est véritablement un article qui est adapté aux formes. Lorsque vous faites une blouse ou une robe, il y a des endroits où vous êtes obligé de diminuer, c'est-à-dire de pincer le tissu et de coudre de telle façon que ça épouse les creux et que ça permette aux pleins de s'épanouir. Toute femme vous expliquera ça mieux que moi. Eh bien, le bas à couture comporte de nombreuses diminutions, et suivant comment sont faites les diminutions, suivant comment sont disposés les renforts, suivant la forme de la jambe, les marques se différenciaient, et cela permettait aux femmes d'avoir à leur jambe des bas qui ne tournaient pas, et en outre d'être certaines de ne pas avoir le bas de la voisine. Alors qu'aujourd'hui, vous voyez toujours les mêmes collants !

— Vous prenez beaucoup de photos ?

— Oui, oui. Bien avant que j'aie ma collection, déjà je faisais des photos dans la rue des femmes que je rencontrais. Je les prenais à la sauvette, comme ça. J'avais toujours mon appareil avec moi...

— Et vous avez combien de photos en tout ?

— Oh là là ! En diapositives je dois bien avoir quelque chose comme un millier de photos, et en négatif papier, je dois avoir 2 à 3 000 clichés différents.

— Mais vous faites poser des modèles aussi ?

— Oui, bien sûr. Je me souviens, un de mes premiers modèles, c'est une fille que j'avais rencontrée comme ça et qui avait une poitrine absolument fantastique, tellement fantastique que c'est une poitrine qu'on rencontre excessivement rarement. Elle m'avait tellement plu que je l'ai carrément abordée en lui demandant si éventuellement on pourrait faire des photos ensemble. Elle était avec son mari. Et pour quel genre de photos, m'a-t-on demandé ? J'ai dit voilà, vous avez la silhouette typique de la femme des années 60. C'est-à-dire une femme-mère.

— Une femme-mère ?

— Oui. Dans les années 50, souvenez-vous, il n'était pas question de percer sans poitrine ! D'abord on sortait de la guerre et il fallait procréer, donc il y avait l'idéalisme, si vous voulez, des grands desseins nationaux, et puis il y avait le cinéma américain qui censurait toute image du sexe. Rappelez-vous que tout ce qu'il y avait en dessous de la ceinture ne devait pas être montré, même le nombril ! Et qu'ont fait les cinéastes pour faire de l'érotisme et pour vendre leur film ? Ils ont dénudé le haut. Et faire un décolleté sur des seins qui sont menus ou inexistants, ça n'est pas avantageux !

— Alors cette jeune femme, vous l'avez convaincue de prendre des photos...

— C'est ça. Avec un tailleur ou des chemisiers transparents, ou des robes de mousseline. Toutes ces robes des années 60, j'en ai quelques-unes dans ma collection...

— Vous avez des robes aussi ?

— J'ai des robes aussi, j'ai de la lingerie...

— Des jarretelles, des choses comme ça ?

— Vous savez, c'est difficile de voir un bas sans la jarretelle, que la jarretelle soit accrochée à une gaine, un serre-taille, une guêpière ou un porte-jarretelles. Ça, on ne peut pas le concevoir ! L'un ne va pas sans l'autre ! Les années 55 en particulier ont été des années fabuleuses pour la lingerie féminine, parce que justement c'était vraiment l'époque où, du nombril jusqu'au genou, rien ne devait se voir. Par contre, on dénudait tout ce qui était au-dessus du nombril, c'est-à-dire les seins, les bras, les épaules. Il faut voir tous les accessoires qu'il y avait, les chapeaux, les gants, les colliers, les broches...

— Vous n'avez pas ça ?

— Non, on ne peut pas !

— Qu'est-ce que vous avez comme soutiens-gorge ?

— Hélas ! je n'ai que des modèles qui ont été créés dans les quinze dernières années et qui rappellent ce qui se faisait dans les années 60. J'ai des modèles à balconnet, avec beaucoup de dentelles, des modèles à demi-sein comme faisait Lejaby dans les années 58, j'ai quelques gaines aussi, des serre-tailles bien entendu, en satin ou en nylon, mais je déplore de ne pas avoir de la lingerie de l'époque.

— Votre femme les a portés ?

— Pas très souvent.

— Et cette femme que vous avez abordée dans la rue avec son mari, vous lui avez fait essayer tout ça ?

— Oh ! c'est tout à fait progressif, ça ne se fait pas en une fois ! On a fait une séance de prise de vues, ici, mais très décontractée, elle avait choisi un soutien-gorge, un porte-jarretelles et des bas, et son mari a fait des photos en même temps que moi. Ça lui a plu. Par la suite, on a fait des photographies plus recherchées, qui mettent en valeur telle ou telle pièce de lingerie, tel bas, telle chaussure... D'ailleurs, il m'arrive aussi de faire des natures mortes. Celle-là, c'est sur du papier argenté, du papier froissé. Il y a deux paires de chaussures, dont une renversée, et un bas qu'on vient de quitter, parce que je ne photographie jamais un bas qui sort d'une pochette, c'est tout à fait vide de sens. Quand un bas est porté, vous avez encore la marque de la jarretelle, regardez, là ! Le petit bouton de la jarretelle est encore imprimé dans la maille. Ce petit détail, c'est peu de chose, mais c'est le truc que tout connaisseur remarque, il sait que ça vient d'être porté.

— Et la chaussure renversée, c'est la chaussure qu'on a jetée ?

— Oui, bien que ça n'arrive jamais qu'elle tombe comme ça, mais c'est vrai, c'est la chaussure qu'on vient de quitter. On peut pratiquement supposer que la femme qui vient de quitter ces chaussures est en train de faire l'amour. On sait aussi qu'elle est très élégante. Peut-être même un peu autoritaire, vu la hauteur des talons. Je laisse toujours la possibilité à ceux qui aiment ça de l'imaginer.

— Est-ce qu'il y a des poses « années 50 » ?

— Toutes celles que vous trouvez dans *Folies de Paris-Hollywood*. C'est une revue qui se vendait dans les kiosques et que les moins de 18 ans avaient plaisir à aller acheter parce qu'ils avaient une petite pointe au cœur à feuilleter ça en cachette de leurs parents. Ça cognait un peu dans la poitrine...

— C'était quoi les poses des années 50 ?

— C'est assez lascif, c'est assez académique aussi... Tenez, là, c'est Barbara Bates, une jeune starlette des années 55. On remarque qu'elle a un très joli déshabillé en dentelle, on croit que c'est naturel, à voir comme ça, mais tout est travaillé, la pose de la jambe, celle qui est devant, celle qui est derrière, la pose du pied, tout a été étudié. Regardez les mains : les doigts sont posés comme un peintre les aurait peints. L'index est placé sur le majeur et le petit doigt est légèrement écarté... Ça ne vous fait pas penser à quelqu'un ? A Vargas ! Le dessinateur américain Vargas ! C'est sophistiqué jusqu'au bout des ongles. On retrouve la même disposition du corps, des poses excessivement académiques, un visage légèrement penché par rapport à l'axe du corps, un visage très sain, très gai, mais sa position par rapport au corps lui donne un petit air un peu coquin... Mais moi, je ne recherche pas tellement les poses académiques...

— Alors, dans quelles poses vous les prenez ?

— C'est tout simple, c'est une jeune femme qui est dans sa cuisine, une jeune femme qui sort de sa salle de bains...

— Elle est en talons-vertige dans sa cuisine ?

— Elle est en talons aiguilles, elle est très bien habillée et on peut très bien l'imaginer en train de faire la vaisselle ou de faire une tarte. Ce sont des scènes extrêmement banales de la vie de tous les jours. On peut très bien imaginer, dans la maison, une jeune femme qui est en train de se faire les ongles, et la plupart des femmes qui se font les ongles dans leur salle de bains, le matin, elles ont leur peignoir, mais sous le peignoir, il y a, par exemple, un petit serre-taille et des bas très fins dans les chaussures. Disons qu'il m'est difficile de concevoir une femme autrement que sans ses bas et sans ses chaussures.

— Une femme nue ?

— Je vais vous dire une chose, c'est que la femme nue ne m'intéresse absolument pas ! Et je ne suis pas le seul, c'est ce qui me rassure ! Je peux vous assurer que les femmes nues n'intéressent que très peu de gens !

— Une autre situation ?

— En extérieur, j'ai fait des photos de femmes qui rentrent dans leur voiture, qui en sortent, qui chargent le coffre de leurs emplettes, des femmes qui sont en train de boire à la terrasse des restaurants, elles croisent les jambes et on voit à peine le revers du bas. C'est suffisant.

— Une autre scène encore ?

— Vous êtes friand de ce genre de choses ! Eh bien, écoutez, j'ai mis en scène des jeunes femmes qui tout simplement regardent la télévision l'après-midi chez elles, je reprends d'ailleurs les idées qu'il y avait dans *Folies de Paris-Hollywood*, où la plupart des femmes étaient prises dans leurs tâches quotidiennes, ménage, vaisselle, lessive, mais avec un petit côté affriolant. Imaginons une femme qui est en panne sur le bord de la route, eh bien, il ne serait pas inintéressant de la photographier en train de réparer sa roue de secours en mettant en valeur le côté super sexy de sa lingerie.

— Elle ne se déshabille pas pour changer sa roue de secours ?

— Se déshabiller n'est pas nécessaire ! On peut découvrir une jarretelle, on peut découvrir, dans l'échancrure d'un corsage, la dentelle du soutien-gorge... En ce moment, je suis en train de travailler sur un petit scénario où un jeune homme, sur une plage, rencontre une jeune femme qui, le matin, va prendre son bain très tôt, afin de ne pas être dérangée, mais il y a une autre raison, c'est qu'elle se rend à la plage en compensés à très haut talon, tout à fait 60, et des bas couture, alors que la plupart abandonnent leurs bas à l'hôtel ou je ne sais où. Ils font connaissance par un tas de circonstances que j'ai imaginées, et elle va se baigner sans quitter ses bas, avec un maillot une-pièce et une petite jupette, c'est une chose qui ne se fait pratiquement plus aujourd'hui...

— Quels sont les pieds qui ont votre préférence ?

— Ah ! C'est difficile à dire... Je n'ai jamais fait de photos de femmes sans bas, sinon dans le cadre d'une reconstitution d'un strip-tease, tel qu'on les voyait dans les bouquins des années 50, où en trois quatre images, on faisait un strip. Moi, les strip, je trouve ça assez désolant. Je fais l'inverse. Je prends une femme qui est pratiquement nue, et elle s'habille. C'est une démarche qui plaît aussi, d'ailleurs. Mais c'est vrai que le pied m'émeut énormément. Je pense qu'un pied un peu rond... Je n'aime pas les pieds osseux, ou veineux. Je n'aime pas non plus les femmes qui ont de la musculature apparente... Pour moi, un joli pied, ça va du 36 au 38 et demi, 39. En fait, même un grand pied peut être joli. Une femme qui fait du 39 et demi, 40, si elle a le pied fin, modelé, galbé, c'est très joli, mais en fait, quand je vois un joli pied, s'il n'est pas habillé, s'il n'est pas gainé de nylon, je l'imagine aussitôt avec des bas... Je ne veux pas vous inviter à ne regarder que cela, mais disons qu'à partir de maintenant, accordez-vous deux, trois jours à observer ce que font les femmes de leurs pieds, quand elles sont assises à leur travail, à une table de restaurant, à une table de bar, quand elles vous reçoivent...

— Et qu'est-ce qu'elles font ?

— Beaucoup de choses ! Le pied féminin n'est jamais inactif, jamais ! Regardez un homme, par exemple, il croise les jambes, et c'est terminé. On a l'impression que toute la partie inférieure de son corps est en veilleuse, il n'y a que le visage qui s'anime. Une femme, vous pouvez être certain qu'elle va croiser et décroiser les jambes fréquemment. De temps en temps, si vous observez le pied qui est en lévitation, la chaussure va quitter le pied, et elle va s'amuser à balancer son escarpin. Vous remarquerez que ses orteils bougent sans arrêt. Il y a des femmes qui sont excessivement adroites et qui savent user de toutes les parures. Si vous voulez, les attributs vestimentaires des années 60 permettent à la femme de jouer de tous ses feux en matière de séduction. Lorsque, par exemple, le bas est très fin, même jusque dans les renforts du bas, on peut deviner très facilement les orteils et sutout le vernis à ongles, et il y a des femmes qui savent jouer de la lumière sur leur vernis à ongles et qui vont, par le biais des mailles du bas, créer des reflets, lancer des signaux, sans pour autant qu'il y ait de leur part une invite à quelque jeu sexuel que ce soit. C'est simplement une façon de dire, je suis là, j'aime plaire, ça me fait plaisir que vous me regardiez...

— Vous aimez bien recevoir des signaux comme ça ?

— Ah, bien entendu ! Le seul regret que j'aie, c'est de ne pas pouvoir y répondre, bien souvent... Vous vous souvenez du film de Truffaut, *La Mariée était en noir* ? Au début, Jean-Claude Brialy cache un magnétophone sous le canapé, de manière à pouvoir enregistrer les crissements des bas de sa fiancée, qui ne manquait pas d'ailleurs de croiser et décroiser les jambes sans arrêt. Il avait trouvé ça superbement érotique, et il a passé l'enregistrement à son ami, quelques instants avant d'être tué par la jeune femme.

— Vous aimez les héroïnes d'Hitchcock ? Ces femmes blondes un peu sévères ?

— Moi, je trouve qu'elles ont énormément de charme. Hitchcock est un homme très fin et qui aime les femmes, c'est-à-dire qu'il ne les met pas en vitrine. Toute leur séduction est légèrement en retrait, c'est celui qui sait regarder qui va la trouver. Hitchcock a toujours habillé ses femmes avec une certaine rigueur, tailleur, maquillage très simple, jamais outrageux, coiffure lisse : pratiquement toutes ses héroïnes, c'est ça. C'est un peu la femme effacée mais qui est très vive d'esprit, très astucieuse, la femme responsable, mais qui, quand même, a des petites choses, comment dire ? Par exemple, elle a toujours de la belle lingerie. Je ne connais pas de films d'Hitchcock où les femmes n'ont pas de belle lingerie. Le peu qu'on en découvre, on est toujours ravi, parce que c'est joli à voir.

— Et les chaussures de femmes chez Hitchcock ?

— La plupart de ses films intéressants, c'est avant 60, et à ce moment-là, c'était une chaussure plus ronde que les chaussures à talon aiguille, le bout était rond, le talon assez haut et bottier, c'est-à-dire trois, quatre fois plus épais que l'aiguille. Mais quand même, dans beaucoup de ses films, il y a des prises de vues en contre-plongée, au ras du sol, qui montrent bien la jambe féminine, et il y a une certaine conscience du pouvoir érotique de la jambe, ne serait-ce que dans *Le Crime était presque parfait*, où le bas est une des pièces maîtresses à conviction. Mais le bas, chez Hitchcock, comme la jambe à mon avis, comme la femme, est toujours très discret, parce que je crois qu'Hitchcock est un des cinéastes qui, sans nier le charme de la femme, sans nier son aspect sexuel, sans nier tout ce que les attributs vestimentaires peuvent ajouter à l'exercice de la sensualité féminine, a d'abord considéré la femme comme un esprit. Et c'est ce qui fait que ses femmes ont beaucoup de classe.

— Et les bombes de Russ Meyer ?

— Ah ! quand je vais voir un film de Russ Meyer, je ne m'ennuie pas une seconde, il vous en met plein la tête, et s'il y a des filles qui ont des poitrines super-extravagantes, super-volumineuses, c'est bien là ! Mais en fait, Russ Meyer recherche une image de la femme fière de ses attributs, de la mère qui fonce et qui détruit tout sur son passage. Il y a une idée d'ouragan dans tous ses films, on voit une sorte de comète qui passe, les seins en avant, ça bouscule tout, les hommes se bagarrent entre eux, mais ce n'est pas l'érotisme qui nous intéresse, parce qu'à mon avis, c'est presque animal. Mais comment fait-il pour trouver des modèles qui ont un tour de poitrine aussi extravagant, une poitrine aussi arrogante ? Parce que c'est des poitrines qui tiennent la route ! Ça me plaît, oui, mais je ne ferais pas de films avec ces filles-là. Car la femme des années 60, c'est bien sûr une femme qui a de la poitrine, mais pas de l'hypertrophie mammaire. C'est la femme élégante, c'est la femme qui a du chien ! C'est une fille comme Gina Lollobrigida ou Sophia Loren, c'est-à-dire une poitrine présente, ronde, qui tient dans la main d'un honnête homme, même qui déborde un peu, mais pas quelque chose d'extravagant ! Ça fait une silhouette fluide, bien que ronde, bien que pleine ! Les Russ Meyer Girls, on ne voit que leurs seins et rien d'autre ! A l'extrême, pas besoin de les habiller puisque, de toute manière, il n'y a que ça qui soit intéressant !

— Vous n'avez jamais essayé ces chaussures ?

— Ça m'est arrivé d'en essayer, bien sûr. J'ai quelques chaussures de très grande pointure, comme je vous le disais, du 40, du 41, et même du 42 qui est ma pointure. Je suis capable de danser ou de marcher avec des chaussures à talon aiguille, je sais ce que c'est de porter une gaine ou de porter un bas, mais je n'y suis pas spécialement attiré. D'ailleurs, la première fois que c'est arrivé, c'était un pari, parce qu'il ne manque jamais de femme pour vous dire : « Vous êtes tout le temps en train de parler des chaussures à talon aiguille, vous, les hommes, vous ne pensez qu'à ça, mais vous n'avez aucune idée de l'inconfort que ça procure, du mal de dos, etc. » Bref, un certain nombre d'arguments qui ont d'ailleurs été repris par des médecins et qui ont fait beaucoup de mal aux talons aiguilles, dans les années 60. C'est un certain nombre de femmes en fait qui ne voient que le côté incommode de certaines situations. Elles ne disent rien contre les bas, sinon que ce n'est pas pratique à enfiler, ça file tout de suite, il faut des jarretelles, etc. En fait, après avoir essayé pratiquement toutes les méthodes pour tenir des bas, il m'est apparu que le porte-jarretelles était le plus simple. A part ça, vous avez le serre-taille et la guêpière. La guêpière, ça vous donne une taille de guêpe. C'est un ensemble qui prend de la taille à la poitrine. Le serre-taille, c'est la même chose, mais sans soutien-gorge. Il y a aussi une pièce de vêtement féminin qui était très vendue à l'époque, c'est le combiné : ça combine la gaine, le soutien-gorge et le bustier. C'est une guêpière si vous voulez, mais c'est excessivement pratique. Pratique dans l'optique de l'époque, à savoir poitrine pigeonnante, taille la plus fine possible et hanches rondes. C'était donc un objet très contraignant.

— Vous avez essayé tout ça ?

— Oui, oui, j'ai tout essayé ! Mais je ne me suis jamais exhibé dans ces tenues-là. Je me sens bien mâle, je me sens bien homme...

— Vous ne faites pas l'amour avec ?

— Non. La chaussure, ça me plaît énormément, mais je ne pourrais pas m'imaginer vivre dans un monde sans femmes, rien qu'avec des chaussures, parce qu'elles n'auraient plus aucun sens...

L'entretien s'arrêtait un peu trop vite. J'ai revu Patrick par la suite. Il avait pris des munitions, en particulier un vieux whisky irlandais, et il a reconnu finalement que cette femme des années 50, il l'avait enviée toute sa vie.

2. Maintenant, ce qui me plaît le plus, c'est de porter des bas

— Vous savez, ce n'est pas uniquement pour me rendre compte, pour savoir ce que la femme ressent quand elle porte une gaine, des bas ou des talons-vertige que j'en porte moi-même. Ce n'est pas uniquement pour ça... C'est aussi parce que j'ai toujours été attiré par ce genre de travestissement depuis très longtemps.

— Vous portiez les chaussures de votre mère, c'est ça ?

— Ça m'est arrivé effectivement de découvrir ses chaussures et de les essayer, comme mon fils d'ailleurs aujourd'hui essaye les chaussures qui sont là. Mais à 5 ans, je ne pense pas qu'on fasse la différence entre chaussures de femme et chaussures d'homme. A 12 ans, on commence à la faire.

— Vous vous souvenez de la première paire de chaussures que vous avez essayée ?

— Oui. Elle était en daim crème, à talons hauts mais pas aiguille, parce que ma mère n'en a pratiquement jamais porté. C'étaient des chaussures des années 40. Moi, je suis né en 49, je présume qu'elle avait gardé les chaussures de son mariage, ça devait dater d'avant-guerre. C'était un escarpin fermé, tout à fait classique, mais de bonne facture. Moi, j'ai toujours été intrigué par ce que portaient les femmes, peut-être parce que je n'osais pas les aborder. Mais surtout, quand j'étais gamin, jusqu'à 10, 12 ans, j'étais fort. L'adjectif « gros » revenait souvent. J'avais un certain complexe à cause de ma morphologie. A 12, 13 ans, j'ai grandi d'un coup de 15 cm, et de gros, je suis devenu plutôt svelte. De carrure importante, mais plutôt svelte. La seule chose qui n'a pas suivi, ce sont les hanches, j'ai toujours eu les hanches très fortes. Et quand je me regardais dans la glace, que je découvrais mon corps, je me rendais compte que j'avais des hanches de femme.

— De la poitrine, non ?

— Non. J'ai des seins plus développés que la moyenne des hommes, sans avoir d'ailleurs fait quoi que ce soit pour ça, mais ce qui m'avait le plus choqué, c'est que j'avais les hanches très fortes. C'était la fameuse forme d'amphore propre à la hanche féminine. Et je m'étais fait à l'idée que je ne pouvais pas plaire aux filles à cause de ça. Parce que je n'étais pas homme physiquement.

— Vous essayiez aussi les robes ou les jupes de votre mère ?

— Ah oui, à cette époque-là, j'ai tout essayé. Comme dans tout appartement, il y avait une pièce où l'on mettait le linge sale, c'était la salle de bains. C'est là que je portais les affaires de ma mère. Ça allait du soutien-gorge tout à fait ordinaire jusqu'au combiné, à la gaine, au jupon, à la combinaison, tout. Les bas, bien entendu. Toujours des bas avec des coutures. La transparence de ce type de parure m'a toujours frappé, et j'espérais à l'époque qu'on fasse des bas sans couture, parce que justement on aurait la transparence totale. Et puis ça s'est arrêté. A 18 ans, j'étais à Dijon, je suis tombé follement amoureux d'une jeune femme, et ça a balayé tous mes complexes. En fait, tout a été emporté avec elle.

— Et c'est revenu par la suite ?

— C'est revenu par la suite... Pratiquement en même temps que la rupture avec cette jeune femme. On a vécu un an à deux dans sa chambre. C'était la première femme que j'ai réellement connue, c'est la première fois que je faisais l'amour, c'est la première fois que je voyais une femme nue, c'était une véritable découverte. Elle m'a quitté pendant que j'étais au service militaire, et toutes mes idées sont revenues. Quand j'ai vu que j'avais perdu tout ça, j'ai eu un véritable chagrin. Après la rupture, je suis arrivé à Paris, tout seul. Ça m'a permis d'apprendre à vivre. Je me souviens qu'en 70 ou 71, j'ai acheté ma première paire de chaussures, qui a été d'ailleurs le point de départ de cette collection. Parce que c'est une paire de chaussures que j'ai achetée pour moi. Il est bien évident que, quand je suis arrivé chez moi, je me suis jeté dessus.

— Et les séances d'essayage se passaient comment ?

— Très simplement. On s'habille en femme comme on s'habille en homme. Ni plus ni moins. Mis à part qu'il y a un regard qui est plus attentif. C'est comme si on sortait de soi-même, pour se regarder, pour sentir le toucher, je ne sais pas comment vous dire ça, mais on s'observe avoir des sensations. Que ce soit des sensations olfactives parce que certains tissus retiennent davantage les odeurs corporelles, que ce soit des sensations tactiles, pour ce qui est du nylon ou du satin, que ce soit simplement la tenue : vous savez, quand un homme met des talons aiguilles pour la première fois, il faut qu'il réapprenne l'équilibre, il faut qu'il acquière un maintien qu'on ne soupçonne pas. La plupart des femmes qui mettent très bien des talons aiguilles se distinguent par la façon dont elles marchent, dont elles s'assoient : elles ont une tenue.

— Ces sensations tactiles, c'est quoi au juste ? C'est électrique ?

— Électrique n'est pas le mot. Ça vous fait sentir votre enveloppe, si vous voulez, ça vous fait sentir ce que vous êtes dans l'espace, ça vous fait sentir la frontière entre votre personne intérieure, telle que vous l'apercevez, et le reste. En plus, ça apporte des sensations qui ne sont pas inintéressantes, quand on marche ou qu'on croise les jambes. On comprend pourquoi les femmes n'arrêtent pas de croiser et de décroiser les jambes...

— C'est-à-dire ?

— Elles se caressent !

— Vous étiez devant un miroir, je suppose ?

— Bien sûr.
— Vous vous placiez de face ou plutôt de dos ?
— Plutôt de profil. Parce que le profil est moins désagréable, plus féminin si vous voulez. De face, je me sens trop carré pour correspondre à l'image que les vêtements que je porte sont censés représenter. Tandis que de profil, c'est plus cohérent. Et puis je vois la couture du bas. A ce moment-là, c'est davantage les jambes qui sont vues que l'ensemble du corps.
— Est-ce que ça entraînait invariablement des sensations érotiques ?
— Oui. Ça déclenche le plaisir, tout bêtement. C'est un déclic très simple. La première fois que j'ai mis un combiné, je me souviens avoir eu une érection et une éjaculation incroyables, que je n'ai jamais connues depuis. Mais c'est vrai que par la suite, même encore maintenant, ça déclenche une impulsion très forte.
— C'est une jouissance solitaire ?
— Plus maintenant, compte tenu du fait que j'ai rencontré une femme avec laquelle j'ai pu être moi-même.
— C'est-à-dire que vous faites l'amour habillé en femme ?
— Oui, c'est fabuleux.
— Vous avez l'impression d'un amour lesbien ?
— Non. Très sincèrement, je ne me pose même pas ces questions. Moi, je me sens très bien dans ma peau d'homme, je n'ai pas envie d'être une femme, mais j'aime porter les vêtements féminins, voilà. Ça m'est arrivé d'ailleurs de sortir avec mon épouse, et de porter, en dessous du costume masculin, des bas par exemple.
— Ça ne se voit pas ?
— Non. Sauf quand vous montez des escaliers, le bas du pantalon remonte sur la cheville et quelqu'un d'attentif pourrait...
— Vous ne vous êtes jamais travesti complètement ?
— Il y a quelques années, effectivement, alors que ma femme était partie en vacances et que j'étais retenu par mon travail ici, je m'étais rasé la barbe. J'étais entré en contact avec un « éoniste » célèbre à Paris, avec qui j'ai passé une soirée extraordinaire. J'avais une paire d'escarpins noirs, à talon aiguille, j'avais bien entendu des bas noirs et je devais porter une robe d'été qu'il m'avait prêtée, je ne me souviens plus, je crois que c'était une robe droite, tout à fait courte, qu'on porte avec une ceinture de cuir verni et un très léger décolleté. C'était vraiment quelque chose de très simple, qui ne tapait pas du tout à l'œil. C'est lui qui m'a maquillé, c'est lui qui m'a coiffé, il a fait ce qu'il fallait. Mais

en me rasant, je me suis complètement raté, j'avais la peau en flammes.

— Le rouge à lèvres ?

— Le rouge à lèvres, c'est assez spécial, c'est peut-être la seule chose qu'à la rigueur je mettrais par plaisir. Ça fait partie de l'image globale de la féminité que je me fais. Quand j'embrasse une femme sur la bouche, si elle n'a pas de rouge à lèvres, je suis déçu.

— Quelle teinte était-ce, ce soir-là ?

— Avec du noir, en général, on met du rouge. Un rouge vif.

— Un rouge camélia ?

— Peut-être, oui.

— Vous vous étiez épilé les jambes ?

— Oui, bien sûr. Le bas est fin, soyeux, brillant, et mettre des bas sur une jambe poilue, c'est fort disgracieux. Donc, ça, pour moi, c'est une habitude.

— Et, pour finir, vous avez affronté la rue ?

— Oui, l'impression est très curieuse... D'abord, quand on est dans la rue, il y a de l'air qui passe partout, un homme n'est pas habitué à ça. Ça s'infiltre entre les jambes, ça a un petit effet assez coquin. Dans le même temps, on a l'impression d'être regardé, mais pas comme d'habitude. On vous scrute, on cherche à savoir : est-ce que c'est un homme, est-ce que c'est une femme ? On a l'impression qu'on est vraiment sous la loupe.

— Qu'on se moque ? Qu'on vous désire ?

— Qu'on se moque, non. On se sent dans une position, je ne dis pas inconfortable, mais équivoque. Alors que certains travestis disent très clairement que c'est en homme qu'ils sont dans une position équivoque.

— Il y avait, dans certains regards d'hommes, de l'envie ?

— Oui, c'est d'ailleurs une sensation curieuse d'être convoité par d'autres hommes. On est allé dans un petit bar, pour les habitués du quartier, peut-être aussi un bar où des prostituées venaient de temps en temps consommer. Et j'ai eu l'impression que certains regards étaient des regards d'envie de se payer cette belle fille. Ce n'était pas une belle fille, mais l'éclair du regard n'était pas le même. Quand un homme vous regarde, avec l'envie de sortir avec vous, de danser avec vous, de vous offrir un verre, ce n'est plus la même chose. L'œil devient plus charmeur, plus aigu, il essaye de s'accrocher, de se faire valoir, oui, ça m'a fait une curieuse impression.

— Finalement, ça vous a déçu ?

— Non, je n'ai pas été déçu, je dirais qu'à l'extrême je cherchais quelque chose, mais je ne savais pas quoi. Peut-être qu'un jour je le referai, il y a des périodes par exemple où j'aime aller plus loin que mettre des bas, mais c'est tellement privé que je ne le fais que quand ma femme n'est pas là.

— Ce sont des périodes où vous êtes particulièrement seul ?

— Pas du tout. Ce serait même plutôt l'inverse. Quand je suis fatigué, mal dans ma peau, que j'ai une certaine perte de confiance en moi-même, je ne dis pas que je ne porte pas de bas, de toute façon, maintenant, plus ça va, plus j'en porte, mais quand je suis en forme, quand je suis dynamique, quand je suis optimiste et que j'ai confiance en moi et en l'avenir, dans ces cas-là, il m'arrive fréquemment, quand ma femme n'est pas là, de revêtir des effets féminins, mais en dépassant le stade de la jambe, c'est-à-dire qu'il m'arrive de mettre plus fréquemment soit un combiné incorporé au soutien-gorge, soit le soutien-gorge avec le serre-taille. Je m'habille de la sorte pour moi, mais je ne passe pas des heures devant le miroir, ça dure certainement moins d'une minute en général, oh oui, même pas ! Et ça, c'est personnel, je ne le partage pas avec les autres.

— Est-ce que vous vous plaisez dans le miroir ? Est-ce qu'il y a une partie de vous qui aurait plaisir à faire l'amour avec l'autre ?

— Quelquefois, oui. Ça correspond à ce moment où je suis en harmonie avec moi-même. Je suis très content de vous rencontrer aujourd'hui, parce qu'hier. par exemple, j'ai mis une gaine haute. C'est quelque chose qui monte jusqu'en dessous des seins. C'est un article assez ancien, assez contraignant et comme, en ce moment, je fais des efforts pour perdre un peu de poids, le fait de l'avoir supportée, déjà ça m'a fait plaisir, j'avais gagné un ou deux kilos. D'ailleurs, je ne me suis pas trouvé déplaisant du tout en me regardant comme ça. Ça veut dire que dans cette circonstance-là, à ce moment précis, je n'aurais éprouvé aucune honte à me présenter à une femme et j'aurais eu du plaisir à lui plaire, tel que j'étais là. A mon avis, j'étais certain de plaire. D'ailleurs je ne déplais pas à ma femme comme ça.

— Vous êtes favorable au secret, quand même ?

— A une part de secret. Quand on a décidé de partager un secret avec quelqu'un, une partie de soi-même, une passion, ce que vous voudrez, il faut le faire avec passion, il faut le faire jusqu'au bout, mais ce que vous gardez, il faut le garder secret. Je m'en rends bien compte, parce que j'ai des enfants pour qui la notion de secret est plus aiguë que pour nous. Ça fait partie des choses qui unissent les gens. D'ailleurs, avant la révolution sexuelle de 65-68, on gardait beaucoup de choses pour soi. Les conjoints l'un envers l'autre, le couple vis-à-vis de la famille, la famille vis-à-vis de la société...

— Et vous avez encore d'autres secrets ?

— Ah peut-être bien ! Mais comment dire ? Les secrets qu'on a, ou qu'on garde, ce n'est pas tellement parce qu'ils sont inavouables, c'est parce qu'on ne sait pas les dire...

— Et vous ne savez pas les dire parce que...

— Parce que ce n'est pas le moment. Il y a une fleur qui s'appelle le perce-neige, elle met un certain temps pour percer la couche de neige. Et cette fleur, quand elle se fait voir, c'est le premier promeneur qui passe qui a la chance de la voir apparaître. Il y a comme ça des secrets que je vous ai dits, justement parce que vous êtes arrivé au moment où ils ont vu le jour...

[illegible] famille [illegible] de la société...

— Et vous avez mené d'autres séries ? [illegible]

[illegible]

[illegible] connectée [illegible] que [illegible] le [illegible] qui [illegible] la chance de [illegible] [illegible] il [illegible] [illegible] ait dit, [illegible]

Friedl Bondy, Autoportrait.
1974.

Friedl

Dix ans séparent les deux interviews qu'on va lire. La première a été réalisée à Vienne, en 1974. L'autre, à Francfort, en 1984. Dix ans qui ont marqué le corps de Friedl Bondy, photographe et modèle d'elle-même. Sur l'album de Paris, une femme nue à bas noirs, slip à fanfreluches et poses sculptées se photographie dans le décor d'un hôtel de passe (un hôtel « payé à l'heure », comme on dit en allemand), avec miroirs au plafond, draps cramoisis et salle de bains au néon jaune. Une femme au corps plein, qui gonfle ses seins aux longs bouts, qui redresse les fesses, comme on lui aurait appris à le faire pour un grand magazine pour hommes. Mais tout ça paraît un peu trop contraint et contrôlé. Et d'ailleurs, jamais son visage n'est visible. A la place, son appareil. Un grand trou noir. Un obturateur qui sert à prendre la photo dans le miroir, et à la mettre à distance de soi.

Dix ans après, dans cet appartement de Francfort presque vide, en bois clair, aux fenêtres hautes et ouvertes (elle ne connaissait jusqu'ici que les fenêtres bouchées et les miroirs), où elle vit avec son mari photographe, elle apparaît presque « démaquillée », un peu délabrée, dans une petite robe à fleurs de ménagère. Elle dit qu'elle souffre juste un peu de la vieillesse. Friedl a 38 ans. Elle n'a pas compté exactement, peut-être a-t-elle fait 3 000 photos d'elle, dans sa vie. Ce qui me frappe, ce sont les deux versions qu'elle donne, à 10 ans d'écart, de ce furieux besoin de se photographier ainsi, dans une intimité de soi presque schizophrénique, où tout est si minutieusement protégé et contrôlé, dans ces images qu'elle donne à voir d'elle-même, qu'elle paraît toujours finalement se refuser.

Mais voilà, ce plaisir qu'elle prenait autrefois à se regarder, peut-être se l'est-elle fait voler aujourd'hui : c'est d'ailleurs plus rare qu'elle se photographie, comme si, de l'image glorieuse, il ne restait plus désormais que ce corps un peu raté. Et d'un passé si noir, si empoisonné, si obsessionnel, mais si violent, qu'une sérénité de naufragé.

Vienne, 1974

— Quand avez-vous commencé à faire des photographies ?

— A 18 ans. Mais en Autriche, un photographe ne peut pas

ouvrir légalement de studio, s'il n'a pas le diplôme de l'école de photo de Vienne. Quand je l'ai eu, j'ai commencé à faire des photos de mode, des portraits, des sex-photos de femmes et ensuite de moi-même.

— Pas d'hommes ?

— Si, une fois, pour un homme d'affaires. D'ailleurs, ça arrive souvent que des hommes me demandent des portraits nus. Moi, je ne bougeais pas, je me cachais derrière l'appareil, et lui, il était plutôt gêné, il était gros. J'ai fait une photo de lui, nu, avec tous ses accessoires de businessman : le téléphone, le bureau, tout...

— Vous ne faites que des portraits ? Jamais vous n'allez dans les rues avec votre appareil ?

— Ça m'arrive rarement. Je suis une photographe qui ne porte pas d'appareil de photo sur moi. L'appareil est fixé sur un trépied dans l'appartement et je m'y rends quand je fais une photo. A ce moment-là, j'y ai toujours pensé avant, j'ai l'idée dans ma tête, très précise. C'est toujours prémédité.

— Alors, quand avez-vous commencé à faire des autoportraits ?

— Je vis seule depuis 7 ans. Je travaille et j'habite dans mon atelier, j'y passe tout mon temps, il n'y a pas de téléphone, je travaille, je mange, je dors, je ne parle presque pas, les murs de l'atelier sont très hauts, les fenêtres sont inaccessibles, je ne vois rien, que du ciel. Au bout d'un certain temps, j'étais triste, je tournais en rond, et j'ai commencé à vivre avec le miroir. Mon miroir est très vieux, sale, presque aveugle. Je pouvais vivre seule sans trop de difficultés, mais je mangeais devant le miroir, et je me regardais. Je ne me regardais pas pour me sentir belle, mais pour me retrouver. La plupart du temps, je dansais devant la glace. Encore maintenant, la première chose que je fais en me levant, c'est de danser.

— C'est comme ça que vous avez commencé à faire des sex-photos de vous ?

— Oui. Toujours en dansant, j'ai commencé à trouver les sous-vêtements très bien. Par exemple, ce cache-sexe à franges, sur la photo, je l'ai trouvé à New York. Je voulais travailler comme danseuse topless, j'ai essayé de me faire engager, mais on m'a refusée parce que mes seins n'étaient pas assez gros, et comme je ne voulais pas faire d'injections, je ne suis pas devenue danseuse topless, et j'ai continué à faire des photos.

— Vous ne faisiez que des autoportraits ?

— C'était mon principal travail, je devenais mon seul désir. Quand j'avais 16, 18 ans, j'étais toujours amoureuse de femmes, en fait c'était à moi que je m'intéressais. Mais dans le miroir, sur les photos, je devenais quelqu'un d'autre, c'était comme si je vivais avec une fille du même âge qui me ressemblait... Je ne suis pas lesbienne, j'ai des boy-friends, mais je suis très excitée par moi-même, j'aime bien me regarder, me regarder bouger, faire des photos de moi.

— Les faire... et les montrer ?

— Oui, oui, je veux les montrer, j'aime beaucoup les montrer. J'aime bien l'idée de tout faire moi-même : penser la photo, poser, développer, agrandir, c'est un travail de moi seule, que je fais chez moi, et le soir, quand j'ai terminé, je vais au café et je montre mes nouvelles photos.

— En général, qu'en pensent vos amis de Vienne ?

— La première photo, j'avais honte de la montrer. J'ai vraiment dû surmonter des réticences pour le faire, mais maintenant ce sont eux qui me disent que je devrais aller plus loin.

— Qu'est-ce que c'est « aller plus loin » ?

— Montrer ce qui n'est pas esthétique.

— Par exemple ?

— La première photo, là, où le slip est roulé sur les cuisses, me gêne un peu, c'est la seule où on voit le sexe devant : je suis exhibitionniste, mais pas complètement, c'est comme mes sentiments, je n'aime pas tout montrer.

— Toutes ces photos de vous, avec dessinées dessus les ombres, les stries d'un slip, d'un porte-jaretelles, d'un soutien-gorge, c'est très lié au sadomasochisme, non ?

— C'est vrai que je suis fascinée par le problème du sadisme : quand quelqu'un est battu, il crie et se dévoile plus. C'est comme lorsque les enfants cassent leurs jouets. Le premier jour, après les avoir tournés, regardés sous toutes les coutures, ils les jettent par terre pour en savoir plus. Alors si j'ai des sentiments sadiques, c'est dans ce sens, pour en savoir plus.

— Vous êtes habituée à porter ce genre de sous-vêtements ?

— La première fois, c'est un ami qui me les a apportés, il était fétichiste, il aimait bien les culs, alors je portais des minijupes, des shorts...

— Vous avez fait des photos d'autres femmes dans les mêmes poses que vous ?

— Oui, mais je n'étais jamais satisfaite. Beaucoup de femmes m'ont demandé de poser pour moi, mais elles n'osent pas se toucher la peau. Par exemple, simplement la main sur le bras, ou poser la tête sur l'épaule, elles n'osent pas. Moi, de toute façon, je ne poserais pas comme ça pour quelqu'un, j'y arrive toute seule, alors c'est bien comme ça.

— Et on voit que ça vous procure beaucoup de plaisir.

— Oui, tout le temps, en posant, en développant, en regardant la photo, en la montrant. Au début, j'avais toujours une photo avec moi, je la regardais, je la montrais, je la posais devant moi au restaurant, tout le temps.

— Cette manière de vous montrer, c'est aussi une façon de vous offrir ?

— C'est surtout une manière de ne pas le faire.

— Qu'est-ce qui est important pour vous actuellement dans votre travail ?

— C'est apprendre à être patiente dans le travail, comme en amour : patience et concentration. Je suis très stricte quand je fais quelque chose, je veux être très concentrée comme lorsque je m'assois devant le miroir et je me regarde, que j'étudie les gestes, les positions. Je veux avoir confiance en moi. Aimer et être aimé, c'est aussi une question de confiance, mais moi, quand quelqu'un m'a fait confiance de cette manière, inconsciemment je cherche toujours à le trahir, parce que cette confiance est trop lourde à porter. Il n'y a que Dieu qui puisse supporter une telle confiance. La religion est la seule organisation où les gens peuvent faire confiance à cent pour cent.

Je travaille aussi avec mon corps. J'ai suivi un cours de self-hypnose : je me répète une phrase régulièrement et je pense que je suis lourde, lourde, je sens mon corps devenir chaud, mes veines se dilatent, le sang circule mieux, mon cœur est calme, mon estomac se réchauffe, mon front devient frais, léger, et je vois devant moi des images en couleurs comme dans les rêves. Je le fais pratiquement tous les jours, c'est une discipline. La discipline n'est pas une chose négative. Je ne suis jamais satisfaite avec mon travail, je n'ai jamais l'impression d'arriver à un « point ». Quand je prenais les autoportraits, je faisais des exercices tous les jours, pour atteindre un corps parfait, une position parfaite. Mais maintenant j'ai un peu changé et j'essaie de me débarrasser de ces trucs esthétiques.

— Oui, c'est vrai qu'il y a une évolution entre les premières photos où vous êtes debout devant la glace, avec un corps et des gestes parfaits qui ne troublent pas vraiment, et les photos où vous êtes assise sur le lit avec les fesses plus enveloppées, le corps moins « parfait », plus troublant, ou encore les photos dans la salle de bains, dans un décor moins esthétique.

— Ah oui, j'aime bien faire les photos dans les salles de bains, c'est la pièce la plus intime. Les gens sont plus narcissiques dans la salle de bains, ils peuvent se toucher, ils sont enfermés à clé, avec un miroir les trois quarts du temps, et souvent les femmes y passent une ou deux heures. J'aime bien les vieilles salles de bains, un peu sales. J'ai honte de le dire, mais je préfère dormir aussi dans un lit un peu sale, c'est mieux.

— Ces photos prises sur le lit, dans le miroir au plafond, où les avez-vous faites ?

— A Paris, dans un hôtel. J'ai fait beaucoup d'autoportraits à Paris.

— Quand vous posez devant le miroir, que vous appuyez sur le déclencheur, c'est d'abord faire une photo qui vous importe ?

— Non, pour moi, c'est le narcissisme qui est le plus important.

— Vous faites aussi une exposition à Vienne, cette année...

— Oui, j'expose une série d'autoportraits qui représentent une année de travail. J'ai essayé de me photographier chaque jour, mais il manque 18 photos, 18 jours : certaines parce que j'étais furieuse contre ce projet, d'autres par indifférence ou par oubli.

— Ces autoportraits sont semblables à ceux qui ont été réalisés à Paris ?

— Non, ça n'a rien à voir, c'est presque uniquement des visages.

— C'est justement ce qu'on ne voit jamais sur vos sex-photos, votre visage.

— Oui, je me cache un peu derrière l'appareil. C'est aussi plus facile de le tenir comme ça pour faire la photo.

— Vous cherchez quelles images de la femme dans ces autoportraits ?

— Pendant plusieurs années, j'ai fréquenté un groupe d'artistes qui étaient assez misogynes, et inconsciemment assez homosexuels. Et c'était facile pour moi de rester dans ce groupe, en étant au milieu : un peu homme, un peu femme. C'est plus facile d'avoir des relations avec un type si tu es toi-même un peu mec. Maintenant tout ça passe un peu... Enfin, comme je brimais ma féminité dans mes rapports avec les autres, je la trouvais dans le miroir.

— Toujours seule, avec le miroir ?

— Oui. D'ailleurs, je voulais dire que le sadisme, le masochisme sont des problèmes de la solitude, comme le narcissisme. Le narcissisme naît de la souffrance, de la solitude, de l'angoisse. C'est une impasse[1].

1. Interview réalisée à Vienne, en 1974, par Dominique Issermann.

Francfort, 1984

— Vous me disiez dans votre lettre que les autoportraits n'étaient plus aussi importants pour vous désormais, mais que vous alliez quand même continuer jusqu'à la fin de votre vie. Pourquoi ça ?

— Je veux faire un travail qui s'arrête avec la mort. Mieux maîtriser le vieillissement... et le *midlife crisis*, la crise de 40 ans. Et puis, vaincre ma vanité aussi...

— Votre projet est donc de faire tous les jours une photo de vous...

— Ah oui ! Tous les 5 ans, je me photographie pendant 1 an, tous les jours. Il y a une pause de 5 ans, et je recommence... Le premier portrait, c'était en 1972-1973, le deuxième 1977-1978, le troisième 1982-1983. Tous les jours à partir du mois de mars...

— Comment vous les prenez, ces photos ?

— Ça dépend. Autrefois, je les faisais toujours le soir, pour qu'on puisse mieux découvrir la fatigue et les effets de la journée. Souvent, je l'oubliais, je me levais du lit et je la faisais très vite. Ou je la faisais après avoir eu une émotion pour la fixer, comme dans un journal intime. Souvent aussi, je la faisais avec ennui, sans beaucoup d'attention, seulement pour qu'elle soit faite...

— Ce sont uniquement des visages, c'est ça ?

— Oui, oui. Je n'ai fait que deux photos nues dans mon premier portrait annuel. Dans le deuxième portrait, je voulais être plus intime, c'est pourquoi il y a beaucoup de photos érotiques. La troisième fois, j'ai voulu montrer le vieillissement du corps. Mais j'ai rencontré des difficultés avec ça, car je ne pouvais pas surmonter entièrement ma vanité...

— Vous étiez très seule et très liée à vous-même dans ces années-là. Maintenant ce n'est peut-être plus le cas, ou peut-être n'avez-vous plus envie de ça. Pourquoi vous ne faites plus d'autoportraits ?

— Ce n'est pas forcément l'autoportrait, c'est plutôt les photos en série... C'est vrai que je n'ai plus le besoin de me photographier comme autrefois. Ma vie a changé, parce que je suis mariée, que j'ai un enfant et que je vis avec des êtres humains...

— Effectivement, vous disiez que ces photos étaient très liées à une relation avec vous-même dans laquelle vous étiez enfermée.

— Ça a changé beaucoup. Je ne vis plus avec le miroir, et je ne vis plus toute seule, bien que j'éprouve le désir de passer des journées sans parler. Et puis je téléphone, je vis dans un appartement à Francfort où je regarde par la fenêtre. Si je vivais seule, probablement que je resterais enfermée comme autrefois.

— Vous n'êtes pas guérie... de ça ?

— Ah, je ne suis pas sûre... Actuellement, je vois ma fille tous les jours, et je ne suis pas seule. Mais je ne peux pas savoir exactement ce qui va arriver. Je crois qu'il y aura encore de la haine envers moi... Que je me haïrai moi-même à nouveau, que je serai enfermée et... (soupir). Je ne sais pas. De toute façon j'ai très peur de la solitude... Je ressens maintenant la solitude, autrefois je ne la sentais pas... Autrefois, je n'ai pas ressenti l'amour pour ma mère, et maintenant je ressens l'amour pour ma mère. Et j'ai parfois une peur terrible de la solitude...

— Ce portrait de vous tous les 5 ans, c'est très rituel ?

— Oui, oui. C'est comme un corsetage qui me tient... qui me permet peut-être de ne pas mourir plus tôt. C'est une protection contre la lassitude de la vie, voilà...

— Il n'y a personne d'autre dans la pièce, quand vous vous photographiez ?

— Oh, je ne suis pas toujours seule ! Sur les derniers portraits, ma fille était souvent présente...

— Mais quand vous êtes nue ?

— Toujours elle est là.

— Ça ne vous gêne pas ?

— Non, pas du tout.

— Ce qui me frappe, c'est que sur certaines photos de vous, vous avez le crâne rasé...

— Ah oui, oui.

— Vous vous êtes épilée aussi ?

— Non. Quand je voulais me raser le crâne, je n'étais pas spécialement intéressée au rasage du corps. Le crâne rasé était très important et je le souhaitais depuis 10 ans. C'était une sorte de violence contre moi-même, et de violence contre ma vie ménagère, ma vie de femme au foyer, que j'accepte difficilement. Et autrefois, je m'étais rasée à plusieurs reprises. La dernière fois, c'était en 77, 78, je crois (rires)...

— Pourquoi cette violence ?

— Parce que les gens veulent voir une femme avec des cheveux. Les cheveux sont le signe qu'elle s'adapte à la société. Et quand une femme se coupe les cheveux, elle montre qu'elle veut être visiblement à l'extérieur de la société. C'était aussi une violence contre moi, parce que j'ai choqué beaucoup de gens et... surtout mon mari. Il voulait même se séparer de moi.

— Quand vous faites des autoportraits de vous nue, il semble que vous montriez plus les fesses que le sexe ? Pourquoi ça ?

— Parce que je suis très fière de mon dos, et que le dos et le cul me plaisent particulièrement (rires)... Et puis je veux que les gens qui me regardent sur la photo tombent amoureux de moi et me désirent comme un objet sexuel.

— Au début, vous disiez que c'était difficile pour vous de montrer ces photos. Vous n'osiez pas ?

— Oui, c'est vrai. Maintenant encore, je montre ces photos avec un frisson, un frisson d'excitation, surtout quand je suis devant un grand auditoire et que je présente des diapositives sur le mur. Mais je coupe ma personne en deux, la fille que j'admire et qui est représentée sur la photo, et moi, l'artiste qui a fait la photo.

— Vous êtes plutôt l'une ou plutôt l'autre ?

— Maintenant que je deviens plus âgée, je m'identifie plus avec celle qui photographie. Avant, quand j'avais 27, 28 ans j'étais comme un homme et j'ai admiré mon corps... J'étais d'ailleurs aussi un peu lesbienne et j'admirais mon corps de femme... Maintenant, c'est changé, parce que mon corps a changé, pas beaucoup, mais il a changé, et moi, je n'ai pas vraiment trouvé d'autre forme d'attirance sexuelle ou d'admiration pour le corps d'une femme de 40 ans. C'est pourquoi je suis plutôt le photographe... que le modèle (rires).

— Vous avez 40 ans ?

— Oh, 38 !

— Comment ça s'est passé la première fois que vous avez songé à vous photographier vous-même ?

— J'ai vécu exactement de la façon que je voulais vivre. Je voulais vivre seule dans un appartement. J'avais beaucoup d'amants et aussi d'amantes. Et... je me suis admirée dans le miroir pendant des années. J'ai dansé devant le miroir pour arriver à me découvrir moi-même. Et quand je me suis photographiée, c'est venu tout seul. J'étais à l'époque photographe de mode. Et soudain j'ai eu l'idée d'être moi-même le modèle et le photographe, en une seule personne. Voilà...

— Vous avez envie de faire l'amour avec vous

— Oui, avec le miroir aussi.

— Vous l'avez fait ?

— Oui, oui.

— Vous dansiez nue devant le miroir ?

— Nue, et... aussi avec des choses comme ça, des guêpières, des bas... J'en ai toute une collection... Jusqu'en 1975, j'ai fait la collection de ces dessous, souvent noirs, parfois argent. On m'en faisait cadeau. Rarement, j'en ai acheté moi-même, peut-être deux ou trois pièces.

— Combien vous en aviez ?

— Je ne sais pas, une vingtaine peut-être.

— Vous avez déjà dragué des filles pour les photographier avec ces strings, ces bas...

— Même avant d'être photographe, quand j'étais encore apprentie, j'ai toujours dragué les filles, je leur faisais des compliments, je leur disais qu'elles étaient belles et que je voulais les photographier. C'était une aventure pour moi de me mettre en contact avec un être étranger. Et plus tard, quand j'ai eu cette collection de dessous, je leur en ai parlé, ou je leur ai montré des photos de moi. Mon but était de voir ces filles nues. Elles sont donc venues à la maison, elles ont vu cette lingerie, elles se sont déshabillées, sans que je dise quoi que ce soit, et parfois elles se sont laissé photographier. Mais de toute façon, j'ai toujours essayé, à l'aide de l'appareil photo, de pouvoir regarder des filles nues. Même encore maintenant (rires)...

— C'est ce qui vous plaît le plus ?

— Peut-être, oui.

— Quel était le rapport qui existait entre vous, le miroir et l'appareil de photo ?

— Il m'a fallu du temps pour le comprendre. J'ai passé beaucoup d'heures devant le miroir, je me maquillais avant de sortir, pour me donner confiance. De toute façon, le maquillage est un rituel pour se donner confiance. J'ai donc dansé et mangé devant le miroir, mais je ne savais pas encore que le miroir était mon partenaire. Et un jour, en passant devant, j'ai vu une fois encore mon image qui a bougé, et j'ai compris que c'était le seul mouvement dans l'appartement, la seule chose qui vivait avec moi. Et l'idée m'est venue que le miroir était mon partenaire. Quand je me retournais, l'image quittait le miroir, et j'étais toujours très déprimée que l'image parte avec moi.

— Est-ce que vous avez fait des photos pornographiques ?

— Oui, j'en ai fait, mais je ne les aime pas beaucoup.

— Pourquoi ?

(Silence) — Peut-être... qu'elles n'étaient pas spontanées. Parce que la plupart des photos que je fais de moi-même sont très méditées, elles ne peuvent pas être spontanées et sans aucune peur, ou alors c'est très difficile. C'est pour ça que les photos pornographiques que j'ai faites de moi... ne m'ont jamais satisfaite. Ou très peu.

— Quand vous faites une photo de vous, c'est toujours une cérémonie ?

— Oui, oui, parfois, c'est une cérémonie. Par exemple, j'ai fait une surprise-partie avec moi-même, j'ai mis de la musique. J'ai fermé la porte et je n'ai ouvert à personne. Et puis j'ai passé une heure, ou une heure et demie à changer de dessous, à boire, à me reposer un peu, à faire des poses, à m'admirer, à danser. Et puis je suis allée à l'hôtel, j'ai payé pour une heure. Je n'étais pratiquement jamais seule à Paris à cette époque. Je vivais dans une famille. Le seul moment où j'étais seule, c'était justement dans cet hôtel loué à l'heure. Et le seul fait d'y avoir été seule, de me photographier dans ce décor de la prostitution, d'avoir l'air belle dans le miroir, ça m'a tout à fait excitée...

— Et ce goût pour la prostitution, vous l'avez eu très jeune ?

— Quand j'étais enfant, ma mère me chantait les chansons de Brecht, celle de *Seeräuber-Jenny* et de *Surabaja-Joe.* C'était d'ailleurs mon premier contact et mon seul contact avec l'art, ces chansons de Brecht. J'ai eu très tôt une grande imagination à propos de la prostitution, et aussi de l'amour d'une fille et d'un homme qui la traite mal. Et c'est toujours le cas aujourd'hui.

— Mais ce qui est important pour vous, c'est d'être avec vous, non ? Plus que la prostitution ?

— Je crois que la prostitution et le narcissisme ont une chose en commun, c'est la peur. La peur des sentiments. La peur de montrer des sentiments et d'être blessé. Une femme qui se vend maîtrise son sentiment, et un narcisse qui s'occupe de lui-même maîtrise également son sentiment. Cette fascination pour la prostitution est enfantine, elle ne veut pas voir la prostitution comme elle est vraiment. C'est une admiration enfantine de la prostituée... et derrière, se trouve vraisemblablement la peur de la sexualité... de la sexualité sans bornes, de la promiscuité, peut-être. La peur aussi d'être attachée à des sentiments, ce que les prostituées n'ont pas avec leurs clients. Le plaisir que je trouve dans la prostitution, ou dans l'idée de la prostitution, a effectivement une relation avec la peur de la sexualité... et du sentiment. Et quand la sexualité est séparée du sentiment, je me sens... enfin, je pense que je me sens plus sûre.

— Ce n'est pas une espèce d'obsession de vous voir comme ça, en photo, sur des pages et des pages ? Vous les regardez souvent, non ?

— Oui. Beaucoup. Les originaux se trouvent très souvent aux expositions et ils sont plus beaux que dans cet album. Mais même quand je prends l'album, je ne peux pas m'arrêter de les regarder pendant des heures (rires)...

— Vous êtes fière de vous ?

— Oui, oui. Et c'est pour moi aussi comme un journal intime.

Je me souviens. J'ai des secrets cachés dans ces photos. Je me souviens de ces journées, et je compare les années et je vois que je vieillis. Il arrive aussi que je rectifie mon attitude devant quelques photos. Par exemple, plus je vieillis, plus je vois que le jour où je me trouvais laide, j'étais simplement un peu malheureuse...

— A part vous, la personne que vous avez photographiée le plus, c'est votre fille ?

— Non, c'est ma mère.

— Votre mère ?

— Je l'ai photographiée mille fois.

— Et votre fille ?

— Ma fille, pas beaucoup. Une fois par semaine, seulement. Une fois « clic », ou deux fois « clic ».

— Mais vous disiez qu'il y avait des photos pornographiques avec votre fille, non ?

— Non, ce ne sont pas des photos pornographiques. Ce sont des photos qui sont prises sans préméditation, dans les moments de tendresse, et c'est en regardant ces photos que j'ai constaté qu'il y avait cette relation érotique très forte...

— Ah oui ! Ce sont des photos où elle est nue... Là, par exemple, elle prend votre sein avec la main. Et vous... vous prenez la photo tout simplement.

(Rires) — Oui, Luise était jalouse... Je me photographiais avec elle et elle était jalouse de ma concentration, de mon appareil photo et... de l'ambiance créative. Elle a donc touché mon sein, elle l'a sucé pour me détourner. C'est une pose qui était très normale pour l'enfant, parce qu'elle a été allaitée longtemps... Donc, elle a fait ça pour m'arrêter. Mais je n'ai pas arrêté... (rires) et j'ai même fait une photo de ça.

— Mais pourquoi dites-vous que ces photos sont érotiques ?

— Ce sont des poses érotiques du corps féminin de l'enfant et de mon corps féminin d'adulte, et l'attouchement de l'enfant et de moi, oui, oui, c'est érotique... C'est tout à fait érotique pour moi ! (Rires.)

— Et votre mère, vous lui avez demandé de poser nue ?

— J'ai fait un portrait quotidien de ma mère. Sur une photo seulement, elle est nue. Mais ce qui m'intéressait surtout, c'étaient les modifications psychologiques, les petites variations jour après jour, et c'est le visage essentiellement qui permet de voir ça.

— Ça vous a fait un choc de découvrir votre mère nue ?

— Non. Ma mère se déshabille facilement devant moi.

— Vous avez fait des photos de vous pendant l'amour ?

— Une ou deux fois, j'ai photographié des couples, dans un contexte érotique. Et j'ai fait aussi des photos de mon mari et de moi, pas véritablement pendant l'amour, mais ce sont des photos que je ne montre pas. D'ailleurs, quand je fais l'amour, je ne veux pas penser à l'appareil.

— Vous ne pouvez pas ?

— Je ne veux pas. Je ne veux pas que l'étreinte amoureuse soit dérangée par un appareil de photo. Je ne veux pas avoir l'obligation de penser à photographier quand je fais l'amour avec quelqu'un, ou quand je fais l'amour avec mon mari.

— Pourtant vous êtes suffisamment exhibitionniste pour le faire.

— Quand je n'étais pas encore mariée, il y avait des photos de moi et d'une jeune fille... mais je les ai... je les ai tuées.

— Vous avez tué les photos ?

— Oui ! (Rires.)

— Vous avez parlé du narcissisme, et vous en donnez une définition très belle. Vous dites : « Le narcissisme n'a rien à voir avec l'aspect extérieur et l'esthétique. Il est davantage l'incapacité de se repérer sur les sentiments et les réactions des autres. Le narcisse ne peut découvrir un autre monde que le sien propre. Tout ce qu'il tire du réel est pressé, comprimé dans les limites étroites de l'univers dont il élabore douloureusement le centre. » Est-ce que vous avez eu un moment de votre vie le sentiment que tout vivait par vous ?

— Oui, oui. C'était le cas pendant quelques années. J'avais à cette époque des amis, mais j'avais surtout cette « vieille » amante... mais je ne la voyais pas tous les jours, et je ne pouvais passer que quelques heures avec mes amis. Je me suffisais à moi-même. J'aimais mieux être seule. Mais je me haïssais. Je ne me cuisinais rien, je me traitais mal, j'étais très critique envers moi-même, j'étais très dépressive. Et quand j'ai connu mon mari, ça a disparu lentement. Au fil des années, c'est devenu léger. Mais peut-être que s'il me laisse je redeviendrai comme ça.

— Vous ne pouvez créer que dans cet état de maladie ?

— C'est le cas dans quelques portraits. Ou dans beaucoup. Beaucoup de portraits effectivement contiennent la solitude, bien que j'aie toujours voulu la cacher. Je me suis donné l'illusion de croire que c'était la vie heureuse. C'est seulement après que j'ai compris que... je m'étais raidie, désespérément raidie. C'est à la vue du premier portrait annuel que j'ai senti la nécessité de changer ma vie. Je n'étais pas vraiment en vie, j'étais d'ailleurs terrifiée.

— Et pourtant, en 74, vous disiez : « Je devenais mon seul désir... »

— Oui... Dix ans après, je vois les choses sous un autre aspect. A l'époque, en 74, l'année où j'ai connu mon mari, je ne sentais pas encore la solitude. Je connaissais déjà la haine de moi-même et les dépressions. Mais je ne pouvais pas les considérer négativement. Je n'avais pas assez de recul. Dix ans plus tard, après la vie commune avec mon mari, et recevant l'amour d'un enfant, l'amour sans restriction d'un enfant, je le vois très différemment. Maintenant le monde s'ouvre...

— Mais quand le monde s'ouvre, vous ne photographiez plus.

(Silence) — Si, j'ai photographié ma mère, mon enfant.

— Votre poison, c'est aussi votre création ?

— Non. La création, maintenant, c'est autre chose pour moi. Et si je continue les portraits annuels, ce n'est pas à cause du narcissisme. Ces portraits annuels, tous les 5 ans, ça doit devenir le portrait absolu, que je ferai jusqu'à la fin. Ça représentera la moitié d'une vie.

— Avant de réaliser ces autoportraits, vous aviez besoin de préparer votre corps ? Vous dites que vous faisiez des exercices de « self-hypnose ».

— Oui, oui. Tous les jours, pour atteindre un corps parfait, une position parfaite. Et j'ai dansé aussi, j'ai fait des exercices et de la gymnastique pour garder mon corps souple. Et je fais encore de la natation. Pour moi la souplesse du corps est liée à la souplesse de l'esprit et du sentiment. Ce n'est pas vrai pour tout le monde, mais pour moi, oui.

— Et avant les photos, est-ce que vous prépariez votre corps ?

— Je ne faisais que des poses, comme font les modèles de photo. Non, je ne préparais pas mon corps. Sur quelques photos, simplement, j'ai coloré les pointes des seins en rouge avec un rouge à lèvres.

— Est-ce que le fait de se prendre en photo comme ça, ça avait pour vous un caractère magique ?

— Oui, oui. Surtout les photos sur lesquelles j'ai des poses parfaites, en particulier une photo où j'ai réussi une pose de Marilyn Monroe, d'ailleurs sans penser à elle. Et j'ai toujours aimé regarder ça...

— Vous croyez que vous ressemblez à Marilyn Monroe ?

— Oui, il y a des photos d'elle sur un lit de soie rouge où elle a une pose semblable, mais je trouve que la mienne est meilleure. Parce que... parce que c'est fermé (rires).

— Comment ça, « fermé » ?

— ... Parce que je suis le photographe, je suis seule. On sent que je suis seule, que c'est un univers fermé. Et quand c'est fermé, c'est inviolable, n'est-ce pas ? Marilyn paraît peut-être blessée, parce qu'elle cherche l'attention des autres, elle cherche à leur plaire, tandis que moi, sur cette photo, je me suffis à moi-même. Et même si je ne plais pas aux autres, c'est merveilleux. Je suis inviolable.

— Ce n'est pas fait pour les autres ?

— Non.

— Et pourtant vous la montrez.

— Oui, j'aime beaucoup la montrer, parce que c'est « perfect » (rires).

— Quand vous faites un autoportrait, vous pensez toujours à des photos de stars ?

— Oui, j'ai toujours voulu poser comme les filles de *Playboy*. J'étais jalouse quand mes amis regardaient *Playboy*, j'aurais voulu être publiée dedans, mais je n'ai jamais réussi.

— Et vous ne pensez pas que le sexe, aujourd'hui, c'est fini ?

— Non, non. Je ne crois pas. Ça a peut-être changé parce que les femmes ne s'entourent pas assez de secrets. Mais je ne crois pas que le sexe puisse mourir. Je crois qu'il y aura toujours une certaine curiosité de pénétrer dans l'autre être, même si ça ne s'exprime pas, disons en cuisses écartées. Il restera toujours assez de curiosité... (Rires.)

— Est-ce que c'étaient les plus belles années de votre vie, entre 71 et 74, c'est-à-dire à l'époque où vous vous preniez en photo tous les jours ?

(Silence) — Ce n'étaient pas les plus belles années de ma vie, mais c'étaient les plus excitantes, parce que j'étais liée aussi d'amitié avec un homme, j'ai oublié de le dire. Il était un peu homosexuel, enfin dans sa tête, et aussi un peu menacé par l'impuissance. Et pour lui plaire, j'ai fait ces photos. C'étaient des années pleines de sensations, mais de sensations qui menaçaient la vie, pleines de violence aussi, de sadisme et de masochisme. Non, ce n'étaient pas les plus heureuses. Mais malgré cela, elle n'est pas close pour moi, cette vie. J'en ai la nostalgie.

— Pourquoi ?

— Les sensations, nous en avions besoin, cet ami et moi, parce que nous étions plus ou moins inconsciemment las de la vie, et nous avions une grande peur devant ce sentiment de lassitude.

C'est comme si le bras avait été garrotté pour qu'on sente la vie dans la main, tandis que, dans le reste du corps, le sentiment était diminué. Ainsi, nous avions tous les jours des sensations, sexuelles ou autres, pour sentir la vie plus profondément et diminuer la lassitude. C'était comme une drogue à cette époque. Ça a duré plusieurs années, et ce fut extrêmement difficile pour moi de m'en libérer. D'ailleurs, je n'en suis pas tout à fait libérée.

— Il vous forçait à vous photographier.

— Non, non. Mais il... il aimait ces photos. Il n'a pas vu cette photo-là, je crois. Il est mort maintenant.

— Il est mort suicidé ?

— Il est mort avec sa voiture, contre un arbre.

— Peut-être s'est-il suicidé ?

— Oui.

— Et vous avez arrêté de faire des photos de vous quand il est mort ?

— Non, j'ai quitté Vienne, et je suis allée à Paris faire des photos nues. Mais ensuite j'ai presque arrêté...

— Vous pensiez à lui en faisant ces photos à Paris ?

— Oui.

— Ces photos, c'est un peu un testament...

— Oui. Une lettre d'amour[1].

1. Traduit de l'allemand par Klaus Henke.

La femme embarrassée

G. vit à Barcelone depuis 2 ou 3 ans. Mais son désir des prostituées enceintes remonte plus loin. Il en a connu à Lyon aussi, et à Turin. Il ne sait plus au juste combien, une centaine peut-être. Il est directeur commercial, il voyage beaucoup. Et le week-end, il a pour habitude de s'enfermer, seul, dans un immense appartement des quartiers hauts de la ville, stores baissés et pièces presque dépourvues de tout. A Barcelone, dit-il, il y a toujours de ces filles enceintes. Mais c'est presque malgré elles. Il y en a régulièrement entre 3 et 5 dans les rues jaunes du Centre, plus les annonces permanentes qu'on trouve dans La Vanguardia *: des filles enceintes de 4 à 9 mois, qui le disent, et qui ajoutent même parfois que leur état est très avancé. Mais, à vrai dire, ça ne marche pas vraiment ici. Les hommes espagnols n'aiment pas ça. La putain est déconsidérée quand elle est « embarrassée ».*

D'abord, leur corps n'est pas parfait : elles sont abîmées, déformées, plus lasses aussi, et comme elles ont moins de clients, elles paraissent moins rayonnantes. Surtout, la putain paraît être avilie encore davantage d'être mère : c'est comme si c'était la maternité qui était publiquement prostituée. « Elles ne se doutent pas, dit G. que je viens pour ça. Elles disent toujours : excuse-moi, reviens me voir plus tard, ce sera sensationnel. » Elles ont tous les âges. Elles s'habillent comme des mères, surtout pour ne pas se faire voir. Certaines s'excusent même, elles disent qu'elles ont grossi d'avoir bu trop de bière, ou même qu'elles ont une tumeur au ventre. D'ailleurs, il y en a qui viennent effectivement à la prostitution parce qu'elles sont enceintes, elles ne peuvent pas faire autrement : celles-là n'ont pas besoin évidemment de faire oublier qu'elles se prostituent, ce sont vraiment des ménagères.

G. n'a jamais su très bien dire ce qu'il recherche exactement dans la compagnie de ces femmes-là. Il affirme qu'il n'a besoin de prostituées que si elles sont enceintes, sinon il n'en cherche pas. En tout cas, il dit qu'il fait souvent le voyeur avec elles : « Rien que le fait de regarder ce ventre gros, ces seins gonflés, ce cul plus cambré, c'est déjà quelque chose d'affolant. » Il les photographie presque à chaque fois, même à leur insu, comme une preuve de leur état, ou de son désir. Il n'est pas simplement le témoin de ce corps inconnu ou monstrueux, il a vraiment besoin d'une preuve supplémentaire de la totalité de ces femmes. Pour lui donner l'illusion, peut-être, que la femme a été comblée, et le rassurer sur une virilité incertaine ou défaillante, ou simplement éloigner ses terreurs : elles sont déjà mères sans qu'il ait été nécessaire de les toucher. Il est peut-être vierge des femmes (ou les femmes éternellement vierges de lui). Mais il est certain que dans ce décor un peu sordide de prostitution, avec la petite ampoule rouge ou mauve au plafond, la mère est un peu saccagée, un peu défigurée : la photo n'est plus alors que le vestige d'un forfait, ou d'une vengeance.

La Noire

Ça fait déjà quelques jours que je l'ai repérée. Discrète, pas très bien placée non plus. Dans l'encoignure d'une porte de bar, ou glissée entre le mur et les voitures garées, sur un tout petit trottoir. Je ne peux pas vraiment la repérer en voiture. Alors j'y vais à pied. Vingt, 25 ans environ. Noire. Les cheveux très courts, une immense robe africaine qui cache presque sa grossesse.

— Combien ?

— 25 F.

—... Combien ?

— 25 F... Tu trouves que c'est trop cher ? Tu veux moins ?

On s'engouffre dans la porte contiguë au bar et on monte à l'étage. Je paye 5 F, et on lui file une « serviette » très petite et râpeuse. Une bonne femme sans âge, déglinguée, me gueule après, parce que je ne lui donne pas de pourboire.

— Après ! je lui dis.

La Noire rit et me dit de ne rien donner.

Un long couloir très étroit, et très éclairé. Juste si on peut s'y croiser à deux. Des portes et des portes, écaillées, d'une vieille peinture verte, toutes occupées. La seule qu'on trouve de disponible ferme très mal, avec un verrou ridicule. Même fermée, elle reste légèrement entrebâillée.

La pièce est vraiment riquiqui, et la Négresse occupe un certain volume. Un miroir, un lavabo et un lit, presque un lit d'enfant. Pas de chaise, pas de portemanteau, pas de bidet. Cette Noire me plaît, elle est gentille et souriante. Je lui donne le double de ce qu'elle désirait. Du coup elle me dit, et elle me le répétera souvent, qu'on a vraiment tout le temps, vraiment tout le temps.

Elle se déshabille. Elle est enceinte de neuf mois. Elle se lave, debout contre le lavabo, à l'eau, sans savon. Son ventre remplit presque la cuvette. Je me lave, alors qu'elle ne me demande rien, elle a l'air de s'en foutre complètement. Elle mâche en permanence un chewing-gum. S'étend sur le dos, complètement nue. Ses mollets dépassent au bout du lit. Elle attend. Il y a des reflets argent sur son ventre énorme. On dirait une monstrueuse mappemonde. J'ai envie de lui dire de ne pas s'endormir.

Quand je veux la pénétrer, elle ôte le chewing-gum de sa bouche, très rapidement, et se l'enfile dans le vagin. Je ne dis rien. Où a-t-elle appris ça ?

Pendant que je lui fais l'amour, elle reste complètement immobile, les yeux fixés au plafond. Elle me fait irrésistiblement penser à mon ami Hendreix, quand il baisait les filles en Afrique. Elles essayaient des deux mains d'écraser les mouches qui volaient au-dessus d'eux. Et Hendreix me disait : « Rends-toi compte, baiser dans le bruit subit de claquements de mains, comme si on t'applaudissait ! »

J'arrive, sans qu'elle s'en aperçoive, à la photographier avec mon Minox pendant qu'elle se rhabille. Elle me dit de revenir quand elle aura accouché, dans quelques jours. Je ne l'ai jamais revue.

L'ornière

A 5 heures, il fait déjà nuit, et il pleut depuis 3 jours. Je vais voir les putes de la nationale 6 entre l'ancien aéroport de Bron et la zone industrielle de Saint-Priest. La route n'est pas éclairée, et l'intensité du trafic la rend très dangereuse. Les putes ne sont que d'un seul côté, il faut faire au moins 3 km pour trouver le plus proche feu rouge, et faire demi-tour. Aux points chauds, il y a la queue des voitures garées sur le bas-côté, feux de position allumés.

Elle est en ciré noir, pantalon et chapeau de cuir luisants sous la pluie. Elle est enceinte. Sous le ciré, c'est tout de même visible. Je fais trois tours de circuit, pour en être sûr. Presque une heure. Au quatrième, je m'arrête.

— Où allons-nous ?

— Ici, prends le chemin.

Une ornière inondée, qui fuit entre deux champs de maïs. Déjà deux voitures patinent devant nous. Quatre cents mètres plus loin, on ne voit plus que l'autoroute, dans la lumière orangée. J'ai une voiture commerciale avec seulement deux sièges à l'avant. L'arrière est vide. Phares en veilleuse, le moteur tournant toujours pour le chauffage, elle fait vraiment beaucoup d'efforts pour baisser son slip. Son ventre l'en empêche. Elle est enceinte de neuf mois.

— J'ai un petit retard, j'aurais dû accoucher depuis une semaine. Ce sera pour demain ou après-demain.

Impossible de lui monter dessus, il n'y a plus de place. On décide d'aller derrière. Impossible aussi de passer par-dessus les sièges. Il faut sortir sous la pluie, patauger dans la boue et rentrer par la porte arrière. D'autres voitures au ralenti cahotent dans les ornières. Elles nous aveuglent de temps en temps. La tôle est glaciale. Il traîne un morceau de carton qu'elle glisse sous ses fesses, elle se cale contre la porte, son slip aux chevilles.

Je suis trempé, à moitié rhabillé et je me sens sale. Elle a décidé que je serai son dernier client pour ce soir, et me demande si je veux bien la raccompagner en ville. Pendant le trajet, elle me parle de son mac, en taule, et de la D.S. qui dort dans un garage, si ça m'intéresse de la trimbaler, le matin, de Lyon à ici, et le soir, d'ici à Lyon. Je lui dis que non, vraiment non.

Elle me dit aussi, en se marrant :

— Tu sais, pour mon dernier bébé, j'étais à Paris avec un client. En voiture, aussi. Et pendant qu'il me baisait, les contractions sont arrivées. T'aurais vu sa gueule ! Moi, je riais pas non plus. Il a tout arrêté, et on a foncé dans une clinique. Ça a été juste. J'ai accouché dans l'entrée.

Je me tire vite fait.

L'éléphante

Cinq heures du matin, en plein Barrio Chino, trois « maîtresses de maison[1] » discutent au milieu de la rue. L'une est petite, aussi large que haute, un manteau gris râpé sur les épaules, cachant une combinaison rose. Elle est en pantoufles, et vraiment enceinte. Elle a compris que je voulais « passer la nuit », enfin ce qu'il en reste.

Après deux escaliers pleins d'épaves somnolantes sur chaque marche, on a trouvé un meublé. La chambre est dans une lumière rose permanente. Impossible d'éteindre, il n'y a pas d'interrupteur. Son déshabillage est laborieux, elle est très grosse, énorme, enceinte de huit mois. C'est un immense tas de graisse prolongé d'un immense ventre. Chaque cuisse doit être de l'importance de mon torse. Les cuisses se chevauchent l'une l'autre à l'intérieur. Je ne sais pas par où l'attaquer.

Elle ne se couche pas : elle se pose, le cul d'abord, puis se laisse

1. C'est ainsi que se présentent les prostituées dans toutes les annonces-relax des journaux espagnols.

basculer à la renverse. Une tortue sur le dos. Comment va-t-elle arriver à se lever ? Cuisses écartées, on aperçoit tout juste les poils de son sexe. Je renonce à tout, et je passe la nuit allongé à côté d'elle, dans la lumière rose. Elle me faisait régulièrement, tous les quarts d'heure, toucher son ventre.

Impossible de dormir, impossible de baiser.

Au matin, on sort ensemble et Calle Ramon, elle me demande de lui payer un café. Café pour elle, Coca pour moi. Je me regarde dans les vitres du bar, en compagnie de cette femme en pantoufles, et d'une de ses copines encore plus vieille et monstrueuse. Elle veut savoir où j'habite, pour me revoir, et me présente à tout le bar. J'ai dû lui taper dans l'œil. Je lui dis : le Ritz, au hasard.

Elle veut venir me rejoindre le lendemain soir, pour « passer une vraie nuit ensemble ». Sa copine lui fait remarquer qu'il faudra qu'elle s'achète des chaussures. On ne va pas « en ville » en pantoufles. Pour m'en débarrasser, je lui offre les 3 stylos-feutres qu'elle a aperçus dans ma poche intérieure. Un noir, un bleu, un rouge. Elle les montre à tout le bar.

J'arrive à m'arracher à elle. Je fonce à mon hôtel, le Numencia, ferme les volets, mets le « No disturb » sur la porte, et je m'écroule jusqu'à 16 heures.

La brûlure

J'ai mes habitudes, depuis deux ou trois soirs, au bar les Amazones, dans le quartier bas de Valencia. La patron a sympathisé avec moi, et me répète que je ne devrais pas traîner si tard dans ce quartier pourri. Que c'est dangereux, oui, dangereux. Il me montre les photos d'un pavillon de banlieue de Valencia avec sa femme, une ancienne maquerelle qui taille des rosiers rachitiques, dans un genre de désert.

Le bar est de plus en plus sombre. Il doit être 3 heures du matin. Le patron ferme les grilles de fer. Je ne reverrai pas les deux sœurs qu'il m'a présentées hier soir et à qui j'ai payé à boire. L'une était maigre. L'autre, enceinte de huit mois. Pas d'autres putes non plus. Juste une vieille, très vieille, très maigre, qui rentre en tornade, se fait servir un cognac, le siffle sans payer, et sort dans la rue en gueulant très fort.

C'est en rentrant que je suis tombé sur l'enceinte. Justement, elle me reconnaît. C'est 100 F. Cher, très cher. Mais je suis français. J'y vais.

Une entrée de mosaïques blanches écaillées. Des murs de terre ocre. « Donne un pourboire à la mama ! », me dit-elle. La « mama », c'est une vieille maquerelle à la gueule ravagée.

Dix francs contre un mouchoir de poche râpé. Verrou. Porte peinte en vert charrette, murs blancs à la chaux et lit de cuivre. Elle me dit qu'elle a 3 enfants. Sur le mur, de la main, elle me montre les trois tailles de ses rejetons.

— Et le quatrième est ici, fait-elle en caressant son ventre énorme.

Je ne bande pas, mais je sens qu'il n'y aura aucun problème. Trop belle et trop de personnalité. Elle a des bas collants de laine bruns sur ses mollets laiteux, et trois couches de chemisette rose. Comment fait-elle avec cette chaleur ? Elle me lave avec un liquide vert acide qui pue le détergent et fait beaucoup de bulles. Mon bas-ventre est auréolé de bulles vertes. Le sien aussi.

On s'allonge. Elle dit qu'elle ne veut pas travailler. Elle cherche à me soutirer 5 F de plus, « pour une heure ». Une heure ! Mais qu'est-ce que je pourrais foutre pendant une heure avec elle ! Ça ne marche pas, alors elle me caresse.

— Je peux ? me demande-t-elle.

Elle dégrafe son soutien-gorge qu'elle avait gardé et me demande si je veux téter. Elle a des seins lourds.

Elle vient sur moi, et je garde d'elle le souvenir du plus brûlant vagin que j'aie jamais rencontré. J'aurais aimé rester ma vie à limer dans cette brûlure. J'aurais aimé l'entendre gémir, et la faire jouir, mais je savais déjà que j'allais partir très vite.

Je l'ai revue les jours suivants, mais dans d'autres chambres, d'autres « pensions », toujours avec la bouteille de détergent vert dans son sac. Je suis presque sûr qu'il s'agissait d'un produit dont les carrossiers se servent pour décaper les peintures des automobiles.

Les deux sœurs

La première nuit, je n'en ai vu qu'une. Dans un coin inhabituel pour la prostitution. Une petite place qui sert de parking, près des quais de Saône. Elle était très jeune apparemment. Légèrement cachée entre les voitures. Vraiment très jeune, 15 ans environ, enceinte de quatre, cinq mois.

Elle me conduit chez elle, dans le quartier Saint-Paul. L'immeuble est ancien déjà, et promis à la démolition. Son appartement est au dernier étage, au bout d'un escalier de bois qui monte très raide. Un appartement assez sale, encombré de ficelles où pend du linge. J'aperçois la cuisine. Toutes les autres portes sont fermées.

Dans l'une des chambres, la sienne, un petit lit-divan et une lampe déjà allumée, posée à même le sol. Des posters de chanteurs aux murs. Pas de rideaux à la fenêtre, qui donne sur les voies de chemin de fer.

C'est elle qui monte sur moi. « Pour ne pas faire mal au bébé. » Elle a 15 ans effectivement, fluette, pathétique, avec son petit ventre rond. Pas très bavarde, renfermée même, mais assez gentille. Je la sens prête à parler.

J'ai quand même une impression bizarre. Elle me demande si je peux la raccompagner à l'endroit où je l'ai prise, « pour continuer à travailler ». Un chien aboie dans l'une des pièces fermées. Il me semble entendre pleurer un bébé, mais c'est peut-être dans un autre appartement. Je sens pourtant la présence de quelqu'un d'autre. Je la ramène, et la laisse sur place.

Deux jours plus tard, je repasse sur la petite place, et je l'aperçois toujours à moitié dissimulée entre deux voitures. Elle a plutôt l'air contente de me revoir. Elle me dit qu'elle a sa « petite sœur » avec elle, et que, si je veux, moyennant un petit supplément, on montera tous les trois. Pourquoi pas ?

Elle s'éclipse quelques secondes, et revient avec sa « petite sœur », qui était accroupie dans le noir, derrière une voiture. C'est vraiment sa sœur, la ressemblance est même frappante. Mais bien plus jeune, 13 ou 14 ans. Enceinte aussi, de quatre, cinq mois. Cette histoire devient bizarre.

Je connais déjà le chemin. Même appartement, même linge qui pend, même chien invisible qui aboie, même chambre, même lampe allumée posée à terre, même divan. La vision de ces deux fillettes avec leur petit ventre rond a quelque chose d'hallucinant.

De nouveau, elles me demandent si je peux les raccompagner pour continuer à travailler. Soudain, une des portes s'entrouvre, et j'ai le temps d'apercevoir, debout, dans le noir, un homme barbu, qui tient un bébé dans les bras. De son visage, je ne retiens que deux yeux très blancs, grands ouverts, avec une barbe noire. Dans la voiture, je leur demande qui était cet homme.

— Notre père, répondirent-elles.

— Et le bébé ?

— A moi, dit la plus âgée.

Je suis de plus en plus intrigué, je veux savoir.

Sur la petite place, je leur propose d'aller boire un verre. Curieusement, elles acceptent aussitôt.

Leur histoire ? Oh ! On lit ça, de temps en temps, dans les journaux. La mère est morte, il y a deux ans. Le père couche avec l'aînée. « Ben oui, je remplaçais maman. » Naissance du bébé que j'avais aperçu. Chômage du père qui couche toujours avec l'aînée, et aussi avec l'autre fille. « Ben oui, on remplaçait maman. Et puis, il est doux, papa, il est triste, il est seul aussi. » Enceintes toutes les deux de lui. Plus de maman, et bientôt plus de sous. Alors, elles se prostituent.

— On économise un peu pour l'accouchement, et pour les vêtements des bébés. On ne donne pas tout l'argent à papa, il s'en doute bien sûr, mais il nous dit rien.

Je les ai raccompagnées sur la petite place. Je ne les ai plus jamais revues.

« La saumone »

Aux alentours du parc de la Ciudadela.

Elle cachait sa grossesse derrière un ciré jaune vif. Jeune, assez fragile, 30 ans environ.

La première fois, je n'ai eu droit qu'à une pipe dans la voiture, dans un parking souterrain. Une pipe avec capote. Ça ou rien.

Deux ou trois jours après, elle me reconnaît, et me propose le parking ou l'hôtel. Je choisis l'hôtel, deux fois plus cher. Il faut aller en voiture dans une rue perpendiculaire aux Ramblas, à 3 km.

Ce n'est pas vraiment un hôtel, mais un appartement particulier, transformé en « pension-bordel ». C'est vieux, très sale, avec une entrée immense. Un travesti d'une cinquantaine d'années, barbe d'une journée et robe de chambre qui s'ouvre sur des mollets de coq, nous conduit dans une chambre équipée d'un lavabo, sans rien me demander. Une chambre de passe avec petit lit et petite lumière.

Elle est enceinte de six ou sept mois, mais je fais l'étonné.

— Ça ne se voit pas, quand je travaille ?

— Non, je dis, pas trop.

Elle se déshabille complètement, se lave, me lave, fume une cigarette, et nous y allons. Mais, me dit-elle, « avec capote ». Qu'elle fournit d'ailleurs gratuitement.

Tout est fini. Je la ramène à l'arc de triomphe.

Deux soirs encore, je la ramasse et on finit encore dans l'appartement du vieux travelo.

Quatre fois, elle m'a raconté l'histoire de son mari : « Mon Dieu, s'il savait ! » (la nuit elle est censée faire des ménages de bureaux et d'usines), de ses deux gamins et de sa baraque dans le sud de l'Espagne.

Mais c'est cette histoire de capote qui m'intrigue. Je lui dis :

« Moi, je suis propre, tu ne risques rien ! » Elle a l'air un peu honteuse que je puisse penser qu'elle se méfie de moi.

— Voilà, je ne veux pas que tu m'en mettes un autre !

Je n'ai rien répondu, je n'ai pas ri non plus. Et j'ai tiré mon coup, avec capote.

Elle croyait que les enfants se faisaient à la chaîne, l'un après l'autre, à la queue leu leu ! Et qu'à chaque coup tiré on risquait d'en avoir un autre.

Comme une femelle poisson, comme une « saumone ».

Des chapelets d'œufs dans son ventre, en quelque sorte.

L'aveugle

Rue Ramon.

Enceinte de cinq, six mois environ. Toujours habillée de noir, comme les vieilles paysannes espagnoles ou les femmes en deuil. Jupe noire et tablier noir par-dessus, avec une très grande poche, qui fait encore plus ressortir le volume de son ventre. Bas noirs, sandales noires et un foulard noir sur la tête, noué sous le menton. Un petit sac noir aussi, agrippé au coude. Dans les 35, 40 ans, mais elle fait déjà beaucoup plus vieille. Comme prématurément usée. Ce qui m'étonne le plus, ce sont ces lunettes noires qu'elle porte en permanence. Et la canne, noire aussi.

Toujours au même endroit, complètement immobile, collée au mur à côté de la même porte. Ce n'est qu'en la voyant marcher que je comprends qu'elle est aveugle.

— Tu viens ?

Elle « sent » ses clients en tendant sa canne horizontalement devant elle. On se met d'accord sur un prix, et je la suis dans l'immeuble à côté. Elle me demande de passer devant elle, et de sa canne me tapote les hanches, pour voir si je suis toujours là. On monte. Elle se guide sur la main courante, tapote le bas du mur d'un long couloir sombre et frappe doucement aux portes. On lui répond aussitôt « occupé ». On doit bien la connaître. Elle pousse enfin la porte d'une chambre libre.

Elle prend le fric, le palpe deux ou trois fois, pour voir si je ne la roule pas et glisse les billets dans son sac. Elle ôte ses lunettes, les pose sur la table de nuit, et deux grands yeux blancs me regardent. Entièrement blancs. Elle m'explique, comme elle doit le faire, je présume, à chacun de ses clients, que son ami, il y a 15 ans, au Maroc, lui avait balancé de l'acide dilué, un soir qu'il était en forme.

— Déshabille-toi !

Elle est assise au bord du lit. Du bout de sa canne, elle me tapote le sexe. Ça me fait drôle.

— Tu bandes, c'est très bien !

Elle se laisse alors tomber sur le dos, met son sac sous sa nuque, remonte sa robe jusqu'à la taille, et écarte largement les cuisses. Elle n'a rien dessous. Son foulard est toujours sur sa tête. Je regarde, et hésite un court instant.

— Alors tu viens ! Ou tu prends des photos ?

Elle ne croit pas si bien dire. Mais je laisse mon Minox dans ma poche. Je sais bien qu'elle entendrait le déclic, aussi léger soit-il. La blancheur de son ventre rond contraste avec les bas noirs roulés sur ses cuisses et les poils noirs de son sexe. Je lui grimpe dessus avec précaution. Elle tient toujours sa canne parallèle au corps, le long du lit.

Je la pénètre en fermant les yeux. Je ne peux pas supporter ce regard vide et blanc à quelques centimètres de mon visage. Elle me dit :

— Tu fermes les yeux ?

Je ne réponds pas, mais elle ajoute aussitôt :

— Tu fermes les yeux en me baisant, Français ! Tous ceux qui me montent dessus ferment les yeux, je le sais ! Il vaudrait presque mieux pour vous que vous me baisiez par derrière ! Et maintenant que je suis en cloque, vous ne feriez pas mal à mon con d'enfant ! Si je tenais l'enfant de salaud qui m'a engrossée ! A mon âge ! Un chiard à mon âge ! Je sais pas comment ça a pu m'arriver, j'étais « protégée » pourtant. Si je tenais l'enfant de salaud !...

Elle s'excite toute seule, devant moi. Elle devient agressive. Pendant qu'elle se lave sur le bidet, elle me demande si son enfant sera aveugle aussi.

— Tout le sperme que vous mettez en moi, tout ce sperme, je me souviens encore de sa couleur ! C'est très loin, mais la couleur, je me rappelle ! Votre sperme à tous ! Et le tien aussi, Français, il est de la même couleur que mes yeux, maintenant ! Mes yeux ont la même couleur que tous vos spermes ! Mon lait aussi aura la même couleur, mon lait aussi... si j'ai du lait !

Je sens que si je ne m'en vais pas d'ici, elle va hurler.

— Descends, Français !... Fous le camp ! Et reviens quand tu veux. Tu leur raconteras en France que t'as baisé une pute aveugle, tu leur raconteras...

Je me tire.

La voyeuse

(Histoire de la jacinthe et des hommes-écureuils)

... Et toujours je pince mes lèvres avec le sperme des hommes.
SABBAH

Ses grands cheveux noirs épais lui tombaient jusqu'aux fesses. On lui dit toujours qu'elle a des cheveux de juive. Enfin, une juive de l'intérieur. Ce jour-là, elle avait accroché un freizia blanc dans ses cheveux. La robe était noire. Une robe comme en porte Roberte, du moins telle qu'on l'imagine d'après les dessins de Klossowski. Une robe stricte, découpée en goutte d'eau, et qui découvrait entièrement les épaules, qu'elle rejetait en arrière. La robe était doublée de satin noir contre la peau.

Elle venait de Dieppe. Elle avait le visage d'une femme pour qui la mer est un fléau. Elle imaginait parfois qu'elle était celle qu'on tirait aux dés entre les hommes du port. C'est qu'elle attirait toujours de ces marins au long cours qui lui déchargeaient sur les reins, qui éclaboussaient de foutre son visage, qui se répandaient n'importe où sur sa peau sans la prendre. Elle avait été mariée 11 ans à un homme qu'elle avait fini par quitter quand il lui avait craché dessus. Et puis elle fut l'amante d'un Irakien qui s'est tué dans un accident. Elle se livrait aujourd'hui à des mécaniciens-avion, à des capitaines de vaisseau ou à des camionneurs espagnols.

Elle n'avait pas d'autre maquillage que ses ongles peints. C'était une femme tout en noir, qui boitait, aux épaules soyeuses et saillantes. Qui aimait les moules crues accompagnées du vin d'Entre-deux-Mers. Un jour, un marin l'avait prise en photo à son insu, quand il jouissait sur son cou. Elle avait les yeux effarés. Comme si elle était morte, ou qu'elle eût trouvé Dieu. Des yeux de possédée. L'une des phrases de la Bible que sa mère citait le plus volontiers, et qu'elle avait retenue, c'était dans le Livre de Job : « La sagesse de Dieu se manifeste surtout dans les ravages qu'exerce sa puissance. » Elle disait ça, presque vieillie, dans un petit rire animal.

— J'ai un copain extraordinaire qui est homosexuel, et qui est fasciné par le sang. Le sang des femmes. J'étais en grande confiance avec lui. Et un soir, on était tous les deux, plus deux types qui, eux, étaient des dragueurs finis, et qui commençaient à me baratiner devant lui, pour que je passe la nuit avec eux. Moi, j'étais toute jeune, et ce copain, il avait, je ne peux pas dire, 25, 27 ans. C'était un tout petit bonhomme, très mal bâti, avec une cage thoracique très forte, grassouillet, et puis le cul en arrière quand même. Il était vraiment moche. Mais moi, je l'aimais beaucoup, parce qu'il était très drôle. Je n'avais pas envie de sortir avec les deux ce jour-là, effectivement j'avais mes règles. J'avais dit non, pas aujourd'hui, c'est pas mon jour. Et lui, ça l'a complètement électrisé, il m'a emmenée chez lui et il m'a fait saigner dans son lit.

Donc, on a débarqué dans un superbe appartement au 6e étage, devant le Luxembourg, plein de petites pièces en enfilade. Il me dit : « D'habitude, j'habite avec ma mère, mais elle n'est pas là. Alors, tu vas te mettre dans mon lit, et moi je dormirai chez ma mère. Seulement, ne mets absolument rien. » Je dis : « Mais je vais faire des taches partout. — C'est exactement ce que je veux. » J'étais sidérée, mais après tout, *quoquemque trahit sua voluptas...* (rires). Le lendemain, il me secoue, vers 7 heures et demie, 8 heures, je baignais dans une mare de sang. Toute jeune, je saignais énormément. Et il me dit, je t'ai fait couler un bain, tu vas dans la baignoire, je laisserai la porte ouverte, mais ne viens pas. Effectivement, je l'ai très bien entendu. Il s'est vraiment vautré dans ce lit qui était chaud, complètement sanglant, il a joui comme ça dans le sang. Après, il m'a appelée pour que je voie la flaque de sperme dans le sang. C'était magnifique.

Par la suite, le jour où je saignais, je dormais dans son lit. Il allait chez sa mère, il ne me regardait pas. Il préparait un lit propre que j'inondais complètement et le lendemain, quand le lit était vraiment trempé et chaud, il me chassait, et il se vautrait dans ce lit.

— Est-ce que tu sais s'il gardait les draps ?

— Justement, il m'a dit qu'il allait à la laverie, une laverie automatique, à une heure où il y a beaucoup de femmes, en milieu de matinée. Il prenait un air de conspirateur épouvantable, il se mettait à la machine la plus en vue, il faisait exprès celui qui veut cacher quelque chose pour attirer l'attention. Et après ça, il feignait de sortir très vite son drap du sac pour le mettre dans la machine. En fait, il s'empêtrait dedans, et tout s'étalait au grand jour devant les femmes.

— J'aimerais que tu me parles de ce marin qui photographiait sa propre éjaculation.

— C'est un type qui est actuellement sur un minéralier. Il fait l'Atlantique-Nord entre la Norvège et le Canada. Il part 4 mois, il revient 2 mois. C'est très luxueux comme bateau, il a une grande cabine et une collection invraisemblable de revues porno. De temps en temps, avec les copains, il lui est arrivé d'aller dans des bordels de Copenhague ou de Hambourg. A part ça, il a une petite fiancée chaste, en Pologne, qui n'a pas le droit de sortir. C'est la croix et la bannière pour qu'il puisse la voir, de temps en temps, dans l'année. Mais en fait, lui, il avait cette obsession... Il n'était jamais passé aux actes, ou alors uniquement avec des filles vénales, mais il dit : « Ça m'amuse pas, c'est du chiqué, elles font semblant... »

— Son obsession, c'était...

— De photographier sa propre éjaculation sur la gueule d'une fille qui aimerait ça.

— Comment il est ?

— C'est un garçon qui n'est pas très grand, 1,72 m, par là. Il a un côté doux, timide, assez mal assuré. Il est jeune, 37, 38 ans, il a mon âge, mais il a les cheveux tout gris, et puis il rougit très facilement... Il a un joli nom, il s'appelle Lesage.

— Il t'a parlé tout de suite de cette manie qu'il avait de photographier ?

— Oui, oui. D'ailleurs, ses lettres étaient très surprenantes, parce que c'est quelqu'un qui sait à peine écrire, qui écrit tout en majuscule bâton, sur du papier à lettres filigrané de la marine. Et tout de suite, il m'a envoyé des photos de cette fille, Agnès, qui est une pute de Marseille. Seulement, elle râle tout le temps, ça lui coûte cher, et moi, ce qui m'a attirée, c'est cette espèce de naïveté qu'il avait de dire que de toute façon, en vrai, ça ne pouvait pas exister, une femme à qui ça fasse plaisir.

— Quoi donc ?

— Eh bien, d'être photographiée. Parce que lui, il a une collection, un cahier énorme, il doit faire ça depuis des années, un cahier entièrement plein de découpages de magazines, représentant uniquement des éjaculations sur le visage.

— C'est important pour lui, de voir le sexe de l'homme aussi ?

— Ah oui, oui, bien sûr ! C'est un type qui ne fait rien d'autre, en fait. Il embrasse énormément, d'ailleurs assez péniblement, mais autrement, il ne fait que ça. Et là, il a pris des photos, des photos, des photos de moi. Voilà, il va partir en mer, et il ne fera que de passer des photos de moi. Moi, ça m'enchante tellement ! Je trouve ça magique.

— Où est-ce qu'il a pris ces photos ?

— Chez lui. Il a un studio à Marseille, une très grande baie vitrée avec des horribles rideaux transparents et des grandes fleurs, et puis un grand lit avec une couverture en fausse fourrure, et des perroquets. Il a aussi tout un matériel de photo très sophistiqué, en particulier un parapluie argenté très rigolo, et des projecteurs dans tous les sens : il te met sur le lit, il choisit plus ou moins sa tenue, et puis après ça, il te mitraille, il te mitraille ! Il a un Réflex qui tire tout seul, qui fait kikit, kikit, comme ça... J'avais amené un copain que j'aime beaucoup, et il a fait plein de photos de nous trois... Voilà, moi je suis en train de faire la folle, devant ces palmiers synthétiques avec son parapluie... Ce qui est très bien, c'est qu'il a tout le temps une espèce de petite caméra à la main. A aucun moment, même quand il fait l'amour, il ne lâche sa caméra... Ça m'a quand même serré le cœur, parce que je ne m'étais pas du tout rendu compte à quel point, pour lui, c'est un événement dans sa vie. Tu vois sa caméra ? Lui, il a la tête renversée en arrière et la caméra sur le cœur... Il est dans tous ses états.

— Mais toi aussi ! Tu as un regard de mystique !

— C'est vrai que c'est le visage de... quelqu'un qui a subi une initiation. C'est la première fois que je me vois avec des yeux pareils. Il se trouve effectivement que l'homme qui est là ne m'est vraiment pas indifférent. Et j'éprouve une espèce de fierté que ça fasse une différence sur la photo. Il faut dire qu'il est vraiment beau. Il a un goût de sève.

— Est-ce que tu as des gueules de préférence ?

— Oh moi, je suis une fille du Nord. Mon père était de Valenciennes, et dans ma famille, tous les hommes sont blonds aux yeux bleus. Les copains à l'école étaient blonds avec des taches de rousseur, et moi je n'aimais que les Méditerranéens, les yeux très noirs, le teint un peu gris, de belles dents, enfin des gens que mes parents, avec dédain, appelaient les rastaquouères. Je me rappelle à l'école, je m'étais fait ridiculiser par mes copines, parce que j'avais osé dire que mon acteur préféré était Omar Sharif. J'aimais les hommes qui chantent, ceux qui savent danser le tango...

— C'était l'amant latin, quoi !

— Oui, effectivement, j'ai beaucoup connu de Grecs, d'Espagnols, de Tunisiens, de Marocains, d'Irakiens... Seulement, c'est typiquement le genre d'hommes qui ne supportent pas d'éjaculer sur les reins, sur la peau.

— Ils ont l'œil un peu comment ?

— L'œil de gazelle... L'œil très noir, mais dessiné en amande, les sourcils très broussailleux, qui se touchent si possible, et qui remontent un peu.

— Et la bouche ?

— Oh là là, la bouche ! Grise. Pleine de couleurs. De reflets plutôt que de couleurs. Quelque chose de nacré, et surtout de mobile. Les narines qui vibrent et la bouche qui a des moues comme les hommes ont rarement.

— Sinon, des grands Vikings ?

— Oui, dans ma vie, j'ai dragué une autre série de types, c'est des grands baraqués plutôt blonds aux yeux verts. Un côté taureau, un peu. Des cous forts. Des hommes que certaines de mes copines n'aimaient pas, en disant, ils sont trop lourds, ils me font peur.

— Des gens menaçants ?

— Menaçants, non, mais pas impressionnables, difficiles à saisir. Et puis sans quartier, pas des faibles, mais en même temps, des gens capables d'abandonner, capables de laisser. Je ne t'ai pas parlé de la relégation ?

— Non.

— C'est une de mes choses mystérieuses. Un de mes jeux préférés. Je l'ai rarement obtenu, parce qu'il faut des hommes d'une certaine trempe pour y jouer. On se promène dans une forêt, ou dans un jardin qui est fermé la nuit, on est passé par les grilles, et à un moment donné, on m'attache sur un arbre ou sur un tronc d'arbre, et on s'en va.

— Il est prévu qu'on s'en aille ?

— Oui. La personne qui m'a attachée doit s'en aller. Doit m'abandonner. C'est très important que j'aie la certitude, à un moment, qu'elle ne reviendra jamais.

— Et ce sont des hommes capables de le faire ?

— Ah oui, oui ! Donc, je suis attachée, et je suis attachée de façon à sentir le tronc d'arbre à l'intérieur de mes cuisses et de mes épaules.

— Parce que tu es nue ?

— Disons, avec une petite robe légère, rien d'autre. Pieds nus et souvent les cheveux dénoués. Ce qui compte, c'est qu'il y ait le creux de l'épaule et des cuisses qui soit écorché. Je suis ficelée assez serré, je ne peux absolument pas me défaire moi-même. Et à ce moment-là, l'homme doit partir plusieurs heures. En tout cas, il faut que ça soit suffisamment long pour que j'aie la certitude à un moment qu'il ne reviendra plus.

— Mais ça te plairait qu'il ne revienne jamais ?

— Non, non. Il faut que j'aie horriblement peur, et qu'il y ait un miracle de son retour. Qui est complètement indu. Ce qui est dans l'ordre des choses, c'est qu'il ne revienne pas, mais justement, il revient. Il y a des moments où je me débats, j'essaye de me dénouer, mais je ne peux pas. Il y a des moments où j'ai tellement peur que si je pouvais me dénouer, je crois que je le ferais. Donc il est important que je ne puisse pas le faire. Et puis, je pleure tellement, je suis tellement écorchée, je suis tellement épuisée quelquefois que je m'endors, ou bien je suis une enfant malade qui geint, qui n'en peut plus, qui n'en peut plus... et alors, à ce moment-là, il faut qu'il vienne. C'est vraiment des jouissances inimaginables.

— Et finalement, il te dénoue...

— Il fait l'amour avec moi. Et moi, je suis complètement éperdue de reconnaissance... Et les cordes qui marquent la peau, une fois qu'on a tout dénoué... Il y a une chose dont je rêve de façon extrêmement puissante, et ça arrive parfois, c'est que justement un homme vienne frotter le bout de son sexe et éjacule sur les marques de corde. Ça devient jaune après, ça prend des couleurs d'orchidée.

— Tu ne pleures jamais dans d'autres circonstances ?

— Il y a quelque chose qui est complètement obsessionnel dans ma masturbation, c'est une scène avec une autre femme. C'est toujours la même, elle m'obsède depuis que je suis enfant.

— Comment est-elle ?

— L'autre femme... Voilà, nous sommes trois, il y a un homme que j'aime, que j'aime beaucoup, qui a un côté pacha, assez indolent, c'est un type d'hommes un peu froids, difficiles à séduire, il faut les émouvoir. L'autre femme, elle, n'est pas frigide, mais elle est timide, il faut y mettre beaucoup du sien pour l'animer un peu sexuellement. Et la situation est toujours la suivante : je la caresse, je lui fais toutes sortes de compliments, je l'entoure, je la réchauffe, et vient un moment où elle est émue, où je la fais jouir ou presque, et je dois signaler à l'homme qu'il peut venir. Il vient, nonchalamment, et il la prend assez brutalement, sans avoir aucun préparatif à faire et à ce moment-là, moi, j'éclate en sanglots. Je pleure. Je jouis et je pleure.

— Ça ne s'est jamais produit ?

— Une seule fois, et très récemment.

— Tu pleures pourquoi ? Tu pleures de cette brutalité qu'il ne t'a pas accordée ?

— Oui, je pleure aussi parce que c'est une évidence que je suis toujours destinée aux tâches ancillaires, alors je m'y complais, mais en même temps, je souffre de l'autre femme. C'est celle aussi à qui on fait l'enfant. Moi, je suis la servante... Récemment, j'étais avec cet homme que j'aime énormément, et on a dragué un couple. Au bord de la mer, à Marseille, c'est très facile. Et ces gens nous ont emmenés chez eux. La femme était très belle, potelée, plus petite que moi, très ronde, une de ces femmes comme je les aime beaucoup, avec la taille très étranglée, des hanches un peu grasses et des seins lourds. Un peu comme une poterie. Et puis elle avait un visage large, des cheveux tout bouclés, noirs, elle sentait très bon, elle était adorable et nettement plus jeune que moi. Et ça m'a été une évidence que j'étais dans cette scène-là. Je me suis éprise d'elle vite, je l'ai entraînée, et à ce moment-là j'ai appelé mon ami, je lui ai dit, prends-la ! Et j'ai fondu en larmes... Les seules histoires que j'ai eues avec des femmes, c'est des histoires où je ne peux pas jouer, où l'empire qu'elles exercent sur moi est tel que j'y suis menacée de mort. Je t'ai dit peut-être qu'une fois j'avais été très amoureuse d'une femme, je me suis jetée sous sa voiture parce qu'elle ne voulait pas de moi. Et ça m'a complètement minée. Pas d'aimer une femme, elles sont infiniment aimables...

— Mais d'être à ce point rivée à elle ?

— Oui. Les hommes, je n'ai pas peur d'eux, parce que je les devine, je sens que toujours les jeux peuvent se retourner, tandis que les femmes, non, je suis complètement rien. Il y a une espèce d'infini... Même physiquement, quand tu as une femme entre les mains, tu ne sais jamais si tu es satisfaisant. Il y a quelque chose d'inachevé, d'inépuisable, qui est absolument insupportable, qui est crucifiant.

— On ne sait jamais quand ni où une femme jouit...

— On ne sait jamais quand ni où ni s'il faut recommencer... T'as beau faire tout ce que tu peux, c'est jamais achevé, c'est épouvantable. Je me rends bien compte qu'un homme, c'est complètement différent, c'est vite fait, un homme. Je me rends bien compte qu'une partie très importante de mon exhibitionnisme, le fait que je crie en jouissant, c'est une espèce de cadeau que je fais aux hommes qui sont... mes égaux.

J'ai l'air d'avoir un corps de femme, mais je suis comme eux. Jusqu'à une date assez récente, sans même m'en rendre compte, j'avais adopté un comportement typiquement masculin, je me lançais dans un préliminaire très long et puis à un moment où j'étais vraiment à un point de non-retour, je disais, maintenant, je laisse faire, je jouis, mais spectaculairement. Et après, c'est ça le trait naïf, je m'endormais. J'étais terrassée de fatigue, et je m'endormais. Depuis assez peu de temps, j'accepte d'envisager effectivement qu'après tout, je peux peut-être recommencer. Parce que je suis plus en confiance, et que je suis avec des hommes très décidés, je peux de nouveau m'abandonner, accepter qu'on me caresse, alors qu'avant, je n'osais absolument pas. Je me donnais un rythme d'homme. Justement pour ne pas être comme ces femmes qu'il faut porter sur la crête de la vague pendant des temps et des temps. Et maintenant, parce que je suis avec des hommes à qui ça ne fait pas peur du tout, j'accepte... que ça n'en finisse plus.

— Les hommes aiment jouir l'un devant l'autre ?

— Ah oui ! Je connais un autre marin, encore un, je ne sais pas si c'est parce qu'ils sont isolés ou quoi, c'est un type qui aime essentiellement éjaculer sur les seins. Et il avait trouvé un copain dont le truc, c'était de lécher le sperme de l'autre sur les seins d'une femme. Ah ! c'était irréel ! Moi, ce qui me bouleverse complètement, c'est quand je suis en tiers dans une relation entre deux hommes. Si tu veux, ce que je rêve, c'est que ces deux hommes voudraient approcher un autre homme, mais ils ne peuvent pas le faire s'il n'y a pas une femme qui sert de terrain. Ou de prétexte. De même que j'aime énormément que deux hommes entre eux fassent des tractations sur mon dos, en parlant de moi à la troisième personne : quand il y a plusieurs hommes qui sont ensemble, par exemple dans ma bouche, ou quand je suis à quatre pattes entre les deux et chacun d'eux est à genoux, et qu'il y en a un qui me sodomise et un autre qui me prend, comme on dit, en maman. Ce que j'aime énormément, c'est quand eux se mettent à désirer l'autre homme.

— Comment font-ils ?

— Eh bien, justement, ils parlent de moi à la troisième personne et ils parlent entre eux à la deuxième. Par exemple, il y en a un qui dit à l'autre, je « te » sens bien. Il y en a un dans mon cul et un dans mon ventre, et ce qui leur plaît à eux, c'est de se sentir mutuellement, finalement de frotter leurs deux queues l'une contre l'autre, en n'ayant entre leurs deux queues que la paroi de mon vagin à moi. Il y a aussi un autre geste qui m'enchante, c'est quand je sens qu'ils joignent leurs mains sur moi. Comme par hasard, celui qui est derrière, évidemment, se cramponne sur les hanches et celui qui est devant va poser ses mains sur les mains de l'autre. Ils étreignent leurs mains sur mon dos. Ou encore, ils sont tous les deux en train de me pénétrer, mais l'un l'autre, avec leurs mains, ils se touchent le cul en même temps. Et moi je le sais. Alors, souvent, je les blague. Je suis sûre que si je n'étais pas là au milieu, cet homme de 45 ans et cet enfant de 20 ne seraient pas ensemble.

— Tu aimes bien qu'entre eux ils parlent de toi...

— Oui. J'aime énormément être l'objet d'une transaction, d'un maquignonnage comme ça. Qu'ils se disent : « Comme elle est douce, comme elle a un ventre agréable, comme elle a l'intérieur doux ! » Des choses comme ça, oui : « Qu'est-ce qu'elle suce bien ! » ou bien : « Ah ! mon vieux, t'es pas volé avec une femme comme ça ! » J'adore ces compliments qu'ils se font entre eux...

— Il y a jamais eu de marché sur toi, c'est-à-dire : « On va la jouer au poker ou à la roulette russe... »

— Ça, j'adorerais ! J'imagine une scène où j'attendrais dans un coin, attachée d'ailleurs, ou immobilisée, de façon qu'on me découvre aussi partie par partie, et que je sois le gros lot d'une loterie. Et qu'on ne sache pas avec qui je vais faire l'amour.

— Raconte-moi cette histoire des Comoriens...

— Est-ce que tu as vu le film d'Emma Sanders *La Fille offerte ?* Avant de l'avoir vu, c'est quelque chose dont je n'avais jamais parlé, parce que ça me paraissait monstrueux. Ça se rapporte à une époque très noire dans ma vie où j'avais aimé éperdument un homme extrêmement beau, un Irakien. Ce garçon est mort accidentellement. J'étais très désemparée, c'est l'une des rares personnes que j'aie réellement aimées. Je devais aller à Paris, à l'époque, pour une histoire de boulot et dans le train, il y avait en face de moi deux hommes qui parlaient arabe. Ils étaient comoriens. Moi, je venais de perdre mon ami, peut-être 10 jours avant... Je me suis déchaussée, j'ai mis mes pieds, l'un contre le sexe de l'un, l'autre contre le sexe de l'autre, et je les ai caressés comme ça par-dessous la table. Ils étaient ravis, très surpris. Quand on est arrivés à Paris, ils m'ont dit : « Vous venez avec nous ? » Je réponds que je ne peux pas, j'ai rendez-vous, mais si vous voulez me voir demain matin, c'est possible. Le lendemain, ils sont venus me chercher au café, on a pris un train à la gare de l'Est, je ne savais pas du tout où j'allais.

La veille, ils m'avaient dit : « Voilà on est des Comoriens, on est un petit groupe, vous savez, des femmes on n'en voit presque jamais, est-ce que vous accepteriez de venir pour nous tous ? » Je dis, je ne sais pas, vous êtes combien ? 20. Moi, j'étais meurtrie, parce que j'avais un chagrin fou et je suis arrivée dans cette espèce d'appartement avec des lits superposés dans toutes les directions, c'était un deux-pièces, il y avait deux lits dans la salle de bains. Ce qui était très frappant, c'est que c'étaient des gens très timides, ils m'ont prise l'un après l'autre, et après on était à table, c'était plus chaleureux, parce qu'ils étaient ensemble autour de moi, ils parlaient entre eux de moi, c'est une des choses qui me fait fondre complètement. Ils m'ont reconduite, ils étaient absolument adorables.

— Comment ça s'est passé ?

— C'était invraisemblable. Il y avait eu palabre. Finalement, ils avaient décidé que le mieux était le lit du bas, dans la salle de bains. Il y en avait un qui frappait, il venait, il faisait des câlins, il me prenait, et puis il y en avait un autre qui frappait. Ce jour-là, je n'ai pas joui. J'étais passive, perdue, abrutie... Le dernier, il était tout jeune, car ils ont voulu venir par rang d'âge. Et lui, je l'ai senti encore plus perdu que moi, je l'ai pris dans mes bras, il était terrifié, il ne bandait pas du tout. Alors je l'ai cajolé, en lui disant des mots gentils en arabe. Je l'ai sucé avec beaucoup d'attention, et finalement, il s'est abandonné... Et moi, j'avais retrouvé mes gestes, mes gestes de femme aimante. La vie avait repris le dessus.

— Est-ce que les hommes que tu as connus crient dans l'amour ?

— C'est plutôt sourd... Beaucoup de gens sont très silencieux, surtout chez les dragueurs, parce qu'ils te disent qu'ils ont l'habitude des conditions clandestines. Il n'y avait que mon ami irakien qui bramait, qui criait... (rires). Il avait des habitudes très précises, en particulier il me cognait toujours la tête contre le mur, et j'étais toujours à quatre pattes, toujours. En plus, il avait des façons de faire qui, au début, m'angoissaient. Je me disais oh ! là là, je vais attraper une infection. Il allait et venait très brusquement, et je ne savais jamais, devant, derrière, je finissais par être complètement anesthésiée. Avec lui, j'étais devenue d'une souplesse incroyable, il ne me faisait jamais mal. De toute façon, c'est incroyable ce que le corps se prête aux gestes, aux gens qu'on désire. En même temps, je ne sais pas comment il se débrouillait, il me cognait la tête contre le mur...

— Il bramait, tu disais ?

— Lui, il bramait. Il se cramponnait complètement, il avait un geste que j'adorais, il allait et venait comme ça, très longtemps, et à un moment, il me prenait aux hanches, très fort comme ça, et il me collait contre lui, il hurlait... Et il éjaculait comme ça, des fois dans mon cul, des fois dans mon ventre, ça dépendait, mais toujours avec ce geste de m'agripper complètement les hanches et de me presser complètement contre lui. Il se tordait vers l'arrière et il bramait, il bramait... Ça m'impressionnait complètement.

— Mais ne pas voir son sperme ne lui donne pas un attrait supplémentaire ?

— Ah ! non. D'ailleurs, avec mon mari, je pense que mon obsession du sperme est devenue suffisamment violente pour que je le quitte, parce que je ne supportais pas qu'il me refuse ce spectacle !

— Mais ton ami irakien refusait aussi...

— Il refusait... Enfin, j'avais des ruses quand même. J'ai quand même réussi, par mes manœuvres et la grande souplesse que j'avais à l'époque à faire en sorte, malgré son geste habituel de me plaquer contre lui, qu'il éjacule sur mes reins, sur ma peau. Je le sentais, au moins. Si tu veux, il y a eu le fil d'une obsession qui a été plus forte que mon goût pour eux...

— Pourquoi est-ce si important de voir le sperme de l'homme ? De le voir sur la peau plutôt que de l'enfouir en dedans ?

— Disons qu'il y a quelque chose qui est de l'ordre de la preuve. Un homme qui jouit à l'intérieur de toi, tu en as parfois la certitude, mais il y a toujours une espèce de doute, c'est un peu comme faire l'amour avec une femme, souvent tu ne sais pas... Quand je fais l'amour avec une femme, il y a une angoisse très grande que sa jouissance ne soit pas vraiment spectaculaire et visible. Quand elle l'est, j'en ai une reconnaissance formidable pour elle. Et je suis devenue beaucoup plus spectaculaire, depuis cette expérience-là, et je me suis dit qu'une des choses que j'aimais bien et dont j'étais reconnaissante aux hommes, c'était que leur jouissance soit manifeste, mais elle est beaucoup plus manifeste, évidemment, quand elle a lieu à l'air libre. A l'intérieur de toi, c'est enfoui, tu ne sais pas ce qui se passe...

Et puis, c'est beau, parce que ça ne sert à rien. C'est beau, parce que justement, c'est la jouissance qui est la finalité, c'est la beauté de la chose. C'est indéfiniment être l'enfant, pas la mère... C'est bête ce que je dis. En fait, quand tu fais ces choses-là, tu ne penses pas à tout ça. Tu as envie de voir parce que c'est beau... Quand je vois un homme jouir à l'air libre, comme par hasard, c'est le mot « niquer » qui me vient. C'est un mot de triomphe. Niquer, c'est jouir et se tailler. C'est jouir à l'air libre, c'est jouir comme des gosses, c'est jouir en ne voulant rien savoir. Ça n'a pas d'effet, puisque c'est dehors. C'est s'en foutre, exactement. Et on nique à la fois la mort et la reproduction, c'est pareil...

— Tu as connu des éjaculateurs précoces ?

— Justement, il y a deux ans et demi, trois ans maintenant, j'avais dragué un type qui paraissait me convenir, c'était un éjaculateur précoce qui avait envie qu'on le guérisse. Je l'ai séquestré chez moi pendant un certain nombre de mois... C'est un garçon qui ne travaillait pas, il avait 32 ans, il était grec.

— Mais il bandait ?

— Il éjaculait carrément. C'est le seul homme que j'aie vu passer du repos, bander, éjaculer, le tout en 3 minutes. Il disait qu'il n'éprouvait rien. C'était comme un réflexe.

— Ce qui te plaisait, c'était cette rapidité ?

— Si tu veux, la plupart des hommes hésitent à se masturber devant toi, et ils ne veulent pas que tu le fasses. Ils ne supportent pas qu'une femme les fasse jouir à l'air libre justement. Ils ont leur raison. Il y en a beaucoup, ça les met horriblement mal à l'aise que ça soit visible. Et je me rappelle une de mes copines qui se plaignait de son mari : « Ah ! il m'énerve ! Il retarde tout le temps et finalement, il est tellement excité qu'il m'inonde les seins, le ventre, ...je ne peux pas faire un geste, ça y est ! » Et moi, ce récit m'avait mise dans tous mes états, et j'ai dragué le mari. C'est à cette occasion que j'ai vu que les éjaculateurs précoces, c'est très bien, parce que justement, ils n'ont pas le temps d'entrer. Ils éjaculent un peu n'importe où, n'importe comment, moi ça m'émeut beaucoup.

— Qu'est-ce qu'ils ont d'attendrissant ?

— Leur terreur à l'égard des femmes. C'est le seul point où je me sens proche d'eux. Tu sens bien que je m'identifie aux hommes. Quand j'étais mariée, je croyais qu'on était un couple homosexuel, et la filiation, je n'ai pas encore compris ce que c'était. Je n'ai aucun sentiment maternel en ce sens-là. Pour moi, mes filles, ce sont des êtres humains qui vivent avec moi et que j'aime beaucoup, mais en fait je ne suis pas persuadée de les avoir mises au monde.

— Alors, ces éjaculateurs ?

— Eh bien, je me dis que si je suis capable de me jeter sous les roues de la bagnole d'une femme qui ne veut pas de moi, au fond peut-être qu'en homme, je n'aurais pas été du tout comme je suis, cette espèce de personnage si sûr de soi, très entreprenant, très joueur, peut-être justement que j'aurais été ce personnage... Le comportement que j'ai par rapport aux femmes qu'il m'arrive par malheur d'aimer, c'est un peu un comportement d'éjaculateur précoce... Et surtout, ce regard tellement désolé, perdu. Il y en a qui éjaculent, ils ne le sentent même pas, ils ont un côté perdu, affolé, qui est beau, enfin que je trouve beau. Ils n'entrent même jamais. S'ils arrivent jusqu'aux cuisses, c'est déjà un exploit. Une des choses que j'aimais bien, c'est cette façon de descendre la fermeture de la braguette qui les retourne complètement. Ça a quelque chose de décidé qui les viole déjà un peu.

Avec mon mari, c'était la même chose en beaucoup plus grand. Je lui ai demandé : « Mais tu n'as jamais bandé de ta vie ? » Il avait 23 ans. Il m'a dit, si, quand j'étais gosse, quand j'étais en 5e, par là, je bandais quand je voyais la nuque et l'arrière des genoux des petits de 6e qui, à l'époque, portaient des culottes courtes. Et un jour, je me suis aperçu avec horreur que j'avais suivi un gamin dans la rue au lieu de prendre mon car, parce qu'il était demi-pensionnaire, il habitait en banlieue. Il a pris le car d'après, il est arrivé chez lui en retard, il n'a pas su expliquer, il était horriblement troublé. Et la même semaine, il y a une de leurs voisines qui s'est suicidée en apprenant que son fils était homosexuel, et la mère de mon mari, qui est la meilleure femme du monde, a dit : « Ah ! ça, je la comprends bien, un déshonneur pareil m'arriverait, j'en ferais autant. » Et lui, de ce jour, il n'avait plus bandé. Donc, je prenais en main 7 ou 8 ans après quelqu'un qui avait été comme ça pétrifié par une intervention maternelle un peu intempestive. Et moi, je voulais trouver un moyen de casser le maléfice. C'est pour ça que pour eux, je suis la sœur, je suis l'enfant-fille, la compagne de jeux, celle qui peut être plus culottée, plus fluette, plus maligne, mais qui n'est pas l'alliée du pouvoir de la mère. Qui est dans le monde de l'enfance, dans la mesure où elle est encore, elle aussi, sous le coup de la loi maternelle. Et cette petite fille-là, en fait, elle se fait fort, justement, de restaurer un sexe d'homme, une virilité qui a été détruite.

Avec mon frère, quand j'étais toute petite, on avait un talisman commun qui était au bout de son sexe. Moi, j'étais persuadée qu'au bout du sexe de mon frère, il y avait une petite croix dessinée, pas une fente droite, mais une petite croix dans un cercle. Et j'avais lu deux histoires qui m'avaient frappée. Tu connais la légende de saint Hubert, qui était quelqu'un de très débauché, très dépravé. Un jour, il était à la chasse, il voit une croix lumineuse dans un cercle entre les bois d'un cerf, il tombe à genoux, et il devient ermite. L'autre histoire que j'avais lue, je crois dans ces albums où l'on raconte en vignettes la vie des saints et des martyrs, se passe aux premiers temps de l'Eglise, avec les armées à genoux et les païens convertis. C'est Constantin qui va combattre contre Maxence, l'empereur de Rome, et juste avant l'une des batailles les plus importantes sur le Tibre, il a un songe dans lequel il voit justement la croix entourée d'un cercle lumineux, et il est écrit : *In hoc signo vinces*. Et moi, quand j'étais petite, pendant des années, j'ai cru dur comme fer qu'avec mon frère, il ne nous arriverait jamais rien de dangereux parce qu'on était protégés par le talisman. Le talisman, c'est lui qui le portait, puisque c'était le bout de son sexe de petit garçon, mais il nous protégeait tous les deux. Ça ne m'a jamais quittée d'une certaine façon. Je m'aperçois que si je n'avais aucune défense, je serais complètement la proie, et c'est ce qui se passe quand ça va mal, de femmes terrifiantes dont je serais l'esclave. Et le seul moyen que j'ai de me défendre contre cette espèce de barbarie terrible, c'est justement d'avoir un talisman qui me protège et qui est un sexe d'homme.

— Et ce talisman, tu le vois encore ?

— Pas du tout. Maintenant je me suis faite à l'idée que ce n'est pas vraiment une croix, je le parcours. De la langue... Par exemple, j'ai des fantasmes de pénétration absolument incroyables, quand je suis avec un homme que j'aime, j'aime énormément entrer le plus possible ma langue à l'intérieur de cette petite fente et je suis un poisson, je rentre dans son corps, c'est la porte, et ça remonte, ça voyage, je suis en eux, complètement...

— Quand le sperme est déchargé sur ton corps, tu aimes, dis-tu, l'étaler, tu aimes te rouler dedans...

— Oui, c'est ça. Ce geste en particulier, les doigts qui descendent le long de la gorge, qui descendent le long du visage, toujours écartés comme ça, sur les épaules. Effectivement, je me roule dedans, et si on va dans le lit, je vais faire ça avec mon bras...

— Tu vas enrouler ton bras dedans ?

— Oui, avec le bras, et puis les épaules, et tout. Ou bien si j'ai caressé un homme, la nuit, quand il dort à moitié, et qu'il éjacule sur son ventre, après ça, moi je vais, avec mon épaule, me frotter contre son ventre pour que ça s'étale entre lui et moi. C'est toujours ces parties-là, le dedans du bras, le dedans de la cuisse...

— Tu en fais un maquillage sur ta figure ?

— Oui, en tirant sur les pommettes, il faut que ça pénètre en fait dans la peau, que ça pénètre...

— Jusque dans les yeux ?

— Ah j'ai essayé, mais ce n'est pas supportable, ça brûle trop.

— Les goûts les plus savoureux, est-ce que tu pourrais les identifier ?

— Il y a deux familles de goût qui m'enchantent, je suis une passionnée des coquillages depuis toute petite. J'en ai toujours pêché. Vivant au bord de la mer, j'ai un goût pour les fruits de mer qui est démesuré. En particulier, l'oursin. Pour moi, c'est absolument un goût de sperme, sauf que ça n'en a pas du tout la couleur, ni la consistance, c'est granuleux, mais ça a ce goût-là. Dans les coquillages, c'est l'équilibre de l'oursin, les violets aussi, un peu. Et il y a une autre famille de goûts qui est très rare, mais alors là, je fonds complètement, c'est un goût de sève végétale. Il y a un tout petit nombre d'hommes, mais ceux-là, c'est des passions telles que je pourrais m'attacher à eux pour ce goût. Tu sais, quand on est jeune, on fait des sarbacanes, on dénude les branches de sureau avec les dents, et on souffle comme ça. Il y a toujours ce goût de... sève un peu acidulée, et très verte. Il y a des hommes qui ont ce goût.

— Tu aimes, quand les hommes éjaculent, sentir la secousse de leur corps ?

— J'aime beaucoup que nos mains soient ensemble sur le sexe. Souvent, je garde la mienne avec simplement le pouce et l'index, il y a une petite peau que j'ai rendue très sensible à l'usage. Je la mets à la racine de la verge. Et avant même que l'éjaculation se produise, il y a cette espèce de tremblement juste à la racine, et moi, quand je sens ce tremblement, il y a ma voix qui part. Je commence à hurler à ce moment-là... J'aime beaucoup attraper le sperme sur mon visage, très près, sur mon front, mes joues, ma bouche, je vais essayer de passer ma langue sur ma propre bouche. J'aime énormément la région du cou ou le dessous du menton, toute cette région sous la bouche, qui est très sensible et qui en même temps pourrait plutôt donner une impression d'asphyxie...

— Quand le sperme t'inonde, tu aimes ne plus avoir de souffle ?

— Au fond, j'aime ce dont la plupart des femmes se plaignent beaucoup : quand tu suces un homme un peu long, il y a un moment où ça cogne le fond et tu as les larmes aux yeux. J'ai appris à n'avoir plus ce mal au cœur, mais j'ai toujours les larmes aux yeux...

— Il y a un geste que tu as, c'est le front sur le sexe.

— Ah ! le front... Se mettre à genoux devant un homme assez grand, et frotter son front contre sa braguette, si possible en jean, quelque chose de rêche, on s'écorche le front... Très peu d'hommes le supportent.

— Oui, tu es à genoux devant lui et lui a sa main...

— ... sur l'épaule ou la tête. Et je pense toujours au psaume « Comme gémit une biche après l'eau vive, ainsi gémit mon âme vers toi, Seigneur »... (rires). De toute façon, je suis très pieuse ! Je suis complètement mécréante, mais ma culture profondément biblique ne m'a jamais quittée et je m'exprime assez spontanément en psaumes... Mais, je suis quand même obsédée des braguettes. J'ai écrit plusieurs poèmes, dans lesquels c'est un mot qui revient, en particulier parce qu'il contient « bras ». Et que les bras, pour moi, c'est le creux du coude, ça se mélange dans ma tête.

— Tu dis aussi, je n'aime pas sucer un homme s'il est resté longtemps en moi.

— Oui. Si tu suces un homme, tu sens immédiatement s'il est allé dans une femme. Ça se sent, et ça me plaît que ça se sente. Pour moi, une odeur de femme et une odeur d'homme, ça n'a rien à voir. Et c'est au point que justement, si un homme sort d'une femme, longtemps ça m'a gênée. Même si c'est de moi. Parce que ça sent la femme. Pourtant, j'aime sucer les femmes, mais c'est pas pareil. Ça a un autre goût, un goût plus fort, un goût plus animal. Et maintenant, je commence à m'apprivoiser à mon odeur à moi, ça commence à me paraître assez beau que ce soit mêlé.

— Il y a aussi le sperme qui t'inonde la nuque...

— Oui, pour moi, c'est lié à un personnage que j'ai complètement idolâtré. J'étais très jeune. J'avais 16 ans. J'étais copine avec une fille dont le frère aîné était copain avec mon frère. Ma mère aimait beaucoup cette famille, et elle aurait bien aimé en fait que je m'amourache du grand frère. Et figure-toi que, dans cette famille, je suis tombée éperdument amoureuse du grand-père.

— Du grand-père ?

— Oui. Il s'appelait Michel, et toute la famille l'appelait Grand-Michel. Il avait des yeux verts extraordinaires. Très grand, très carré comme ça, quelque chose de dur et justement un trait qui me fascinait, c'est qu'on devinait son squelette. Complètement chauve, une très belle voix, de très grosses moustaches, il avait une allure folle, et une culture absolument prodigieuse, comme on peut imaginer ce genre de gens à la fin de leur vie.

— Quel âge avait-il ?

— 72 ans. Grand-Michel était amateur d'art, il nous emmenait dans les ventes, il m'apprenait la valeur des choses, on a été un mois ou deux juste copains comme ça. Je l'adorais, mais comme j'avais adoré certains profs, et puis quand j'arrivais, souvent il jouait, j'ai compris après que ce n'était pas tout à fait un jeu. Je serrais la main des frères, je serrais la main du père et il disait : « Ah ! j'ai le privilège du grand âge, moi j'ai le droit de l'embrasser. » Il me prenait sur ses genoux et il m'embrassait, mais moi je ne me doutais de rien. Un jour, il y avait un bal costumé, et il voulait m'emmener, je disais non, je n'ai pas de costume ni rien. Mais moi, je vais te costumer ! Et il m'a emmenée dans ses appartements à lui, il y avait plein de robes, des chapeaux, et en particulier, une très belle robe noire, avec des manches longues très serrées, mais un peu gigot sur les épaules, et plein de petits boutons dans le dos. Il me dit : « C'était une des robes de ma mère, je suis sûr qu'elle t'ira. » Il m'a mis cette robe et il a ajouté : « Tu ne peux pas te balader avec des nattes comme ça. » A l'époque, j'avais toujours les cheveux très longs, j'aime les cheveux longs. Je les ai coupés une ou deux fois, et ça m'a trop manqué. Il me disait : « Tu ne peux pas garder des nattes, je vais te faire une coiffure. » Et il m'a fait une espèce de chignon qui était très réussi. Donc, c'était une belle soirée pour moi. Quand je suis retournée chez lui par la suite, il m'a dit : « Comme tu étais belle l'autre jour, ça ne t'ennuirait pas que je te remette cette robe, je vais te prendre en photo. » Je dis oui. Il me remet la robe, les petites chaussures, il me refait le chignon et il me dit : « Est-ce que ça t'ennuirait de t'asseoir au piano ? » Moi, je jouais à peine. Il me met au piano, et il me prend vaguement en photo. Après ça, il me dit : « Mais attends, tu as les cheveux qui sont pris dans les boutons derrière. » Alors, il a déboutonné la robe dans le dos. Et il s'attardait, il caressait la nuque, dans le dos, j'avais la robe à moitié entrouverte, jusqu'à mi-dos. Et il commence à me dire, tu es magnifique, tu as une nuque absolument merveilleuse, il délirait comme un fou. En fait, il s'est branlé contre mon dos... Il a poussé un cri, il a dû se reculer un peu, le jet a franchi mon épaule, je l'ai vu arriver.

— Tu ne t'en doutais pas ?

— Oui et non... J'avais beau être jeune, il y a cette espèce d'altération de la voix... Pendant qu'il me parlait de mon dos, de ma nuque, je me disais oh ! là là, qu'est-ce qui se passe ! J'ai senti... J'ai laissé faire, parce que j'étais complètement écarquillée... Je ne bougeais absolument pas... J'osais pas croire que je lui plaisais, parce que je me sentais l'affreux petit canard...

— Il n'a pas perdu de son prestige après ?

— Au contraire ! C'est magnifique de faire ça, non ? Il faut oser à 72 berges !

— Il ne t'a pas embrassée, ensuite.

— Non, mais il m'a quand même flattée, tapoté le dos, serré les épaules contre lui. Il était très chaleureux. Et après, quand j'arrivais, je trouvais un prétexte, je disais, écoutez Grand-Michel, est-ce trop vous demander que de me faire retravailler un peu mon piano, parce que j'en ai fait petite, comme tout le monde, mais j'ai complètement perdu ? Vous ne pourriez pas me réapprendre le concerto de Maria Magdalena Bach ? Il a compris. Il me disait : « Tu ne peux pas jouer du piano habillée et coiffée comme tu es là. » Je disais non, bien sûr. Je me changeais, je remettais la robe à peine boutonnée derrière. Il me refaisait toujours ce chignon. Quand je jouais, il me flattait toujours la nuque, les épaules, je ne le regardais jamais. Des fois, ça dégoulinait dans le dos, des fois ça passait la barrière de l'épaule et ça retombait.

— Parle-moi de ta passion pour les bulbes...

— Quand je suis toute seule, et d'ailleurs aussi quand j'étais enceinte, je me suis branlée absolument comme une folle, avec toutes sortes de bulbes. Des oignons de jacinthe, des oignons d'amaryllis, des grandes échalotes violettes... Tu connais l'amaryllis, c'est une espèce de gros bulbe avec de grandes oreilles, de grands pavillons... Je jardine énormément, je cultive des bulbes, et pour moi, il y a une religion du sperme, du sperme germé, faire germer des bulbes, et ça explique cette espèce de miracle que j'éprouve devant l'éjaculation des jacinthes. Une fois, j'avais fait un lapsus merveilleux, je parlais des choses que j'aimais faire et puis j'avais dit, faire bander une jacinthe et faire germer un ami...

Il y a très longtemps, mon mari et mes enfants m'avaient surprise. C'était en plein hiver, j'étais allongée de tout mon long sur le sol et je grattais la terre, parce que j'avais enfoui des bulbes en novembre, et je voulais savoir s'ils germaient. Et je voulais tellement le savoir que j'avais gratté très vite, un peu partout, et il y a ce moment où on sent sous son doigt que ça a germé, il y a une petite pousse, et c'est presque de l'ordre de la jouissance ! (Rires.) Justement, les hommes qui n'aiment pas voir leur sperme, je ne sais pas pourquoi, leur attitude me choque autant que si on faisait cuire un oignon de jacinthe. Je pense toujours à ça. L'un des gestes les plus scandaleux qu'on puisse faire à un oignon de jacinthe, c'est de le faire cuire comme si c'était un oignon de cuisine. Pour moi, c'est rédhibitoire.

— Les couilles te font toujours penser à un oignon de jacinthe ?

— Oh ! Ça ressemble rarement à ce que je rêve. Les hommes qui ont de jolies couilles, c'est rare. Ça m'est arrivé d'en trouver, comme cet ami dont je parlais, cet Irakien qui s'est tué. Il avait des couilles absolument adorables. Grises. Il avait la peau grise, comme un Indien. Et j'ai dans l'idée qu'on peut diagnostiquer la couleur, la peau du sexe et des couilles d'un homme à la couleur de ses paupières. De même que je vois un œil au bout du sexe, que j'aime les hommes non circoncis, parce que ça fait paupière, de la même façon je vois quelque chose de l'ordre des couilles dans l'œil fermé. Un homme qui dort, sa paupière fermée a une irisation à partir de laquelle j'imagine ses couilles.

— Tu les aimes donc grises ?

— J'ai horreur de tout ce qui ressemble à de la crête de coq. J'ai horreur des peaux flasques, j'ai horreur des peaux violacées, j'ai horreur des poils épars, follets. Epouvantable ! J'aime les couilles petites, grises, nacrées, et évidemment mouvantes. C'est très bien quand la peau est suffisamment fine et tendue pour que dans le creux de la main, tu sentes un tout petit mouvement comme ça. Effectivement, c'est comme de sentir pousser quelque chose.

Pour moi, c'est vrai, un homme, c'est de l'ordre de la jacinthe. Quelquefois aussi, je dis, c'est comme l'écureuil. L'écureuil, c'est la plus jolie petite bête qui existe, raffinée, ravissante, intelligente, il te regarde, il virevolte autour de toi et il repart. Tu n'as aucun droit sur l'écureuil. Et ce qu'il te donne, c'est le spectacle de sa beauté, de sa grâce, de ses jeux. Les écureuils, en général, ça vient tôt le matin et quelquefois à nouveau le soir, à la nuit tombante. Ça disparaît complètement la journée parce qu'il fait trop chaud. Les écureuils, ça joue indéfiniment. Ça court le long des fils électriques, ça monte et ça descend le long des poteaux, des branches, ça saute, et ça vient chaparder des petites choses pour grignoter et se faire des provisions pour l'hiver. Mais en fait, c'est complètement tête en l'air, l'écureuil, ça n'a aucune mémoire, ça ne se souvient pas du tout où ça a caché les choses. Alors l'hiver, quand il fait froid ils sont là à tapoter la pelouse, en disant, mais dans le temps, j'avais bien mis quelque chose ! Et ça ne retrouve jamais rien ! De temps en temps, par hasard, ils tombent sur une cachette et c'est la joie, ils dansent, ça a un côté Snoopy, l'écureuil. C'est une bestiole ravissante. Et assez menacée parce que ça a des prédateurs terribles, les chats et surtout les pies. Il faut voir les pies chasser un écureuil. Lui, il tourne, il tourne, parce que la pie n'arrive pas à voler assez vite autour des trous. Alors elles se mettent en bande et il y en a toujours une qui arrive à le clouer...

— Et toi, tu es la pie ?

— Non, bien sûr. Jamais ! Jamais ! Je suis celle qui est dans le jardin et qui regarde. Une petite fille un peu magique, c'est vrai, et qui sait. Qui sait comment s'y prendre, qui sait quand il ne faut pas faire de bruit, où il faut disposer les choses, qui sait qu'il y a des saisons, qui sait qu'il ne faut pas espérer trop vite, et qui guette toujours. Qui perçoit très vite les signes. Quand il va revenir, quand il s'annonce, quand peut-être il est passé. L'écureuil, c'est le type même de l'animal qui ne sert absolument à rien. En plus, c'est un prédateur terrible, c'est un prédateur des semis, comme par hasard. Et les paysans, quand j'habitais à la campagne, tiraient l'écureuil, ils le mettaient en civet. Parce qu'il est très malin. Dès que les gens ont un semis, il gratte, il va chercher toutes les graines et les remet dans un autre coin. Quelquefois, on sait où, parce que ça germe quand même ! Cet imbécile ! Il est dans un autre ordre des choses, il ne cultive pas, il est tout le temps en train d'enfouir les choses dans la terre, et la plupart des choses qu'il enfouit dans la terre poussent, mais il ne sait pas, il ne plante pas, et pourtant il fait pousser quand même. Par exemple, il est très friand des graines de tournesol, et très souvent, dans les campagnes, il y a tout l'itinéraire de l'écureuil en tournesol qui repousse l'année d'après. Parce qu'il a semé les graines un peu n'importe où. L'écureuil, c'est un peu comme l'abeille, il répand la vie ailleurs que dans ses limites normales. En même temps, il ne sait pas ce qu'il fait. Et je me suis toujours souhaité des hommes-écureuils.

— Est-ce que tu aimerais caresser un homme sans qu'il le sache ?

— Ah ! Un des rêves que je fais souvent, je suis dans une réunion, il est tard, c'est la nuit, et je rentre dans une voiture ou un train, il pleut, et je pense à cet homme qui s'est endormi, qui n'a pas pu m'attendre parce qu'il est trop tard, et j'arrive dans cette maison, je me déshabille entièrement, je me glisse contre lui dans le lit, et je le branle en tenant mon visage près de son sexe, et il se répand sur lui et sur mes bras. Et je lèche mes bras, mes poignets. Je me lèche les mains. De toute façon, je lèche toujours mes mains avant.

— Peut-être, n'aiment-ils pas qu'on les prenne en traître...

— Autant que je puisse deviner, la plupart en rêvent. La plupart des hommes ne désirent qu'une chose, c'est d'être soulagés du poids d'initiatives, en fait. Trouver une femme qui enfin se déclare, pouvoir enfin se laisser faire et s'abandonner, c'est un de leurs rêves. En particulier, il entre souvent dans leurs rêveries d'être pris comme ça nuitamment. De toute façon, quand j'étais mariée, une des choses que mon mari m'interdisait, que je faisais et pour lequel j'étais très punie, mais j'adorais, c'était de le violer.

— Tu disais que tu léchais tes mains avant...

— Oui, pour moi c'est un rituel. Je les trempe toujours dans de l'eau, ou dans des huiles. Ce sont des choses que j'ai achetées à Tunis, des essences de fleurs. En général, j'aime bien l'œillet. Les hommes, je les associe beaucoup avec la bergamote, le jasmin est un peu écœurant, éventuellement le citron, ou alors la fleur de mandarine...

— Uniquement sur les mains ?

— Le sexe aussi, j'aime bien.

— Mais ça ne brûle pas ?

— A peine. Tu sais, moi, j'aime mettre du camphre sur le sexe.

Tu ne connais pas le baume du tigre ? C'est une cire. Elle est blanche ou rouge, ça dépend, c'est un corps gras qui contient du camphre, de la menthe, du clou de girofle... C'est comme les cigarettes au clou de girofle, ça laisse les lèvres complètement anesthésiées, très gonflées... Le baume du tigre, ça brûle énormément. Et ça stimule la circulation localement, ça fait une réaction de dilatation, et la région paraît beaucoup plus grande. Elle paraît à la fois anesthésiée et d'une sensibilité inouïe...

— Tu n'accepterais jamais un jet de pisse sur toi ?

— Ah non ! Je me suis trouvée avec des gens qui, entre eux, se pissaient dessus, c'est la même chose que si on me jetait de l'argent à la figure. Dans ma vie, deux fois, j'ai décidé de mon départ par rapport à un homme que j'avais aimé, une fois mon mari et une fois mon éjaculateur précoce... Il y a eu un moment où j'ai dit, cette fois je m'en vais : dans le premier cas, parce qu'on m'avait craché dessus, et au moment où j'ai senti le crachat qui dégoulinait comme ça à l'épaule, mousseux, j'ai eu une association avec la pisse. Et avec mon éjaculateur précoce, quand il m'a balancé un verre de bière à la gueule. Et de voir et de sentir la mousse qui dégoulinait, je me suis dit, cette fois je m'en vais. C'est quelque chose que je ne contrôle pas, mais je sais par expérience que c'est de l'ordre de l'intolérable, qui peut décider d'une rupture. Et justement, il y a pour moi quelque chose de sacrilège à substituer un jet de pisse à un jet de sperme. C'est quelque chose qui me met en colère.

— Tu aimerais avoir du lait ?

— J'ai aimé avoir du lait.

— Non pas le donner à un enfant, mais le presser et le répandre sur toi ?

— Au temps où j'ai nourri mes enfants, l'aînée cinq mois entiers, j'ai mis six semaines à la sevrer, et j'étais tellement prise que j'ai continué à avoir du lait, je faisais cours avec des petits corsages et à l'heure de la tétée de 3 heures de l'après-midi, en particulier, j'étais inondée tellement j'avais envie de donner le sein. La deuxième, je ne l'ai nourrie que deux mois, je faisais de la décalcification. Je n'ai pas pu continuer. Mais pendant que je nourrissais mes enfants, je donnais à téter à leur père et moi-même je me trayais (rires)... J'adore ce terme, je me trayais et je buvais de mon propre lait. C'est absolument merveilleux. On dirait du lait de noix de coco, du lait d'amande. Ça a un goût de fleur, un goût végétal, un goût d'ailleurs qu'il est facile de changer. Par exemple, si tu bois beaucoup de café, il a un goût de café. L'amande passe très bien aussi. Et mon bébé, quand il avait à peu près trois mois, elle me tétait et en même temps, elle fourrageait dans mon sexe avec ses pieds, elle me tapait comme ça. Et je jouissais comme une folle. J'ai toujours donné à téter allongée dans le lit, vautrée... Et quand ça va être l'heure, ça sonne, un peu comme des piqûres de guêpe. Des vibrations très aiguës.

— Tu ne t'es jamais ointe avec ton lait ?

— Quand c'était l'heure de la tétée, que j'essayais de la sevrer, je n'y arrivais pas, et j'avais mes corsages complètement trempés. En fait, j'aimais énormément garder mes robes, mes robes doublées, toutes trempées de lait. C'était un très grand moment.

— Tu n'es pas usée par cette vie ?

— Usée ? Je commence à peine ! Tu vois, j'ai beaucoup dragué quand j'étais jeune. Ensuite, j'ai été tout à fait exclusive pendant 10 ans, c'est très long 10 ans. Après ça, j'ai eu cet ami irakien. Et maintenant... Tu comprends, il y a eu des moments de ma vie où j'étais très seule, et où je draguais comme une bête parce que j'avais besoin d'être recueillie par quelqu'un, parce que j'avais plus rien à offrir, et que je me disais que la seule chose que je pouvais encore échanger, qui pouvait me tirer de l'abîme, c'était mon corps. Parce que ça, c'est la seule valeur sûre. Tu peux trouver des gens que ta parole ennuie, tu peux trouver des gens à qui tu fais peur, mais la chaleur de ton corps, il y a forcément des gens que ça intéresse. Le corps pour moi, c'est le dernier retranchement. Tant que j'entends un bruit de respiration, ça va, ça suffit pour survivre. Qu'il y ait quelqu'un qui puisse me prendre dans ses bras et me trouver chaude et respirante, ça me suffit pour avoir la preuve que la mort peut être écartée.

— C'est très animal.

— Oui, complètement... Je vais t'expliquer. Je suis née avec une malformation congénitale des hanches, si bien qu'entre 2 et 4 ans, j'ai vécu dans un plâtre, j'étais plâtrée depuis les bras jusqu'aux doigts de pieds, je vivais posée sur le sol à plat ventre et je ramais avec mes bras pour me déplacer. J'appartenais à une famille très nombreuse, j'étais la cinquième enfant. Toute la famille était à table et moi je mangeais au sol. Mes frères et sœurs croyaient que j'étais un chien ou un chat. Et moi-même, je me dessinais toujours comme la petite sirène qui n'avait pas de jambes mais une queue, comme un poisson. On était allés au cirque et mon frère avait vu des otaries qui jouaient avec des ballons, il avait dit, oh ! elles marchent comme Françoise. Donc, j'ai toujours eu beaucoup de mal à prouver à mon entourage que je n'étais pas un animal. Je faisais de la surenchère, j'étais très brillante, je savais des poèmes par cœur, j'avais une mémoire phénoménale, très petite, je lisais la Bible, je faisais des choses insensées à 3, 4 ans. Il fallait que je prouve à mon entourage que je n'étais pas un animal. Et ça m'est toujours resté. J'aime les végétaux, je fais l'amour avec les arbres, avec les plantes, avec les oignons, j'ai un amour absolument viscéral pour les plantes, parce que je ne me sens pas menacée par elles. Mais les chats, les chiens, et tout ce qui rampe, les otaries, les phoques, les pingouins, toutes ces bêtes des banquises... Je ne sais pas combien de fois j'ai fait des cauchemars d'accouplement avec des phoques, la petite sirène toujours... La petite sirène rendue aux terres glacées, s'accouplant avec des phoques, des otaries, avec ces animaux sans jambes qui se vautrent les uns sur les autres, qui s'entrelacent, les cauchemars, les cauchemars... Alors je perds la certitude d'être un humain. Je dis, même pas une femme, d'être un humain. Comme par hasard, j'ai tout le temps fait l'amour avec des immigrés, des muets. Eh bien, même quand je fais l'amour avec un homme qui est muet, qui ne parle absolument pas ma langue, avec lequel on ne se comprend que par signes, je n'ai pas l'impression d'être avec un animal. Pour moi, c'est de l'humain. C'est déjà dans l'ordre de l'humain. J'aime faire l'amour debout.

C'est pour ça que des mots comme chaleur animale... Rien que le souffle et la chaleur, pour moi, c'est déjà humain. Il y a une histoire merveilleuse qui s'est passée l'été dernier. J'étais chez ma mère en vacances, je jouais sur le sable à marée montante avec mes filles, et j'avais un petit maillot vert avec des petits pois dorés, des petits nœuds sur le côté, une natte dans le dos, j'avais l'air très jeune. J'étais très bronzée, très gaie. Et il y a un homme de 45 ans, un grand bel homme turc, un peu nassérien, qui est venu nous voir et qui nous a montré une paire de chaussures de plage en plastique et visiblement, il voulait nous demander si ce n'était pas à nous par hasard. Il nous a signalé qu'il les avait trouvées, il nous demandait si c'était à nous, mais il ne parlait absolument pas français, ni arabe, et je lui ai dit non, non, par gestes, et j'ai désespéré de trouver une langue. Une demi-heure plus tard, la mer monte, je vais me baigner, la mer était très forte. Tu vois ces grandes plages de la Manche avec le sable et les gros rouleaux qui remontent... Maman est sortie de l'eau et elle s'est assise sur les galets avec mes filles, elles étaient tout près, et elles me regardaient. Il faut à la fois sauter les vagues quand elles ne sont pas trop fortes et les piquer, plonger par-dessous quand elles deviennent vraiment très fortes. Et à ce moment-là, je vois s'approcher mon gars de tout à l'heure qui me fait plein de signes.

Moi, je sautais dans l'eau, j'avais les seins nus, comme toujours l'été, et visiblement, il était assez ému.

Il s'approche. Il ne disait toujours absolument rien, mais il souriait. Je lui ai souri aussi et, à un moment, il s'est approché tout près de moi et il m'a demandé s'il pouvait me soulever dans la vague, comme fait un père avec un enfant. Moi, j'étais ravie, je dis oui, oui, très bien. Et à plusieurs reprises, il m'a prise comme ça et il m'a jetée. On s'est fait bouler par les vagues. Lui tournait le dos à la plage, et il me tenait devant lui. Et moi je me suis mise à le désirer énormément, je me suis coulée contre lui, j'ai enlevé mon maillot, j'ai enlevé le sien par la même occasion, et je me suis complètement plaqué le cul contre son sexe. Il bandait comme un fou, évidemment, et il m'a prise à ce moment-là, les vagues ne se sont pas arrêtées pour autant, donc on a encaissé trois ou quatre rouleaux, sans se déprendre. Il me tenait si fort aux épaules, un bras comme ça et l'autre à la taille, il continuait toujours à faire l'amour avec moi, et finalement il a éjaculé comme ça entre mes cuisses, mais j'ai distinctement senti que c'était très chaud, beaucoup plus chaud que l'eau. On a fait l'amour jusqu'au bout, tous les deux très enlacés l'un contre l'autre, déculottés dans les vagues et en même temps complètement *échaouis*, c'est un mot normand, ça veut dire assommés. Quand tu as trop bu, tu perds l'équilibre. Et après ça, il riait. Et je lui dis, il faut que j'y aille, il y a la maman, les petites filles... Ah ! petites filles, maman ! Ah ! ah !... Il n'en pouvait plus, il me dit hou hou hou !

3.

Le ravissement

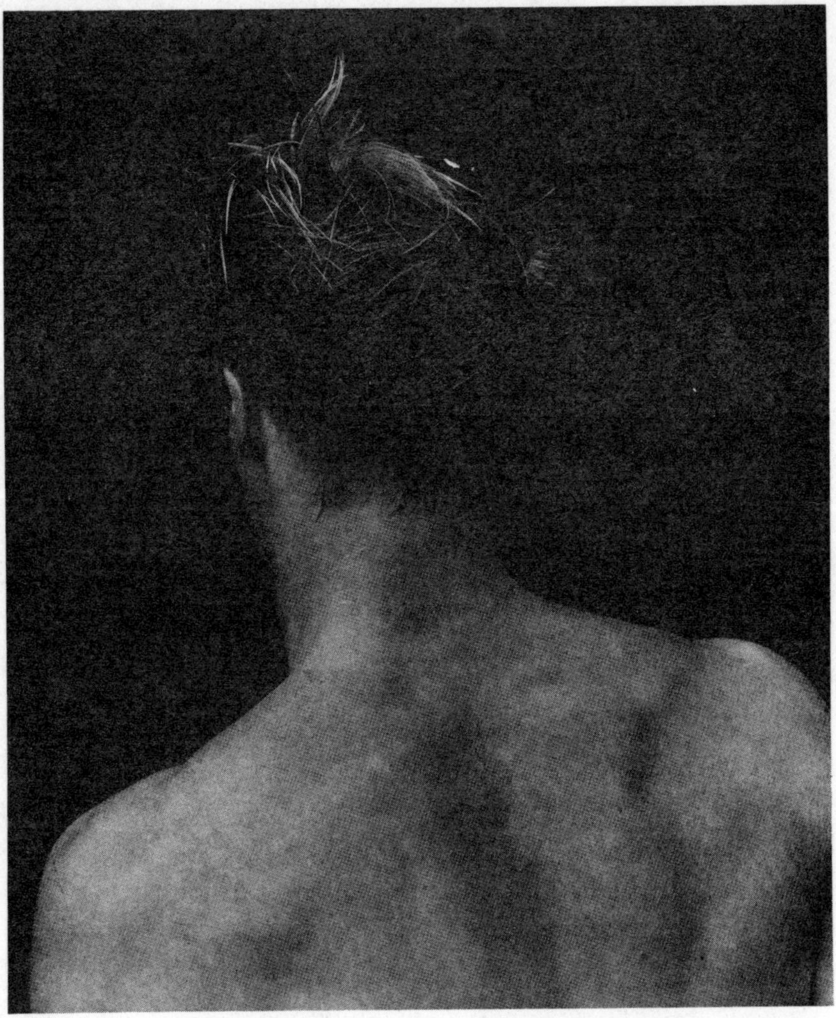

Photo Bruce Weber

L'homme-chien

Alain cherche désespérément des hommes-chiens.

Ce sont les cheveux des garçons, dit-il, qui me boivent le sang quotidiennement, tant mon désir est intense. Le système capillaire, la pilosité de l'abdomen, du dos et de la nuque me créent un véritable désordre psychologique de tant vouloir les désirer. L'été, je subis un calvaire épouvantable de voir s'agiter toutes ces tignasses si appétissantes.

Pas grand, pas épais, et même un peu gringalet, Alain a 38 ans, et les cheveux blonds cassants. Avec une touffe sur le devant et des vides sur les côtés comme des rosaces. La bouche complètement mangée par les cheveux. Alain est météorologue à l'aéroport de Genève.

Les cheveux, c'est sa vie. Il dit qu'il veut les ébouriffer, les embrasser, les respirer, les tenir à la poigne, les manger parfois, les amener à son sexe, le dessus des cheveux balayant l'entrejambe comme une petite brosse, se cacher dedans jusqu'au fond et jouir comme ça des heures entières. Il a même composé un lexique original du cheveu, où chaque détail du fantasme est amoureusement répertorié, et nommé avec des mots qui n'appartiennent qu'à lui.

Alain est, à sa manière, un jardinier de l'amour autant qu'un maniaque de la classification : dans cette précision sèche jusqu'à l'exaspération, dans ce vertige taxinomique de toutes les façons de faire du cheveu, dans cette comptabilité infime du désir, il faut croire à l'obsession amoureuse. Le cheveu, grâce à lui, en acquiert une histoire. Il est dépositaire d'une affection, d'une manie, d'une tristesse, d'une folie. Cette folie d'emprisonner l'amant, jusque dans un port de tête, un cou hirsute ou l'odeur puissante d'un cheveu roux. Alain a, en somme, accumulé les preuves d'une perfection de l'amour.

Il n'a, hélas ! que de rares aventures, ou trop incomprises : « J'ai rencontré, dit-il, un garçon de 20 ans, le 21 juillet dernier, en pleine nature, au Jura. Il manifestait une telle passivité que j'ai cru faire l'amour avec une porte de grange. Il me laissait disposer de ses cheveux à sa guise, mais manifestait un dédain total pour les miens. Comme je suis très doux, je n'ai pas su lui faire comprendre ce qui m'affectait le plus, et j'ai dû me résigner à lâcher prise. »

Quand j'ai quitté Alain à l'aéroport, il a ajouté ceci : « Je t'ai donné mon âme, je suis seul au monde. ».

Définitions alphabétiques relatives aux fantasmes avec stimulation

Brillant

Lubrifiant naturel qui donne aux cheveux plats des reflets lumineux suivant les sources de la lumière. Les mouvements de tête déplacent à volonté ces reflets. Grandement apprécié.

— Donc il ne doit pas y avoir de lubrifiants artificiels, de brillantine...

— Absolument pas. C'est simplement comme je l'ai décrit plus loin, la séborrhée, le graisse naturelle, qui donne aux cheveux cet aspect brillant.

— Vous recherchez avant tout des cheveux plutôt roux, plats, brillants et raides.

— Surtout raides, oui, et roux, l'odeur des cheveux est plus forte chez les rouquins.

— Et la première fois que vous avez eu ce rapport sensuel avec les cheveux, c'était quand ?

— Oh ! Ça a commencé vers les 9 ans, 10 ans. Je me suis trouvé un jour près d'un gars, on était sur le perron, à la récréation, et j'ai eu la chance d'avoir le visage tout près de lui. Il était noiraud, il avait les cheveux très longs...

— Il avait quel âge ?

— Il avait mon âge 13 ans. Et je me suis trouvé contre lui comme ça. Depuis un certain temps déjà, j'avais des rêves qui allaient un peu dans ce sens-là. Je lisais beaucoup de bandes dessinées, les aventures de Tintin ou de Spirou, entre autres, *Johan et Pirlouit*, ça m'avait déjà impressionné à l'époque. Il y a une scène qui m'est revenue dans un rêve, où un cow-boy était attaché sur une chaise dans un ranch, et moi je pouvais le caresser, passer la figure dans ses cheveux. Je me suis réveillé avec une éjaculation. A ce moment-là, ça m'a tellement marqué que j'ai voulu chercher des bandes dessinées qui pouvaient ressembler à ça, je n'ai pas trouvé, mais il y a certaines situations dans les aventures de Tintin, par exemple avec Tchang, un personnage du *Lotus bleu* : Tintin l'a repêché du fleuve et il est devenu son ami intime. Et moi, en voyant cette grande mèche que Tchang avait sur la figure, qui pendait comme ça, si brillante, ça m'a fortement marqué aussi, et plus tard, dans *Le Temple du Soleil*, j'ai retrouvé ces images... A partir de là, eh bien, j'ai essayé d'avoir des contacts, mais ils étaient purement unilatéraux, parce que c'est toujours moi qui recherchais la sensation, l'autre n'en savait rien. Il y a eu quelques garçons, avant la puberté, auxquels j'ai pu me frotter : j'aimais bien les « virgules », j'aimais bien les « petites pointes », mais eux ne le savaient pas. J'ai utilisé un prétexte une fois, j'ai dit que j'avais de la fièvre, que ça n'allait pas, et il m'a laissé frotter jusqu'à l'orgasme dans ses cheveux. Sous la zone qui me plaisait bien. Surtout avec la « petite pointe ». Ça, c'est une date qui me restera toujours dans l'esprit, c'était dans la nuit du 13 au 14 avril 1960. C'est ce jour-là que j'ai pu aller dormir chez lui, j'avais 14 ans.

— Vous étiez nu contre lui ?

— Non. On était en pyjama. Pratiquement jamais je n'ai eu de relations nu, je ne le souhaitais pas. Ce n'était pas ça qui m'importait. L'élément qui m'intéresse est visible et j'ai beaucoup de peine à vivre avec ça. La tête est visible, elle est à nu, si vous voulez, je n'ai pas besoin de connaître au-dessous. Si je ne le vois pas, ça ne m'attire pas.

— Pourquoi vous laissez-vous pousser la barbe et les cheveux ?

— Pour trouver aussi quelqu'un qui aime ça. Comme moi. Et je n'ai jamais trouvé... Montherlant aussi, je pense qu'il devait être sensible à ça. Il a écrit des choses là-dessus dans *Les Garçons*, et dans *La Ville dont le prince est un enfant*...

— Qu'est-ce qu'il dit ?

— Son héros, Costals, a trouvé que les cheveux des garçons sentaient plus fort et meilleur que ceux des jeunes filles. Moi, ça m'a terriblement impressionné quand j'ai lu ça. Dans *Les Garçons*, un livre que j'ai acheté 10 ans plus tard, Serge est avec un autre garçon dans une grotte, et là, il lui ôte son béret et lui hume longtemps les cheveux, très longtemps. Ecoutez : « Il le humait avec lenteur, avec une intensité lente, comme on se remplit à l'aurore de l'odeur de la prairie », ou encore : « Ce qu'il avait devant lui était comme un verger de nuques, rangées en parterre : nuques épaisses, gonflées d'instincts mauvais ou violents, nuques remontant sur un crâne ras, fait pour la tonsure, nuques supportant des oreilles brillantes comme la feuille du lierre, nuques gracieuses sur lesquelles descendait une fine pointe triangulaire de cheveux, ce qui — cela aussi — passe dans notre Midi français pour indiquer que le « porteur » est fait pour l'amour... ». Et puis il y a certaines scènes que j'ai vues dans des films à la télévision, des films de violence, surtout. Dans *L'Homme qui sauva Londres*, que j'ai vu il y a 6 ou 7 ans, il y a des scènes de torture, dont une me préoccupe beaucoup. J'aime bien voir un mec empoigné par les cheveux, c'est un élément d'étreinte pour moi. Quand je tiens un mec par les cheveux, que je l'appuie contre moi et qu'on est dans la tendresse, c'est un signe de reconnaissance. J'aime bien le tenir aussi pour pas qu'il s'en aille. Parce que si je veux respirer ça très fort, il ne faut pas qu'il y ait de l'air qui passe dedans. Je plonge dedans. Et si un mec est tenu par les cheveux, il ne peut pas se défendre. C'est difficile à parer. Alors, ça se fait gentiment. Et c'est à ce moment-là que je peux arriver à jouir totalement.

— Est-ce qu'il y a des types de garçons qui correspondent davantage à ce que vous recherchez ?

— Le type français, en général, ou le type de l'Europe centrale me préoccupe le plus. Les Sud-Américains m'excitent beaucoup aussi, parce qu'ils ont des cheveux noirs, brillants, souvent très longs, et les visages des mecs sont bien jules, bien « mouines », ça veut dire pour moi très mecs.

— Vous avez souvent l'occasion de trouver des garçons comme ça ?

— Je ne trouve rien. Il y a des mois, plus d'une année maintenant, que je n'ai plus eu de relations avec quelqu'un, et ce qui est très frustrant, c'est que les mecs ne comprennent pas.

— Mais vous les trouvez où, ces types-là ?

— Il y a quelques établissements à Genève, et puis à l'aéroport aussi, dans le hall, il y a énormément de gens qui passent, je vois des cheveux longs qui viennent des pays à côté, mais il est impossible de communiquer. Et c'est surtout ça qui me crée cette obsession.

Crasseux

Abondance de séborrhée, donnant aux cheveux un aspect brillant collant, agglutiné.

— Alors, il faut que ce soit crasseux, brillant et collant ?

— La séborrhée encore une fois graisse les cheveux, elle met les mèches ensemble, et ça donne un aspect sale, un sale naturel, pas une crasse due à des événements extérieurs, c'est en somme l'essence même de la personne. Et si cette odeur de séborrhée me plaît beaucoup, c'est que, justement, c'est l'identité du gars.

— Et les garçons bouclés ou frisés ?

— Comme je vous ai dit, les frisés me plaisent moins. Les cheveux frisés et bouclés dispersent plus facilement l'odeur de la séborrhée, parce que c'est très aéré. Mais si c'est plaqué, ça reste bien dedans. Je peux mieux dégager les mèches, aller au fond pour mieux sentir l'odeur. Quand ils sont frisés, il y a 50 % de l'odeur naturelle qui est loin. C'est pour ça que le cheveu plat à le double avantage de la forme et de l'aphrodisiaque.

Descente

Limite naturelle des cheveux débutant derrière l'oreille, se prolongeant plus ou moins bas le long de la nuque, disposée en plan incliné et formant un angle plus ou moins ouvert d'une descente à l'autre. Remarque : les deux descentes ne sont pas forcément identiques.

— Vous ne parlez pas de la nuque ?

— Si, j'en ai parlé plus loin. Effectivement, la forme des cheveux derrière m'excite beaucoup plus que devant. C'est surtout autour de la nuque que se passent ces choses. La « descente », comme j'ai expliqué, c'est la limite des cheveux depuis le bout de l'oreille jusqu'en bas. Avec les cheveux courts, ça se voit très bien, mais quand la descente est trop nette, parce que le coiffeur a taillé dedans, ça ne m'excite pas beaucoup. Je préfère les cheveux longs, la descente me plaît beaucoup, et au bout de quelques semaines, il y a les virgules qui commencent à se former...

— Vous n'auriez pas aimé être coiffeur ?

— Je n'aurais jamais supporté.

— Supporté de les tailler ?

— Oui, oui. De les couper, de les tailler et de ne rien pouvoir faire, de les parfumer, de mettre des cosmétiques dessus...

— Mais vous les auriez touchés ?

— Ça ne fait pas tout. Ça m'aurait donné une frustration supplémentaire qui m'aurait causé plus de désordre psychologique que de ne rien avoir.

— Et vous aimez aussi les cheveux qui sont tombés ?

— Non ! Les cheveux séparés ne m'excitent pas, ils sont morts. Je vous fais une confidence : depuis 20 ans, je garde tous mes cheveux qui tombent. J'en ai un énorme paquet à la maison, et je les garde dans un but précis : pour que ça me fasse un fétiche à l'âge avancé, pour retrouver un petit quelque chose que je n'aurai pas eu de manière fréquente dans ma jeunesse.

— Pour vous noyer dedans ? Pour jouir dedans ?

— Oui. Je voudrais essayer de faire un travail de bénédictin, les prendre un à un et former des mèches, les mettre bout à bout et les disposer sur un mannequin, arranger ça, les graisser, les faire brillants et avoir une jouissance comme ça. Mais je vous dis, je n'ai pas envie de le faire maintenant, j'ai envie d'avoir le gars...

— Vous les mettez où, en ce moment ?

— Ils sont dans un carton chez moi, bien cachés, mais c'est mon secret.

— Est-ce qu'ils sont longs ?

— Ils sont récoltés dans la brosse ou le peigne, ils ont toute la longueur.

— Depuis vingt ans, vous pouvez en faire un matelas !

— Non, je n'en ai pas autant que ça, parce que les bulbes poussent trois quatre fois, et il y a 20 ans, je les avais moitié moins longs qu'aujourd'hui. Ça fait, en tout, trois ou quatre fois ce qu'il me reste sur la tête...

— Et vous n'avez pas envie de collectionner les cheveux des autres plutôt que les vôtres ?

— C'est un fantasme aussi. Il m'est arrivé une ou deux fois de récolter les cheveux d'un gars avec qui j'avais fait l'amour et de les mélanger avec les miens après. Une petite touffe comme ça. J'aimais bien le peigner après l'amour, il y avait toujours une petite touffe qui partait. Je la mettais de côté, avec les miens, et c'était mélangé dans le carton. Et quand c'est enchevêtré, ça signifie qu'il y a une liaison entre eux. Mais j'ai rarement eu l'occasion de le faire. Peut-être deux fois en 10 ans, c'est tout.

— Vous aimeriez arracher les cheveux de vos amants ?

— Non. Si j'aime les cheveux, ce n'est pas pour les ôter, mais j'aime bien les empoigner. J'aime bien voir un mec qui est tenu, emprisonné, surtout s'il aime se faire tenir comme ça, qu'il n'y ait pas forcément une douleur, mais une entrave...

Duvet adjacent

L'ensemble du revêtement pileux situé au-dessous des cheveux. Ce duvet comporte des formes d'implantation diverses. Celui qui me plaît le plus se trouve disposé sur les nuques à petites pointes, *comme si les poils se forçaient à vouloir pousser et s'orienter vers la « petite pointe » pour en augmenter le volume.*

— Le duvet adjacent, c'est...

— Montrez-moi... Non, vous ne l'avez pas. Probablement, vous le rasez. Il y a beaucoup de gens qui ont, sous la limite des cheveux, derrière, des petits poils qui descendent plus ou moins bas, qui sont plus ou moins abondants, suivant les types de tête et l'implantation des cheveux : c'est ce que j'appelle le « duvet adjacent ».

— Vous aimez les duvets en général ?

— Beaucoup. Parce que c'est justement la limite floue. La lisière. J'aime bien ce dégradé, comme ça, jusqu'à la peau glabre.

Ébouriffage

Chahutage *des cheveux d'un mec avec les mains, les lèvres, tout le reste du visage. Préambule hautement apprécié.*

— Ébouriffage, chahutage, sentage, rêchage, il y a beaucoup de mots en « age » dans ce dictionnaire. Il s'agit toujours de prendre, de tirer ?

— Non, pas forcément. Pour tirer, j'ai mis « empoignade ». L'ébouriffage, ça peut être le vent qui déplace les cheveux. Mais je peux aussi les ébouriffer moi-même pour rechercher mes « sentiers de mouine » entre autres, chercher les zones qui me plaisent, puisqu'il y a dans ce dictionnaire autant de points que de jouissances particulières...

Empoignade(s)

Pour empêcher la fuite, ou l'écart possible du garçon qui voudrait se dégager, le saisir *et le* maintenir *par les cheveux, afin qu'il reste bien accroché dans l'étreinte. La réciprocité est acceptée si on a* le mec dans la peau. *Longue méditation, le visage restant plongé dans ses cheveux, ou le cas échéant, dans son torse velu.*

— C'est quoi les méditations ?

— Il ne faut pas les envisager dans le sens religieux. Si je reste dans la zone que j'ai choisie, il se passe en général beaucoup de choses indéfinissables, c'est peut-être le côté non dit du fantasme, et dans cette méditation, je reste, sans toucher la zone qui me plaît, à regarder le temps que j'ai envie. C'est comme une pensée du cheveu.

Épi frontal

Implantation naturelle des cheveux sur l'avant du front. Comme la petite pointe de la nuque, l'épi frontal est indestructible. La seule différence, c'est que les cheveux alentour n'ont pas tendance à se réunir au milieu. Toute la bordure chevelue frontale reste homogène. Hautement apprécié, même au cours d'une alopécie naissante évoluant vers le « toupet » ou la « goutte ». L'épi frontal est très recherché, parce qu'assez rare comme implantation chez les garçons.

— Les calvities, ça vous plaît ?

— Il y a des formes de calvitie qui sont pour moi très érotiques. J'aime beaucoup la forme de la goutte. J'aime aussi la tonsure qui n'est pas complètement dégarnie : on voit un peu le cuir chevelu à travers. Pour moi, une alopécie débutante est une marque de virilité. Et le signe aussi que l'odeur est plus forte, par suite d'une secrétion surabondante de séborrhée.

— Mais quelqu'un qui a le crâne complètement dégarni, ça ne vous plaît pas ?

— Non, absolument pas.

Flottage

Mouvement de va-et-vient des cheveux longs sur la nuque, ou sur les côtés de la tête, lorsque le gars se déplace en courant. Le dodelinement de la tête contribue aussi au flottage.

— Qu'est-ce que c'est, le flottage ?

— Quand un garçon se déplace dans la rue, quand il court le plus souvent, ses cheveux battent à chaque mouvement sur la tête, et quand les mèches sont lourdes, elles se soulèvent parfois très haut. Ça aussi, j'aime beaucoup. Ça dégage des régions que j'aime voir dessous. Comme s'il me donnait un fantasme malgré lui.

Front droit

Contour capillaire rectiligne sans détails apparents, reliant une tempe à l'autre le long du front. Modèle très courant, surtout chez les garçons de moins de 30 ans.

Front luisant

Écoulement de la séborrhée sur les parties frontales lisses, en dehors de la limite chevelue, ou parfois sur les surfaces de peau qui apparaissent aux endroits clairsemés d'une calvitie naissante. Fantasme puissant, qui agit comme symbole de virilité.

— Vous aimez le front luisant ?

— Le front luisant, je ne l'ai pas en ce moment. C'est le gras des glandes sébacées. Il y a des glandes sébacées dans chaque pore de la peau, infiniment petites et rapprochées les unes des autres, et qui donnent chacune une petite gouttelette de gras. C'est comme si le front était vaporisé. J'aime les fronts hauts, bien dégagés, les cheveux peignés en arrière, où l'on voit bien la limite, et quand le front est luisant je sais que le gars peut avoir l'odeur que je cherche.

Glapatte(s)

Limite des cheveux qui va du haut des tempes jusque vers le sommet de l'oreille, aboutissant au commencement des descentes. La forme complète consiste en une pointe plus ou moins floue dirigée vers l'œil, suivie d'un plan incliné — le gla — plus ou moins long, d'inclinaison variable, mesurant de 1 à 3 cm, se prolongeant en un arrondi reliant le côté vertical de la « patte », ou « rouflaquette », orienté vers le visage. La forme continue ensuite sur la face horizontale de l'extrémité inférieure de la « patte », taillée par le rasoir ou laissée effilochée par la pousse des poils de barbe, pour rejoindre enfin l'autre face verticale peu arrondie.

— D'où avez-vous tiré ce nom de « glapatte » ?

— Ça, c'est purement inventé. Les pattes, c'est quelque chose qui existe, on dit aussi les rouflaquettes, ou les côtelettes. Et le « gla », c'est la pente inclinée qu'il y a avant les pattes. Moi, je l'ai très peu. Il y a beaucoup de gens qui ne l'ont pas. Cette forme est typiquement masculine

— C'est une espèce de pointe qui est de chaque côté ?

— Parfois d'un côté, parfois de l'autre, c'est comme les descentes, c'est pas toujours régulier. Mais généralement le « gla », c'est cette pente inclinée de 2 à 3 cm qui sépare la racine des cheveux de cette pointe qui va vers l'œil. Quand je dis qu'un gars n'est pas glapatte, c'est qu'il a simplement les pattes, mais pas ce petit truc-là.

Goutte

Limite chevelue frontale fuyante, résultant d'une calvitie naissante. Les cheveux sont restés plus ou moins abondants au-dessus du front, formant ainsi une bordure arrondie de dimension variable, dont l'extrémité peut se prolonger assez en avant, en présence d'un épi frontal d'origine. Comme les glapattes, la goutte symbolise un attribut physique essentiellement masculin.

Limite floue

Disposition et contour naturel de la barbe d'un gars. J'apprécie grandement ce contour imprécis. Il en va de même de tout le pourtour de la barbe sous le cou qui rejoint le cas échéant le « continuum ». J'apprécie également ce modèle si les cheveux se clairsèment un peu le long du front droit, ou mieux, du front doté de l'épi.

Lisse

Mèches entremêlées donnant à la masse des cheveux une forme plate, avec toujours un brillant plus ou moins net, selon les reflets de la lumière. Les bordures des mèches lisses épousent souvent des virgules simples ou superposées, avec ou non des « queues de souris ».

— Vous n'aimez pas les cheveux courts ?

— Beaucoup moins, parce qu'encore une fois, l'odeur là-dedans est très dispersée. Si les cheveux sont longs, au contraire, je peux sentir les cheveux du garçon et me recouvrir sous sa tignasse, aller me cacher dessous ou même sous le toit qu'il y a derrière, et rester là, dans la nuque, très longtemps.

Lustré

Voir : « Brillant ».

— C'est pas la même chose que brillant, lustré ?

— J'ai pensé peut-être aux plumes d'oiseaux qui sont lustrées. Les cheveux, c'est aussi de la kératine, c'est une matière un peu cornée, c'est brillant comme les plumes d'oiseau.

Mèche rebelle

Très apprécié aussi, le mouvement de tête d'un gars qui rejette en arrière une mèche rebelle. Genre de caresse très affectueuse que je recherche en replaçant de la main ou du visage cette mèche parmi les autres. La voir retomber et la replacer avec les autres en la lissant perpétuellement comme certains oiseaux lissent de leur bec les plumes de leurs congénères.

— Alors, les mèches rebelles ?

— Ça, c'est beau ! Ce sont de grandes mèches qui viennent laver le visage. Et le gars les ramène derrière, comme ça, d'un mouvement de tête. Mais c'est moi qui devrais faire ça plutôt que lui ! Justement, Marc Pajot, c'est mon idole. Il était comme ça, il y a quelques années, avec la grande mèche qui tombe, brillante, les cheveux longs. Ça, c'est mon type !

Peau de mouine

Peau du cou et de la nuque ayant un aspect craquelé ou granuleux. Par définition : le grain de la peau. Disposition des cellules en chair de poule.

— Il y a des granulations, des pigmentations de peau qui sont différentes selon les individus. La « peau de mouine », justement, c'est une sorte de chair de poule qu'il y a le long du cou, sur la nuque, et parfois sur le visage. C'est une peau qui est granuleuse, et pour moi, c'est plus masculin. Je n'aime pas du tout les peaux complètement glabres et lisses, ça ne m'excite pas, j'aime quand il y a des aspérités dedans, des touffes de poils mal rasés ou bien des limites floues de barbe ou de cheveux, ça renforce le fantasme.

— Mais vous aimez bien les peaux marquées ? Ou grêlées ?

— Non, pas tellement. J'aime bien les peaux marquées de craquelures, sur le front, quand on le plisse légèrement : c'est comme si on voyait le muscle de la peau.

Petite pointe

Implantation naturelle des cheveux sur la nuque, formant au milieu une forme de pic qui s'avance plus ou moins loin vers le bas. Elle est indestructible, c'est-à-dire qu'en la froissant avec les doigts, elle se reforme d'elle-même en reprenant sa structure originale. Quelquefois, les gars frisés ont une petite pointe, mais celle-ci disparaît rapidement par la pousse des cheveux, tandis que ceux qui ont les cheveux plats la conservent beaucoup plus longtemps.

Queue de souris

Disposition naturelle des cheveux croissant irrégulièrement entre les deux descentes. Pointe des mèches aboutissant sur la peau de la nuque ou du dos. Très appréciée, surtout si les mèches descendent assez bas sur la nuque.

— Ces queues de souris, vous les avez un peu. Ce sont les mèches de cheveux qui pendent sur la nuque, les « pendouilleries », comme on appelle ça, quand les cheveux sont gras. J'aime bien ces pendouilleries qui font contraste avec la peau de la nuque, j'aime voir le nu adjacent qu'il y a entre les mèches, les écarter et retrouver un fantasme là-dedans.

Rêchage

Sensation très agréable quand le visage entre en contact avec le duvet adjacent de la nuque, le crin plus ou moins rêche des mèches de cheveux, des poils du torse, du feu (rabotage) de la barbe mal rasée.

— Le rêchage, c'est faisable avec un visage mal rasé. J'aime bien me frotter la figure contre lui, sentir le feu de la barbe. J'aime aussi quand un gars me frotte le menton ou la joue mal rasée sur le pénis jusqu'à la jouissance, et que je lui tiens les cheveux tout le temps pour pas qu'il parte, et l'inverse aussi, quand un gars mal rasé me frotte le visage vigoureusement et qu'il me tient par les cheveux derrière pour pas que je parte.

Rosace

Apparition de la peau du cuir chevelu sur le sommet de la tête, quand les cheveux sont ramenés en avant, ou peignés de côté (coupe en forme de champignon, style Beatles) : la rosace recouvre une surface de 2 à 3 cm^2. J'aime à regarder tout près l'effet divergent des mèches orientées tous azimuts, à poser le nez, à respirer délicieusement l'odeur de séborrhée. En écartant n'importe où les cheveux sur toute la surface du crâne, je peux former à souhait des rosaces aux régions préalablement choisies où se fixera mon désir, et y rester attardé.

— Quand on a une coupe de cheveux en avant, il reste dessus une petite surface où on voit le cuir chevelu à travers. Et quand les cheveux sont en parasol, on voit la séparation des mèches. Si vous voulez, les débuts de tonsure commencent par des rosaces qui s'élargissent. J'aime bien voir le fond des cheveux.

— Vous aimez les cheveux dans l'eau ? Les cheveux mouillés ?

— Ils me donnent un aspect évidemment très brillant parce que c'est mouillé. Mais je sais que c'est faux. Tandis qu'un gars qui ne va pas chez le coiffeur, qui se laisse les cheveux gras de nature parce qu'il s'en fout, ça m'excite énormément.

Sentier de mouine

D'abord, une définition du terme « mouine » : souvenir d'un rêve de mon adolescence où, dans une scène érotique avec un autre garçon, je l'ai appelé dans ma tendresse pour lui : « Mouine, mon petit mouine », avec un élan très fort dans l'étreinte, avant de me réveiller brutalement dans une éjaculation. Le terme signifie tout simplement mec, gars, type. Par convention, « sentier de mouine » désigne la raie de côté d'une coiffure. Trace linéaire du cuir chevelu, visible dans la séparation des mèches. Très appréciée aussi la possibilité d'orienter à ma guise ces mèches, pour parcourir du visage et du nez ces zones mises à découvert. De même que pour la rosace, les « sentiers de mouine » se font et se défont à volonté.

— Ah, les petits sentiers ! En dehors de la rosace naturelle dont on a parlé, vous pouvez créer une rosace n'importe où. Et moi, je la cherche là où l'odeur de séborrhée est la plus forte, là où le gars se sera peut-être le moins lavé, et je reste là-dedans.

— C'est pour le respirer ?
— Oui, pour faire le sentage.
— Vous ne le léchez jamais ?
— Oh si ! J'aime aussi prendre les cheveux dans la bouche, toute la masse comme ça, mais au moment où ils se détachent, et qu'il n'y en a qu'un ou deux, je n'aime plus. J'aime les prendre par paquets.

Sillage

Il m'arrive, au cours d'un rassemblement quelconque, de me placer le plus près possible d'un gars qui me plaît, de rester derrière lui, et ainsi de parvenir à sentir ses cheveux sans les lui toucher. Évidemment, un gars avec des cheveux longs, gras et lisses. Ou encore de me placer juste au-dessus de sa tête, sous prétexte de m'intéresser à ce qu'il regarde devant lui, quitte à le toucher, pour mieux regarder ce qu'il me montre et mieux le sentir à cette occasion.

— Quand je me trouve dans une foule et qu'il y a un mec à côté à l'aspect un peu crade, les cheveux gras entre autres, j'essaye de le humer au passage et de déceler son odeur, sans le toucher. Et c'est arrivé une ou deux fois qu'il y ait quelque chose de bon dans son odeur et que j'aie envie de faire l'amour avec cette odeur-là.
— Mais vous n'aimez pas d'autres odeurs ?
— Si, l'odeur de transpiration. J'aime beaucoup trouver la sueur dans les poils du torse et dans les aisselles, surtout. Et puis, il y a aussi une odeur spécifique de la peau qui est un mélange de séborrhée qui a coulé... ou encore si le garçon s'est passé la main dans les cheveux et qu'il s'est frotté la nuque, il en imprègne un peu la peau et il reste quelque chose de son odeur.

Toit

Observation en profil du gars. Disposition des mèches tombant sur la nuque (queue de souris), formant avec l'épaisseur un toit de plusieurs centimètres de longueur, c'est-à-dire une cassure assez nette avec le contour de la nuque à découvert. Fortement apprécié, si je peux observer, en profil, l'épaisseur du duvet adjacent par rapport à la peau glabre située juste au-dessous de l'extrémité des mèches. La petite pointe marque à merveille cette forme. Hautement recherché si les cheveux sont longs, ne formant pas les virgules simples ou superposées qui gênent l'accentuation du toit. Remarque : les mèches ne doivent pas rebiquer vers le haut, mais s'orienter toutes vers la nuque. J'aime aussi glisser le plat de la main dessous, et y enfouir le visage. On peut observer des rais de lumière à travers les mèches des queues de souris.

Tuiles

Ensemble des mèches se recouvrant les unes les autres sur l'arrière de la tête, jusqu'au bas des queues de souris. Les cheveux très gras forment des tuiles splendides, où le quinconce est parfois très bien dessiné. Le plus souvent les mèches à tuiles forment un toit bien marqué, éveillant ainsi une forte sensibilité.

— Les tuiles du toit, c'est une disposition des mèches arrière. Les cheveux sont mi-longs, ils ne se suivent pas, une mèche recouvre une autre, en quinconce quelquefois, et ça forme des espèces de plaques qui ressemblent à des tuiles. C'est très grossier, mais il y a certains cheveux raides, parfois, un peu crépus, qui prennent cette forme par recouvrement.

— Vous n'aimez pas les cheveux en pelure d'orange ? Quand on rase des allées en rond ou en spirale ?

— Non, tout ce qu'on crée par des moyens artificiels, les coupes de cheveux spéciales et tout ça, ça ne m'attire pas. Dès qu'on modifie quelque chose, ça me perturbe. Que ce soit la coupe punk ou les pelures d'orange !

Virgules simples et superposées

Mèches de cheveux qui vont rejoindre l'arrière de l'oreille au cours de la croissance des cheveux. Elles forment une descente fictive, matérialisée par le bord même de la mèche et non par la limite des racines qui définissent la descente naturelle. La virgule simple est peu représentée, elle se multiplie le plus souvent de mèches qui viennent se chevaucher en enfilade. Les virgules superposées finissent par cacher complètement les descentes en venant mordre sur le pavillon de l'oreille. Les virgules se modifient aisément à la main et ne se retrouvent jamais dans leur position première au cours de l'ébouriffage.

Remarque : il m'arrive de voir quelquefois un gars se passer la main dans les cheveux du type « virgules », les ramener vers le milieu de la nuque, et, en dégageant les descentes, renforcer l'accentuation du toit, ou prolonger involontairement la longueur des queues de souris. Ce geste machinal m'impressionne énormément.

— Vous, vous avez une tête à virgules ! Sur la descente, les mèches reviennent et forment une virgule inversée sur les côtés. Si les cheveux sont coupés court, elles n'y sont pas. Elles viennent après, au bout d'un mois, deux mois, et peu à peu, elles sont superposées. Il y a parfois des descentes qui sont bien dessinées et une grande virgule en bas. Chez d'autres gars, c'est toute une série de petites virgules qui se superposent. Moi, j'aime surtout les grandes descentes avec les petites pointes, parce qu'il y a aussi le duvet adjacent dessous.

— Mais pour vous, finalement, peu importe la forme des visages ?

— Évidemment, je préfère des visages plutôt masculins. Ce sont les « peaux de mouine » qui font un peu la différence. Et puis je n'aime pas les gars très propres. Un gars qui ne se lave pas les cheveux pendant 8 jours, je trouve que c'est déjà trop peu. Si j'avais un garçon que j'aime bien, c'est moi qui m'en occuperais. Je lui donnerais des shampoings qui sont anti-odeurs, par exemple au savon de Marseille.

— La dernière fois que vous avez trouvé un gars qui vous plaisait, c'était quand ?

— Eh bien, c'était Patrick, l'année passé, le 14 mai. Saint-Ursanne, vous voyez où c'est ? C'est une petite bourgade au pied nord du Jura. Là, j'ai rencontré un garçon qui m'a absolument tourneboulé, il avait les cheveux gras, brillants, et tout !

— Il venait d'où ?

— De France. Il était cuisinier à l'hôtel des Deux-Clés. Je passais là 10 jours de vacances, et il est arrivé que ce garçon me demande des photographies. Je fais beaucoup de photos de paysages qui servent aussi pour mon métier, il me voyait partir le matin avec mon appareil photo et il m'a demandé un jour si je voulais lui faire des prises de vues. Comme ça, on pourrait faire un échange. Et la veille, juste avant le départ, j'étais dans un bistrot, je lui ai dit, les photos sont là, tu pourras les voir. Il avait son anniversaire le lendemain, et j'ai ajouté : « Voilà, on a passé minuit, c'est ton anniversaire, je te fais la bise. » J'ai pris Patrick dans les bras, et il est resté contre moi. Ses yeux se sont complètement embués, il pleurait presque, j'ai dit, mais ce n'est pas possible ! Depuis 10 jours que je te vois ! Ce que tu as, et moi qui ne peux rien faire ! Tous les matins, je le voyais venir au bistrot, et je disais à mon copain : « Regarde ces cheveux qu'il a, brillants, il ne les coupe pas, il les laisse longs, c'est vraiment mon type de mec ! » Alors je suis tombé amoureux, comme jamais !

— Quel âge avait-il ?

— Il avait 24 ans. Et j'ai changé un tour avec mon collègue pour rester un jour de vacances de plus. Il m'a donné ses cheveux comme personne ne me les a donnés dans la vie.

— Il vous a donné ses cheveux ?

— Pour l'amour, il m'a donné ses cheveux. Il a accepté que j'aie l'amour avec, il m'a laissé faire ce que j'aimais, simplement. Quand j'ai dû quitter là-bas, j'étais amoureux et on s'est promis de se revoir le lundi 7 juin. Et il est venu. Il faisait une pluie battante ce matin-là, à 9 heures, quand je suis arrivé par le train, et j'ai trouvé Patrick. Je lui avais dit le 15 mai : « J'aimerais bien te retrouver le 7 juin avec tes cheveux comme tu les as maintenant » et il est venu le 7 juin comme j'avais souhaité. Il tombait des ficelles comme ça, on est allé dans sa voiture juste derrière la gare, il avait loué une Renault-5, c'était plein de buée contre la vitre, et là, il s'est versé contre moi, il a posé sa tête comme un caillou, j'ai pu le serrer et lui humer les cheveux qui étaient un peu mouillés, et très gras. J'en ai eu un orgasme comme jamais dans mon existence, et on a passé toute la journée ensemble. On a été faire un tour, je lui ai montré les endroits où je prenais des photos. Et je lui ai dit : « C'est le plus bel endroit du monde, et je t'ai découvert là. » On a été dans des petits coins de forêt et j'ai senti huit orgasmes depuis le matin 9 heures jusqu'au soir 18 heures avec lui, simplement avec les cheveux comme il les avait.

— Mais vous n'avez jamais eu de relation totale avec un garçon ?

— Eh bien, non, je n'ai jamais fait l'amour pour connaître autre chose, ça ne m'est jamais arrivé. Pour vous dire, je suis vierge à 38 ans.

La doublure

Holland Park, Notting Hill Gate et Portobello, c'est l'îlot artiste, au centre de Londres. Le coin des hôtels hors de prix, et des taudis occupés par d'impressionnantes familles indiennes ou pakistanaises. Le coin aussi des plus lugubres basements, *immenses caves en enfilade, aux murs encombrés de tuyauteries compliquées. Les artistes, les junkies et les noctambules peuvent y passer la vie entière sans voir la lumière du jour. Les squatters raffolent des* basements. *On s'y sent à l'abri.*

Des squatters, il y en a plein le quartier. Des squatters d'ailleurs très middle-class, aux réactions effarouchées de petits propriétaires. La loi anglaise les protège. Ils nettoient leur cave comme de parfaites petites ménagères et ferment leurs portes aux étrangers. Bob se considère, lui aussi, comme le propriétaire du 1er étage et du basement *de son immeuble. Au 2e, des punks crasseux en pleine déroute, et au dernier, des stylistes rivées à leurs machines à coudre déglinguées. Elles confectionnent les vêtements de Bob : cuir, soie et dentelles déchirées comme après un viol, et sandales ethniques, bouclées par de larges lambeaux de daim enroulés, autour des chevilles et des mollets, comme d'incroyables bandes Velpeau.*

Il y a trois pièces chez Bob. La chambre, immense, en losange asymétrique. Il a peint lui-même le plancher de bois en rouge sang, à la bombe. D'ailleurs, tout est rouge, blanc et noir, les couleurs les plus théâtrales, dit-il. Tout est si propre que ça paraît inhabité. Bob adore faire le ménage. Une fois la chambre nickel, il recouvre son lit à une place, ses fauteuils et ses banquettes, de draps blancs éclatants, ou parfois de plastique transparent sur une housse noire. C'est très joli, les plis accrochent la lumière de néon bleu froid. Les lucarnes tout en longueur qui donnent sur le trottoir sont cachées par une espèce de toile très brillante à grosse trame.

Au premier étage, il y a une immense salle à manger-cuisine où personne ne mange jamais. On préfère aller bouffer des saloperies chez Perry, qui fait des buns, *des tartes aux fraises ou à la viande. C'est dégueulasse, mais ça cale bien. On a installé dans la cuisine un labo photo, une table de montage, des machines à coudre, des tables à dessin. On invente, mais très vite. On donne dans l'épate, pas dans le terminé. Il y a aussi des instruments de musique, et pas mal de musiciens qui habitent le coin, et viennent ici tirer des plans pour passer la soirée. On voit les* Météores, Alien Sex Fiend, Death Cult, *stars locales de « psychobilly », l'horreur-rock bon marché. On discute, on rit froid, on joue à être des morts-vivants. C'est la dernière folie.*

La télé couleurs grand écran est toujours allumée, sans le son. La cuisine est peinte en noir laqué. Même les éviers géants. Il y a beaucoup de passage chez Bob, mais surtout on s'agglutine dans la cuisine. La porte de sa chambre est souvent fermée à clé. Il ne répond pas quand on tape. Dans sa chambre, rien ne traîne. Tous ses gris-gris, ses livres, ses vêtements sont dans des coffres recouverts aussi de draps blancs ou de plastique.

Même les livres sont cachés. Il en a pas mal sur l'Afrique, les parures traditionnelles, les tatouages et les scarifications. Bob parle souvent d'une société secrète du Soudan, les Zumbele, *ce sont des ravisseurs de femmes qui portent sous la lèvre supérieure des coupures ornées de dents d'hippopotame. Il garde aussi tous les* Sunday papers, *les feuilles anglaises du dimanche, qui se passionnent essentiellement pour les aventures de la famille royale et les faits divers crapuleux.*

Le type qui tient Bob dans la tête s'appelle Jeffrey Lee Pierce. Pour une cinquantaine de personnes à Londres, sûrement plus à Los Angeles où il habite, c'est une star. Une star confidentielle, mais une vraie star, avec ses légendes, ses mythes et l'adoration d'une poignée de fans. Le groupe de rock dont JLP est le leader, c'est Gun Club, *de gun,* flingue, *ou, en argot,* seringue. *Jeffrey Lee Pierce et Gun Club, c'est une bande de musiciens fondus qui se passionnent pour les films d'horreur de pacotille, l'horreur* cheap, *comme dit Bob, la peur à bon marché.*

Bob est arrivé à ressembler à Jeffrey. Ce sont des baraques, tous les deux. Sauf qu'ils se déguisent en poufiasse décolorée, l'œil lourd, charbonné. Un air de carlin vicieux, style Bardot sur le retour. Une Bardot qui aurait passé son temps à bouffer des amphétamines arrosées d'alcool et à s'injecter des drogues dures.

A Londres, l'héroïne n'est pas une drogue prestigieuse. Le gouvernement la fournit quasiment gratuitement aux junkies, dans du papier brun. C'est la drogue des clochards et des paumés. Bob en prend encore plus qu'avant mais il ne s'en vante pas.

— Bob, tu es la réplique fidèle de Jeffrey Lee Pierce, et lui, au fond, c'est un peu la même histoire que toi. Avant, c'était le groupie des Cramps. Il paraît qu'il les suivait partout. Les journaux de rock ont même écrit qu'il était le « fan ultime »...

— Oui, je sais tout ça. Je sais tout sur Jeffrey Lee Pierce. Je pense que je possède à peu près toutes les coupures de presse françaises sur lui, et énormément de coupures de journaux anglais et américains. Un mec que j'ai rencontré à Los Angeles m'envoie tout ça. J'ai fait aussi toutes les traductions de ses chansons, des traductions assez libres. Mon anglais est assez instinctif... (il se marre). Le thème principal est l'initiation. Jeffrey Lee Pierce, c'est une créature du mal... Au sens de... pas social, de mauvais, comme peut l'être un enfant, un primitif, un sauvage... Je dis « créature du mal » parce que ça a un côté Foire du Trône et roman bon marché que j'aime bien, et puis... pense aux mômes qui coupent les fourmis en petits morceaux. Les adultes disent toujours qu'il ne faut pas faire ça, ou alors ils ne disent rien, et regarde alors leur expression ! Ils sont horrifiés. Nous, on torturait les chats. Pas vraiment méchamment. Pas au point de leur crever les yeux. On leur attachait des trucs autour du cou, on les taquinait... un peu fort. Un môme surpris en train de faire ça, il voit l'horreur dans les yeux des adultes. En réalité, quand tu es môme et que tu tortures un chat, c'est juste parce que tu t'y intéresses avec passion, pas parce que tu as besoin d'un petit machin rigolo pour te tenir compagnie, quand tu te sens seul. Le chat que tu tortures, c'est ton pote. Et c'est ça qu'on ne te pardonne pas. Tu le fais souffrir, et après tu lui fais plaisir, et c'est ton intérêt passionné qui choque les adultes. Pas le reste. Ils s'y connaissent en torture. La violence, même sur les êtres humains, ça ne les choque pas vraiment. Mais la passion d'un môme, ça les choque. C'est comme ça.

A 14, 15 ans, je racontais tout à ma mère. Je savais ce qui pouvait être cruel, ce qui la faisait complètement dérailler. Des trucs sexuels, surtout. Je lui racontais que je me masturbais. C'est le genre de bonne femme qui est convaincue que ça rend aveugle. Je lui racontais que j'étais amoureux de mon copain, qu'on se masturbait ensemble, à l'école. J'aurais bien voulu, mais il se trouve que ça ne s'est jamais passé. C'était une envie comme ça. A ce moment-là, les gens disaient : « Il a de mauvaises relations avec sa mère. » A partir du moment où je ne lui ai plus rien dit du tout, on a dit : « Leurs relations s'améliorent », et ensuite : « Ils ont de très bonnes relations maintenant. » La réalité, c'est qu'on n'avait plus de relations du tout. Tout ça pour te dire qu'une créature du mal, c'est quelqu'un qui s'intéresse passionnément aux gens. Il y a une chanson de Jeffrey où il dit qu'il va appeler le tonnerre, si jamais sa petite amie, ou son petit ami, ne revient pas vite. Quelqu'un qui se fout de moi n'appelle pas le tonnerre pour me faire venir ou pour m'anéantir. Voilà. Ce sont les gens qui me veulent du bien... J'aurais dû dire à la place de « créature du mal », une créature de l'excès, mais c'est moins marrant, ça fait moins film d'horreur. Jeffrey a fait un disque qui s'appelle *Death Party*, surprise-partie funéraire. Il aime bien jouer avec ces réalités-là. Il n'est ni bon ni mauvais, il est juste particulièrement intense. Avec le groupe dont je m'occupe en ce moment, j'ai des relations de ce type-là. Je veux dire que je les mets dans des situations impossibles, vraiment... Encore un *trip* de double invisible et manipulateur... Je les fais changer de nom tout le temps. Ils se sont appelés « King-Kong et moi », et aussi « Frankenstein loupe le dernier bus », des noms ridicules qui ne font marrer personne. Ils essayent de faire « psychobilly », mais ils sont nuls, nuls ! Je m'arrange pour les faire jouer dans des pubs où ils n'ont strictement aucune chance de se faire apprécier. Ils se font injurier, on leur lance des trucs à la gueule. C'est une relation d'amour... (il rit).

— Tu penses que c'est le genre de relations que JLP entretient avec les gens ?

— Eh bien, en quelque sorte, oui... Provoquer les éléments, déclencher les colères... Mais je ne cherche pas à reproduire des comportements comme ça. Je ne suis pas une « pâle copie ». Je suis quelqu'un qui insuffle une énergie à une personne publique. Je suis arrivé à un stade où, si je me comporte comme ci ou comme ça, lui va probablement se mettre à adopter la même attitude... Ne serait-ce que dans l'apparence... A part JLP, j'ai ma propre mythologie. Pas vraiment originale, c'est la troupe des rebelles : Rimbaud, Mishima, Brando, James Dean, Warhol... L'autre jour, aux Puces, je m'achète une casquette en cuir et je rentre mes cheveux à l'intérieur. Je vais dans un pub près de Portobello, je me regarde dans la glace aux toilettes, et je me dis, tiens, je ressemble à Brando dans *L'Équipée sauvage*. En plus bouffi. Le lendemain, je tombe sur une photo de JLP, dans je ne sais plus quel magazine, il porte une casquette de cuir, et il ressemble à Brando dans *L'Équipée sauvage*, sauf qu'il est plus bouffi. Donc, physiquement, j'ai largement dépassé le stade où j'essayais de le copier... D'ailleurs, pour moi, un double, c'est le contraire d'une pâle copie : le concentré de son modèle, et peut-être le moteur. Je dois être le vrai JLP. Des fois je pense que, sans moi, il n'existerait pas. Tout simplement.

— Mais le fait qu'il était lui-même un suiveur, ça ne te gêne pas ?

— Non, non. Ça le rend plus proche encore, et plus maléfique. Ton ombre est toujours plus noire que toi, plus vraie, plus graphique. C'est ta personnalité stylisée, épurée. L'essentiel de toi-même, quoi ! Moi, avec Jeffrey Lee Pierce, il a suffi d'une seconde. Un accord de guitare, une demi-phrase chantée, je me suis reconnu. Comme si c'était moi qui jouais, moi qui avais inspiré ces deux accords, cette demi-phrase...

— Tu avais déjà cette allure avant de « rencontrer » Jeffrey ?

— Je n'étais pas du tout comme ça. Mais j'étais peut-être comme lui, avant qu'il crée son personnage public.

(Bob me montre une vieille photo d'identité, le portrait d'un jeune homme brun, aux airs doux, timide, complètement effacé.)

— C'est fou ce que tu as pu changer... Même tes yeux ! Tu as 27 ans maintenant. Là, tu avais quel âge ?

— 18 ans... Je suis du signe du Scorpion, je suis né en octobre, comme Jeffrey Lee Pierce. Le symbole du signe, ce sont les eaux croupissantes, les marais et les amours anales. On dit que les natifs du Scorpion ont des pouvoirs magiques. Sataniques plutôt. Des pouvoirs qu'ils ne contrôlent pas vraiment. Beaucoup de médiums sont des Scorpions. On est très suicidaires, c'est l'histoire du scorpion qui finit par se piquer lui-même mortellement. Je trouve que ça va bien avec l'histoire du double. Se fondre dans quelqu'un, c'est un peu mourir, non ? Ou s'abandonner.

— Raconte-moi comment tu t'es fixé sur lui ?

— J'allais en boîte à Paris, au Gibus, au Bataclan... C'était tout près, je connaissais les videurs, je payais pas. Je suis insomniaque et lorsque j'étais fatigué de traîner dans le quartier, j'allais faire un tour là-bas. Ça faisait une paye que je fréquentais ces deux boîtes, 8 ou 9 ans peut-être... Au début, à 18, 19 ans, je n'avais pas de look, je ressemblais à n'importe quel petit mec de mon âge. J'étais en fac. Je sortais pratiquement tous les soirs. Ça changeait du lycée, j'allais écouter des groupes de rock et draguer les filles. Ces boîtes-là, justement étaient fréquentées par des nanas un peu vulgaires. Mon type de fille, celles qui me font bander... un peu, ce sont des nanas un peu masculines, épaisses. En particulier les vraies brunes, plutôt poilues, carrées, la voix grave. Le summum, c'est lorsqu'elles sont décolorées, les cheveux mal teints, platine, comme la paille sèche. Avec des racines foncées apparentes, très brillantes, très saines. On voit ça couramment. J'avais un peu honte de me trimbaler avec des filles comme ça, mais elles m'excitent...

— D'ailleurs, c'est un peu l'allure que se donne Jeffrey... La dégaine d'une jeune fille décolorée, prête pour le bal. Sauf que c'est un mec viril, et que sur lui, c'est assez parodique, cette allure-là... Il moule toujours ses épaules de lutteur dans un petit tee-shirt collant et il exhibe sa poitrine sous des dentelles noires en charpie...

— Oui, c'est assez attirant tout ça... Pas dans le sens où j'aurais envie de le baiser... J'éprouve plutôt le besoin de lui ressembler...

— Tu voudrais être lui, c'est ça ?

— Non, absolument pas. J'aime trop l'idée d'être son reflet. A mon idée, un reflet est plus noir, plus violent que l'original... En même temps, se retrouver dans la peau d'un autre, c'est un peu s'annuler. Des fois, j'ai l'impression d'être invisible, d'être l'énergie qui fait marcher JLP.

— Tu es amoureux de lui ?

— Il ne me viendrait vraiment pas à l'idée de me branler en regardant ses photos, comme je faisais quand j'étais gamin...

— Mais devant les nanas brunes, décolorées, masculines...

— Ça, oui ! Les brunes très typées et décolorées à mort. J'ai toujours eu du goût pour les artifices très évidents.

— Justement, tu peux m'expliquer comment tu t'es mis à lui ressembler ?

— En réalité, ça s'est fait à mon insu. Quand j'ai commencé à flasher sur JLP, j'étais très très mince, pratiquement androgyne, avec un torse lisse de fille. Je m'aimais bien comme ça. Et puis j'ai commencé à remarquer des trucs étranges, je me suis dit, tiens, j'engraisse, malgré les amphétamines et la poudre. Ça doit être l'alcool, parce que je ne mangeais pratiquement pas à ce moment-là. Ça ne me plaisait pas tellement cette idée d'être un peu gras. Et puis j'ai commencé à remarquer des valises sous les yeux, qui devenaient de plus en plus voyantes. Et une moue, une expression de la bouche, je ne me reconnaissais plus, quoi ! Je n'ai pas fait exprès, je n'aurais pas pu. C'est juste que JLP et moi, on est... disons, de la même famille. Moi, l'âme, et lui, l'apparence. Ce n'était pas indispensable que je lui ressemble, je suppose. Mais il se trouve qu'on ont déteint l'un sur l'autre. A moins que ce soit ces poufiasses que j'ai baisées qui aient déteint sur lui. Qui sait ? Une logique du frotti-frotta, la contagion de la baisouille à distance...

Des fois, je m'amuse à peindre, j'aime bien ça. Et comme je n'ai aucun sens du dessin, mais beaucoup de la couleur, je fais des trucs naïfs, informes, je suis un môme, mais mes couleurs sont fabuleuses, je le vois bien. La pochette du disque *Partie funéraire*, ça ressemble vraiment à ce que je fais. Et ce n'est pas lui qui a peint, mais il a sûrement choisi le peintre. Une fois, j'ai écrit une lettre à un ami. Je ne voulais plus le voir, il avait changé, il me faisait la morale, sous prétexte qu'il faisait un stage d'informatique et qu'il avait une petite amie secrétaire, ou un truc comme ça.

Je lui ai écrit : il n'y a pas de *fun* dans ton style de vie, il n'y a plus d'âme dans tes yeux, un de ces jours tu vas te rendre compte du genre de monstre que tu es devenu... Et JLP a écrit le même truc ou approximativement, seulement c'était cinq ans après... Au sujet de *Death party*, la chanson ne dit pas grand-chose, juste « Viens à ma partie funéraire, qu'est-ce que tu as à perdre ? » C'est quelque chose que j'ai ressenti vraiment lorsque mon père est mort. J'aime bien ce genre de cérémonie, je n'ai rien loupé, ni la levée du corps ni l'enterrement...

— Tu avais quel âge ?

— 18 ans. A la levée du corps justement, il y avait ma mère, ma tante, sa deuxième femme qu'il venait de quitter... Personne ne l'aimait, mon père, il était odieux. Il n'avait aucun charisme, aucune chaleur... Rien. A la levée du corps, on a ouvert le cercueil pour que tout le monde l'embrasse. Il avait l'air plein d'humour, pour la première fois de sa vie. Avec un drôle de rictus sur la gueule. Tout d'un coup, il avait l'air d'un mec vraiment cool. J'ai eu l'impression de lui ressembler. Il y avait tout ce cirque autour de lui, toutes ces femmes en train de verser des larmes de crocodile, avec leurs gueules de momies putréfiées et je me suis dit, qu'est-ce qu'il y a de plus intolérable à faire ? La seule chose dont j'avais envie, c'était de me marrer franchement, sans arrière-pensée. En même temps, j'essayais de me retenir, mais je n'ai pas pu. J'ai éclaté d'un rire franc. Je n'avais jamais ri comme ça. Et c'est devenu la surprise-partie funéraire. Tout était follement rigolo, tout le monde a été stupéfait. Ma mère est partie à rire, complètement hystérique. Tout le monde gueulait. Si ça avait été un bon film, on aurait tous mangé et bu du champagne autour du cercueil, toutes ces momies et moi morts de rire, mais comme c'était un mauvais film, eh bien, on a tous essayé de redevenir des gens bien. Et quand j'entends Jeffrey chanter : « Viens à ma partie funéraire, tu n'as rien à perdre », moi je pense à ça. C'est seulement le refrain de ma vie...

— Tu peux essayer de me dire comment ça s'est passé cette transformation de ton physique ? En quel laps de temps ?

— Oh, peut-être 3 ou 4 ans, et le processus est toujours en marche. Je prends un peu de poids, je prends des muscles, alors que mon seul sport, c'est marcher, marcher. Et puis ma peau blanchit. C'est bizarre, parce que dans ma famille, on a le teint mat. J'étais plutôt jaunâtre quand j'étais en mauvaise santé, jamais livide comme je suis maintenant. Je suis devenu un *living dead*, un mort-vivant. Et un jour, j'ai remarqué ces poils qui poussent très noirs. Je trouve ça laid... très laid. Je me déplais... Je commence à avoir peur de devenir un tas...

— Tu n'es pas gros...

— Je suis un mec, je suis carré. Mais je m'inquiète un peu de toutes ces transformations, je me dis, merde, je deviens vieux, je deviens un adulte. A l'époque, je me voyais comme un androgyne. Et puis un jour, je me lève, il y avait une glace au pied de mon lit, et je me vois avec les cheveux platine, tout décoiffé. Je me vois, mais je ne me reconnais pas, parce que je suis devenu JLP. Ça m'est apparu comme ça, dans le miroir, tout d'un coup. Comme j'avais toujours eu envie de lui ressembler, je suppose que j'ai travaillé à cette transformation, sans le savoir vraiment. Voilà, je grossissais, mes poils poussaient, c'était pour en arriver là et je ne m'en doutais même pas...

— Tu t'es documenté un peu sur lui ?

— Je ne me suis pas documenté... Peu à peu, j'ai adopté des détails de son habillement. J'ai commencé par les chapelets, les croix. Je les porte plus ou moins cachés. Au cou, au poignet, à la cheville... Je les enlève toujours pour dormir. Je les pose sur une étagère, à la même place, même si je suis complètement cassé... Quand je les mets, c'est glacé, j'aime bien ce contact. J'ai toujours été attiré par ce bazar de symboles, je ne sais pas, la croix de Lorraine, le Christ en croix, la croix de Malte... Séparément, ces signes-là n'évoquent rien pour moi. En vrac, ça a un impact magique, très sexy...

— Donc, tu as commencé par porter tout ce fourbi ?

— J'ai commencé par porter ces trucs-là, en gardant mon allure passe-partout. Sur la pochette d'un disque, JLP balance un chapelet à la main. Il est très beau, avec un regard lourd, très BB en mec. J'ai porté les chapelets bien avant de flasher sur lui. J'en avais même jamais entendu parler. J'amassais des chapelets, des croix, des petites médailles religieuses ou militaires...

— Tu en as un coffre plein, non ?

— A force de piquer, à droite, à gauche... Ça fait bien 6, 7 ans que je joue avec ces trucs-là. Quand j'étais môme, le film qui m'a le plus ému, c'était *Sous le signe de la croix*, je pense. On voyait de belles chrétiennes à poil qui se faisaient dévorer par des lions. Pour moi, il y a toujours une émotion sexuelle très forte liée à l'idée d'extermination... Ces nanas à peine couvertes, ligotées à des pieux, dans l'arène... (il rit de nouveau, d'un rire de fille). Je suis resté très enfant... *Sous le signe de la croix*, j'irais bien le revoir.

— La drogue pour toi, ça compte énormément ?

— Ah, c'est vital ! C'est sûrement pour ça d'ailleurs que j'ai eu, sans le savoir clairement, le contrôle sur mon physique, et sur le reste. Regarde un camé de 25 ans. Je ne parle pas des épaves. Ceux qui n'ont pas d'âme. Ils sont bouffés aux mites. La dope n'a pas pu nourrir leur âme, alors elle bouffe leur corps. Ils n'ont plus de dents, plus dc cheveux, plus de passion, et un teint dégueulasse. Il y a d'autres gens, des spirituels, des psychiques. La dope les exalte. Elle leur donne le contrôle. C'est comme ça que je me suis mis à ressembler à JLP. A mon insu. Je devais être là pour lui donner cette espèce de profondeur. Alors, même si au début j'ai essayé de le copier superficiellement dans les fringues, les attitudes, je crois que le truc qui a animé cette transformation, c'était une espèce de souffle, de fatalité... Une star a besoin de créature de l'ombre. La dope, ça sert à ça aussi, à rester une créature de l'ombre tout en vivant très fort un destin de star.

— Mais tu me disais aussi que tu avais besoin du regard des autres sur toi...

— Je déteste l'idée de me produire sur une scène. J'aime les contacts intimes, furtifs, je tremble à l'idée du contact avec la foule. Ici, à Notting Hill Gate, il y a une ambiance assez voyou. Une ambiance fantastique avec les Jamaïquains, le reggae, la musique, et tout ce feeling très exotique avec les Pakistanais, les Indiens, les Maltais. Tous ces mômes des rues qui se débrouillent pas si mal, assez pour survivre, en tout cas. Il y a deux mois, à Earl's Court Road, je croise 3 ou 4 *skinheads*. Ils ont des bâtons à la main, des grosses pompes, ils ont 16, 17 ans et ils sont en train de taper à bras raccourcis sur un petit Pakistanais qui a des jambes grêles et une grosse tête. C'est un sport national, ici. Moi, je ne prends pas parti, c'est comme un bout de film, je suis raide. Les mômes, ils ont la haine, ils ont la vie, ils sont OK. Ils veulent juste voir ce qu'il a vraiment dans la tronche, le Pakistanais. Comme lorsqu'on est gosse et qu'on éclate un réveil. Sauf que c'est une tête de Pakistanais (il se marre).

Moi, je passe, je suis très raide, déchiré même, je ne fais pas de détour, je passe tout près, je regarde à peine, un coup d'œil sur une vitrine, c'est tout. Et les mômes s'arrêtent, ils sont sidérés, ils arrêtent de cogner. Le Pako aussi, il a du sang qui lui coule sur la gueule, et il me regarde. Il me voit, tout de même. Et il se met à courir, mais avec un temps de retard, les autres courent après avec un temps de retard aussi. Ils disparaissent à un coin de rue. Et moi je sais que cette image de fausse blonde oxygénée en cape noire, avec une carrure d'enfer, ça va rester pour toujours dans la tête de ces mômes et du Pakistanais, à moins qu'il soit mort. Ce mec qui ressemble à JLP et qui a fait irruption, à un moment très intense, dans la vie de ces mômes fous furieux et de ce Pako qui souffrait son malheur... ça, c'est mieux pour moi que se produire sur une scène. C'est mieux qu'un orgasme de trois secondes. Les mômes n'ont pas pris de ticket pour me voir, le concert ne risque pas d'être nul, ni la partie de cul loupée... Je vais juste rester un truc marquant dans leur vie...

— Quel rapport avec JLP, exactement ?

— Eh bien, la chanson où il dit, « j'appelle le tonnerre », c'est la légende de cette image de ma vie. Je me trouve toujours là où il y a de la passion, d'une manière ou d'une autre. Peut-être même est-ce que je déclenche, à mon insu, ce genre de trucs... En tout cas, le fait est que je suis là lorsqu'ils se mettent à vivre. L'autre jour encore, je passais en bas du squat, près de la rangée de cabines téléphoniques... Il y a trois rastas, dont un, très jeune, avec des tresses, des *locks* qui lui pendent jusqu'au bas du dos. Il est chouette, il est large, dur, musclé, mais il a la peau des épaules lisse comme une peau de fille. Tous les trois, ils écoutent du reggae avec un gros radio-cassette tout brillant, tout neuf. Ils sont tellement raides, qu'ils ne font pas gaffe à moi. Ils écoutent leur musique, ils se balancent en dansant, ils ont les yeux embrumés, ils n'ont rien à foutre de moi. Je les dépasse, on ne se regarde pas, mais je veux qu'il se passe quelque chose de très fort. Et tout d'un coup, je suis presque devant chez moi, je les entends courir, les pas s'accélèrent, je les entends courir très vite, je sens que ça va être dur, mais j'aime bien l'idée. Après tout, c'est moi qui l'ai eue. Très vite, je me dis, qu'est-ce que j'ai à perdre ? Et je réalise que je n'ai rien à perdre, rien à perdre, sauf... ma dope. Je planque mon herbe près d'un abri de bus, et comme j'ai un peu de speed dans ma botte, je suis tranquille. Je ralentis, je n'ai plus qu'à attendre ce qui va me tomber sur la gueule. Je ne ralentis pas trop tout de même, pour rester naturel. Ils me rattrapent, et bien sûr ils me tombent dessus. Ils me cognent, ils me font mal, ils me font les poches et ils ne trouvent rien, parce que je n'ai rien dedans. Mais c'est très amoureux comme baston, et je n'ai plus qu'à monter ici, je suis tellement défoncé par la cogne que je ne me défonce même pas...

(Cynthia, une amie de Bob proteste : Il pleurait, il a avalé plein de barbituriques, il n'arrêtait pas de râler contre ces putes de Noirs racistes...)

Eh bien, l'histoire a changé, voilà tout. Je t'ai dit, en plus, que j'aime bien les persécutions de masse. Là, j'étais le chrétien. J'étais le sacrifié, mais pourquoi ces mecs ont cogné, hein, pourquoi ? Parce qu'un truc, ma façon de marcher ou je ne sais quoi de volontaire, les a provoqués... Je les ai réveillés...

— Comment peux-tu parler d'aventure sexuelle avec ces types ?

— Les coups... Le goût du sang dans ma bouche, ce truc sale, je trouve que c'est vraiment le goût de l'amour... La peur et l'excitation, ça a à voir avec le sexe adolescent... La fatigue, le soulagement, après... C'était intense, très fort, très tendu. C'était un affrontement, un truc d'amour. Un mec vient ici parfois, un Anglais, il a 20 ans, c'est un môme de la rue, il se débrouille bien, au jour le jour, comme tant de gens ici... Son truc, c'est le sport, la compétition. Il court. Ça m'a frappé, lui aussi a des mots pour parler de ça, des mots qu'on emploie pour parler de l'amour. La tension, la peur, la fatigue, le goût de la sueur, les sensations physiques. Et le bonheur après. Moi, après cette histoire de cogne, j'ai rêvé que ces mecs m'avaient baisé, et c'était très réel. Mais ces jeunes Noirs, c'est pas le genre. Ils sont du quartier, ils sont très fiers de leur virilité et, même s'ils ont des tendances homosexuelles, ils ne voudraient surtout pas que ça s'ébruite. C'est pas très bien vu, dans leur communauté... C'est encore un de mes fantasmes de fausse poufiasse blonde de me faire mettre par des jeunes Noirs (il rit)...

— Mais ces blondes décolorées qui ressemblent à JLP, tu en as baisé certaines, c'était comment ?

— C'était chiant. Même pas dégueulasse, c'était nul. J'ai pas envie de m'étendre là-dessus. Ça m'a pas laissé de souvenirs du tout... Sauf une grosse pouf qui m'éclatait de rire parce qu'elle était vraiment ignoble, grosse, blanche, elle se foutait sur mon pieu à peine entrée dans ma chambre, elle levait sa jupe, elle n'avait pas de culotte, et elle braillait avec une grosse voix de poissonnière : « Viens mon petit, viens mon petit ! » Ça m'éclatait de rire, un peu le même rire qu'à la levée du corps de mon père. Cette viande livide, Bon Dieu ! Quelle horreur, cette fille, c'était très surprise-partie funéraire, ça aussi ! Cette viande... Tu imagines ça, quand on aime la transparence !

— Tu faisais quoi ?

— Eh bien, j'y allais, entre ses cuisses, comme on se jette à l'eau. En serrant mon chapelet, je lui donnais deux petits coups de tampon, j'éjacule vite, ou pas du tout, et voilà ! Après elle râlait, je la foutais dehors, elle ne voulait pas, elle recommençait, mais elle avait beaucoup d'humour, c'était un jeu entre nous, elle était vraiment noire, cette fille-là, une poufiasse très drôle, à mon goût, quoi !

— Ça t'arrive encore ?

— Eh bien, parfois ! (rires). Quand je bois trop, ça doit m'arriver encore. Des fois, je me réveille, je vois la grosse à côté, et je me tire. Je me souviens, deux, trois fois en 5 ans, et encore, je souhaite mal me souvenir. Aucun intérêt.

— Elles étaient comment, ces filles ?

— Grosses, blanches, pas très propres... Je ne sais même pas si je les ai baisées... On stoppe là-dessus ! Tu vois, la rencontre dont je t'ai parlé tout à l'heure... Ces mômes qui se la donnaient avec le Pako, ça, c'est vraiment ça mon truc...

— Leurs yeux sur toi ?

— Leur regard, c'était excitant au possible. Il y a d'autres paroles de JLP : « Tu peux me baiser jusqu'à ce que je crève, tu n'auras pas mon âme. » Ces mecs, j'ai eu leur âme. Je les ai surpris à un moment intense où leur âme était là, prête à être prise. Quand je mets mes musiciens en position de recevoir des crachats à la gueule, ou des tessons de bouteille, ils ont peur. L'âme est là. Il y a de la vie, de la passion à ce moment-là. C'est très sexy. Sinon, le sexe, c'est nul et un peu sale.

— Et sans dope, ça ne va pas pour toi ?

— Non, je crève ! Comme un dissident qui ferait la grève de la faim. C'est ma façon de m'alimenter, OK ? Je suis quelqu'un de très psychique, alors je ne vais pas me fournir chez l'épicier du coin. La bouffe, c'est lourd. Surtout en Angleterre. Les gens se gavent de trucs dégueulasses. La bouffe, le cul, c'est très, très lourd...

— C'est vrai que tu es costaud, mais on a toujours l'impression que tu flottes. Je pourrais te reconnaître rien qu'à cette façon de marcher...

— Il y a cette espèce de souffle qui me porte, ça n'a rien à voir avec les calories... Lorsque ce souffle manque, je reste au lit. Je regarde la télé. J'essaye de dormir un maximum. Tiens, l'autre nuit, j'ai rêvé de Jeffrey. Il était minuscule, je pouvais le tenir dans ma main. Il était très éclairé, il y avait un spot très direct sur ma paume, et j'étais immense, derrière, mais on ne me voyait qu'en ombre chinoise. Je lui racontais les images de ma vie, il fallait que je parle tout doucement, sinon cette espèce de miniature aurait été balayée par mon souffle. Je lui racontais mes images, mais cet abruti légendait mal, en dépit du bon sens... (Rires.) Et comme ça se passait en public, c'était d'autant plus dur pour moi, parce que le public trouvait ça bien, il applaudissait. C'était comme une injure. Alors je lui tordais le bras, je le pinçais jusqu'à ce qu'il hurle, et ces hurlements, ces halètements de souffrance, ça allait vraiment bien avec ce que je lui racontais. Les mots ont moins d'importance que certains sons. Comme fond musical de mes images privées. Finalement, c'est un film qu'on écrirait à deux à partir de mon vrai scénario. Il ferait la bande son. Il traduirait ça en émotions publiques...

(Cynthia vient de sortir.)

— Qui est cette fille qui est constamment là, au squat ? C'est ta girl-friend ?

— Elle me colle. Je la baise pas, je n'ai pas baisé depuis longtemps, ça m'ennuie, ça me perturbe. J'essaye d'éliminer de ma vie ces plaques de nullité qui restent.

— Elle est vraiment belle. Elle te regarde tout le temps.

— C'est pas mon type. Avec elle aussi, ça serait nul sûrement. Je ne me masturbe pas non plus, je ne deviendrai pas aveugle (rire). C'est peut-être la dope... Je n'ai pas ce genre d'envie. Avec Cynthia, ça se passe dans la tête. Elle me plaît, comme personnage. Elle a un visage, un corps de lady, mais elle parle vraiment voyou, sans bouger un cil. Elle voudrait que je la saute, tout le monde est d'accord pour la sauter, sauf moi, alors elle craque, elle ne comprend pas. Des fois, elle devient moche... Ça me distrait de la voir. C'est une drôle de fille... Elle a tapiné à Paris. Elle a toujours vécu dans des conditions dégueulasses. Malgré ça, elle garde un visage et un corps de lady. Elle a 30 ans. Pourtant ça fait des années qu'elle se défonce, elle est tout le temps décalquée... Eh ! Tu connais ce mot pour dire « défoncé » ? Ça a un rapport avec les histoires de double, non ? Entre moi et Jeffrey...

— Et c'est qui, la décalcomanie de l'autre ?

— Eh bien, moi, évidemment. Une décalcomanie un peu loupée, comme grattée, avec une matière irrégulière et des grains de couleur... La décalcomanie, c'est tout de même mieux que le papier qu'on a salopé... Le papier mouillé se déchire, il colle aux mains. Il n'y a plus que la décalcomanie qu'on a faite qui reste.

— Tu as envie de rencontrer Jeffrey ?

— A un moment, j'avais très envie de le rencontrer. J'imaginais... que ce serait le même plaisir que l'autre jour, quand j'ai acheté un ticket à Earl's Court, un ticket de métro... Cette station, c'est une des plus sales de Londres, c'est vraiment pouilleux. La vitre de protection du mec qui vend les tickets est tellement sale qu'on ne le voit plus du tout. Mais j'ai vu mon reflet. Il y avait une lumière derrière. Les cheveux platine, ça se reflète bien. J'imaginais que rencontrer Jeffrey, ce serait un peu ça, une rencontre imprévue avec mon image. Et puis je n'ai plus envie. La réalité ne m'a jamais enthousiasmé. J'aime mieux imaginer la rencontre. On lui parlerait de moi, il viendrait me voir... Ou il voudrait venir me voir, mais il n'oserait pas... Ou alors, je le laisserais à la porte. Je ne lui ouvrirais pas. Ou je le mettrais en mauvaise posture, d'une manière ou d'une autre, pour voir s'il est à la hauteur... J'ai tendance à vouloir casser les gens qui comptent... Nous rencontrer physiquement ? Ça serait ridicule. Grotesque. Ça serait les Dolly Sisters. Ou les Thomson Twins[1]. En réalité, je me demande parfois s'il existe...

— Tu veux dire que tu doutes de son existence ?

— Non, pas de son existence réelle. Je serais curieux de voir comment une créature peut exister, téléguidée par son âme incarnée ailleurs... Très loin... Parfois je me le demande, mais non, je ne souhaite plus le rencontrer... Je l'éviterais...

— Je n'ai pas l'impression que ton mode de vie à Londres soit si différent de celui que tu mènes à Paris...

— L'ambiance est un peu différente, mais je suis le même dans ma tête... Cynthia me colle aux fesses, mais je suis seul dans ma tête. Les gens passent et je pense aux mêmes trucs... J'ai lu pas mal de choses dernièrement au sujet de meurtriers... Tu as entendu parler de Ted Bindy ? Il va être exécuté aux États-Unis. Il a avoué 40 meurtres de femmes. Des meurtres gratuits. Mais beaucoup pensent qu'il en a tué près de 200. Ça me fascine, ces éliminations en série... Il y a un autre meurtrier, encore plus délirant... Plus mystique... Ed Gein, un Américain aussi. Un pilleur de tombes... Il a tué des femmes, mais son truc, c'était surtout de déterrer ses victimes, ou d'autres femmes fraîchement enterrées... Il les coupait en tout petits bouts, il arrachait leur peau, il se collait ces bouts de peau sur le corps, sur la figure, et il dansait comme ça la nuit, au clair de lune... J'ai cru le voir parfois danser sous la lune. C'était un mystique.

— Ça, c'est une de tes histoires sexy ?

— Absolument. Même Cynthia qui est assez prosaïque en raffole, tous les Anglais d'ailleurs raffolent de ce genre de poésie (rires)... Des histoires de ce style, il y en a plein les journaux du dimanche. Pas aussi belles, bien sûr...

— Qu'est-ce que tu fais ici de tes nuits ?

— Comme à Paris, je me balade... J'essaye d'aller partout où c'est chaud. Dans des boîtes, au Batcave, au Temple... Je ne fais que passer, c'est assez ennuyeux. Et surtout je marche. Je marche dans la nuit. Ça me procure tellement de plaisir, surtout depuis

1. Un groupe londonien à la mode.

que cette amie styliste m'a offert ces chaussures très plates, en daim, avec des lanières, comme des chaussures d'Indien. Avec ça, je glisse. C'est bizarre, ici. Les Anglais sont entrés dans un grand sommeil. A Londres, les Chinois font de l'argent, les Pakistanais, les Indiens, les Grecs font de l'argent. Ils ont des petits commerces, ils s'habillent le mieux qu'ils peuvent. Mais les Anglais craquent. Ils dorment debout. Il suffit de les regarder. Ils envoient le message, je suis Mr. Smith, j'ai le teint gris, les yeux jaunes et morts, je suis un vieux tas et je n'attends rien de la vie. Je fais le gros dos pour que les emmerdements m'oublient... C'est ce qu'on sent dans la rue rien qu'à regarder les Anglais... Il n'y a pas cette superficialité des Français, ce côté « chic malgré tout »... C'est clair, tu es un zombie dans un pays de zombies, face à toi-même. Au début, c'est dur. Tu n'as que tes ressources imaginaires. Même la nuit, si tu craques de solitude, tout est désert, il n'y a pas un refuge, pas un rade ouvert. Ça évite de se vautrer dans les solutions nulles, dans les endroits où il n'y a que du temps à perdre. Ton seul truc, c'est ton territoire imaginaire... Et si ton territoire imaginaire c'est l'enfer, il faut t'en arranger, voilà tout. Et tu finis par t'en trouver bien. Je rencontre de drôles de zèbres, je fréquente Jeffrey Lee Pierce, Ed Gein et Ted Bindy. Une baudruche, et des meurtriers... Tu sais ce qu'a écrit Jeffrey ? « Je vais m'acheter un petit cimetière bien à moi, et je foutrai dehors tous les gens qui m'ont fait du mal... » Ce territoire-là, des fois, c'est l'enfer dans ma tête, mais au moins il est bien à moi...

Jalousie

J'appelle amour cette jalousie de toute chose, cette humiliation de l'homme à deviner sans cesse dans la femme par quoi elle lui échappe, et attentive qu'elle soit de le lui taire, quoi que ce soit qu'elle lui préfère, dans cette préférence le trahit.
ARAGON, *La Mise à mort.*

Liza paraît beaucoup moins que ses 27 ans. Sans doute à cause de son air godiche d'éternelle jeune fille, et de son visage trop plein. Venue de New York il y a 10 ans, elle vit toujours avec la même bande d'artistes américains, dans le quartier des Halles, à Paris. C'est une fille plutôt bien roulée, aux hanches larges et à la poitrine abondante. Pourtant, elle n'a rien de vraiment féminin, sans doute à cause de ses épaules de déménageur et de cette façon si gauche qu'elle a de se déplacer, de casser facilement les objets et de se cogner partout aux meubles, surtout quand elle va mal. Malgré ça, elle a assez de succès, ici, auprès des hommes, peut-être attirés par le charme exotique d'une presque géante. Liza mesure 1,80 m. Elle a aussi des yeux fixes et très bleus, on dirait des yeux de verre. Au moment de cette histoire, il y a 3 ans à peu près, elle chantait dans une cave du quartier Maubert. Elle chantait des choses un peu démodées d'une voix piquée de petite fille. Elle dit aujourd'hui être encore à peine remise de cette sale affaire de jalousie. Dont elle a connu les ruses, les cruautés et les déroutes. Elle dit qu'elle était comme une bête en cage. Elle parle de tout ça avec un peu de froideur, et presque avec vengeance.

Je n'ai plus peur du tout de la douleur.

Je sais que je ne pourrai plus jamais souffrir autant que pendant cette période. C'était il y a 3 ans, et je suis à peine remise. Physiquement surtout, c'était très pénible. Mon cœur battait trop fort tout le temps. J'ai gardé une faiblesse cardiaque, j'ai eu des crises d'étouffement, et aussi des crises de tétanie nerveuse. Un jour, ça m'a prise dans une cabine téléphonique. Tout d'un coup, je ne contrôlais plus mes mouvements. Ça pouvait me prendre n'importe où. La jalousie, c'est ça. Cette lourdeur dans la poitrine, on la retrouve toujours en se couchant, en se réveillant, on s'habitue, même si c'est intolérable. Une espèce de tumeur, un cancer. Un jour, je me suis tailladé le corps à coups de rasoir en voulant extirper cette tumeur. Aujourd'hui, je suis presque guérie. Je ne sens rien, pas de jalousie, pas de grosseur qui m'empêche de vivre. De qui pourrais-je être jalouse ? Je vis seule. Je n'ai plus d'aventure où je m'engage, surtout physiquement. Je suis sûre que la jalousie est liée à l'amour physique.

Je chantais dans une boîte à côté de Maubert. Et j'ai rencontré cet Italien, Antonio, qui venait auditionner pour m'accompagner. Un Italien de Rome, très mauvais guitariste. J'ai empêché le patron de la boîte de l'embaucher. Il m'avait déplu tout de suite, il jouait vraiment mal, pas du tout le style de musique que je fais, il jouait vraiment trop « en avant ». On ne devait entendre que lui, c'était son idée, je suppose. Après, je l'ai revu. Ça devait sans doute être une revanche pour lui, on a couché ensemble. Il faisait bien l'amour. C'était tout pour commencer, une histoire de lit, une grande histoire de sexe. Je ne l'aimais pas. Et vu le milieu très libre dans lequel nous vivions, notre genre de vie et la façon dont nos relations avaient commencé, ça aurait été complètement déplacé que je manifeste une jalousie quelconque. J'avais 24 ans, j'étais très libre, je n'ai jamais été une femme jalouse, on dit qu'il y a des caractères comme ça.

Dans le temps, j'ai été jalouse de ma sœur. Elle vit aux États-Unis, c'est le genre de fille qui est toujours la reine de la fête. A côté d'elle, je suis grise. Ça m'avait étonnée, cette sensation physique, mais c'était seulement un pincement, pas ce poids étranger qui étouffe. Donc, mon histoire avec cet Italien a commencé par cette grande, cette fantastique histoire de sexe. C'était ma première histoire vraiment réussie sur ce plan-là, sans cette sentimentalité qui en fin de compte gâche tout lorsqu'on est jeune. Je me sentais complètement libre.

Ma maladie, je l'ai vécue comme une bête en cage. Ce type, j'ai eu envie de lui à m'en rendre malade. Encore maintenant, lorsque je parle de lui, je me souviens de cet attachement purement sexuel. Je ne me souviens pas de son visage, qui ne me plaisait d'ailleurs pas, je le sentais un peu stupide, un peu médiocre. Je ne me souviens que de cet attachement, ça me fait un peu honte, ça m'a toujours fait un peu honte. Au bout de quelques semaines, ça lui est passé, ce désir. Je n'ai pas voulu m'en rendre compte. Je n'ai réalisé que lorsqu'il m'a dit que je resterais pour lui, à Paris, sa grande amie. Amie, c'était la dernière chose que j'avais envie d'être pour lui. J'aurais dû voir venir. Il y a des signes. Il a éprouvé le besoin de tout compliquer. Il m'a entraînée dans des aventures sexuelles dont je n'avais pas besoin, dont je n'avais pas envie, on a fait l'amour à trois, avec un autre couple. J'ai commencé à sentir ce malaise lorsque je l'ai entendu faire l'amour avec cette amie, avec cette autre femme. Je dis « en l'entendant », parce que je suis plus sensible aux bruits qu'aux images, ça me fait plus mal. Je me souviens surtout des bruits. De sa voix, des respirations, des cris. Lorsque je fais des cauchemars, il y a toujours les bruits qui me font peur, et souvent les bruits de l'amour.

Au début, je n'ai pas voulu m'occuper de ces sensations de malaise, d'étouffement. C'est pour ça que j'appelle la jalousie une maladie, parce que j'ai voulu ignorer les premiers symptômes, comme un malade qui a peur. J'ai accepté tout ce qu'il me proposait, on a fait l'amour à trois, à quatre. Parce que je devais savoir qu'il en avait besoin pour continuer à me désirer. Quand il m'a dit, on reste amis, j'ai pris conscience que le poids s'était alourdi, alourdi. Je n'ai pas exprimé ma jalousie parce qu'il n'y avait pas lieu de le faire. Je suis chanteuse, Antonio était musicien. Au départ, nos relations étaient censées être *easy*, faciles, sans problèmes. Donc, ça aurait été ridicule, je pense, de montrer ça. Je ne l'ai jamais montré non plus parce que j'avais honte, comme d'une maladie peu honorable.

J'avais une grande amie, Constance, une fille pas toute jeune, qui tenait le vestiaire dans la boîte où jouait Antonio. Je lui demandais des renseignements sur les femmes qu'il fréquentait, je lui disais, tu comprends, moi ça m'excite ces histoires-là, on a besoin de piment pour rester amoureux, je voulais dire, pour continuer à se désirer. J'ai ma pudeur à moi. Je parle de sexe très librement, et j'ai un blocage lorsqu'il s'agit de parler d'amour, de rupture, de chagrin. Ça me paraît plus intime que le sexe, j'ai été élevée comme ça avec ma sœur, on parle très librement de sexe, on ne parle jamais, jamais de nos sentiments.

J'avais un besoin suicidaire de savoir. Cette amie, nous avions fait l'amour avec elle. Il le voulait ainsi, c'était aussi une grande amie à lui. Comme elle avait la quarantaine, elle avait avec lui une relation particulière, il se confiait à elle, il lui demandait des conseils. Elle était fine, intelligente, très belle, et avant d'atterrir là, au vestiaire, elle laissait entendre qu'elle avait connu des temps meilleurs, elle avait ce personnage de femme mûre au passé mystérieux. En tout cas, elle était très avertie. Ce que je n'étais pas. J'étais une gourde. Et avec le recul, je crois qu'elle avait parfaitement compris ce qui me poussait à l'interroger. Elle devait savoir que j'étais jalouse, jalouse à en crever, mais elle faisait semblant de croire ce que je lui racontais, et que ces histoires m'excitaient. Elle me donnait des détails inimaginables. Des choses très précises, si la fille avait eu du plaisir, comment elle l'exprimait, tout ça, elle le savait, et nos conversations duraient des après-midi entiers. Elle devait tout inventer, mais sur le moment je buvais tout, sans me poser de questions. J'avais trop soif.

Je n'avais plus aucune envie de chanter, j'avais la tête prise, tout mon corps, ma tête... Ces histoires, ça passait comme un film devant mes yeux, ça ressemblait tellement à ce que moi j'avais vécu que je me sentais morte, comme une pièce de série mal foutue qu'on jette à la poubelle, qui ne sert à rien à cause d'un défaut. Je me sentais comme ça. Foutue, ratée. Je faisais semblant d'aller bien, et j'étais morte de honte, morte d'échec. C'est ça qui m'a rendue si malade. Il y avait cette Constance et entre nous, cette complicité de malades. J'ai pensé plus tard qu'elle devait être très accrochée à lui, qu'elle jouait à se rendre malade et à me rendre malade en même temps, tous ces après-midi.

Lorsqu'elle m'a dit qu'elle baisait avec lui et souvent avec d'autres femmes, je lui ai demandé d'enregistrer, d'enregistrer une séance comme ça, parce que c'était vraiment très excitant. Elle m'a dit qu'elle le ferait, elle riait. Elle l'a fait et quand je l'ai quittée avec son gros magnétophone et l'enregistrement qui était très mauvais, je suis entrée dans une cabine téléphonique en face de chez elle et là, j'ai écouté. J'ai eu ma première crise de tétanie nerveuse. Une crise horrible, j'étais paralysée. Ça ne m'a pas empêchée d'écouter et de réécouter l'enregistrement. On entendait mal, des soupirs, des bouts de conversations sans suite, comme en ont des gens qui passent l'après-midi à faire l'amour sans trop de passion. Ça me rendait vraiment malade mais en même temps ça m'excitait très fort. Cette période-là, ça a été aussi une période de sexualité un peu frénétique et solitaire. Je n'ai jamais autant pensé au sexe.

Je me suis mise à désirer toutes les femmes qu'il approchait. Par moments, j'avais l'impression que cet Antonio était une espèce de rival. Mon amie Constance, par exemple, je me suis mise à avoir envie d'elle. J'avais surtout envie de la voir, de la toucher pour sentir le genre d'excitation qu'il pouvait éprouver, lui, à la toucher. J'imaginais que je lui faisais horreur, parce que la vie ne coulait plus en moi, je me disais que ces femmes même moins, même plus vieilles, avaient cette vie en elles que moi je n'avais plus, que je n'avais jamais eue. Tout d'un coup, les corps de femmes étaient devenus pour moi très mystérieux, très vivants. Je ne croyais plus à leur ressemblance avec mon corps à moi. A ce moment-là, ce fut une espèce de rémission de considérer Antonio comme un rival. Il y avait pour moi des conquêtes à faire, des mystères à élucider, cette vie qui circulait dans le corps des femmes. Et qui ne circulait pas en moi. Je me dégoûtais. J'ai donc essayé systématiquement de séduire toutes les femmes qu'il approchait.

Avec Constance, je ne sais même plus si c'est elle ou moi qui ai fait les premières avances. Je ne réalise pas à quel point elle m'a manipulée dans toute cette histoire. J'étais très anxieuse de savoir si avec moi c'était mieux ou moins bien qu'avec lui. Elle me disait : « C'est pas pareil. » Et ça, ça me rendait folle de jalousie, parce que je tenais vraiment à savoir ce qu'il pouvait éprouver, lui, avec ces femmes. Et en même temps quel genre de plaisir elles arrivaient à tirer de lui. J'aurais voulu qu'elles me disent, oui, c'est pareil, en mieux. Parce qu'alors, j'aurais tout compris, et il me semblait que ma jalousie se serait vidée de tout. Ce mystère, c'était ça qui me faisait mal. Mais ce « c'est pas pareil », c'est tout ce que j'ai réussi à tirer d'elles.

J'étais de plus en plus en colère contre lui, j'aurais voulu être immense, d'une force surhumaine, le prendre entre deux doigts et l'écraser comme une punaise des lits. Je faisais semblant d'être son amie. Il ne me disait pas grand-chose. Je prenais l'air indulgent, maternel, et j'avais envie de le tuer. J'avais besoin qu'il me donne des indications sur sa vie, qu'il me fasse un maximum de confidences. Un jour, il a frôlé la mort, sans s'en douter. Il ménageait les femmes avec qui il avait couché. Il ne racontait pas grand-chose, il était relativement discret. Mais moi, j'avais besoin qu'il parle. Il m'avait vaguement parlé d'une très belle femme qui lui avait adressé la parole la veille, dans la boîte où il jouait. Elle revenait régulièrement. Ils avaient passé une nuit ensemble, il me l'a vaguement dit quand je l'ai pressé de questions. Mais il ne voulait pas en dire plus, et moi j'avais besoin de savoir. Il me tournait le dos. C'est stupide, mais rien qu'à la façon dont il se tenait, j'allais dire à l'expression de son dos, j'ai compris qu'il ne me raconterait plus rien.

Il habitait une chambre meublée à Montparnasse, près de chez moi. J'étais assise près de la cuisine, sur un tabouret. Il y avait une table recouverte d'une toile cirée rouge, je crois. Très vive en tout cas, jaune peut-être, et sale. Il y avait un couteau, un bout de saucisson, des miettes de pain et un ravier de beurre plein de miettes. Je ne me souviens pas très bien du visage d'Antonio, par contre je pourrais dessiner la table, le beurre, le bout de saucisson et le grand couteau. J'ai un peu perdu le contrôle, je lui ai demandé d'une voix que j'ai entendue mais pas reconnue, beaucoup plus haute que la mienne, presque hystérique, il m'a semblé : « Tu as joui vite ? » Je me suis entendue. Je me suis dit, je deviens folle, et j'ai eu envie de le tuer. Il me tournait le dos pour ne pas me parler, ne pas me voir. Je me suis dit, il m'a détruite, il m'a transformée en femme hystérique et il se permet ces manières, ces manières délicates avec moi lorsque je lui pose des questions. J'ai fait un geste pour lui planter le couteau dans la nuque, j'avais repéré l'endroit. D'instinct, je me sentais sûre que, si je le plantais là, il s'écroulerait comme une masse. Je ne l'ai pas fait. Seulement parce qu'à ce moment-là, il s'est retourné brusquement pour me dire : « J'ai horreur de tes questions », ou un truc comme ça.

J'en suis arrivée à ne plus bien savoir si j'étais une femme ou un homme. Il niait la femme en moi, et puis il y avait toutes ces femmes qui me faisaient envie. Quand une femme qu'il avait eue me repoussait, j'avais des crises d'étouffement insupportables. Ça arrivait, mais pas aussi souvent qu'on pourrait le croire. Je trouve les femmes profondément bonnes. Sans doute certaines n'avaient aucune envie de me donner quoi que ce soit. Elles ont dû sentir que j'avais un besoin vital de les toucher. Je me souviens d'une fille. Après l'amour, je me suis mise à sangloter auprès d'elle. Je me sentais impuissante à vivre, à aimer. Elle était plus jeune que moi. Eh bien, elle n'a pas semblé surprise. Elle m'a serrée dans ses bras, elle était tellement tendre, maternelle que j'ai pleuré des heures, je crois.

Les gens me disaient, tu n'as jamais été aussi belle, aussi en forme. Ils m'imaginaient perverse parce que j'étais apparemment devenue hardie, autoritaire, dragueuse. Ce goût de la France pour tout ce qui est ambigu, anormal, c'est incroyable ! C'était si urgent, important pour moi de plaire à ces filles, de les toucher, que je n'avais pas le temps d'éprouver la moindre gêne. Alors que, rétrospectivement, j'ai honte. Je n'oserais plus me comporter comme ça en cannibale, avec qui que ce soit, ni avec un homme ni avec une femme. Je continuais à souffrir parce que toute une partie de la vie d'Antonio et de ses désirs continuait à m'échapper complètement. Alors j'ai essayé de le manipuler. Une fois, il était en train de me raconter qu'une belle blonde le poursuivait. Il se disait toujours poursuivi. Il a essayé de m'embrasser. Je l'ai repoussé. Sincèrement, je n'avais aucune envie de lui. Parfois, on se perd dans des détours vraiment incroyables. Alors il a ri, il m'a demandé : « Dis donc, alors, c'est vrai, c'est vrai ce qu'on raconte ? » Je lui ai dit, oui, c'est vrai, j'ai découvert que j'étais complètement homosexuelle. Sur le moment, c'était vraiment sincère. Je n'avais plus du tout envie de lui. J'avais envie de ces femmes qu'il voulait, ou qu'il voudrait. La conversation a dû l'exciter, il n'arrêtait pas de me demander : « Et celle-ci, elle te plaît ? Et celle-là, elle te fait envie ? » On était sur le bon terrain. A partir de là, ça a été facile pour moi de le mener où je voulais. Je lui faisais remarquer certaines femmes, je parlais d'elles et lorsqu'il était bien allumé, je me débrouillais d'une manière ou d'une autre pour prendre de l'avance sur lui et me faire préférer.

Un jour, au jardin des Tuileries, j'ai rencontré une jeune Allemande, étudiante au pair dans une famille française. Exactement le genre de fille qui aurait plu à Antonio. Je les repérais tout de suite, n'importe où, j'avais l'impression qu'elles étaient comme... éclairées de l'intérieur. N'importe où, aux terrasses des cafés, dans le bus, je les repérais à cause de cette lumière... Je ne voyais qu'elles. Ces filles lumineuses, qu'est-ce qu'elles m'ont torturée ! Pour cette Allemande, j'avais un avantage déjà sur Antonio, je l'avais rencontrée avant. Et puis je la fascinais. Elle avait 19 ans à peine. Et j'étais chanteuse. J'avais des tas de copains, elle aimait ma voix. Un jour, je lui ai dit, je vais te présenter un ex-boy-friend, un joueur de mandoline. Je me suis beaucoup moquée d'Antonio avec elle. J'avais mon idée. J'avais envie qu'elle profite de lui, qu'elle l'utilise, comme moi je n'avais pas su. Et ça a marché, ils ont eu leur histoire.

Je n'ai pas eu de rapports sexuels avec elle, je n'ai pas osé, j'ai eu peur de gâcher les rapports tendres de fille que j'avais avec elle, des rapports très sensuels, mais très innocents. Je ne connaissais pas ça avant. Ou plutôt, j'ai retrouvé cette atmosphère de chez moi, lorsque j'avais 14, 15 ans, avec ma sœur. Mais dès que j'ai su qu'elle avait fait l'amour avec lui, ce qu'il pouvait y avoir de délicat, de subtil dans nos rapports a littéralement explosé. Je me suis mise à la désirer très fort. J'avais envie de la toucher. C'était horrible, parce qu'elle ne s'attendait pas du tout à ça, et du coup je me retrouvais complètement désarmée. Je me sentais vraiment en situation de perdante vis-à-vis d'elle et d'Antonio. Lui, savait ce que c'était de la toucher, de la pénétrer, et moi elle ne me donnait rien. J'avais des crises de désespoir à l'idée qu'ensemble ils se moquaient de moi.

J'ai été très cruelle avec elle. Un jour, j'avais tellement envie de la voir nue que je l'ai emmenée au hammam de la rue des Rosiers. Elle était triste parce qu'Antonio couchait avec d'autres filles. En fait, ça ne s'est pas du tout passé comme je voulais, elle était trop jeune, elle n'a pas su le manœuvrer et il l'a rendue malheureuse. Alors, près de la piscine, on était allongées, j'avais acheté des gâteaux juifs, je lui ai posé des questions sur sa rupture avec

Antonio. Elle pleurait. Je l'ai caressée là, tout près du sein, au pli du bras, et tout d'un coup, je l'ai pincée violemment. Elle a crié. Elle me regardait avec des yeux de môme, complètement terrorisée. J'ai eu l'impression de l'avoir eue vraiment. Quelques jours après, elle est retournée chez elle, sans rien me dire.

Je n'avais plus aucun moyen de savoir ce que fabriquait Antonio. Plus aucun moyen de le contrôler. A part ce qu'il me racontait. Pas grand-chose. Alors j'ai pris l'habitude de débouler chez lui ou à son club. Pour ça, j'ai arrêté de chanter, du jour au lendemain. Autour de moi, on disait que je perdais la tête. Mais pas que j'étais jalouse. J'y allais à pied, ce n'était pas loin. J'y allais souvent. Je lui disais que j'étais angoissée, je m'inventais des traumatismes d'enfance. Il m'écoutait gentiment, il était inquiet, je crois. Une nuit, je suis restée derrière sa porte. Il était là, j'en étais sûre. Je suis restée un long moment. A la fin, je me suis écroulée sur le palier. J'entendais d'abord doucement, et puis de plus en plus fort, tout ce qui se passait dedans. J'entendais tout, sans faire trop attention aux mots. Des conversations intimes, une voix de femme fantastique, une vraie musique, sa voix à lui. Ils faisaient l'amour. Un succès total. Moi, j'étais derrière la porte, comme si j'étais murée à l'extérieur de tout ce qui peut arriver de bien. Et puis j'ai dû m'endormir un peu. J'ai collé mon oreille à la porte, je me suis dit, ils doivent dormir maintenant. Je me sentais complètement malade, je tremblais.

Les gens de l'immeuble commençaient à aller et venir dans l'escalier. La concierge est venue m'engueuler. Je suis partie en sanglotant, et j'ai rencontré Antonio en bas. J'avais tout imaginé. Il n'y avait personne. Pendant une ou deux semaines encore, je n'ai pas arrêté de le poursuivre. Je lui disais, je deviens folle. Tu es mon ami, il faut que tu m'aides. Lui aussi a fui. Le spectacle de mon déséquilibre lui a fait peur. Il a sauté sur la première occasion pour quitter Paris. Quand il est parti, je me suis retrouvée complètement vide. C'est bizarre. Parce que ce type, je ne l'ai jamais aimé. Je ne lui ai jamais voulu de bien.

Les guerriers
(Lettres de Monelle)

C'est une femme inconnue, et qui tape à la machine dans une maison vide. Je ne l'ai jamais vue. C'est ainsi que je l'imagine simplement. On peut croire qu'elle se camoufle dans son atelier d'artiste, au fond de la grande cour fermée. On ne remarque que les baies vitrées et la mezzanine de bois mangé et la table où elle s'est assise. J'ai reçu ses lettres pendant plus d'un mois, et je lui disais à chaque fois de m'écrire encore. Mais, contrairement à tout ce qu'elle pouvait dire, elle n'était pas noire, il n'y avait pas d'homme à la maison et elle ne s'appelait pas Monelle. Enfin, elle ne voulait pas dire qui elle était. Elle tapait toujours. Elle écrivait. Sans doute, d'ailleurs, était-ce là son métier.

J'ai toujours cru qu'elle m'écrivait pour se venger de l'autre, de cet homme qui voulait toujours, disait-elle, lui manger le cerveau. Et qu'elle faisait de ces lettres une parade d'amour. Comme une lutte de bêtes tapies, une lutte de dévoration guerrière, faite d'aguets, de reniflements amoureux, d'agaceries, de mimétisme sexuel, de captures et de silences. Quand elle écrivait ainsi, elle était toujours pleine de la pensée de son jumeau, mais, justement, elle se retirait pour un temps de l'amour, ou elle trompait l'attente de l'homme muet, ou elle patientait jusqu'à ce que s'use sa haine cachée de lui.

Voilà ce qu'on pouvait en dire. Ce qu'on pouvait imaginer d'après ses lettres. Elle tapait sur sa machine, derrière les grandes baies vitrées. Enceinte jusqu'aux dents et se défendant encore.

1

Moi, je n'ai pas d'idée fixe, mais mon ami, celui avec lequel je vis, oui. Surtout le soir, au coucher du soleil comme les animaux sauvages de la jungle, sauf que lui ne hurle pas, il se met de mauvaise humeur et ça recommence. Il prend une tête horrible et il me dit que je suis nécrophage pour me vexer. Je ne comprends pas, il croit que moi c'est lui, ou pareil que lui, comme les petits jumeaux dans le ventre de leur mère quand l'un décide de manger l'autre. Moi je fais mine de rien, ou bien je me mets en colère et je lui dis que sans moi il serait foutu dans la vie. Sa tête devient horrible.

Alors que le reste de la journée il aime plutôt les femmes, là il commence à me détester. Il crie : « Enlève ton sale sexe qui pue de ce lit qui était à ma grand-mère ! » Son idée fixe dans ces cas-là, c'est qu'il croit que je suis nécrophage et que je vais le manger. Il croit qu'il est mort et il ne supporte pas que j'affirme le contraire quand je lui dis : « Maintenant, ça suffit, va faire les courses pour le dîner. » Alors je me couche moi aussi sur le matelas et je le prends dans mes bras pour essayer de l'embrasser sur la bouche. Il se durcit et reste figé, mais la salive de sa bouche a un goût infect, pire que celui de son sexe quand il ne se lave pas pendant plusieurs jours. Je sais bien que je devrais m'en fiche, mais je ne peux pas dans la mesure où je vis avec lui sous le même toit. Il croit qu'il est poursuivi. Bien sûr, comme la plupart des jeunes chômeurs, il a pleine vue sur l'intérieur de son cerveau qui ressemble point pour point à des amas galactiques de différentes constellations et moi, je suis pareille à lui, sauf que je ne m'y attarde pas, car j'en connais trop les dangers, qui sont l'ennui de l'éternel recommencement dans la douleur. Moi, je sais y mettre de la vie, des personnages. Quand je le fais, il croit qu'il a des voix à l'intérieur de lui et que l'intérieur est à l'extérieur. Alors là, moi, je lui dis : « Arrête, tu me fais chier ! J'en ai marre de ton chômage permanent. » Quand j'en ai marre, je vais remplir un grand seau d'eau glacée sur le palier et je le jette sur lui.

Bien sûr, je ne suis pas bête, loin de là, et je sais que chacun, même s'il ne dort pas, passe de l'animal au minéral, au végétal et ainsi de suite, dans les maelströms fantastiques, mais contrairement à lui, je crois que parfois il faut aller travailler, même pour des bêtises. On ne peut pas attendre indéfiniment que l'on vienne nous nourrir dans la bouche et nous caresser et nous faire jouir en plus ! Je suis noire, et je sais ce que Rimbaud a dit des Noirs mais, même s'il a raison, nous sommes maintenant en 1984, et il faut aller vers la modernité, plutôt que dans les grottes et les labyrinthes qui se succèdent sans fin, démultipliant l'autre en des quantités diverses et infinies. Lui est blanc et c'est un homme, tandis que moi je suis noire et femme, il pense, quand ça le prend, que lui et moi c'est pareil. Moi, je travaille comme infirmière chaque minute de la journée et de la nuit, et l'autre attend sans rien faire. L'avenir nous départagera.

2

Je ne sais pas très bien quoi ajouter à tant de malheur de l'autre qui ne bouge plus, et se fait moi, ou mort, dès que la nuit menace de l'arracher.

Chaque fois que j'ai eu un homme sous mon toit, ça m'a fait la même chose, il a voulu me manger l'intelligence, et moi par gentillesse, je l'ai laissé faire, mais comme elle est très supérieure, comme un bon alcool, ça l'a conduit à ne plus travailler pour devenir autre. Oui, je me laisse faire, parce que je ne sais pas me défendre contre ça, mais se faire manger dans le cerveau, ça fait tout de même très mal surtout quand on aime. Quelquefois, pourtant, je me révolte et je dis : « Fous le camp d'ici, je n'ai plus de protéines ni rien d'autre pour toi ! Va te faire clochard, va dans les bistrots, si vraiment c'est ce que tu veux ! » Seule ma mère sait comme c'est difficile d'être la femme de l'autre malade du soir. Bon, dans la journée, ça va, je suis à l'hôpital, sauf certains jours où je peux me mettre à embrasser ses lèvres que j'adore, et lui les miennes, et même entre les deux jambes. Là, nous sommes vraiment comme de vrais jumeaux, parce que c'est ça le véritable amour, il ne faut pas l'oublier.

Quand j'ai mes règles dans le bidet, je me cache pour qu'il ne vienne pas mettre le doigt à ma blessure, mais quand nous faisons l'amour et que nous nous mélangeons comme le magma incandescent de l'univers à la création, j'ai ses poils dans la bouche comme de la fourrure d'ours et du miel. C'est dans ces moments-là, et dans ces moments-là seulement, que la valeur humaine n'a plus aucune importance. Mais surtout ne pas chercher à recommencer sans fin ça, car c'est courir à sa perte comme mon ami qui ne sait même plus s'il est là ou pas dans mes bras, et qui même se croit mort et m'en veut.

La grand-mère en photo de mon ami est au-dessus du matelas, elle était femme de ménage de boulanger dans le Jura, mais elle est morte grillée dans le fournil pour sa collaboration sexuelle et de parole avec les ennemis. Moi, je dis à mon ami : « Elle m'agace, je n'en veux plus d'elle, jette-la au feu, puisque tu ne l'as même pas connue ! » Il me donne des grands coups de poing. Dans un sens, ça me fait mal, mais dans l'autre ça le réveille de sa fausse mort. Je me venge de lui à cause de sa grand-mère qui regarde tout ce que je fais dans la pièce et qui me voit nue. Je voudrais vraiment qu'il la jette à la poubelle, mais si je le fais, je crois qu'il pourrait me tuer ou même me faire brûler comme elle. Quand j'arrive du travail et qu'il dort sur le matelas, je lui crie : « Coucou, c'est ta vieille grand-mère qui revient toute riche de chez les ennemis ! »

Sans doute se prend-il pour le Christ, à passer ainsi de la mort à la résurrection, mais un Christ qui aurait juré de ne jamais revenir à son père. Moi, je crois plutôt qu'il passe de la haine de la femme à son amour, sans pouvoir se fixer sur l'un ou l'autre, et dans le fond c'est comme moi, car je peux aller aussi jusqu'à la haine pour celui qui vient se nourrir des secrets de mon intelligence, qui, si je veux, se révèlent pourtant chimiquement dans l'amour. Oui, il existe dans le cerveau de certaines femmes dont je suis, comme ma mère, tous les secrets qui dorment sur l'univers, les dieux, l'avenir. Mais je sais qu'il est dangereux de vouloir les voler, ça devient comme mon ami blanc qui se prend pour chaque secret qu'il a surpris, sans jamais rien pouvoir ordonner, car l'intelligence, ça n'est, hélas ! pas lui. Le problème est bien un problème d'amour, et non pas d'idée fixe, ça n'est que dans l'amour véritable qu'il est possible de remonter la curieuse et multiple chaîne des temps et des espèces qui nous gouvernent partiellement dans notre sommeil.

3

Quand le visage de mon ami se tourne du côté de ma haine cachée, il devient laid comme un cochon gratté, mais quand ça se tourne vers l'amour, il ressemble à un acteur de cinéma. La plupart croient que l'amour, c'est de rester chacun dans sa bulle de verre, ils n'osent même pas s'approcher, par crainte des brisures et des mélanges incontrôlables et de toutes les sueurs et du danger de ne pas revenir à soi-même mais à l'autre, ou même à des êtres ou à des animaux ou à des secousses involontaires simplement. La plupart n'aiment pas l'amour, car ils ont peur des dangers. Ils ne savent pas que le mâle et la femelle, c'est un vrai danger du plaisir de l'univers. Moi, j'aime bien me mettre nue sur la tête au bord du matelas et très longtemps avant de commencer, ça me permet de voir à travers la peau vitrée du ventre de ma mère, malgré le sang et les viscères, et tout d'un coup ça éclate et je crie par le sexe. Il y a les sueurs qui commencent petit à petit à venir. J'entends les reniflements des animaux nocturnes qui cherchent la piste de l'eau et qui ont soif. Ma chair prend l'odeur des feuilles d'arbres en décomposition dans l'humidité obscure, elle se ramollit tout doucement et je suis ouverte, mais ça ne se voit pas. On dirait que ça s'appelle d'un bout à l'autre du cosmos avec des cris de baleine de la Préhistoire, et mon ami avec moi nous basculons dans l'impensable.

Surtout, on ne peut pas faire l'amour sans la même connaissance que les vrais guerriers, car il faut se montrer aussi fort que l'autre qui devient tout et ne pas renoncer. Pour dire la vérité, quelquefois même, je me lève et je me mets à faire du rangement quand ça vient de commencer, alors que mon ami est trop fort sur le matelas, pourtant, c'est moi qui lui ai tout appris. Quand j'ai très peur, je ne lui dis rien, mais je range tout et je mets des marques par terre, près de la porte et de la fenêtre, pour mieux m'y retrouver après, si jamais je dois revenir. Mais heureusement que chez moi la peur n'enlève rien au désir qui pousse les sueurs de toutes sortes à sortir. Moi, je range tout et mon ami me regarde, mais je ne me presse pas davantage et même je cherche quoi mettre sur des assiettes de bon à manger pour aller le poser au bord du matelas. Quand mon ami commence à avoir peur que je renonce, et qu'il vient se mettre dans mes jambes, bon, je retourne faire l'arbre au bord du matelas, et il sait qu'il doit attendre. Mais ça l'aide, lui aussi, à faire monter toutes ses humeurs nécessaires.

J'embrasse sa bouche. Ma langue glissée fait comme une troisième lèvre qui glisse sur sa langue des mots humides et muets. Je lui prononce des secrets silencieux avec mes trois lèvres et plus, et il se met à respirer comme un petit qui tète au sein. Quand, dans l'amour, la peau se truite au toucher et au goût, toute crue, mais chaude, chaude, il se perd la parole et la connaissance dans le passage par le goulot. Moi, ça me fait rire, mais lui rugit. Comme le soleil passe toutes les nuits par-dessous la terre, lui passe chaque fois du monde des vivants à celui des morts et ainsi de suite. Des fois, quand je rentre du boulot et que ça recommence, et que je n'ai pas envie, je lui dis exprès : « Tu es mort ! tu es mort ! tu fais partie de ceux qui sont morts depuis longtemps et qui continuent à errer dans le monde des vivants pour semer les malheurs ! » Il en souffre, bien sûr, mais il doit comprendre que même si nous sommes tous les deux au cordon, il peut bien faire ses passages dans la mort tout seul, sans que je l'accompagne pour lui montrer le chemin et éloigner les dangers de toutes sortes. Est-ce que c'est un travail de fille, ça ?

Quand il voit sur le quai du RER un tapir qui répand sa mauvaise odeur, il ne sait hélas ! pas que c'est moi et que ça peut disparaître aussi sec, parce que ça n'a aucune importance. Mais j'arrête, parce que je ne sais pas de vous s'il n'y a pas trop de danger à vous dire ça.

4

Mon ami est assis sur le matelas avec *Lui* que je lui ai acheté, et des yaourts glacés à la fraise, il se moque que je tape, car il a le journal pour l'occuper. J'ai le sexe qui monte dur comme lui, mais je ne suis pas un homme, et c'est lui qui croit que la femelle et lui, c'est pareil. Moi, non. Bon, si vous ne voyez pas encore que je l'aime, même branlant sur le matelas devant moi avec *Lui* dans l'autre main ! Et que savez-vous de l'amour, vous, d'abord ! Vous croyez que l'amour, c'est de se mettre les sexes les uns dans les autres pendant seulement cinq minutes ! Pourtant, je suis une fille qui peux bien avoir l'air de rester tranquille et d'aller travailler pour ne pas faire de chômage. Je l'aime quand il est comme mon petit enfant et qu'il se laisse docilement prendre la température, et que son sexe monte de son ventre en devenant dur et qu'il m'enserre le bras pour me faire des baisers au creux du coude. J'aime qu'il passe ses jambes par-dessus mes épaules et qu'il les fasse peser de tout leur poids, me courbant dans la position du buffle sous le joug avec une plaie que le paysan fou qui me guide vient de tailler dans mon flanc. Une lourde goutte de sueur qui glisse le long des reins et s'écoule dans l'anus.

Je n'ai pas la paresse de vivre, tandis que lui voudrait chaque soir mourir sous mon toit, vous le savez. C'est mon troisième chômeur blanc que j'aime autant, et je ne sais pas par quel diable, c'est toujours la même histoire d'amour si forte. Le moteur du bateau me vibre dans le ventre, parce que je suis étendue à plat sur le pont qui se force entre les flancs serrés du soleil et de l'eau, voilà comme est le sexe de mon ami dans l'amour. Oui, c'est tout au fond du sexe que l'identité se perd, quand on commence à retrouver les minéraux, ces matières ni mortes ni vivantes qui conservent les secrets des orgasmes fossiles et les strates friables des mémoires universelles.

Soudain, voilà que mon ami prend la posture du chien et me tend son anémone de merde. Dès qu'il y a trop de chaleur ici, la trace de l'ancien suicidé qui habitait ici avant réapparaît, avec son chien à côté de lui, car ils sont presque tout à fait passés à travers le parquet. Moi, je m'en fiche, je regarde les fesses de l'autre, cambré, qui a enfoui sa tête sous *Lui* déplié, et qui se balance d'avant en arrière en rigolant. Il y a tellement de bruit l'après-midi dans l'escalier à cause de la magnétiseuse du deuxième, je ne vais pas aller lui mettre ma langue maintenant.

S'il jappe, je vais aller lui donner un coup de pied au cul, moi ! Pas de ça sous mon toit ! Bon, voilà maintenant qu'il se roule sur le dos, et croise les jambes comme une jeune fille pour se cacher la bite entre les cuisses. Le samedi, c'est vraiment le meilleur jour de la magnétiseuse. Lui veut se faire prendre comme une femme, et que je saute le plaquer sur le matelas comme le lutteur vainqueur, avec toute ma force ! Il rit comme les femmes saoules dans les kermesses, qu'on chatouille sous les bras humides et mousseux de fourrure primitive. Il croit encore que de nous, la femelle, c'est ça.

Ça y est, il a le truc qui lui pousse entre les cuisses pour sortir avec toute sa violence, et les traits du visage qui virent vers le mâle avec les yeux fendus au couteau qui me découpent les vêtements. Oui, peut-être qu'il se met furieusement beau, mais tout de même la colère commence à me prendre. Mon intelligence est très supérieure à la sienne, et je tiens de la force naturelle autant que lui, même bandé debout des orteils jusqu'aux cheveux, et je peux commencer à glisser la main gauche vers mon cou pour défaire le premier bouton. J'ai les frissons qui partent du ventre, comme d'une pierre jetée dans l'eau.

Une fois, la magnétiseuse, la main poussée sous mes fesses pour ses impositions, m'a dit : « Mais Monelle, tu es un homme ! » et moi j'ai ri, et je ne lui ai rien expliqué de ça. Le premier bouton, voilà, c'est déjà pareil que d'aller lui lécher la pointe. La salope de magnétiseuse, si je veux, je retourne un verre dans le bas du placard du fond et j'écoute toutes les bêtises qu'elle raconte aux autres pour les conduire doucement à se faire mourir. Le corps de l'autre est dur et ruisselant. Les muscles vont faire éclater la peau. Les autres boutons ne se comptent presque pas jusqu'à la chemise qui tombe et laisse passer le haut du corps nu, il se colle contre le mur comme s'il voulait le repousser pour m'offrir à me la planter dans la gorge, mais moi, non, je ne bouge pas encore, exprès pour l'agacer.

Vous croyez peut-être que sa verge qui pleure une goutte brillante dans son manteau de peau avec une grosse veine bleue, je n'en veux pas ! Bon, mais j'ai tout de même le malaise de le regarder s'écrouler comme le Christ en bas de la croix, dans les bras de sa mère qui a le même visage que lui, au point qu'on ne peut savoir s'il est sa sœur jumelle ou son frère jumeau. Si vous n'acceptez pas que dans l'amour véritablement du corps de l'autre, les sexes sont interchangeables pour s'initier point par point à tous les degrés de l'extase, eh bien non ! je ne peux pas dire plus.

Monelle

Gueule d'enfer

Elle a 49 ans. Elle se nomme Sandra, c'est ainsi du moins qu'on la connaît dans les bars, à Paris. Lui, oh, il doit avoir dans les 35 ans, c'est Randy. Il vient du Colorado. A ce qu'il dit, mais on n'est jamais tout à fait sûr de ce qu'il dit. Depuis que ce marine est entré dans la vie de Sandra, elle se dit prête à tout avec lui. Prête à tout revivre. Et même à se foutre en l'air. Ils se sont aimés 13 jours. Et puis, il a disparu. Peut-être même a-t-il disparu de la ville. Sandra reconnaît avoit été saisie d'abord par la violence sauvage d'un corps, le sexe presque animal de cet Américain, paré de tous les mythes qu'elle lui inventait peut-être : le rancher, le marine, le maquereau, le voyou et le tueur. Très vite, aussi, ce corps de roc a été affronté au mystère un peu romanesque de son identité réelle, de cette espèce d'absence à soi-même qu'il avait parfois et, pour tout dire, d'attente d'on ne sait pas vraiment quoi. Ce qui, d'ailleurs, n'était pas tout à fait paradoxal, et qui arrive quand des types au passé un peu trouble veulent se blanchir, falsifier leur identité et brouiller les pistes. Mieux vaut, dans ces cas-là, multiplier les hypothèses et faire du romanesque. Mais justement, Randy se taisait parfois, il entrait dans des périodes sombres, taciturnes, il partait soudain, il changeait de tête, on ne savait plus très bien où il en était avec lui-même. La personnalité trompeuse et retranchée de Randy ravissait Sandra, qui s'est engouffrée dans cette passion comme une bête affolée, prête à se livrer. Ce vide l'a comme aspirée, et a vite transformé le rituel sexuel en une sorte de prière à genoux. Et l'obsession a pris, dans son journal, le langage cruel, sentimental et glacé d'une femme masochiste.

Vendredi 11 mai

J'ai rencontré hier un drôle de type dans ce bar où je vais beaucoup plus souvent depuis quelques mois. J'étais en tenue complète de cuir noir, bottes, blouson avec chaîne autour de l'épaule, casquette, ceinturon à boucle et décors métalliques.

Ray m'avait accompagnée.

Quand je suis rentrée, j'ai entendu des types à côté de la porte dire au barman : « Qu'est-ce que c'est que cette *chienne* ? »

L'étranger accoudé au bar a regardé par terre de tous côtés, il n'a vu aucun chien, il s'en est étonné auprès du barman qui lui a dit que ça signifiait aussi : une femme sadomasochiste. Mais il n'avait pas remarqué que j'étais une femme. Ça, je l'ai su plus tard.

Il avait une tête de sauvage et un bandeau rouge qui lui enserrait le front. Pas souvent qu'on voit de telles têtes de bandit ici ! Cheveux, sourcils et moustache noirs. Les yeux très écartés. Lorsqu'ils regardaient en l'air, nulle part peut-être, ils avaient l'air de partir dans des directions différentes, ce qui donnait à cette tête d'homme d'un autre âge, qui aurait pu être aussi bien bûcheron en Transylvanie, un regard de tigre fou. J'ai rencontré son regard. Une fois, deux fois, trois fois. Ses yeux très noirs, un peu exorbités, lui donnaient un air de fureur qui se contient. Il avait, je le sentais, une tête qui devait faire peur aux autres, ou les gêner. Les gêner d'avouer leur envie de draguer un mec pareil, aussi violent, ou aussi fou.

Il me regardait toujours et avec intérêt. Depuis un moment, j'étais sûre qu'il allait marcher. J'ai voulu alors respirer l'air frais à la porte, car la fumée me piquait les yeux. J'avais emporté ma cravache, la neuve qui est très belle, en me disant qu'il fallait voir si ainsi j'avais plus de chance dans ma drague, la malchance consistant essentiellement à ne pas trop savoir comment passer du regard à la suite, et à ne pas trouver d'hommes susceptibles de me plaire. La cravache pendait à mon poignet droit.

J'ai refermé la porte et me suis retournée vers le dernier tabouret du bar où était juché à demi ce brun sauvage. On s'est souri, et j'ai franchi le mètre qui me séparait d'entre ses cuisses où je me plaçai, debout, pour lui caresser le torse. Tout de suite, il a pris ma bouche. Il avait la langue étonnamment douce et le maxillaire étroit. Je caressai jusqu'à ses fesses, ses cuisses longues, dures, élastiques. Il a désigné ma cravache.

— Tu aimes battre les hommes ? demanda-t-il avec une grande douceur.

— Oui, entre autres, dis-je faiblement.

J'étais bizarrement gênée. Je ne songeais plus à ma cravache et j'aurais préféré qu'il la prenne, l'admire, et me propose de s'en servir. Était-ce de lui que j'étais gênée ?

De temps en temps, je jetais un coup d'œil vers Ray, et l'homme me dit : « Il faut peut-être que tu retournes auprès de ton ami ? »

Je lui dis que oui.

Peu après, il est venu se mettre en face de nous, vers le milieu du bar, et Ray qui avait une belle gueule, à la fois virile et gentille, s'approcha de lui et engagea la conversation. D'où venait-il ? « Colorado », dit-il avec un accent américain si prononcé que d'abord personne ne comprit. Puis ils parlèrent de la vie en Amérique. Je n'écoutais pas, car je n'avais pas envie de ce genre de conversation entre le moment présent et celui où nous nous retrouverions dans un lit. Je ne voulais pas de paroles, surtout pas de paroles.

Ce grand type qui se déhanchait de tout son grand corps provocant semblait avoir besoin au contraire de parler enfin à quelqu'un, comme s'il était resté longtemps seul. Il prenait aussi des attitudes un peu exagérées pour montrer ce qu'il avait sur lui, entre autres une belle ceinture à laquelle semblait pendre tout ce qu'il avait besoin de trimbaler ainsi : des médailles de je-ne-sais-quoi, deux trousseaux de clés et même une balle de base-ball, ce qui était dommage pour la silhouette. J'aurais préféré voir davantage ses hanches et ses fesses.

A ce moment-là, Ray s'écria : « Oh ! Vise un peu les battoirs qu'il a, ce mec ! Moi, à ta place je me méfierais ! »

Et il rit, ainsi que l'Américain, légèrement confus. Il avait effectivement les plus grandes mains que j'aie jamais vues. Elles avaient quelque chose de maladroit.

— Voyons si je risque vraiment quelque chose !

Et je m'approchai de lui, lui pris les poignets, que je m'étonnai de trouver si fins à côté des mains immenses. Il ne comprenait pas. Ray lui saisit son verre de bière et lui expliqua que je souhaitais me bagarrer un peu avec lui. Je lui pris les mains, nous étions face à face. Il essaya de tordre les miennes, mais je résistai. Il dit alors avec enthousiasme : « Woaw ! C'est Popeye ! »

Sa réaction me plut. D'abord, j'adore lutter avec les hommes qui ne me déplaisent pas, et j'aimais qu'il aime ça, qu'il aime ma force.

Nous avons quitté le bar tous les trois. Randy n'avait, par-dessus sa chemise écossaise de cow-boy, qu'une espèce de veste de camouflage de l'armée américaine et un anorak. Dès que nous sommes entrés dans l'appartement, Ray s'est précipité dans la pièce du fond où logeait un de ses copains, entraînant Randy avec lui pour le déshabiller et le rhabiller en cuir noir des pieds à la tête. J'ai fourni un harnais de torse que je venais d'acheter. J'ai alors préparé un lit dans ma chambre qui servait de débarras, afin que Ray puisse coucher ici. Quant à moi et ce fichu sauvage, nous nous mettrions dans le bureau où il y avait un canapé dépliant. J'ai installé à côté, sur un pouf, ma panoplie de fouets, cravaches, bracelets de force ou de contention, colliers et laisses, ainsi que mon réveil que j'ai mis sur 5 heures et demie. Il était déjà très tard.

Ray m'a alors présenté l'homme harnaché de cuir, lunettes noires et casquette. Je refusai le gilet, car je voulais l'avoir nu sous son blouson, voir le harnais sur la peau. Ses lunettes me déplaisaient. Leur forme donnait l'illusion d'yeux tombants, alors que les siens étaient dessinés en amande, ce que je n'avais pas encore pris le soin de noter à ce moment. Mais je n'ai même pas pensé à lui demander de les enlever. Il se tenait debout immobile en face de moi. Je posai mes mains sur lui. J'écartai le blouson et palpai le torse, la taille, les fesses avec force, presque avec violence. C'était fantastique, cet homme qui se donnait à caresser, à serrer sans réticence, enfin, et qui voulait bien tout, pour une fois, qui ne disait pas : « Je n'aime pas les femmes » ou « je ne sais pas pourquoi, mais je ne peux pas supporter ça ! »

Il était beaucoup plus grand que moi, et, un instant, dans ma transe à fouiller avec mon visage et mes bras autour de sa taille, je me suis suspendue à lui par mes caresses, ce qui le fit soupirer très fort. Mes jambes un peu repliées, j'avais alors dans l'esprit cette gravure du XVIIIe siècle, je crois, qui représente un homme debout, accolé par l'estomac au front de son frère siamois de taille réduite, et dont les pieds ne touchent pas terre.

J'entraînai l'homme dans la pièce à côté sans plus me soucier de Ray. La porte vitrée ne fermait pas. Je laissai la lumière éteinte, il en venait assez d'à côté. Puisqu'il s'était intéressé à ma cravache, je lui retirai son blouson, et lui en donnai quelques coups sur les omoplates. Il parut le supporter difficilement. Ses yeux s'agrandirent et sa bouche s'arrondit pour protester, mais ça n'alla pas plus loin. Je lui demandai si je lui avais fait mal.

— Oui.

— C'est bien.

Il me fit savoir alors qu'il aimerait être seul avec moi, que la présence de Ray à côté le gênait. J'insistai auprès de lui, et Ray partit aussitôt. Je ne sais plus très bien ce qui s'est passé après ça. Si j'eus le loisir de remarquer immédiatement la douceur de sa peau, ou si j'étais tellement plongée dans l'action avec lui que je ne songeais à rien. En tout cas, je me souviens qu'il me prit longuement par tous les bouts et avec fougue, que nous étions enragés, qu'il me fit moins mal en me sodomisant que je ne m'y attendais, et que je me dis une fois de plus que les homosexuels étaient d'une manière générale très en forme et merveilleusement libres.

Nous venions juste de finir quand le réveil sonna. Je constatai que c'était pire encore que d'être réveillée au début d'un profond sommeil. Je décidai de manquer la première partie de la journée, pour le plaisir d'être contre lui, et de regarder ce long corps replié qui semblait ne pas pouvoir tenir dans la longueur du lit. Et sans doute que j'aimais déjà son front de petit taureau, plat mais sillonné de rides profondes, avec les sourcils qui formaient des tourbillons en remontant vers le front, au-dessus du nez, et les cils noirs très recourbés, étroits et allongés, mais surtout la ligne incroyablement parfaite, lorsqu'il dormait, de la pommette et de la joue, et que rendait si adorable la présence de la boucle de cils noirs qui en marquait le début.

Dimanche 13 mai

L'arrivée de cet Américain qui a fait des guerres et qui a été torturé m'a surprise.

D'humeur assez sadique, hier soir, Randy m'étranglait avec ses mains de tueur tandis qu'il allait au fond de ma gorge. J'ai eu l'impression qu'il m'avait fait des bleus. En tout cas, j'avais mal à la gorge ce matin.

Ma préférence, dès qu'il est nu, avec son bassin et ses cuisses superbes, c'est de le caresser en lui léchant le cul, et en essayant de le pénétrer le plus loin possible avec la langue. Ça le met en transe.

Il s'est ensuite rhabillé entièrement de cuir noir, car j'avais envie de retourner prendre un verre dans ce bar cuir où je l'avais dragué. Je n'eus pas à insister beaucoup pour l'emmener se faire voir dans cette tenue qui me paraissait infiniment plus sexy que la tenue de cow-boy. J'avais besoin qu'on voie sa beauté, et de me montrer avec lui. Il voulait mettre ses atroces lunettes noires, mais je réussis à le convaincre qu'on devait voir ses yeux, que c'étaient ses yeux qui m'avaient émue.

On y était vers minuit.

La manière dont Randy a dragué Pierre m'a ravie. C'est sans doute la seconde fois qu'on le voyait dans ce bar, mais hier il a fait un effet ravageur, si j'en crois les yeux de tous les mecs qui leur sortaient réellement de la tête. Mais peut-être était-ce aussi parce que nous nous tenions très mal. Il portait donc la casquette et le blouson de cuir noir, avec deux broches en forme de tête de mort, et ses bottes qui sentent la pourriture, des bottes de la police américaine. Moi, j'étais en cuir noir des pieds à la tête comme la veille, sauf que je n'avais pas emporté ma cravache.

Il avait déjà repéré ce type qui lui plaisait lorsqu'il se mit dos à moi, à califourchon sur ma cuisse droite. J'étais assise sur un haut tabouret de bar à le peloter. Et quelques minutes plus tard, le petit mec carré au visage viril et souriant était contre nous. Randy est resté debout, toujours dos à moi, mais entre mes cuisses cette fois. Je caressais indéfiniment ses fesses, tandis que Pierre le pelotait à la braguette. Je ne sais pas trop ce que faisait Randy pendant ce temps, car j'avais mon nez contre son blouson, mais j'ai vu de près les pectoraux du type qui était nu sous son gilet de cuir marron, je les ai un peu caressés de ma main gauche, et j'en ai profité pour tordre le bout d'un sein. Il a alors tâté ma cuisse gauche, qui était de son côté, sans doute pour voir un peu ce sur quoi ce beau mec à gueule de bandit s'asseyait avec tant d'indécence un moment avant. Et puis Pierre a dit qu'il ne voulait pas me l'enlever ce soir-là, et nous sommes rentrés chez moi. Randy était très satisfait de sa drague. Ça va le changer de coucher avec un homme.

Lundi 14 mai

Vraiment ce type est unique avec sa tête de tigre. Vu des photos de lui en Amérique, à ce qu'il m'a dit : l'une dans la propriété de ses parents, où il n'est pas très beau. Une tête de pierre. Il est rasé, et les cheveux complètement ras sur son front qui paraît trop large lui font une tête osseuse, un visage absolument triangulaire. Il est dans une chaise longue, torse nu, il ne paraît pas bien bâti, peut-être est-il maigre ? Une fille est à côté de lui, qui devait être sa petite amie à l'époque. Une autre photo incroyable : il danse dans une boîte de nuit, tout seul, habillé en cuir, veste à franges, pas de moustache non plus, et comme il est assez dégingandé et maigre de visage, qu'il sourit bouche ouverte sur ses dents — on voit celles du haut dont une sur deux manque, ou est rongée par la cocaïne ou la morphine, je ne sais plus trop ce dont on les a bourrés, pour supporter l'horreur des combats —, ça accentue cette impression de vampire. A part ça, il a une gueule assez typique de schizophrène. Cette photo donne un choc. Je suis sûre qu'il effraierait la plupart des gens ainsi. En même temps, il fait très homosexuel, et on remarque beaucoup ses grandes mains. J'aime cette photo.

Mercredi 16 mai

L'autre soir, Randy était incroyablement beau, avec ses fesses très rondes, n'accusant même pas un sillon au-dessous, ses cuisses longues et lisses, tout au moins sur le devant et à l'intérieur, et son pubis fourré, bouclé, serré très ras, noir et triangulaire. Randy avait surtout le sens des poses. Il s'est assis tout à fait à l'avant d'un fauteuil, mais le bassin basculé vers l'avant, une jambe passée sur l'accoudoir, l'autre tenue verticalement en l'air. Sa queue bandait depuis que je lui avais fait essayer un porte-jarretelles en skaï noir. Les cuisses et le ventre n'étaient pas tout à fait à portée de bouche, car à mon collier de chien incrusté métal, il avait fixé une laisse qu'il retenait d'une main.

Au bout d'un moment, lorsqu'il en eut assez de cette pose, il m'a offert son cul d'une manière plus commode. C'est ce soir-là que j'ai essayé le *fist-fucking*, enfin, seulement trois doigts, il ne pensait pas pouvoir en supporter tant. Cela m'a beaucoup troublée de bouger et sentir avec mes doigts l'intérieur de son corps merveilleusement doux, tandis que je caressais de l'autre main son ventre étroit et féminin, et je lui ai dit que je l'aimais. Le lendemain, ce fut à son tour de me le dire, mais pas dans les mêmes circonstances. Nous étions à la cuisine, lui en train de traîner impensablement pour prendre son petit déjeuner à 2 heures de l'après-midi, et moi de le dévorer des yeux. Mais je n'arrivais pas à croire que ce soit vrai. Je pensais simplement qu'il ne voulait pas être en reste.

Jeudi 17 mai

Le walkman diffusait jusque dans la cuisine la musique du film *Midnight Express*.

Randy n'en finissait pas de prendre son petit déjeuner. On aurait dit qu'il ne savait pas ce qu'il faisait. Les quatre œufs sur leur tranche de bacon refroidissaient avec son café. Il grignotait un toast qu'il avait fini par beurrer, me regardait, buvait un verre de lait frais dans un grand verre qu'il s'était lavé spécialement, car autrement il ne touchait à rien, et m'embrassait en me dévorant.

— Tigre ! ai-je murmuré.

Alors, il a fait une sorte de « roarrr », et ses yeux devenaient encore plus féroces. Je l'imitai aussitôt, mais il se moqua de moi. Pourtant j'imitais son cri tout à fait correctement, mais Randy était ainsi.

Il a bu un grand verre de jus d'orange, et m'a regardée encore. Me demandant comment il se faisait qu'on se désirait tant, qu'il avait sans arrêt envie de moi.

— Mais qu'est-ce que j'ai ?

Du walkman dans le couloir nous parvenait toujours cette musique d'enfer.

— J'aime ça, lui dis-je.

— Moi aussi. Ça me donne envie d'aller jusqu'au bout.

Je n'aurais sans doute pas trouvé une formule aussi simple.

Je l'ai regardé dans les yeux. Comment se faisait-il qu'on se désirait tant ? C'était là une identité profonde et de la plus grande importance, c'était le fond de la vie. Ce que j'avais comme horizon depuis toujours en avant de moi et que je n'atteignais jamais faute de rencontrer...

Vendredi 18 mai

Depuis pratiquement le début de notre relation, Randy m'a demandé de lui prêter de l'argent, tout en se déhanchant d'un air gêné et en faisant attendre quelques minutes l'aveu de ce qui le tourmentait ainsi. Mais il avait tant de charme, son air confus le rendait si désirable que je ne pouvais m'empêcher de le lui promettre, alors que j'ai vraiment des difficultés à joindre les deux bouts. Et il suffisait que j'accepte pour qu'il manifeste aussitôt son insouciance naturelle, une folle gaieté, qu'il plaisante comme un enfant, mimant avec exubérance et un charme inimitable les dessins animés de Tex Avery dont il parle d'ailleurs fréquemment. J'aime le voir ainsi tout fou. A d'autres moments, il me parle d'une manière excédée, parce que je trouve surprenant qu'il s'absorbe devant les publicités qui passent à la télévision, comme si je n'étais pas là collée contre lui, à ne penser qu'au bonheur d'entrer en contact avec lui davantage. Lui parler, regarder son visage qui m'attache irrémédiablement à lui, le caresser, boire sa salive, me rouler dans sa transpiration. Toute la literie est trempée le matin, jusqu'au sommier, et avant qu'il se réveille, j'essuie à plusieurs reprises son front plat et bosselé, rempli de gouttes de sueur. Lui, grince des dents, ou fait entendre un mince petit cri de gorge étranglé. Il me dit que c'est à cause de cauchemars qu'il fait presque chaque nuit, sur tout ce qu'il a connu pendant la guerre du Viêt-nam. De toute façon, je suis si folle de lui que je me vautrerais dans n'importe quoi qui vient de son corps.

Après, nous avons pris un bain et je l'ai savonné partout.

En vérité, j'ai surtout faim de lui, et je me contente aussi bien de l'adorer.

Samedi 19 mai

Ce matin, je lui ai dit qu'il avait toutes les apparences d'un gigolo, mais que cela m'était égal, que les gigolos me plaisaient. Il n'y avait à cela qu'un seul inconvénient, c'est que je n'avais pas d'argent. Mais il s'est mis en rogne. Il ne voulait pas que je le prenne pour ce genre de types, et j'ai dû promettre de ne plus lui en parler. Souvent, lorsque sa mauvaise humeur se manifeste, il dit qu'il va partir coucher deux ou trois nuits à l'*Embassy*, mais je ne supporte pas l'idée qu'il s'éloigne de moi une seule nuit. Je vois bien qu'il mesure très exactement les effets de ses menaces, je vois tout ça le plus clairement du monde. Et je finis par ne pas pouvoir m'empêcher de lui donner ce qu'il me demande.

Et puis, il y a la récompense de son humeur merveilleuse. Nous marchions dans Paris. Il plaisantait, riait, sautait, faisait une passe de base-ball, faisait rire les gens et me prenait par les épaules en se moquant de moi. Il marche à toute allure : « Allez, go ! go ! go ! », et avec ses jambes immenses, ça veut dire du 15 à l'heure. Je ne me plaignais pas, j'avais l'habitude de marcher vite. Simplement, je devais souvent courir pour rester à sa hauteur. Il ne me prévenait même pas quand il virait à droite ou à gauche, et cela me faisait perdre du temps. Il le voyait et en riait.

Finalement, il a voulu aller prendre un verre dans un café, près de la gare Saint-Lazare. Il y avait pas mal d'hommes qui me plaisaient, presque pas de femmes. Je supposai que c'était un bar de maquereaux, car j'ai aussi du goût pour ce genre d'hommes. En général, ils sont cruels et savent se faire désirer.

Dimanche 20 mai

Randy me dit des choses contradictoires.

Il dit ne pas aimer me battre parce qu'il m'aime. Me gifle-t-il à contrecœur ? C'est hier, où il était rentré très tard, car il passe toujours une partie de la nuit à traîner de café en café, que j'ai repensé à ce qu'il m'avait dit dans l'après-midi : son envie de frapper à coups de fouet, vraiment méchamment, sur un type qui avait traversé la rue, assurément pour le draguer. J'essayais de le faire parler à nouveau de ce désir et je finis par avoir très envie qu'il se serve sur moi du fouet de cirque. Nous étions couchés. Je l'avais préparé à l'avance à côté du lit. Je le lui ai tendu. Randy était fatigué et me demanda d'un ton très froid, que je me rappelle maintenant exempt du moindre accent :

— Est-ce bien nécessaire ?

— Oui, je t'en prie, juste deux ou trois coups, je n'en peux plus.

Je n'aurais pas pu dormir de la nuit s'il ne s'était pas levé. Avec son mètre 90, debout à côté du lit où j'étais étendue, le fouet plié en deux qu'il brandissait par-dessus son épaule, il était assez impressionnant. Je rampai à plat ventre pour me dégager jusqu'aux reins, le dos contracté par le désir des coups. J'indiquai les omoplates et la taille. Il frappa, puis s'inquiéta un peu :

— Je continue ?

— Oui.

A un moment, il m'avait frappée assez fort sur la taille. Il demanda :

— Encore ?

— Oui.

— Au même endroit ?

— Oui.

Et puis cela cessa. Je lui demandai alors :

— Qu'est-ce que ça te fait de me fouetter ?

— Ça me donne des frissons.

Cela me rassura. Il y avait donc pris plaisir.

Lundi 21 mai

Ces derniers jours, Randy s'est montré plus agressif. Son visage devenait froid, dur, calculateur. L'ouverture de ses yeux se rétrécissait, et il m'observait comme s'il avait sur moi un projet secret et lointain, comme si j'étais un objet utile à sa mission, à celle qu'il s'était fixée ou à celle qu'on lui avait dictée. Il était malgré tout très beau ainsi. Il avait l'air très cruel. Dix minutes à l'avance, je savais qu'il allait me demander de l'argent, malgré l'altercation récente. Je pensai refuser. Il jouait avec moi comme une araignée avec une mouche. Ne m'avait-il pas dit pour rire qu'il me dévorerait ? Je l'ai assuré que j'étais du genre à me jeter dans la gueule du loup lorsque le loup avait sa gueule. Il m'a alors répondu cette phrase plutôt énigmatique pour moi :

— Mais peut-être bien que je te partagerai avec mes copains !

Mardi 22 mai

Voilà que je me suis fâchée pour de bon contre Randy et j'ai réfléchi une partie de la nuit auprès de lui. Ce matin, j'ai remis les choses en place d'une manière ferme à propos de ce que j'étais, afin qu'il n'y ait pas de confusion possible, et à mon grand étonnement, au lieu de se fâcher, le voilà tout à coup qui paraissait m'admirer. Peut-être n'avait-il été aussi odieux que pour me pousser jusque-là. Peut-être avait-il besoin que je me montre. Mais il m'importait de mettre les choses au point, et ce fut dans la salle de bains.

— Randy, je ne veux plus avoir peur de toi. Ce n'est pas ta force ou ta violence qui m'impressionne. J'ai simplement peur de te fâcher. Tu es trop susceptible. Je n'ose jamais rien te dire de peur que tu t'en ailles. Maintenant, c'est fini. Je veux pouvoir te dire ce que je pense. Je ne suis plus folle, et je n'aurai plus jamais peur. Alors, j'aimerais que tu décides de faire l'effort d'attendre jusqu'à vendredi pour reprendre ta mallette au clou, et que tu ne me demandes pas encore de te prêter de l'argent. Il ne reste que quatre jours... (Il a fait la grimace.) Enfin, si tu ne peux pas, je te le prêterai évidemment, mais je voudrais vraiment que tu sois capable de faire cet effort.

Randy se déhancha, à nouveau, de sa façon si charmante, pour me dire que ça lui ferait vraiment un grand plaisir d'avoir tout de suite cette petite mallette à laquelle il tenait tant.

Je fus quasiment persuadée, à ce moment-là, qu'il m'extorquait tout simplement de l'argent. J'allai plus loin :

— Tu sais très bien que personne ne t'aurait prêté tout cet argent sans te connaître, en seulement 10 jours... Et tu sais pourquoi personne ne te l'aurait prêté, hein ? Parce que si quelqu'un d'autre à ta place, un Français mettons, avait fait exactement comme toi, n'importe qui penserait que c'est un maquereau qui essaie de m'extorquer le maximum d'argent.

Il se fâcha. Il ne pouvait pas croire que je puisse penser ça de lui. Il me dit brutalement qu'il allait me rendre mon argent, vendre les trois bagues qui lui rappelaient différents épisodes de sa vie et qu'il se tirerait.

Je lui ai dit alors qu'il s'était mépris sur mes intentions, et que je voulais bien lui prêter encore ces 850 F.

En fin de matinée, je partis avec lui à la banque en lui expliquant, car il m'en voulait encore, que je lui avais dit tout ça pour préserver mon équilibre, parce qu'il n'était pas bon de vivre ainsi dans la peur.

Je lui remis sous un passage 900 F. Je n'ai même pas eu envie de demander de la monnaie à la banque, et il est parti vraiment joyeux, très démonstratif et passionné.

Mercredi 23 mai

J'ai fait essayer hier à Randy un bonnet de fourrure rousse avec une queue de renard sur la nuque. J'étais déjà couchée, et il l'avait sur la tête quand il m'embrassa sur la bouche avec une fougue plus grande qu'à l'ordinaire, juste avant de partir pour sa virée nocturne. Il était superbe de force et de violence. Je lui fis promettre de me faire l'amour ainsi couvert à son retour.

Il tint parole, mais au lieu de faire l'amour au-dessus de moi, de façon à ce que je voie son visage, il resta à genoux, de toute sa haute taille et se mit à se branler, le regard fixe, sur je ne sais quoi.

Il était, ainsi, de toute beauté.

Son pâle corps si long dressé au-dessus de moi, sa tête surtout, sa ronde tête noire, avec le bonnet de fourrure hirsute au-dessus de ses yeux sauvages, ce masque dur, violent, qui devenait peu à peu mélancolique, en même temps que les prunelles se renversaient pour l'extase. A quoi pensait-il ainsi, en offrant sa jouissance devant moi dans une telle solitude, une telle tristesse ?

Je le buvais des yeux, j'embrassais sa main comme une main sainte. Quand il accéléra, les yeux chavirés, je le suppliai de m'arroser de son sperme, le visage levé contre ses cuisses. J'en reçus partout sur le visage, les seins et un peu dans la bouche.

Il s'affala sur le côté, comme épuisé, et s'endormit. Je l'ai recouvert doucement.

Jeudi 24 mai

Hier, Randy m'a réclamé 60 F pour la journée du lendemain. Avant de partir à mon travail, je me suis aperçue que je n'avais qu'un billet de 100 F. Je le déposai sur ses affaires avec un mot : me rapporter la monnaie qui devait nous servir jusqu'à vendredi, quand il pourrait me rembourser toutes ses dettes.

Ce soir, en revenant de mon travail, je suis allée voir, pour apaiser une crainte que j'ai eue toute la journée, dans la pièce où nous dormions. Il avait déménagé toutes ses affaires. Il n'avait même pas emporté le maillot de corps très décolleté en synthétique noir, brillant et doux, qui lui allait si bien, et que je lui avais offert sur sa demande.

Je n'ai pas pu manger, je me suis couchée tout de suite, et je suis encore étonnée que le choc soit beaucoup moins grand que ce à quoi j'aurais pu m'attendre. Je trouve que je réagis bien.

Vendredi 1er juin

Je me demande quel genre d'homme c'était. Était-ce vraiment un type condamné à mort et recherché par les flics ? Était-ce un maquereau ? Était-ce un mythomane comme le disaient certains de mes amis ? Un de ces homosexuels qui profitent de ceux qui les désirent et les aiment, et que les petites annonces s'ingénient à éviter ? Ray me disait ne pas croire un mot de tout ce que Randy avait raconté. J'estime que c'est pousser un peu loin le doute.

Ray ne comprend pas grand-chose à tout ça. Si, pourtant, une chose. Il lui semble que Randy n'a jamais dû rencontrer quelqu'un comme moi, si attaché, si passionné ou si fou, et qu'il ne m'oublierait sans doute pas.

Il m'a aussi envoyée voir un film sur le Viêt-nam pour me prouver que Randy n'avait pu y participer.

— Il n'a pas la maturité que donne un destin pareil, disait-il.

Or, j'ai découvert dans le film qu'un des personnages en revenait au contraire comme s'il était retourné à l'état d'enfance. J'ai expliqué à Ray que le Viêt-nam ne donnait peut-être qu'une gueule d'enfer — comme le lui avait dit un metteur en scène qu'il avait rencontré dans les Tuileries et qui tenait à le faire tourner pour ça justement. Ray m'a répondu que de toute façon, il n'avait pas pu y participer, car il avait 16 ans quand... Mais la guerre du Viêt-nam s'est terminée il y a 8 ans. Randy avait alors 25 ans. Il avait seulement voulu dire qu'il était entré à 16 ans, sans doute après avoir été enfant de troupe. Mais les marines sont beaucoup plus durs et costauds... En réalité, Ray se contredisait sans cesse, car il affirmait ensuite qu'on prenait aussi bien des petits types dans son genre, très résistants. Il faisait 1,68 m, et c'était bien le contraire du costaud.

Bref, pour moi, le plus vraisemblable, c'est qu'il a été marine et qu'il ne l'était plus depuis quelque temps, puisqu'il vivait de rien. Mais qu'est-ce qui l'empêchait de retourner en Amérique ? Une pension à verser à sa femme et ses enfants, et qu'il n'était plus en mesure d'assurer ? Mais sa famille aurait pu l'aider, si elle était ce qu'il avait dit. Normalement, je devais passer deux mois dans son ranch, avec des chevaux, des mustangs, dans le Colorado. C'était peut-être de la blague. Est-il condamné pour une autre raison que celle qu'il m'a donnée ? Il m'a raconté qu'il avait été condamné à mort pendant la guerre pour le meurtre d'un sergent, qu'il avait fait trois mois de pénitencier et finalement qu'il avait été reconnu innocent, ou tout comme. Était-il toujours condamné à mort, et ne pouvait-il vivre qu'ainsi ?

En tout cas, quand je lui ai dit qu'il me plaisait encore plus depuis que je savais qu'il avait fait du pénitencier, ça l'a plutôt contrarié. Un autre jour, il m'a dit qu'il avait cassé la gueule à deux types, pour des histoires de solde impayée et que son père lui avait conseillé de foutre le camp pendant 7 mois.

C'est vrai qu'il paraissait toujours en fuite, en état de danger. Très méfiant. Il disait qu'il était comme ça depuis le Viêt-nam, qu'on le rejetait partout en le traitant de boucher. Il se sentait traqué.

Jeudi 7 juin

Ce matin, autre chose m'est apparu. Randy a menti à propos de l'argent, mais ce que je réalise soudain, c'est la proximité entre mythomanie et sadomasochistes. Ce que me racontait Randy concernait des violences : meurtre, condamnation à mort, pénitencier, guerre du Viêt-nam, torture. Mais je dois dire qu'il avait deux grandes cicatrices au poignet gauche, et de petites cicatrices en haut des cuisses, et sous la fesse. Évidemment, on pouvait penser que les sadomasochistes s'arrangeaient toujours pour rencontrer ce genre de choses dans leur vie. Randy m'avait raconté effectivement avoir été séquestré une semaine ou deux par deux fortes femmes dans un château en Écosse, leur avoir servi d'esclave et d'étalon, et avoir subi divers sévices sur lesquels il ne s'étendit pas.

Pourquoi aussi tenait-il à montrer ses deux horribles cartes d'identité avec des photos de lui caché derrière un grand chapeau de chef scout et des lunettes noires qui lui mangeaient le visage, et lui donnaient l'air d'un chef de junte sud-américaine ? Pourquoi cette insistance à montrer ses plaques de marine et de major instructeur, avec ses nom et prénom inscrits ? Sans doute l'alibi d'une fausse identité. Mais on pouvait y voir autre chose. Puisqu'il paraissait les aimer, on pouvait supposer que tout ça était très érotique pour lui, comme de se balader dans tout Paris en treillis avec ses bottes de la police américaine et son foulard rouge sur le front, et qu'il exhibait là quelque chose de très particulier pour lui. Et bien qu'il manifestât une étrange pudeur lorsqu'il était question de montrer sa peau devant des hommes, il me donnait effectivement l'impression d'être intensément exhibitionniste.

Samedi 9 juin

Serait-ce un schizo sorti de l'hôpital psychiatrique, apparemment guéri ? Peut-être ses cicatrices sont-elles des tentatives de suicide ? Cela expliquerait cette incapacité de Randy à faire quoi que ce soit, hormis s'occuper de son corps, aller dans des cafés et y passer des heures, silencieux, ainsi que cette impression d'identité profonde avec lui. Il disait toujours, je suis un solitaire. Cela expliquerait aussi son absence d'expression affective la plupart du temps, sauf sous forme de violence, ainsi que sa colère lorsque je le vouvoyais. Et puis il changeait toujours d'aspect. Un jour, il s'est fait décolorer les cheveux en roux. Roux foncé. Sourcils, cheveux et moustache. Après, il s'est fait raser presque entièrement.

Toutes ces réflexions me donnent envie de pleurer. Je suis encore très émue par lui. Peut-être que cette impression qu'il me donnait de m'observer avec un froid calcul dans le regard pourrait s'expliquer ainsi.

Mercredi 13 juin

On pourrait évidemment penser qu'ayant besoin de se faire entretenir, il lui faut rencontrer des gens qui sont assez fous de lui pour ça. Mais je suis absolument sûre, maintenant, que le besoin d'argent n'est pas le principe de son comportement. Je ne cesse de m'interroger. Je n'arrive pas à comprendre. Enfin, pourquoi être parti ainsi, sans même un mot ?

Il avait peur de s'attacher trop à moi, a-t-il dit un jour, et aussi qu'il était fou de moi. Certes, c'est moi la première qui lui ai dit que je l'aimais, mais ne disait-il pas, lui aussi, dès le début : « C'est merveilleux de se désirer comme ça ! » ou encore : « Mais qu'est-ce que j'ai ? J'ai tout le temps envie de faire l'amour ! » Le fait est qu'il m'embrassait avec fougue très souvent, qu'il me prenait dans ses bras, qu'il me frappait aussi, pour m'embrasser ensuite sur la bouche tout en m'étranglant, et ceci chaque fois que j'avais eu l'étourderie de le vouvoyer.

Si c'était l'argent qui comptait pour lui, il n'avait pas besoin de me gifler ainsi avec ténacité.

Vendredi 15 juin

Peut-être que Randy m'a emprunté tout cet argent (en dehors du besoin qu'il pouvait en avoir) et qu'il est parti de cette façon-là, si brusquement, pour m'épargner, comme s'il avait voulu amortir le coup. Peut-être n'était-ce qu'un dernier acte sexuel, un acte de cruauté que je ne serais pas près d'oublier, puisque la dette demeurait conjointe à son absence brutale. Je ne lui en veux même pas. J'ai eu simplement l'estomac bloqué pendant deux jours.

Un instant j'ai cru qu'il avait eu comme projet d'installer entre nous la même relation qu'entre un maquereau et sa putain, et cette idée m'a presque fait jouir. J'imaginai alors qu'il revenait et que sa première phrase était pour me demander de lui faire un cadeau. Je tremblais de désir à cette idée. « Oui... Ce que tu veux... Dis » Ah ! S'il pouvait revenir de cette manière... Ma folie me reprend tout entière. Et je me contente de cette folie qui m'habite et me dilate. Je ne souffre pas.

Vendredi 22 juin

J'espère encore le rencontrer par hasard. Je regarde partout. Les métros qui arrivent, ceux qui passent en face, les gens sur le quai, et dans la rue, surtout là où il semblait avoir ses quartiers généraux : Opéra, Bastille, Saint-Lazare. A moins qu'il n'ait quitté Paris.

J'ai fait de lui trois portraits-robots, je les ai fait photocopier par un ami et je les montre à tous ceux que je rencontre dans les bars, la nuit. Personne ne le connaît. Plusieurs types, en le voyant, ont eu le souffle coupé. Il est vraiment très sexy sur le dessin.

Mais la chance a tourné. J'ai rencontré dans un café où je vais souvent en ce moment un jeune gars qui avait passé quatre jours chez moi en compagnie de mon locataire. Il n'avait jamais vu Randy avec moi, et en jetant un coup d'œil sur le dessin, il l'a immédiatement reconnu. Il m'a dit qu'il le voyait tous les soirs dans le bar d'en face, que je connais aussi et qui est fréquenté par des gosses à la mode. Je me suis étonnée, mais des amis m'ont dit qu'il y avait là des gigolos, et que des types plus âgés venaient. Personnellement je n'en ai jamais vu. Mais il m'a décrit Randy :

— Un grand type brun, assez beau, avec un bandeau rouge sur le front, toujours en treillis... Je l'ai vu pour la dernière fois, oh ! il y a de ça trois semaines, un mois.

C'était juste comme il avait disparu.

Dimanche 1er juillet

J'ai à nouveau rencontré ce garçon hier après-midi. A ce qu'il paraît, Randy restait toute la soirée, sinistre, dans son coin, à boire son café-crème, sans parler à personne, et sans que personne lui parle. J'ai été assez intriguée par cette réponse, et rassurée aussi. Il ne sortait pas pour en trouver d'autres à rançonner dans l'espoir de me quitter plus vite. Mais pourquoi alors sortait-il ?

C'était donc là où il allait, les soirs où il me quittait pour rentrer dans la nuit ? Qu'attendait-il donc ?

Qui était-il ?

N'empêche que j'en suis cinglée au point que s'il revenait, il pourrait me faire n'importe quoi... m'étrangler... Oui, il pourrait me tuer, je me laisserais faire... Il adorait se faire sucer, et ça me plaisait follement qu'il me le demande... ou qu'il l'exige. C'était quotidien. Comme pour l'argent, en somme. Ça aussi, ça me faisait bander.

C'est vrai qu'il y a des hommes plus larges d'épaules, et plus musclés. Mais sa beauté à lui est subtile. Elle réside dans une multitude de significations qui courent sur chaque détail de son corps. Il s'agit plutôt d'une harmonie attendrissante et captivante.

Quelque chose en tout cas me disait que cette rencontre, pour avoir été brève, n'en était pas moins de la plus grande importance. Il y a 2 ou 3 ans, en fermant les yeux avant de m'endormir, j'ai vu tout à coup une paire d'yeux noirs, très nets, qui me regardaient fixement. Ce regard sombre, immobile, semblait m'observer avec une grande attention, une grande concentration. Comme il était d'une netteté photographique et que je ne connaissais pas ce regard, que je ne l'avais encore jamais croisé, je me dis qu'il devait s'agir de quelqu'un que je connaîtrais plus tard.

Et depuis le deuxième soir, au moins, je me suis rendu compte que, dès que je fermais les yeux, je retrouvais à l'intérieur de ma nuit son regard à lui, mais toujours immobile, et qui m'observait sans aucun sentiment particulier. Un soir que Randy était allé prendre un verre dans un bar où je ne pouvais pas aller, j'ai su comme ça qu'il avait flirté avec un homme au fait que son regard s'est approché de mon visage, suffisamment pour que je puisse penser qu'il embrassait quelqu'un. J'étais à la place de celui qui le voyait ainsi tout près. C'était la vérité, comme il le confirma.

Dès sa disparition, ses yeux, que je ne voyais plus depuis que je lui avais raconté ça, m'ont regardée à nouveau. Mais cette fois, avec une expression de frayeur. Par moments, je les voyais de biais, comme s'il détournait son visage pour me regarder en coin. Je me demandais ce qui pouvait l'effrayer ainsi. Avait-il une mission auprès de moi, à laquelle il avait failli ?

Cette histoire de regard me donnait l'impression que Randy m'avait été envoyé dans un but précis, peut-être le franchissement d'une étape. Que seul un événement de ce type pouvait permettre ? Qu'il était un axe dans ma destinée, mais aussi, il me semblait que je jouais un rôle identique pour lui. Nous venions de très loin l'un et l'autre, pour cela. Pour nous rencontrer, envers et contre tout. Sûrement je le reverrai à nouveau, et je saurai.

4.

L'exercice de Dieu

Chasteté

Comment parler à Dieu ?

Si l'on ne se retire plus du monde, comme le faisaient les pères du désert, aux premiers temps de la chrétienté, du moins arrive-t-il aujourd'hui que l'on redécouvre la vertu du silence et de la solitude, de la paix intérieure et de l'ascèse, dans les communautés monastiques ou les fraternités sacerdotales, où l'on apprend à se soumettre à la rigidité des règlements communautaires et à la méthode des Exercices *de Loyola.*

On peut, dit R. Barthes[1]*, en résumer les protocoles sous une prescription unique d'isolement : retraite dans un lieu clos, solitaire et surtout inhabituel, conditions de lumière (adaptées au sujet de la méditation), emplacements de la pièce où doit se tenir l'exercitant, postures (à genoux, prosterné, debout, assis, visage au ciel), portée du regard, qui doit être retenu, et surtout, organisation du temps, pris entièrement en charge par le code, du réveil au sommeil, en passant par les occupations les plus modestes de la journée (s'habiller, manger, se détendre, s'endormir). Cette organisation extrêmement sévère du temps permet finalement de* napper *entièrement la journée, de supprimer en elle tout interstice par lequel pourrait revenir une parole extérieure. Et d'installer dans l'exercitant une sorte de vide nécessaire à l'élaboration et au triomphe de la prière à Dieu.*

Cette expérience du vide, qui doit durer le temps des quatre semaines des Exercices *nécessite également la méditation seul à seul, la comptabilité obsessionnelle de la faute, et, bien entendu, l'observance absolue du vœu de chasteté.*

Rafaël a 29 ans, la grâce d'un séminariste et le cran blond et séduisant de l'Américain qu'il est, par son père. Il a vécu trois ans à Ecône, en Suisse, dans la foi intégriste de monseigneur, et puis il l'a quittée. Je l'ai rencontré à Paris, où il travaille dans un grand corps d'État : à la règle de Dieu, il a substitué aujourd'hui le règlement juridique des affaires du monde. Dans ce langage de réserve et de contraintes, Rafaël parle de la chasteté, qu'il s'est imposée là-bas, par le cilice et la discipline, pour plaire à Dieu. Et peut-être y connaître ses plus hautes jouissances.

1. R. Barthes, *Sade, Fourrier, Loyola,* Le Seuil, 1971.

— Je suis rentré à Ecône en 1978, j'avais 23 ans, après des études secondaires aux États-Unis. Je suis rentré sur la recommandation d'un prêtre intégriste de Bretagne...

— Vous êtes d'origine bretonne ?

— Ma mère est bretonne, et mon père, américain.

— Vous aviez déjà l'intention d'entrer dans les ordres ?

— Oui, j'y avais pensé depuis plusieurs années, aux États-Unis d'abord, mais c'est en France que j'ai su qu'Ecône existait, et ce que ça représentait vraiment. Et j'ai choisi cette voie-là qui me paraissait à la fois la voie la plus noble et la plus courageuse face à la crise de l'Église, face à un processus d'autodémolition. Je me suis dit : il faut aider ce vieil archevêque qui lutte courageusement contre le modernisme.

— Votre famille est de tendance intégriste ?

— Conservatrice, sans aller jusqu'à l'intégrisme. Mais j'ai poussé un peu plus loin.

— Pour vous, c'était un combat ?

— Voilà, une croisade.

— C'est facile d'entrer à Ecône ?

— De fait, c'est relativement facile. Ce qui est demandé, c'est d'avoir au moins un baccalauréat, une recommandation d'un prêtre intégriste qui atteste que vous êtes un candidat sérieux et un entretien avec le directeur du séminaire. C'est la seule sélection. Il y a une période probatoire, une sorte de noviciat, qu'on appelle l'année de spiritualité, et qui est la véritable période de sélection, si vous voulez. C'est au bout de cette période probatoire qu'on détermine si vous allez vraiment rester.

— Vous êtes resté en tout combien d'années ?

— Je suis resté 3 ans.

— Les 2 autres années, de quoi étaient-elles composées ?

— Il y a deux cycles d'études, un cycle de philosophie qui dure 2 ans, et un cycle de théologie qui maintenant dure 3 ans.

— Ces années se sont passées de quelle manière ?

— De façon générale, la première année est celle où les gens sont le plus enthousiastes, comment dire ? Le plus scrupuleux à obéir à toutes les règles de discipline, à s'atteler aux connaissances fondamentales, à étudier les grands textes du magistère, c'est l'année où les gens sont tout feu tout flamme. La deuxième année, on la passait alors à Rome : la ferveur initiale s'est estompée, il y a un peu de relâchement dans la discipline, des rivalités de clan, des idées divergentes qui font surface, il y a des gens qui prennent position individuellement vis-à-vis de la crise de l'Église. Moi, ça a été un peu le cas, j'ai repris un peu d'indépendance d'esprit à partir de ce moment-là, et au bout de la troisième année, pour un tas de raisons, j'ai quitté.

— Quelles raisons ?

— La raison principale, c'était une opposition à Mgr Lefebvre sur la contradiction qui existait entre le fait de reconnaître le pape comme pape et en même temps de lui désobéir sur toute la ligne. Ça, c'était une contradiction fondamentale et qui se résout soit en tenant Jean-Paul II comme antipape, soit en acceptant le concile Vatican II et les réformes liturgiques. On ne peut pas en même temps tenir quelqu'un comme vicaire du Christ et dire que la messe qu'il nous impose, le concile qu'il nous impose favorisent l'hérésie.

— C'était un peu une bataille de clercs, non ? Vous êtes parti en somme pour des questions de casuistique, ça paraît un peu curieux, surtout pour quelqu'un d'aussi jeune. Ce n'était pas du tout, comme vous disiez, pour des questions d'indépendance d'esprit ?

— Si. Je dissimulais un peu mes opinions, j'avais ce qu'on appelle des réserves mentales sur certains sujets, je me cachais. J'avais eu une crise personnelle, le dernier été de mon séminaire...

— Une crise personnelle ?

— C'est-à-dire que j'avais été infidèle au vœu de chasteté, ça posait un problème à mon directeur de conscience, et à monseigneur, et j'ai saisi cette occasion pour quitter. Peut-être en étant plus accommodant, j'aurais pu rester. Mais vu mes positions doctrinales et cette chose qui me tombait dessus...

— Qui vous tombait dessus ? C'était la passion ?

— Non, c'était beaucoup moins noble que la passion. C'était une histoire de jambes en l'air pendant l'été. Enfin, deux ou trois...

— Ça s'est passé où, ça ? A Ecône ?

— Non, non. C'était quand je rentrais chez mes grands-parents, en Bretagne. J'avais pris un auto-stoppeur allemand sur la route, sans trop savoir ce que je faisais, il y avait sans doute quelque attirance, mais enfin, lui a fait les premiers pas. J'ai d'ailleurs renouvelé la chose deux, trois fois en l'espace de deux semaines.

— C'est la première fois que ça vous arrivait ?

— Non, non. Avant d'entrer au séminaire, j'avais eu beaucoup d'aventures comme ça, rapides, de passage, j'étais un peu noyé là-dedans et je croyais vraiment qu'il était impossible de vivre sans ça, je ne voulais pas, je me confessais plusieurs fois par semaine, et je trouvais complètement impossible d'en sortir.

— Que vous disait-on dans la confession ?

— La plupart des prêtres étaient assez laxistes. Ils ne le disaient pas, mais ils pensaient certainement qu'il n'y avait pas grand-chose à faire.

— Vous le regrettiez ?

— Oui. Dans la théologie catholique, tout acte sexuel en dehors du mariage, et en dehors des règles voulues par Dieu est condamnable, celui-là en particulier qui est contre nature, et qui est donc doublement grave.

— Vous en étiez convaincu ?

— Pas vraiment. J'étais convaincu que l'Église le condamnait, donc que Dieu le condamnait, mais je ne croyais pas à la perversité intrinsèque de la chose.

— Dieu ne pouvait pas être contre votre nature ?

— Oui, c'est ce que je pensais.

— Quand vous êtes rentré au séminaire, après les vacances, vous vous en êtes ouvert à votre directeur de conscience ?

— Oui. C'est le genre de choses avec lequel on ne peut pas tricher. Ça serait stupide de tricher là-dessus, de mentir vis-à-vis de son directeur de conscience. Il vaut mieux être franc. J'avais vu deux prêtres. Un vieux prêtre qui, lui, avait été assez horrifié par ma confession, il m'avait dit : il faudra faire énormément de pénitences, de jeûnes, de prières supplémentaires, ça m'avait passablement effrayé. Quant au directeur de conscience que j'avais choisi à mon entrée au séminaire, c'était un Anglais, relativement jeune, intelligent, et lui, son attitude, c'était plutôt de dire : c'est une page qui est tournée dans votre vie, il faudra particulièrement être attentif pour ne pas retomber dans des occasions de péché, fuir toute occasion préliminaire de chute...

— Vous pensiez vous aussi que le commerce avec Dieu était exclusif du commerce avec le sexe ?

— Pour le prêtre, oui.

— Et pour vous ?

— Pour moi, je disais oui, parce que je n'étais pas heureux de mes aventures sexuelles passées.

— Ce n'étaient pas des aventures réussies, vous voulez dire ?

— Non, pas réussies sur un plan affectif, je n'avais vu aucun avenir là-dedans, ça m'avait déçu.

— C'étaient des moments d'égarement ?

— Voilà. C'était déjà une bonne raison, ça me dégoûtait. Et puis le prêtre doit être tout entier au Christ, au service de l'Église et des fidèles. Si vous voulez, je signais un peu l'enseignement traditionnel de l'Église sur la question : le prêtre est célibataire non pas en raison d'un dogme, mais en raison d'une question disciplinaire.

— Et qu'en a pensé monseigneur ?

— Justement, je suis allé voir monseigneur Lefebvre, et j'ai été très surpris, parce qu'il passait pour quelqu'un de très doux, qu'il me dise de façon très nette : « Vous savez, ce genre de choses, ça cause un scandale, il vaut mieux vous arrêter maintenant. » Ça m'a fait mal sur le coup. Il a été très catégorique, mais son argumentation était surtout institutionnelle, je m'attendais à un discours très chrétien : « Revenez à genoux, larmoyant vers le Christ, il vous pardonnera. » Au contraire, il m'a tenu un langage d'organisation, d'homme d'institution : « Si vous continuez comme ça, ça resurgira plus tard, vous ferez scandale, ça causera des problèmes sans fin. »

— La communauté était particulièrement fragile, de ce côté-là ?

— Il y avait eu effectivement des séminaristes assez voyants, assez efféminés, qui visiblement, dans leur façon de parler, de marcher, de s'habiller... Bref, ça ne faisait aucun doute. Il avait eu des histoires comme ça, peut-être, mais il faisait surtout appel à son expérience d'ancien directeur de séminaire et d'archevêque de Dakar, en disant qu'il avait eu déjà des histoires comme ça et que, chaque fois, ça avait tourné mal. On se serait cru en face d'un directeur du personnel.

— Il craignait pour sa maison ?

— Ça, je dois dire, ça m'a ouvert les yeux. Cette façon de régler mon cas avec une froideur logique, qui ne s'occupait pas du tout de mon âme, mais qui s'occupait avant tout de l'organisation !

— Ça ne vous a pas surpris que ce soit justement pour des questions de sexe ?

— Si, parce qu'honnêtement, je ne pensais pas que ce soit aussi grave que ça. Je pensais que c'était grave en soi, que c'était un péché mortel, mais il y a toujours le pardon, il y a toujours la confession, donc on pouvait s'en relever.

— A la limite, les problèmes idéologiques étaient de moindre importance. Ça, c'était vraiment la règle centrale, comme si finalement toute la communauté était reliée par ça.

— Par une attitude envers le monde, oui.

— Vous parliez des clans, des luttes d'influence, des querelles de pouvoir qu'il y avait, je crois, entre les libéraux, les durs et l'esprit de monseigneur ?

— Ce sont les termes le plus couramment utilisés, aussi bien à Ecône que dans le milieu intégriste : c'est tout simplement une façon de se situer, pour les traditionalistes, face à la crise de l'Église et face au Vatican. Il y a trois attitudes : celle des libéraux, qui sont rattachés, souvent pour des raisons sentimentales ou esthétiques, à la tradition catholique, à toute la beauté du culte, et qui s'accommoderaient volontiers d'une sorte de tolérance bienveillante de la part du Vatican, quitte à passer sur certains aspects gênants du concile, quitte à se garder d'attaquer le nouveau rite. Les durs, eux, sont ceux qui estiment que depuis la mort de Pie XII, l'Église a changé de constitution, changé de nature, en enseignant des doctrines, comme la liberté religieuse, contradictoires avec l'enseignement précédent des papes; que la religion catholique n'est plus celle qui est actuellement professée à Rome ou par les évêques et qu'il est un fait quasiment apocalyptique, c'est que l'Église, dans un dessein horrible de la Providence, se trouve réduite à un petit noyau de fidèles, comme d'ailleurs le prédit l'Apocalypse, que cela jette une suspicion sur la légitimité de la hiérarchie jusqu'à Rome, et même, pour les plus durs, que Jean-Paul II est l'antipape.

— L'esprit de monseigneur était où ?

— C'est la question la plus difficile, et avec tout le respect qu'on peut porter pour la douceur, la bonté, le courage de monseigneur, on est obligé de dire, quand on étudie toutes ses déclarations, qu'il a à peu près dit tout et le contraire. Il a tenu à la fois des positions très dures, allant jusqu'à mettre en doute le fait que Paul VI soit vraiment prêtre, et en revanche, il a écrit des textes selon lesquels on pouvait accepter le concile à la lumière de la tradition. Enfin, Mgr Lefebvre est ancien diplomate en Afrique noire, alors qu'il était archevêque à Dakar, il a gardé un peu ce caractère, et on est obligé de dire qu'il s'adapte particulièrement aux circonstances. Cet esprit de monseigneur, que prenaient la plupart des séminaristes, par naïveté ou parce qu'ils étaient perdus dans le mysticisme, c'était l'obéissance inconditionnelle à la personne de monseigneur, parce qu'il est saint, parce qu'il est doux, parce que c'est un homme providentiel, sans se poser de questions, si vous voulez, sur la logique de son action.

— Et vous faisiez partie de quel clan ?

— Moi, j'étais un dur, à l'époque.

— Et quelle était la position des uns et des autres sur la règle de la chasteté ?

— D'une façon générale, c'était peut-être une question de caractères plutôt que d'idées. Ceux qui étaient libéraux ou durs sur la crise de l'Église étaient libéraux ou durs sur les questions de règlement, et sur la fidélité à un certain esprit. Les libéraux en prenaient à leur aise avec la vie communautaire, faisaient des choses comme parler dans les couloirs, enlever la soutane pour jouer au foot, les autres, au contraire se braquaient et en faisaient certainement plus que le règlement, c'est-à-dire qu'ils s'efforçaient à être extérieurement plus pieux, ils en rajoutaient sur les dentelles, les ceintures en soie et les barrettes (c'est-à-dire le chapeau clérical), ils aimaient à porter une soutane à boutons, agrémentée de froufrous. C'était surtout pour faire la nique aux autres.

— On dit qu'il y en a qui ne parlaient pas du tout, qui étaient presque des mystiques du silence ?

— Absolument.

— Dans quelles conditions fallait-il parler ou ne pas parler ?

— C'était assez simple, on pouvait parler pendant la récréation d'une demi-heure, le déjeuner et le repas du soir et pendant les longues promenades du dimanche après-midi. Autrement la règle était le silence, sauf si on devait se rendre chez quelqu'un d'autre pour avoir un renseignement. On pouvait alors parler pendant 8 minutes sur le pas de la porte, sans entrer, bien sûr.

— Et ça ne vous pesait pas ?

— Non, au contraire, c'est très bénéfique. Ne pas être obligé de parler, ne pas être obligé de faire des politesses, très rapidement, au bout d'un mois ou deux, on est tout à ses études, tout à sa prière, et ça donne une grande tranquillité.

— On en devient très solitaire dans la vie ?

— Oui, sans doute. Et c'est pour ça qu'il y avait des résurgences, chez certains, de besoins d'affection.

— Les visites, les sorties, étaient-elles toujours prétexte à la tentation ? Est-ce qu'on vous mettait toujours en garde contre le monde extérieur ?

— Pour les visites et les sorties, certainement. Il fallait en général sortir en groupe, il y avait un règlement qui indiquait d'une façon assez naïve qu'il ne fallait pas aller dans les *tea-rooms*. Ça donne un peu la mesure des choses qui nous étaient défendues. Si on ne pouvait pas aller dans les *tea-rooms,* à plus forte raison ne pouvait-on aller au cinéma ou à la plage, ça allait de soi.

— Est-ce qu'on aurait mieux admis une amitié entre deux abbés qu'une liaison avec quelqu'un de la ville ?

— Oui, forcément. D'ailleurs, c'était assez hypocrite. Il y avait une chose qui me choquait, peut-être parce que j'aurais voulu que ce soit vrai pour moi de la même façon : de véritables couples étaient tolérés. On voyait que tel abbé anglais et tel abbé canadien étaient toujours ensemble, que deux abbés français étaient toujours ensemble, c'était bien sûr toléré, parce qu'on se disait que, comme ils étaient séminaristes, il ne pouvait rien y avoir de mauvais entre eux. Je me rappelle un jour en avoir fait le reproche au directeur de séminaire à Rome, qui d'ailleurs était lui-même un peu douteux, et qui m'a chassé du confessionnal en hurlant, en disant que c'était scandaleux que je fasse ce genre de remarques.

— Pourquoi était-il douteux ? Il vous avait fait des avances sentimentales ?

— Des avances sentimentales, il en a fait à d'autres. On voyait bien qu'il préférait tel abbé qui était assez joli et assez parfumé, ça c'est des petites choses qui sont le secret de chacun.

— On vous a fait à vous-même ce genre d'avances ?

— Oh, il y a bien un ou deux confrères qui ont cherché ma compagnie...

— Personne dans les autorités ?

— Non. J'avais un prêtre dont je servais la messe très souvent, et qui me le demandait. D'ailleurs c'était un saint homme, très ascétique, très mystique, qui faisait la messe de façon très belle, très pieuse...

— Et vous la serviez avec d'autant plus de ferveur ?

— Voilà !

— Sur le bord de mer, à la plage, est-ce que le port du short était vivement condamné ?

— De toute façon, la plage en soi était exclue, toute occasion de nudité l'était, et même, un des points de querelle parfois entre séminaristes était le fait d'enlever la soutane. Sous la soutane, il y a bien sûr des pantalons coupés, mais se montrer comme ça, les séminaristes sérieux ne le faisaient pas. D'ailleurs, ce vieux confesseur qui avait 83 ans parlait souvent des précautions à prendre. Il en parlait bien sûr à l'occasion de retraites, dans une période où l'on était intensivement en prières et en méditations, et ça lui arrivait de donner des petits conseils pratiques en disant : faites attention avec les jeunes filles ou les jeunes garçons, pendant les vacances. Il nous recommandait les douches froides.

— Pour refroidir les tentations du sexe ?

— Voilà. Mais il fallait faire très attention de ne pas se retrouver nu, évidemment devant autrui, mais même devant soi-même. Pour s'habiller, on conseillait de ne pas se coller devant la glace, il y avait même certains séminaristes dans leur chambre qui avaient enlevé leur glace pour ne pas se tenter eux-mêmes.

— Quelque chose m'a beaucoup frappé, c'est la « garde des yeux ». De quoi s'agit-il ?

— C'est un terme ignacien, qui relève de la morale des jésuites et qui simplement veut dire surveiller ses yeux et, lorsqu'on se promène dans la rue ou bien en ville, marcher plutôt les yeux baissés.

— Même dans le séminaire ?

— Oui.

— Vous le faisiez ?

— Oui, moins d'ailleurs pour des raisons sexuelles que pour des raisons de distraction.

— C'est assez curieux que des gens qui vont être expédiés dans le monde pour fonder des maisons soient aussi aveugles au monde ?

— Oui, mais c'est quelque chose qui est fondamental dans le christianisme : être dans le monde, mais ne pas être du monde, c'est l'enseignement de saint Paul. On est là comme des soldats purs, préservés du monde, et on nous y envoie parce qu'il faut bien y aller, pour sauver les pécheurs.

— Le cilice ? La guêpière sur les cuisses avec des pointes tournées vers la chair, ça existait ?

— Ce n'était pas affiché. Mais effectivement, ce vieux père, à ses dirigés ou à d'autres qui le souhaitaient, pouvait recommander le cilice, mais pas du genre dont vous parlez : c'était une sorte de chemise faite de crin de cheval, qu'on mettait sous la soutane, qui vous piquait et vous mortifiait. Quelques-uns ont dû la porter, effectivement.

— La flagellation, pendant la récitation du psaume du *Miserere* ?

— Certains pouvaient, avec l'avis de leur directeur, avoir une discipline, c'est-à-dire un martinet. J'avais un martinet, je m'en suis servi deux ou trois fois, surtout pour faire pénitence.

— Vous vous frappiez où ?

— Sur le dos et les épaules, en enlevant le haut de la soutane.

— C'était toujours accompagné de prières, ces flagellations ?

— Effectivement, il fallait réciter le psaume du *Miserere* en se donnant la discipline, mais ce n'était pas une pratique publique, c'était une pratique privée.

— Est-ce que vous avez eu, puisque nous parlons d'exercices solitaires, des pratiques onanistes ?

— Non. J'ai eu deux ou trois fois des rêves dans lesquels il y a eu orgasme, mais non, je ne suis pas tombé là-dedans.

— Des gouttes pour la chasteté, comme certains abbés en achetaient dans les pharmacies de Martigny ?

— Non. Ce genre de conseils implique que le séminariste en ait particulièrement besoin pour faire pénitence ou éviter de rechuter. Des consignes très particulières comme celles-ci relevaient plutôt d'une direction individuelle.

— Est-ce qu'on pouvait refuser d'accorder le jeûne en disant que c'était une manifestation de l'orgueil ?

— Oui. En matière de jeûne, on suivait les normes en vigueur dans l'Église, sous Jean XXIII, au début des années 1960. Il y avait des séminaristes plus durs qui voulaient revenir au régime en vigueur sous saint Pie X, et donc qui souhaitaient jeûner pendant le Carême, pendant les vigiles et pendant d'autres périodes, et qui, de façon extrêmement ostentatoire, en faisaient plus que les autres. Ce qui pouvait être considéré comme de l'orgueil.

— Vous jugiez que le jeûne exaltait votre désir de Dieu ?

— Oui, je pense. C'est une épreuve. La surmonter, ça ne peut que vous confirmer dans votre volonté de montée spirituelle.

— Un séminariste un jour me disait : « Dieu n'est pas à Ecône », et il reprenait cette phrase qu'on disait à propos des religieuses de Port-Royal : « C'est la pureté et l'orgueil. » Est-ce qu'on pourrait dire que, finalement, cette obsession de pureté n'était jamais qu'une folie de l'orgueil ?

— Certainement oui, mais pas d'une façon explicite. C'était plutôt la conviction d'être parvenu à être parmi les purs, les saints, les apôtres des derniers temps. C'était une phrase qui était courante, et, au fond, je serais assez d'accord avec ce que vous dites, à savoir qu'on développait en nous cet orgueil d'être les sauveurs de l'Église, parce qu'on était les plus fidèles à la tradition, et parce qu'on avait un code de vie plus saint, pour la doctrine et les mœurs. On était supérieurs aux curés conciliaires.

— Les règles de chasteté ne vous effrayaient pas ?

— En fin de compte, c'était assez facile pour moi. C'était une question de dressage.

— De dressage des sens ?

— De dressage des sens, et d'habitudes. Et je crois qu'il y a eu très peu d'incartades à la règle. Il y avait des petits flirts sentimentaux, des gens se retrouvaient toujours ensemble, et comment dire ? s'affectionnaient, ou s'aimaient.

— Vous avez été dans ce cas-là ?

— Oui. Mais c'était quelque chose de naturel, dans un monde privé de femmes. De toute façon, c'était déjà mon goût avant.

— Est-ce que la chasteté affole l'imagination ? Et finalement provoque des images, excite la sensualité ?

— Deux ou trois fois, j'ai eu peut-être des rêves, en chantant des cantiques. Ça exacerbait la sensualité sans doute, mais une sensualité tournée vers Dieu. Ce qui fait que certains étaient amoureux du Christ, et reportaient sur le Sacré Cœur une affection humaine. Une sublimation, si vous voulez, de leurs appétits.

— Vous voulez dire sur des images de Christ, sur des statues, sur des portraits qu'il pouvait y avoir dans la chapelle ?

— Oui, je pense. Certains, visiblement, étaient perdus dans la prière et, s'ils n'avaient pas été séminaristes, on aurait dit d'eux qu'ils étaient amoureux. Je pense à deux ou trois qui avaient toujours un sourire de béatitude et qui, visiblement, vivaient une grande histoire d'amour avec Dieu. En fait, il y avait deux variantes qui, d'ailleurs, ne s'excluaient pas : l'amour du Christ-Roi, du Christ comme chef, commandant, capitaine, entraînant ses troupes, c'est un peu la spiritualité des jésuites, celle qui apparaît dans les *Exercices spirituels* de saint Ignace, que tous les séminaristes font plusieurs fois, et puis une spiritualité plus affective envers le Sacré Cœur, avec les images de dévotion au Christ miséricordieux, les images d'un homme aux yeux d'amande, le sourire large et les rayons de soleil en couronne, mais c'est tout à fait orthodoxe, ces fiançailles avec le Christ. Même le plus rigoriste des prêtres, sur le registre de la chasteté, pourrait très bien faire une conférence sur l'amour qu'il peut concevoir pour Jésus et son union avec lui. Et à mon avis, on ne reste pas prêtre, on ne reste pas séminariste, si on n'a pas un rapport amoureux avec le Christ.

— Est-ce que les images du Christ vous troublaient ?

— Non. Ça, c'est une question d'esthétique : la plupart sont plutôt du genre saint-sulpicien, fin XIXe...

— Vous l'auriez préféré comment ?

— Resculpté par Arno Breker...

— Est-ce que la jouissance de la prière, de la punition, de l'expiation était pensée comme supérieure à celle du sexe ?

— Oui, oui. Dans la vie spirituelle, il y a ce qu'on appelle des consolations, ou des désolations. Les désolations, c'est l'aridité de l'âme, il n'y a personne, ça ne répond plus. Les consolations, c'est au contraire un sentiment très doux de gratitude, on se sent aimé du Christ et libéré du péché. J'avoue que j'avais des moments de très grand bonheur. Enfin, d'amour du Christ, d'union au Christ par la communion. Alors, une plus grande jouissance ? Oui, un amour plus grand sans doute. Par petits moments. Pas continuellement dans la journée, mais par petits moments, il y avait vraiment de grandes vagues de bonheur.

— En quoi consistaient les exercices de saint Ignace ?

— Il y a quatre semaines qui correspondent en gros aux étapes purgatives et punitives de la vie spirituelle. Dans un premier temps, méditer sur ses fins dernières, car on est des rescapés du péché et de l'enfer. Ensuite, prendre une décision : vous avez l'étendard du bien, l'étendard du mal, il faut choisir de se ranger derrière la bannière du Christ, qui appelle tous les hommes à lutter pour la plus grande gloire de Dieu, dans un esprit très militaire, très entraînant. Une fois ces décisions prises, une fois cette vocation choisie, eh bien, on médite sur la vie du Christ, d'une façon très dramatique, et on s'exerce à appliquer les cinq sens aux scènes évangéliques. On va seul dans sa chambre pendant 20 minutes, on médite selon différentes méthodes qui sont très rigoureuses et on s'excite à se sentir de plus en plus uni au Christ, aussi bien au Christ joyeux dans sa prédication évangélique en Palestine qu'au Christ souffrant, tout en tirant les conclusions qui s'imposent : si lui a tant souffert pour moi, que ne devrais-je pas faire de plus pour lui ? Les mystères joyeux, les mystères douloureux, les mystères glorieux : pour finir, il s'agit bien sûr d'embrasser l'état religieux et d'entrer en plein service de Dieu. C'est vraiment le fin de la spiritualité jésuite.

— Dans quel état intérieur vous trouviez-vous alors ?

— Une très grande purgation, avec quand même cette nuance que les exercices, en fait, devaient être accomplis en 30 jours c'est un rythme plus proche de l'évolution des sentiments, mais la plupart du temps, aussi bien à Ecône que dans l'Église officielle, ils sont raccourcis à 5 ou 8 jours, ce qui fait qu'on saute très vite des affres du péché mortel à la gloire du Christ, c'est un peu trompeur. On prend des décisions souvent extrêmement graves, des décisions très énergiques et, à la fin, on se sent complètement nettoyé. Ça fait peut-être un peu fi de tout un passé qui est accumulé. Mais c'est très bien pour sortir les gens du monde, et leur donner un coup de fouet spirituel. Ce qu'en disent les ennemis, c'est que ce sont en réalité des machines à faire des vocations. On prend des jeunes gens, on leur dit : faites une retraite spirituelle dans le silence, on les met en face du péché mortel, de l'enfer, de leur propre turpitude, et on les entraîne comme ça derrière le Christ...

— Ce qui me frappe chez vous, c'est plutôt la logique de la foi. Il n'y avait pas du tout à Ecône de signes de piété extrême, de mysticisme ou de désespoir ?

— Chez certains, il y en a eu. Il y a eu un suicide, une année avant moi. C'était un séminariste qui faisait beaucoup d'ascèses, beaucoup de pénitences, qui ne parlait pas, qui était bizarre et qui s'est suicidé comme ça en se jetant sur un pilône électrique.

D'après tous les gens qui l'ont connu, c'était un garçon qui était très renfermé, très mystique, qui maigrissait, qui passait de longues heures en prières. C'était vraiment quelqu'un qui était au désespoir et, il me semble, qui tentait par tout les moyens d'aller vers la sainteté, mais qui se sentait plus ou moins damné. D'autres, aussi, avec qui on sortait pendant les heures de récréation, étaient incapables de faire une promenade avec vous, un dimanche ou un mercredi après-midi, sans réciter trois chapelets, sans vous lire ou vous demander de leur lire des petits poèmes de sainte Thérèse de l'Enfant-Jésus : ils étaient vraiment d'une piété dévorante. Il y en avait quelques-uns comme ça. Il y en avait aussi qui, pendant 4 ou 5 semaines, restaient enfermés dans leur chambre, parce qu'ils avaient des sortes de dépression nerveuse. L'actuel directeur du séminaire a été nombre de fois enfermé dans sa chambre 3 ou 4 semaines parce qu'il n'en pouvait plus. Mais ça, je crois que c'est à cause de la vie propre au séminaire, une vie qui est proche du monastère, très cloîtrée, très ordonnée, mais qui n'en a pas les avantages, à savoir qu'on y entre pour des dizaines d'années, qu'on connaît un rythme plus régulier et plus paisible, et qu'on est vraiment fermé au monde. Au séminaire, on ne reste que 5 ou 6 ans, on a quand même son esprit dans le monde, à penser à l'apostolat, aux fidèles, aux laïcs, c'est une période nerveusement très difficile. Il y en a beaucoup qui quittaient pour des raisons comme ça. Simplement parce qu'ils n'arrivaient plus à voir les autres.

— Est-ce qu'on remarquait des évanouissements ? Des pertes de sens ?

— Oui, effectivement. Plusieurs fois, en chapelle, il y a des gens qui tombaient. Enfin, on se levait à 6 heures et on était en chapelle de 6 heures et demie jusqu'à 8 heures, sans avoir mangé, à genoux, pour la récitation du bréviaire, la méditation et ensuite la messe, ce qui fait que parfois on entendait un grand boum. C'étaient souvent des garçons assez jeunes, assez maigrelets qui n'avaient pas suffisamment de forces, qui tombaient comme ça. Et tout le monde s'affairait pour essayer de les ranimer.

— Est-ce qu'il y en a aussi qui souhaitaient mourir, ou qui le disaient ?

— Enfin, on disait qu'il fallait demander la grâce du martyre. Dans les temps apocalyptiques, que l'on vivait, sans doute allait-on être appelé à aller sous les catacombes, et qui sait ? si les Russes arrivaient, on serait persécuté. Mais enfin, ça faisait un peu partie de cette auréole de derniers sauveurs de l'Église que l'on imaginait. Ça, le vieux prêtre qui se voulait un peu voyant, un peu mystique, avec de grandes lumières, le disait souvent. Il nous avait cité des prophéties de la fin du XIXe siècle de saint Jean Bosco, qui voyait sur la place Saint-Pierre de Rome des soldats rouges qui jouaient avec la tête des cardinaux, c'étaient des choses assez sanguinolentes. Bref, on s'acheminait vers de grandes persécutions.

— Certains se croyaient déjà saints ?

— Oui. En tout cas, pour Mgr Lefebvre, c'était assez net. Il y avait quand même à Ecône un culte de la personnalité à son égard assez sérieux, qui se manifestait par le souhait d'avoir l'esprit de monseigneur et par la louange de ses vertus. En réalité, il avait beaucoup d'onction épiscopale, il s'efforçait sans doute d'être très doux, mais enfin, il ne résistait pas au zèle de tel ou tel à faire ses louanges. Pour ce qui est de la sainteté, il y en avait beaucoup qui s'y efforçaient et, sans doute, certains plus adroitement que d'autres. Certains passaient des heures devant des statues dans les couloirs, d'autres faisaient collection d'images pieuses qu'ils distribuaient ou avaient d'énormes chapelets qui pendaient. Les Canadiens, en particulier, étaient particulièrement insupportables parce qu'ils avaient une piété, je ne dis pas toute extérieure, mais en tout cas faite de dévotion très populaire. Les Bavarois aussi avaient une piété très sentimentale, très voyante. Enfin, ça dépendait des nationalités. Il y avait des gens aussi qui étaient extrêmement gentils avec tout le monde, qui fuyaient toutes les crises, qui avaient une douceur un peu confite et un sourire en toute occasion. Au réfectoire, alors qu'on écoutait les lectures pieuses, ou la vie des saints, ou des récits historiques, on les voyait manger sans lever les yeux de leur soupe, avec leur petit sourire et un air de contentement. Moi, ces gens-là, je considérais que c'étaient un peu des centristes mous.

— Vous n'avez plus la foi du tout ?

— Non, j'en ai les marques extérieures, je ne me sens catholique de tradition, j'aime toujours la liturgie, mais pour ce qui est du message évangélique, je l'ai rejeté. Ça paraît dramatique de dire ça comme ça, de fait, c'est ça. Je ne raisonne plus avec des principes chrétiens.

— Mais devant la sexualité, est-ce que vous avez gardé une attitude d'examen, d'observance, de retrait, de scrupule ?

— De scrupule, non, je n'ai plus le fondement religieux pour en avoir, mais j'ai certainement plus de recul vis-à-vis de la chose. Si j'ai le cafard ou si j'ai une période solitaire, je ne me sens pas pour autant obligé, pour combler ce vide, d'aller aussitôt chercher un partenaire. Je ne considère pas ça comme quelque chose d'absolument indispensable.

— Comment ça ?

— Ce qu'on nous disait, c'est que les tentations qui vous viennent, de toute façon, on n'y peut rien, soit parce qu'on a accumulé en soi toutes sortes d'images, soit qu'il s'agisse carrément d'une intervention du démon. Et on nous citait l'exemple de saint Alfonse de Liguori, un grand théologien de l'Église qui, jusque sur son lit de mort, avait les plus épouvantables tentations. Il avait pourtant 95 ans. On nous disait que, finalement, même si l'on avait des périodes d'accalmie, la tentation rôderait toujours, il s'agissait seulement de ne pas y céder, ou de trouver un accommodement...

— De trouver un accommodement ?

— Soit de fuir les occasions dangereuses, car le fait même d'entretenir longuement une tentation charnelle est en soi une action pécheresse, soit de reconsidérer sa vie spirituelle en se disant : est-ce que je suis sûr d'en faire suffisamment pour aimer Dieu, est-ce que ce n'est pas une sorte de paresse spirituelle qui me rend si distrait, et me pousse ainsi à aller vers les créatures ?

— Et vous avez gardé cet esprit ?

— Oui, peut-être malgré moi.

Vierge noire aux deux chevalets, par Orlan.
Photo : J.P. Lefret.

L'icône

Elle est un peu Barbarella, ou Perséphone, ou Méduse. D'énormes cheveux noirs en couronne, un maquillage violet et un collier de plumes de coq. C'est Orlan. Une jeune artiste, qui fait quelques performances audacieuses, et s'est fait connaître notamment par son baiser de l'artiste à 5 F, il y a quelques années. En 1980, elle présentait à l'ARC une de ses études documentaires : Le Drapé, le baroque. *Il y avait six hommes avec elle, tous habillés de noir, très maigres, avec des caméras pour la filmer. C'était comme un envoûtement morbide, ou une religion archaïque. Ils la célébraient. Elle était enveloppée de draps très empesés, qui faisaient des plis superbes. On ne voyait que son visage, son visage de sainte. Elle tenait un bébé dans les bras, un bébé en gros drap de coton, qu'elle démaillotait en un long ruban infini, jusqu'à ce qu'il n'en reste plus rien.*

Drapée dans son apparat baroque, où font cercle désormais des chérubins à la verge érigée, ou des vieillards décharnés qu'elle tire de leur hospice, Orlan, c'est l'assomption ou la glorification de soi. Putain sublime ou sainte outrageuse, femme travestie en femme ou en homme fardé, c'est toujours elle qu'il s'agit de prier, ou d'aimer. Pourrait-on dire, pour autant, comme le fait Jean-Noël Vuarnet à propos des saintes pâmées, des martyres abîmées de l'âge baroque, qu'Orlan, dans ses embrassements divins, a le visage d'une femme qui jouit (« Ça ne fait pas de doute, elle jouit », disait déjà Lacan de Thérèse) ? Qu'elle représenterait l'absolu féminin de la jouissance[1] ? Pas tout à fait. Il ne s'agit que d'un travesti. Un travesti ne jouit pas, il s'expose à la séduction.

Orlan n'a d'autre projet que de saturer son image, et de donner le spectacle de son hystérie (ou de son hérésie) : le baroque a toujours permis de surexprimer les poses, de se draper dans ses ravissements et de faire croire à la jouissance extrême. En ce sens, il y a réversibilité totale des rôles de la sainte et de la putain. Orlan parade pour mieux se défendre et se laisse adorer pour mieux se retirer. C'est une stratégie de l'exhibition pour rien : elle colonise la sainte au sein nu pour allumer et intimider, elle se théâtralise pour se faire désirer et s'irréaliser. Bref, Orlan cède au vertige de son image mille fois livrée, mille fois reprise.

1. Jean-Noël Vuarnet, *Extases féminines*, Arthaud, 1980.

— Parlez-moi de votre dernière performance, à Genève...

— Ça se passait en face du Mur des Réformateurs. C'est bien sûr le chef-d'œuvre du calvinisme, lequel a toujours refusé l'image de la madone. En face, dans le parc, il y a une université en forme de U, de très grands bâtiments que vous connaissez, et j'ai choisi, avec des projecteurs spéciaux de l'opéra, de projeter sur toute la façade du bâtiment, de grands ektachromes de moi en Assomption...

— C'est-à-dire ?

— A présent, je n'utilise plus les draps de mon trousseau amidonnés, mais des toiles de bâche. En général, il y en a entre 20 et 30 m. Surtout, ce qui m'intéresse, c'est la qualité sculpturale de ces tissus. C'est une ossature comme du fil de fer. Ils ont reçu un traitement qui les ignifuge et les raidit complètement. Ce qui fait que c'est très très lourd, ça tire sur le cou. Et justement, comme je les enlève pendant la performance, et que toute la performance est construite sur cet enroulement et ce déroulement, ils ne doivent pas avoir d'épingles de sûreté, ni quoi que ce soit qui les retienne. Il faut que ça puisse faire un mouvement lent et souple et tournant. Si je serre trop les tissus, j'y suis très mal et ça me déforme le visage, et si je mets des épingles, je ne peux pas les défaire, donc il y a toute une technique pour que les draps ne glissent pas, mais puissent s'enlever facilement. Avant une performance, j'ai pratiquement 6 heures d'habillage, je ne peux pas m'asseoir, je ne peux pas bouger, et si j'ai raté cette préparation, je n'ai pas le temps de recommencer avant l'heure du spectacle. Donc, je considère que ma performance est pratiquement finie quand je suis habillée. D'autant qu'il n'y a pas de repentir possible. Lorsque les tissus sont en place, vous leur donnez éventuellement deux ou trois coups de poing, ou vous essayez de les faire remonter, mais si le drapé ne vous plaît pas, et que vous recommencez, le tissu devient mou, il s'échauffe, il se casse, et ça n'a absolument plus du tout cette allure de pierre que je désire, mais une allure de chiffon abîmé. C'est vraiment lamentable.

A Genève, en fait, ce n'étaient que des photos projetées sur la façade de l'université. J'avais fait installer par ailleurs des échafaudages sur lesquels étaient juchés des anges musiciens. Sept musiciens de rock, dont une flûte électrique, un orchestre de cuivres baroque et un clavecin sur le perron. Moi, j'étais au milieu d'eux, habillée tout en argent. Je racontais l'histoire d'un travesti qui a beaucoup de soucis parce que, comme tous les travestis, il aime les froufrous et les robes, il aime à s'en vêtir, à s'en parer, à s'enivrer de ces étoffes et de ces coiffures, et son idée, c'est de se travestir en madone et lui ressembler le plus possible. Mais lorsqu'il regarde dans l'histoire de l'art, toutes les représentations de saintes femmes, il s'aperçoit que beaucoup de choses ne sont pas dites, et il ne sait pas comment faire, en certaines circonstances, pour réellement ressembler à cette super-nana qu'il veut essayer d'être. Par exemple, la nuit, il ne sait pas s'il a le droit de se mettre en chemise de nuit, il ne sait pas s'il a le droit de chanter, si son sein a le droit de vibrer, il se pose plein de questions comme ça. En même temps, il y avait une cassette qui diffusait sans arrêt un texte de saint Jean de la Croix : *O caressantes flammes, ô suave blessure...*, tout le temps, tout le temps, tout le temps.

— Alors, pour vous, la madone est un travesti ?

— Tout à fait, oui. A tel point qu'elle est toujours obligée de montrer qu'elle en a. Qu'elle a quoi ? Qu'elle a ce sein unique qu'elle montre comme un dard. Effectivement on peut dire que s'il y a une exhibition unique, il y a exhibition phallique. Et moi, je me suis intéressée de plus en plus à ce sein unique. Ça paraît vraiment très bizarre que dans cette période, justement, de la contre-Réforme, de la libération des mœurs, où on montre sainte Thérèse qui jouit de la flèche de l'ange et qui entre en extase, eh bien, même dans cette période où il n'y a aucune raison que le deuxième sein ne soit pas montré (puisque dans l'art baroque tout est construit sur deux centres et non pas sur un seul : c'est l'image du monde elliptique à la Kepler), que personne n'ait représenté la madone ou la vierge avec ses deux seins. Jamais, jamais, jamais. Et je crois que c'est pour cette raison que ça reste une image magique. Il y a effectivement l'honnête femme qui peut montrer son sein parce qu'elle allaite, mais dans l'iconographie, cette scène de l'allaitement est relativement rare. D'ailleurs, ce sein est montré chez les primitifs flamands, et c'est souvent avec le lait qui jaillit à la manière du sperme. Mais on trouve aussi une série d'images très ambiguës, comme cette représentation d'Agnès Sorel, dans *La Vierge à l'Enfant* de Fouquet, où le sein est vraiment exhibé pour être exhibé. L'enfant, lui, est à côté, il regarde ailleurs. Ce sein, en fait, est là uniquement à des fins érotiques.

— Je crois d'ailleurs que vous êtes allée spécialement à Anvers et que vous avez réveillé en pleine nuit le conservateur du musée pour voir ce tableau ?

— C'est vrai. En fait, j'ai décidé d'aller voir ce tableau, parce qu'il était revenu dans mes rêves plusieurs fois, alors que je ne l'avais jamais vu qu'en reproduction.

— Et vous, qu'est-ce que vous faisiez dans ces rêves ?

— J'étais à la place d'Agnès Sorel.

— Dans le tableau ?

— Non, pas dans le tableau. C'est un rêve très dur... C'est un rêve où je suis morte, je suis en train de me décomposer, et je veux absolument rester en forme pour mon père et ma mère qui doivent venir me voir, en particulier pour mon père, et, sans arrêt, j'ai cette impression que mes chairs dégoulinent, se liquéfient et que je les remodèle avec mes mains, je resculpte tout ça, et j'attends, j'attends avec beaucoup d'angoisse, en me disant : « Est-ce qu'ils vont arriver, est-ce qu'ils vont arriver ? » Et ils n'arrivent pas. Mes cheveux tombent, je les prends et j'essaye de les replaquer sur ma tête, et je me retrouve tout à fait avec le visage d'Agnès Sorel. C'est vraiment le visage du *Casanova* de Fellini, avec ce grand cou, ce visage blanc et ovale qui s'inscrit parfaitement dans le cou, et la couronne au-dessus. Donc, j'avais décidé d'aller voir ce tableau qui me faisait faire des cauchemars, de foncer tout droit en voiture, d'arriver à Anvers, de regarder le tableau et de repartir dans l'autre sens. Et c'est ce que j'ai fait. Malheureusement, quand je suis arrivée, c'était le jour où le musée était fermé. C'était vraiment un grand désespoir. J'ai tapé à toutes les portes, et finalement la conservatrice est venue m'ouvrir de manière très exceptionnelle, on est passées au pas de course dans tout le musée, et je suis arrivée devant ce tableau, elle m'a laissée cinq minutes avec lui, et je suis repartie dans l'autre sens.

— Donc, pour en revenir à ce sein unique...

— Donc, une femme qui montre deux seins, c'est la mauvaise femme, c'est la prostituée. Par contre, celle qui n'en montre qu'un a tous les honneurs de la morale, c'est l'Ariane, la Liberté sur les barricades de Delacroix et celle du billet de cent balles...

— Et toujours, vous ne montrez qu'un sein ?

— Oui, oui, jamais deux. Quand on est une femme et qu'on travaille sur son identité, c'est vraiment très difficile de ne pas enfiler un jour ou l'autre justement cette espèce de super-nana qui est la dernière image magique de notre société. L'enfiler, la revêtir, se mettre à l'intérieur, si vous voulez. Et moi, j'ai utilisé cette image de la madone à un moment où je me disais que peindre, c'était avant tout une demande d'amour. Une demande d'être vue, de se montrer, de se faire voir. Et je me suis dit que cette image justement de la sainte femme était quelque chose qui pouvait me permettre de répondre d'une manière maligne à cette demande-là. Effectivement, je me suis aperçue que cette Sainte Vierge a un réel pouvoir de fascination.

— Vous auriez aimé être un garçon travesti ?

— Disons que j'ai passé une période de ma vie adolescente où j'étais une femme déguisée en homme, où je fumais la pipe, je n'étais pas maquillée, j'avais les cheveux tirés en arrière et un nœud papillon. J'étais habillée en noir et blanc, j'accentuais le grave de ma voix, j'avais effectivement des gestes qui étaient très masculins, j'avais aussi des rapports avec des femmes, et puis il y a une autre partie de ma vie où on peut dire que j'étais un homme déguisé en femme. C'est-à-dire que mon désir était qu'on me prenne pour un travesti. D'ailleurs, ça m'est arrivé très souvent qu'on me prenne pour un homme. J'aime à laisser entendre qu'il y en a dessous...

— Vous faites tout pour donner cette impression ?

— Ça s'est passé inconsciemment, plutôt. Il y a probablement chez moi une identité mal définie, le nom d'Orlan a une consonance complètement masculine, et c'est vrai que j'ai eu beaucoup de douleur, quand j'étais plus jeune, à être une femme, parce que je n'avais pas du tout les mêmes privilèges, je ne pouvais pas me permettre les mêmes choses qu'un homme dans la société. Et je désirais être un homme, ou être reconnue comme tel, pour au moins agir comme j'en avais envie.

— C'est peut-être ça qui vous a permis de jouer sur toutes les images de la femme. De la décliner comme prostituée et comme madone...

— Oui, parce que je me suis tenue complètement à l'extérieur. Tout en l'utilisant sans arrêt et en me glissant comme un gant dans ces images successives. Il y a un passage dans *L'Empire des signes*, où Barthes dit justement que le travesti oriental ne s'emprisonne pas dans un modèle de la femme, qu'il va au travers et au-delà, qu'il met en place l'image de la femme totale. Il veut tellement être femme qu'il construit une femme qui n'est que femme. C'est un peu ce que j'ai voulu faire.

— Alors le baiser de l'artiste à 5 F ? On vous embrassait le temps qu'on voulait ?

— Non. C'est moi qui décidais, nom de Dieu ! Et maintenant pour 5 000 F, je mords. J'en ai marre de ce baiser de l'artiste ! J'aimerais bien vous montrer la photo. Voilà, il y avait une vierge à gauche, des fleurs de lis au milieu, et on pouvait mettre des cierges pour le même prix. Je me mettais là-bas, derrière ce mannequin qui représentait mon propre corps en photo collé sur bois. Il y avait un œsophage en Plexiglas où on voyait la pièce tomber jusque dans le pubis, un sein qui clignotait en rouge, et moi, je me mettais derrière ce buste en Celluloïd. J'avais juste la tête et les bras qui passaient. Je mettais les pieds sur ces fleurs blanches et je gueulais comme un âne, comme un camelot : « 5 F le baiser de l'artiste ! Enfin une œuvre populaire à la portée de toutes les bourses ! Qui n'a pas son petit baiser ? » C'était plutôt ça, la performance. Quand les gens venaient m'embrasser, je mettais de la musique, une toccata de Bach, et quand j'avais décidé que c'était fini, je déclenchais une sirène électronique très très forte qui obligeait les gens à partir.

— Parce que vous décidiez que c'était fini ?

— Ah oui ! C'était pour tout le monde pareil.

— Il y en a qui ont abusé ?

— Non. N'importe comment, c'est service-service.

— Est-ce qu'on se bousculait ?

— Il y avait un monde énorme autour de moi, mais il n'y avait pas beaucoup de gens qui participaient. Dans la mesure où c'était à la Foire internationale d'art contemporain : c'était le beau monde.

— Ça a duré combien de temps ?

— Le temps de la FIAC, 8 jours.

— Et vous n'arrêtiez pas d'embrasser toute la journée ?

— J'arrêtais pas de gueuler, surtout. J'embrassais pas tellement souvent.

— C'était un baiser ?

— C'était un baiser avec les lèvres et la langue. Cette histoire, comme tout ce que je fais, est au carrefour de mon roman familial et de l'histoire de l'art. C'est-à-dire que pour moi, il y a des résonances extrêmement précises que je n'ai pas envie de raconter, parce que je serais obligée de vous parler de ma mère qui est encore vivante. Je pourrais vous dire tous les problèmes que j'ai pu avoir avec la langue, avec la bouche. J'ai été dyslexique très longtemps. J'ai eu des difficultés pour parler. J'ai toujours l'impression que ma mère avait mis sa langue à l'intérieur de ma bouche. Toutes les fois que je parlais, je croyais que c'était ma mère qui parlait. Ce n'était pas moi. Le baiser, c'est quelque chose pour moi d'extrêmement rassurant. Quand on embrasse, on ne peut pas parler, on ne peut pas manger, mais quand on fait l'amour on peut parler, on peut manger. Et en plus, ce qui m'intéressait avec la bouche, c'est que ça mettait une très grande distance entre moi et les prostituées, puisque les prostituées ne donnent pas leur bouche. Sauf les prostituées qu'on paie très très cher, et qui font semblant. Les autres ne donnent pas leur bouche.

Elles savent très bien justement que la bouche, c'est un peu comme les yeux. C'est quelque chose qui est très sensible, qui est sensuel. Et puis, la bouche, c'est absolument merveilleux pour une femme : l'homme n'a plus le privilège de la pénétration...

— Comment ça se passait ? Il y avait des règles pour embrasser ? Est-ce qu'on vous tenait ?

— Ah non ! Les types étaient en dessous. J'ai fait un inventaire justement des attitudes. Ceux qui gardaient leur cigarette, ceux qui essayaient de me toucher, ceux qui m'attrapaient la main. J'ai des photos de ça. Ceux qui me disaient des choses après. Ceux qui venaient m'apporter des pourboires, des poèmes. J'ai beaucoup de clients qui m'ont apporté des poèmes...

— On pouvait s'y reprendre à plusieurs fois, ou une fois qu'on avait lâché, c'était fini.

— C'était fini, oui. Il fallait repayer 5 F. N'importe comment, pourquoi aurait-on lâché ? Quand on tenait, il valait mieux en profiter. C'était très consciencieux. Je faisais ce qu'il fallait pour que ce soit bien. C'était un vrai baiser, un vrai de vrai. C'est pas faire semblant. C'est pas un mimi enfantin. C'est un baiser d'amour. J'ai eu des femmes. Pas d'enfants. Mais j'ai eu des femmes...

— Il y a eu des aventures heureuses ?

— Ah oui ! J'ai gardé des amis.

— Par exemple ?

— Une fille. J'ai de très belles photos de cette fille en train de m'embrasser. Ensuite on s'est revues, ça a été très beau. Il y a eu aussi un ami qui est mort pratiquement tout de suite après m'avoir embrassée.

— Quelqu'un qui est mort en vous embrassant ?

— Non. Ce serait trop beau. Ce serait une histoire à raconter dans les journaux, mais c'est pas la vérité. C'était un ami, il faisait de la monnaie d'artiste. Il essayait de tout payer en monnaie d'artiste. Donc il arrive, il dit : « Ton truc, c'est génial, je voudrais vraiment payer, mais je n'ai que de la monnaie d'artiste, en grosses coupures. Bien sûr, ça vaut beaucoup plus que 5 F. Qu'est-ce qu'on va faire ? Il faut que tu m'en fasses au moins 100 ! » Je dis non. Aussi bien pour toi que pour moi, on va être très fatigués, c'est pas possible. Alors on a marchandé pendant très longtemps, on en était à 30, à 20, finalement, on s'est arrêtés là. Et on a fait 20 baisers avec deux témoins et à chaque fois, bien sûr, Bach et coups de sirène.

— Ça vous a rapporté combien d'argent ce baiser de l'artiste ?

— Peu. Après j'ai essayé de faire des cartes de réduction, des factures pour hommes d'affaires, et chaque année, j'ai rajouté un zéro.

— Le plus cher, c'était combien ?

— Ça a été jusqu'à 500 F, mais je vous dis, maintenant pour 5 000, je mords. Après, ça a été complètement fou. J'ai reçu des propositions de toute sorte, ainsi que des lettres d'obsédés sexuels. Ils sont venus me chercher à Lyon, parce que je faisais partie des 100 Lyonnais qui bougent, on me faisait inaugurer des magasins, des choses invraisemblables. J'ai été renvoyée de mon emploi le lendemain. Avec un télégramme disant : « Votre attitude publique de ces derniers jours est incompatible avec votre rôle de formateur. » J'étais professeur dans une école de dessin.

— Vous avez reçu des lettres d'admirateurs ?

— Oui, oui. J'ai une chose très extraordinaire. Il y a un type qui m'a envoyé du sperme à domicile, et qui, pendant très longtemps, m'a offert son corps et son âme pour mon art. Il ne se disait pas amoureux, mais enfin il donnait tout. J'avais fini par lui répondre au bout d'un certain nombre de lettres. Tenez, je vous lis sa lettre : « Chère amie, j'ai reçu votre lettre et j'y ai réfléchi longuement. Contrairement à ce que vous pensez, je ne suis pas seul, au sens où vous l'entendez, mais j'ai vieilli sans avoir pu faire quoi que ce soit avec moi-même, et en particulier de ma substance. Que je la gaspille dans la terre comme le faisait Onan, ou que je la donne à quelqu'un pour faire des chefs-d'œuvre, peu importe, elle pourrait au moins servir à quelque chose. Réfléchissez-y. Comme je vous l'ai dit, je n'ai plus beaucoup de préjugés et de traditions, je peux me mettre nu, au physique et au moral, devant n'importe qui, si cela peut lui apporter l'inspiration. Je ne me vends pas, je ne me loue pas, je me donne à l'artiste. Orlan en est une vraie. »

— Il est venu vous voir ?

— Oui, il se grattait tout le temps. Il y avait une tension absolument incroyable. Je sais que je n'avais pas peur, mais j'avais vraiment l'impression d'être sur un volcan.

— Après « le baiser de l'artiste », vous avez donc exposé votre sexe en Allemagne, c'est ça ?

— Ça se passait à la Neue-Galerie à Aix-la-Chapelle. Il y avait une très grande salle à l'entrée, avec deux moniteurs-vidéo. Les gens rentraient les uns après les autres. Aussitôt, ils étaient filmés par une caméra qui projetait leur tête sur un moniteur-vidéo. La tête de ceux qui vont voir. Ensuite, ils étaient obligés de se glisser entre deux blocs perpendiculaires, et de l'autre côté, il y avait une énorme toile. Un châssis de 4 m de haut, sur lequel était tendu un drap de mon trousseau. Et il y avait écrit : *Etude documentaire sur la tête de méduse.* Au centre de la toile, était disposé un tambourin de couturière, sur lequel on fait des ouvrages de dames, avec un trou au centre. Moi, j'étais derrière, le sexe complètement ouvert, avec des pinces à dessin. Ça ressemblait un peu à une esquisse, les poils étaient peints avec du jaune, avec du bleu, et le sexe lui-même bien présenté. Comme une étude documentaire. Devant, il y avait une énorme loupe qui agrandissait le sexe.

— Donc, on ne voyait que ça ?

— On ne voyait que le sexe agrandi. Les lèvres étaient peintes ainsi que les poils. Avec de la couleur au bout. C'était mis à hauteur du visage. A 1,70 m, 1,80 m. Les spectateurs ne pouvaient pas me toucher, mais ils tombaient nez à nez avec ça. Au même moment, il y avait une caméra qui était branchée à cet endroit précis : elle prenait la tête des gens en train de voir. On avait donc deux portraits en comparaison. Celui qui va voir, celui qui a vu. A la fin on distribuait le texte de Freud sur la tête de Méduse, qui dit que l'exhibitionnisme maximum féminin est impossible, puisque c'est le sexe ouvert et que ça agit non pas comme un appel sur l'homme, mais comme un repoussoir, parce que c'est la vue de son propre sexe castré. C'est la tête de méduse avec les cent mille serpents qui sont les orgasmes successifs de la femme qu'on tue et qui n'arrêtent pas de renaître. D'ailleurs on dit qu'à la vue de la vulve, le diable même s'enfuit.

Pour moi, en fait, c'était davantage un travail sur le regard. Il y a 2 manières d'envisager le regard de l'autre : soit vous faites semblant que l'autre n'existe pas, pour lui faire croire qu'il est en train d'assister à un acte privé, soit vous retournez la situation et vous devenez celui qui regarde réellement dans les yeux du spectateur. A Francfort, en fait, j'étais regardée dans cet exhibitionnisme maximum, sans avoir la possibilité de voir celui qui me regarde. Par la suite, lors d'une opération chirurgicale qui a été filmée, j'ai découvert moi-même mon regard sur moi, en même temps que les spectateurs qui regardaient la bande-vidéo de ces instants qui m'avaient échappé.

— Vous vous faisiez opérer de quoi ?

— A force d'être une madone, j'ai fait des miracles. En tout cas, j'avais un stérilet et j'ai eu une grossesse extra-utérine. Donc je commençais à saigner, j'avais deux ou trois litres de sang dans le ventre, après j'ai eu une hémorragie foudroyante. L'œuf se coince dans la trompe et la trompe éclate. Je me suis fait opérer de ça.

— Vous avez mis des vidéos et des photographes dans le bloc opératoire...

— Ça m'a beaucoup intéressée de jouer sur cette idée de l'écorché. C'est un tabou supplémentaire. On peut montrer à la rigueur le corps mais pas l'intérieur du corps ! C'est sûr que c'était aussi une heure de ma vie qui m'était volée. C'était voir mon visage dans l'anesthésie. Je travaille comme ça. Je crois que c'est un problème dramatique dans ma vie, parce que je pense que ma vie n'est devenue qu'un phénomène esthétique. A la limite, je serais capable de réinventer des situations aussi dramatiques pour pouvoir en profiter sur le plan artistique.

— L'opération a duré combien de temps ?

— Une heure. On voit mon visage, l'anesthésie, le moment où je m'endors, le moment où ils coupent les sept épaisseurs de chair. Ensuite, ils mettent le plastique, les écarteurs, ils extirpent la trompe, on voit très bien l'œuf qui a fait éclater la trompe, ils l'enlèvent, on a l'impression qu'ils sont en train de brosser la trompe pour la rendre bien nette, bien propre, ils cautérisent, ils referment tout ça, et ils épongent. On voit le sang qui sort, un sang qui est rose tyrien, les couches de graisse, les épaisseurs, et puis le moment où c'est recousu. C'est une opération documentaire.

— Dans ce cycle de la prostitution, il n'y a eu que le baiser à 5 F ?

— Non. J'ai vendu aussi mon corps en petits morceaux sur le marché, par exemple.

— Comment avez-vous fait ça ?

— Je l'ai photographié. Il y avait la main, le sein, le sexe qui étaient des photos collées sur bois et qui étaient vendues comme ça. Il y eu autre chose aussi. J'avais proposé à des marchands, du côté de Nice, de faire l'amour avec moi et de tacher les draps du trousseau. Après, j'ai exposé dans une galerie les correspondances qui ont été échangées avec ces marchands. C'était : « Je fournis la toile, fournissez la peinture ! » Après, j'ai proposé de me vendre, toujours à des collectionneurs, pendant un mois, deux mois, trois mois, selon des tarifs différents, en refusant simplement les mauvais traitements corporels, mais en acceptant à peu près tout. Il s'agissait de me mettre à leur service et d'ailleurs de faire tout ce qu'ils voulaient.

— Vous pensiez à quoi ?

— Tout était possible. Moi, ce qui m'intéressait c'était de trouver quelqu'un et de le voir vraiment défaire ses habitudes, de lui apporter mes propres facéties et de l'emmener dans des lieux ou des pensées qu'il ne connaissait pas. Une espèce de grande secousse.

— Ça a donné quelque chose ?

— Non, il n'y a pas eu de réponse.

— Il y a autre chose que vous faites depuis toujours, c'est de tout mesurer en Orlan-corps. Expliquez-moi ça.

— C'est une performance que j'ai décidé de faire toute ma vie, qui s'appelle le mesurage d'institution. Je mesure avec mon corps des lieux qui m'intéressent.

— Par exemple ?

— J'ai mesuré le musée de Strasbourg, j'ai mesuré plein de choses. D'ailleurs j'ai fait un étalon de mon corps. En fer. Exactement de ma dimension. Qui est fait de petits Orlan, des dizièmes d'Orlan. On peut tout mesurer à l'heure actuelle en bout d'Orlan, mais aussi j'ai une robe qui est faite dans les draps de mon trousseau, que je prends pour mesurer le lieu et qu'ensuite je lave. Et l'eau sale de cette robe est gardée dans des flacons. Ils sont étiquetés, numérotés, cachetés à la cire et vendus comme ça.

— Alors, comment vous vous y prenez ?

— C'est simple, je peux vous le faire, si vous voulez. Donc je mets mes bottes ou mes pieds au trait de départ, ensuite je m'allonge au sol comme ça, c'est très bon pour les abdominaux, et je trace à la craie un trait derrière la tête en trois fois, pour qu'il soit très net, très précis. Je me retourne, je me mets à quatre pattes en général, je maintiens une espèce d'attention respectueuse une seconde devant le trait qui vient d'être fait, j'avance à quatre pattes, et à nouveau je mets mes pieds sur le trait d'une manière très respectueuse, j'essaie que ça soit juste. Je m'allonge à nouveau, je trace encore ce trait comme ça derrière la tête, je marque un instant d'immobilité, de respect de cette trace, et puis je recommence. C'est un geste extrêmement répétitif. Il ne se passe rien. Mais au fur et à mesure le corps devient plus lourd, et à partir de 200 à 300 Orlan-corps, c'est terrible. Les courbatures durent plus de 8 jours. N'importe comment, quand je fais faire des vidéos de cette performance, j'insiste beaucoup pour qu'il y ait, toutes les fois, des gros plans sur mon visage. Mon visage qui vieillit au fur et à mesure.

— Vous faites ça toujours au sol ?

— J'ai fait aussi des travaux sur des façades. Je me suis fait suspendre, au moyen de harnais de parachutistes, au-dessus des eaux à Venise, à des endroits où l'architecte aurait pu placer une sculpture de la grandeur d'un corps.

— Vous êtes restée là combien de temps ?

— Je me suis fait suspendre comme ça une dizaine de minutes, à certains endroits des façades où on avait l'impression que réellement il manquait quelque chose, entre deux fenêtres par exemple. Ça s'est terminé par une performance où j'étais la madone et où je déroulais dans la lagune un petit enfant que j'avais dans les mains et qui était fait d'un très grand ruban. Il y avait toujours un petit attroupement, les vaporetti s'arrêtaient, ça créait un événement. J'ai mesuré aussi la place Saint-Lambert à Liège. C'est quelque chose d'assez exceptionnel, parce que c'est un mesurage à façon.

— Un mesurage à façon ?

— Ce n'est pas moi qui l'avais décidé, c'était une proposition qui m'était faite. Je me suis retrouvée sur une place entièrement défoncée, un peu comme l'était le trou des Halles à une certaine époque, mais dans une ville plus petite, c'était donc une blessure plus grande de cette ville. C'est le comité de sauvegarde du quartier qui m'avait invitée, parce que tout avait été démoli sans projet réel de construction, on ne savait pas du tout ce qu'allait devenir l'endroit. Moi, je suis arrivée là, c'était en plein hiver, il y avait de la boue partout, tout était cassé, et je ne voyais pas du tout comment je pouvais faire une attraction, parce que mon corps là-dedans était complètement perdu. Il ne pouvait se voir de nulle part. J'ai failli abandonner, et puis j'ai eu l'idée de faire ça en quatre étapes. Chaque jour, j'utilisais tous les engins qui avaient défoncé la place, je me faisais prendre dans les dents d'une pelleteuse ou d'une grue qui me transportait tout autour de la place et venait me déposer très délicatement à l'étape du jour. Le dernier jour, comme on devait traverser le chantier, où il y avait beaucoup d'argile, j'ai demandé aux ouvriers de placer devant moi des plaques de bois, donc j'avançais sur ces plaques de bois qui étaient lie-de-vin, en robe blanche, au milieu des ouvriers qui avaient leur casque jaune et leurs habits verts de chantier : c'était magnifique ! D'ailleurs, c'est à cette étape-là que le bourgmestre de la ville est venu m'interrompre en lisant un arrêté municipal qui interdisait ce genre de choses. Et ça s'est terminé comme ça. Le prochain mesurage que je voudrais faire, c'est le Vatican. La place Saint-Pierre, entre les colonnes. Je pense qu'on va m'arrêter tout de suite, mais je vais dire que c'est un vœu, ils ne pourront pas m'empêcher de le faire.

— Il y a eu aussi, je crois, récemment une performance avec des enfants ? Des enfants de quel âge ?

— De 5 à 11 ans. Ça, c'était à l'Espace lyonnais d'art

contemporain, dans le cadre de l'exposition *Made in France*, en novembre 81.

— C'est l'histoire de la chapelle ardente ?

— Voilà. La pièce centrale était une sculpture que j'avais faite en résine, mais qui ressemblait à du marbre, et cette sculpture qui faisait presque 3 m de haut, avait, en moulage, mon visage, mon sein et mes mains.

— C'était encore une madone ?

— C'était une madone, en effet, presque une caricature des œuvres de Bernin, toujours avec ce déhanchement, ces drapés tourmentés et cette gestuelle baroque, c'est-à-dire qu'elle avait un doigt dressé vers le ciel qui semblait retenir dans leur chute un certain nombre de colonnes de théâtre inclinées et comme prêtes à tomber, pendant que l'autre main repoussait les gens vers la terre.

— Elle était donc au centre de cette chapelle...

— Voilà. J'avais construit une sorte de boîte de 10 m sur 10, qui était entièrement drapée de tissu noir. On y accédait par des escaliers en marbre teint, c'était donc du faux marbre mais qui ressemblait à du vrai. Par contre, juste devant ces marches, il y avait des plaques de vrai marbre de un mètre par un mètre, qui, elles, ressemblaient à du faux. Et entre ce faux et ce vrai, il y avait une balustrade dorée qui pouvait signaler aussi bien un autel qu'une loge de théâtre, et que surmontait une grande photo de moi, avec ce sein extrêmement provocant, et aussi un regard qui demandait qu'on rentre sous les jupes, qui incitait à aller voir à l'intérieur ce qui se passait. Lorsqu'on était passé sous ce sas de tissu noir, on arrivait dans la chapelle, par un couloir de fleurs en plastique qui conduisait à la madone. Cette madone avait sous ses pieds un miroir posé en biais qui mirait le plafond. Là, étaient projetées des diapositives de plafonds baroques italiens, et sur ces plafonds baroques arrivait en boucle un film de moi qui me représentait en négatif. C'est-à-dire en vierge noire. Et à un moment, un rayon laser venait frapper exactement la pointe du sein. Il y avait aussi un escalier monumental en arc de cercle qui conduisait à la statue et, dessous, une volière avec une trentaine de colombes. Mais j'avais mis un voile léger et j'avais coloré l'espace de manière à ce qu'elles disparaissent légèrement de l'œil du spectateur...

— Alors les enfants dans tout ça ?

— Attendez ! Avant que cette chapelle soit démontée, qu'on ne puisse plus la voir, j'ai décidé de faire une performance pour la vidéo, et c'est là que j'ai convoqué des enfants.

— Combien il y en avait ?

— Au moins une trentaine.

— Ils étaient nus ?

— Oui, ils étaient nus, avec des loups sur les yeux et des ailes de chérubin.

— Et vous, qu'est-ce que vous faisiez au milieu de ces enfants nus ?

— A un moment, j'étais allongée au milieu du cercle de fleurs et les enfants me recouvraient, ce qui était extrêmement douloureux. Ils se couchaient sur moi...

— On les voyait avec leurs petites fesses comme ça...

— Voilà. Et moi je disparaissais. Ensuite, ils se relevaient et moi je réapparaissais. C'est une séquence. Il y a d'autres séquences. En particulier, il y avait une photo géante de moi qui tire la langue, c'est une espèce de grand pantin rose qui les amusait beaucoup. Cette photo était elle-même drapée de tissu doré et les angelots venaient enlever le tissu, jouaient avec ce pantin en le désarticulant, en lui faisant prendre des poses assez drôles, puis ils enlevaient le pantin, et j'étais dessous, nue, mais recouverte de fleurs en plastique blanc. Simplement trois fleurs vraies recouvraient le pubis. Et trois angelots venaient enlever ces trois fleurs.

— Ils découvraient uniquement le pubis ?

— Voilà. On voyait à peine une ombre noire sur ce corps allongé, le corps était très alangui et j'avais à la main des fleurs blanches que je tenais plutôt comme un fouet. C'est après qu'on faisait sortir les colombes de leur cage, il y avait de la fumée blanche et tout ça disparaissait dans les nuées. Il y avait une autre séquence encore, qui se déroulait de la même manière, mais où j'étais recouverte de plumes, un duvet de plumes blanches sur tout le corps. Et moi, je tenais dans mes mains des plumes de paon, toujours dans un geste un peu agressif. Les enfants venaient, comme des gros *putti* souffler sur un de mes seins, ils gonflaient les joues très très fort, ils soufflaient sur le sein, les plumes s'en allaient et j'avais le sein nu, il y avait à nouveau du brouillard et un envol de colombes, et je dissipais le brouillard devant moi, avec ces plumes de paon.

— Et tout ça faisait bander ces chérubins ?

— Les enfants bandent tout seuls sans qu'on leur fasse rien ! Ça arrive très souvent !

— Et maintenant vous voulez faire, je crois, une suite photographique, comme vous avez fait avec des enfants, mais avec des vieillards ?

— Voilà. Je serai en assomption, et il y aura un groupe de vieillards que je vais prendre le plus vieux possible. Les vieillards que j'ai en mémoire, ce sont ceux du Caravage. Des vieillards assez grands, avec des chairs flasques, près de la mort, près de la liquéfaction, mais avec des belles têtes et des doigts noueux, avec les os saillants, avec des pommettes, des yeux vifs et des barbes blanches assez longues. J'aimerais qu'il y ait un contraste très grand, comme dans les tableaux de *Suzanne et les vieillards*, où l'on voit Suzanne prendre son bain, elle est toute ronde, pleine de lumière, et les vieillards qui viennent la surprendre sont déjà complètement du côté de la mort.

— Et ils seront nus ?

— Ils seront le plus nus possible. Ça dépend de ce qu'ils seront capables d'accepter. Ils auront probablement une espèce de fausse culotte en tissu entre les jambes et peut-être un velours jeté sur une épaule, ou une chose comme ça. Je vais essayer de les récupérer dans la rue ou dans des hospices, en leur proposant la bouteille pour venir poser.

— C'est curieux, quand même, les rapports que vous établissez avec ceux qui viennent vous regarder. Dans le cycle de la prostitution, ils étaient là comme des clients. Dans le cycle du regard, ils étaient là comme des gens qu'on surprenait puisqu'ils ne s'attendaient pas à cette vidéo braquée sur eux. Et enfin dans le cycle de la madone, c'est de l'adoration. Ils sont là, toujours subjugués...

— Il se trouve que, lorsque j'ai fait cette installation à l'ELAC à Lyon, il y avait le conservateur du Kunsthalle de Bâle. La nuit de son départ, on a fait une sorte de fête et, à 4 heures du matin, je me suis décidée à lui dire : « Ecoutez, vous avez dit absolument à tout le monde quelque chose, il se trouve qu'à moi vous n'avez rien dit, je veux savoir ce que vous pensez .» Et il me dit : « Vous voulez vraiment savoir ? Eh bien, cet espace, c'est comme vous. C'est-à-dire qu'on ne vous échappe pas. On ne peut vous échapper nulle part. Cet espace, il est très beau, trop beau. Il est cohérent, trop cohérent. Il est intelligent, trop intelligent. Il est très citationnel, trop citationnel. Il est trop tout. Il est comme vous. Vous êtes trop. » Il me raconte aussi qu'il m'a prise pour un travesti, et que cet espace agit exactement comme un espace travesti. Et il a ajouté : « Dans votre vie, vous devez être très seule, parce que vous êtes trop bien. Alors, si vous voulez un conseil, essayez de laisser à celui qui regarde un endroit, une faille sur quoi il puisse exercer son sens critique. Parce que cette installation, je n'ai pas du tout envie de l'avoir dans mon musée.

Elle ne me laisse pas mon espace à moi, elle ne me laisse pas de place du tout. » Ensuite, il m'a dit d'ailleurs que la seule femme qu'il avait aimée était un travesti.

Je trouve intéressant de vous raconter les propos de cet homme qui immédiatement m'avait prise pour un travesti et qui parlait de ce trop, de ce surplus que je donne toujours à voir, et qui est justement une espèce de bouclier, comme ce sexe que je donne à voir : une fois que c'est donné, je suis tranquille, je suis derrière et on ne touche pas. C'est tout ce jeu-là dont il était complètement le découvreur. C'était quelque chose de très juste. Même si pour moi le trop n'existe pas. Le trop, c'est une invention. C'est vraiment notre esprit cartésien qui l'a inventé. En fait, tout est trop, ce moment est trop, il y a moi qui parle, la voiture qui passe, votre regard, la lumière, ce qu'on va faire tout à l'heure, tout ce qu'il y a dans cette baraque, l'intérieur du corps, c'est du trop. C'est notre véritable nature, le trop. Le baroque est notre véritable nature.

— Vous avez commandé votre statue de marbre pour vous immortaliser ?

— Oh, je vais faire mieux pour m'immortaliser. J'ai décidé qu'on ne puisse pas me jeter à la poubelle comme ça, à la poubelle de l'histoire...

— Ni à la morgue ?

— Non plus. Je veux que mon corps soit momifié et qu'à l'intérieur du ventre soit inclus un petit moniteur-vidéo dans lequel sera montrée en permanence mon opération chirurgicale. On verra donc ce ventre s'ouvrir avec le sang, et tout ce qu'il y avait à l'intérieur. J'ai envisagé aussi de mettre un certain nombre de cassettes qui ont été enregistrées lors de mon analyse, que je recommence depuis un an. Je pense diffuser ça en continu et l'ensemble sera disposé dans une châsse monumentale. Ainsi, on ne pourra pas m'échapper, on ne pourra pas se débarrasser de moi...

5.

Vertiges

Histoire de la femme qui se tue (Lettres d'Irlande)

J'ai envie de me tuer, mais je n'ai pas envie de mourir.
BARBARA

C'est une inconnue. Elle a 30 ans. Ces lettres d'Irlande du Sud datent de septembre à décembre 1983. C'est tout ce que je sais d'elle. Ses lettres, des carnets de jeunesse, les morceaux d'un journal intime. Elle avait joint une photo, un jour. Une femme presque orientale, avec un enfant blond, qui marche dans un bois. C'est l'hiver, sans doute. Ils ne se tiennent pas. Ils sont simplement ensemble sur la photo.

« Je savais, dit-elle dans une dernière lettre datée du 15 mars 1984, que je ne pouvais supporter ma lâcheté, mes échecs répétés, mes fuites perpétuelles. Comment cicatriser une blessure d'amour ? » Nadia, c'est la déveine de vivre et de ne plus mourir. C'est la mise en scène du suicide dans ses griseries d'alcool. Nadia s'est tuée et ratée toute sa vie, on ne sait pas pourquoi au juste, peut-être pour un homme qui est mort, ou qui oubliait de l'aimer. Elle se voit comme un personnage double de mélodrame. La bonne fille, directrice d'école maternelle, femme mariée (mais si peu), et mère d'un enfant sourd et algérien. Et puis l'autre. La noire. L'hystérique. Celle qui soudain, pour un mot, est prise d'une rage meurtrière, la vandale qui ravage tout, la folle qui se fout à l'eau, pleine de comprimés. Nadia a fini par aimer ce couple bancal qui fait toujours des histoires à vous tirer les larmes.

Ses lettres, son journal intime, ses rituels de mort, c'est ça. Retarder sans cesse de vivre. Faire un drame de ses fausses sorties et de ses matins groggys. Se donner encore des échéances, témoigner de ses ratages et venir saluer la compagnie.

La lettre du 15 mars 1984 était écrite de l'hôpital psychiatrique de Saint-Lô. Nadia était rentrée d'Irlande. Elle avait plongé du ferry-boat, avec une douzaine de whiskies dans le ventre. Mais elle se crève dans la mer et en revient encore. L'amour parfait, c'est comme le crime, ça a toujours besoin d'un peu d'imperfection. L'amour parfait a toujours besoin de quelque chose de parfaitement imprévisible. Sinon, il se réduit à rien. Il ne fait pas une histoire. Mais un accident. Et Nadia a toujours aimé raconter sa mort.

16 septembre 1983

Bientôt trois semaines que je suis en Irlande. Je ne prends ni somnifères ni tranquillisants, et j'ai même cessé de me ronger les ongles. Avec un rien d'incrédulité, je les regarde pousser pour la première fois. Je n'ai qu'une énergie, celle de dormir. Je passe des journées assez laconiques.

Dick travaille du matin au soir. On se voit très peu, on parle encore moins, le silence s'est installé entre nous, je voudrais le rompre, essayer d'exprimer quelque chose, mais dire quoi ? Depuis que je suis arrivée, Dick a des crises d'asthme qui le tiennent éveillé une bonne partie de la nuit. Je pense que c'est nerveux, peut-être une allergie au couple. Sexuellement, c'est assez frustrant, sentimentalement c'est désopilant. Voilà, désopilant est le seul mot que j'aie trouvé, il résume tout, ma présence ici, l'amour *and so on*.

Ce matin, je regardais Dick dormir. C'est si inconfortable, ces crises. J'avais envie de pleurer. Il fallait que je pleure. Il me tournait le dos et je ne voyais que ses boucles brunes dans lesquelles j'aime tant passer la main. Curieusement, des images se bousculaient dans ma tête, j'étais dans le Perche et je flambais de désir pour Bruno. Je ne voyais de lui que les mêmes boucles brunes, je m'étais imposée dans son lit, dans ses bras, mais il me tournait le dos. Bruno ne m'aimait pas. Trois mois plus tard, il reposait dans un cimetière. Toutes ces roses, ces larmes, ce vide brutal. Je regardais Dick et je voyais Bruno. Je ne pouvais plus pleurer.

25 novembre 1983

Je suis une miraculée. Depuis mon enfance, j'entends dire que je ne devrais pas être là, ce qui, au fil des ans, n'a fait que renforcer un sentiment de faute, car en effet je ne voudrais pas être là. Le seul désir qui m'habite est la mort.

J'avais 6 ans à peine quand je suis partie pour le préventorium de Saint-Jean-le-Vieux (Ain). Quand je suis née, j'étais très petite, je ne mangeais rien. Il n'y avait pas d'autre solution. Je suis arrivée là au moment de la guerre d'Algérie, il n'y avait que des gosses très atteints, je me trouvais dans un cadre abominable, et je n'arrêtais pas de vouloir m'échapper. Je ne voyais qu'une route qui ne menait nulle part. Ce qui m'avait beaucoup choquée aussi, c'est qu'on nous passait des musiques : « C'est nous les Africains... » J'avais horreur de ça, enfin c'étaient des mois absolument épouvantables. Je suis restée là 6 mois.

Après, pendant 4 ans, il a fallu que je retourne dans les aériums pour des séjours de 3 mois. Toujours pour les mêmes raisons de santé. Je ne mangeais pas, je ne grossissais pas et on n'arrêtait pas de me dire, tu as de la chance d'être là. J'étais la quatrième fille. Pour mon père, c'était une catastrophe. J'ai toujours entendu dire qu'il voulait avoir un garçon, que pour ma mère ça avait été un calvaire de m'attendre, et pour lui, la naissance a été quelque chose d'épouvantable, enfin c'est quelque chose qu'il a raconté.

J'ai eu des années très repliées, je m'enfermais dans ma chambre, je rêvais, j'écrivais, je m'inventais un homme, peut-être un père qui vivait dans ma chambre. Il était dans l'armoire, que je laissais toujours entrouverte (c'était plus crédible) et je n'avais qu'une hâte, rentrer de l'école, puis du collège, pour le retrouver. Bien sûr, je n'étais pas censée savoir qu'il était là, alors je jouais mon personnage, et j'étais désespérée quand ma mère, par hasard, avait eu la malencontreuse idée de fermer l'armoire. Cette habitude m'a quittée quand je suis partie de la maison.

A 13 ans, je suis partie toute une nuit vivre dans un arbre. J'avais eu des mauvaises notes au lycée. Et je m'étais dit, si je montre ça à mon père, je vais me faire tuer. On s'imagine toujours que c'est dramatique. A l'époque, j'avais l'habitude d'aller me promener toute seule dans un petit bois du côté de Nogent, où j'habitais. Je connaissais un arbre creux et profond et j'inventais des scénarios. J'avais bien préparé cette expédition, j'emportais surtout de quoi écrire, des conserves et un plastique pour m'abriter du vent et de la pluie. Avec un peu de chance, je pourrais tenir la semaine. Je suis donc descendue en pleine nuit, j'ai pris le chemin de la forêt mais, effrayée par le bruit des arbres, l'obscurité et mon imagination délirante, je suis rentrée comme une pauvre idiote, au moment où mon père se levait. Mes parents étaient tellement sidérés que ça s'est très bien passé finalement, je n'ai eu droit à aucune réflexion.

Un jour aussi, à 17 ans, je suis partie au lycée avec dans mon cartable une corde et l'image du petit bois où, après les cours, j'irais me pendre. Je ris maintenant, parce que ça s'est terminé d'une façon assez cocasse, mais à l'époque, j'y croyais vraiment. Le déclic, c'était une déception amoureuse. J'avais le sentiment d'être une mal-aimée et j'étais persuadée qu'une fois morte on allait me trouver des vertus, et me pleurer. Bref, je voyais les titres dans les journaux. C'était un mercredi de printemps. Je suis partie le matin pour le lycée avec ma corde bien tressée et dans mon cartable trois lettres que j'allais écrire pendant les cours de la matinée. Je rédigeai la première pour ma mère et pendant tout le cours je pleurais à l'idée d'avoir à la laisser désespérée car, bien sûr, j'étais persuadée d'aller au bout. La seconde lettre était destinée à mon premier amour et la troisième était pour le journal, pour expliquer que personne n'était responsable de mon geste désespéré et que je partais heureuse et libérée. Bref, j'ai pris à midi le chemin de la forêt, j'ai sorti les lettres et la corde, je me suis assise quelques instants sur le talus et j'ai levé les yeux.

Quel arbre ? Ou trop hauts, ou trop fragiles. Bref, pas un qui me convienne. Je me suis retrouvée complètement idiote, peut-être que je n'étais pas vraiment convaincue. J'ai passé la corde autour de mon cou et j'ai serré fortement. Ça faisait mal et je n'aime pas souffrir. Il fallait que j'en finisse. Je n'ai pas pu, et je me suis réfugiée à l'hôpital où ma sœur était infirmière et là, j'ai réclamé des calmants qui me feraient tout oublier.

Ce désir d'en finir a repris vers l'âge de 20 ans. A cette époque, c'était carrément catastrophique à la maison. Mon père était au chômage, il était très déprimé, il restait enfermé pendant des jours dans sa chambre, il cassait tout, on ne le voyait pas de la journée, il ne sortait que la nuit. Moi, j'avais très peur qu'il prenne une crise et qu'il fasse quelque chose à ma mère. J'étais très proche de ma mère. Je n'en dormais plus. J'ai perdu le sommeil pendant presque un an. J'étais toujours en alerte la nuit, à tel point qu'avec mon frère nous avions décidé, avec l'inconscience de notre âge, d'en finir une fois pour toutes et de l'empoisonner.

J'étais devenue institutrice et le mal de vivre était si profond que je me saoulais au bistrot du village en offrant généreusement des tournées générales. Je me saoulais à la bière. Ou à n'importe quoi. Parce qu'après, c'était carrément le calva, le matin avant de partir travailler. Quand j'avais bu suffisamment, je tombais dans les bras du premier type venu. Ils avaient généralement la cinquantaine et ils me répugnaient. Mes nuits d'amour étaient toutes les mêmes. Je me donnais et je gardais le sentiment d'avoir été violée.

Après 2 ou 3 ans de cette vie, où je perdais petit à petit toute identité pour ne plus être reconnue que comme une alcoolique et une désaxée, j'ai fini par avoir vraiment le dégoût de moi-même. C'était l'été, et je n'avais qu'une idée : prendre la voiture et rouler. Et quand je roulais ainsi, je savais que j'étais à bout, je ne pouvais continuer de me dégrader ainsi, alors j'aurais voulu donner un coup de volant. Après une overdose de bière, pour en avoir le courage. Cette idée ne m'a pas quittée de tout l'été.

Le plus curieux, c'est que j'avais des amis qui me trouvaient pleine de vie, enthousiaste, équilibrée. J'avais décidé alors de vivre dans une maison de campagne complètement isolée. L'automne était là. C'était un dimanche, il faisait très beau, on avait passé la journée à ramasser les champignons, j'étais en pleine forme, il n'y avait rien qui puisse me mener vers la mélancolie, et en fait, ce jour-là, j'avais vraiment décidé d'en finir. Pourquoi ce jour-là ? Je ne sais pas, comme ça. Parce que le coup de volant, justement, je n'arrivais pas à le donner, et puis je pensais que les médicaments, c'était plus propre.

J'ai donc pris des médicaments le soir même. C'étaient des gouttes pour dormir. J'ai avalé tout le flacon et me suis réveillée trois jours après à l'hôpital, sous sérum. L'angoisse. Ouvrir les yeux et réaliser que c'est raté, qu'il va de nouveau falloir sortir, assumer, parler aux gens. Je refusais toute visite, ne pas les entendre, ne pas les voir. J'ai recommencé le lendemain. Et pendant plusieurs jours, j'ai été très abattue. J'étais dans un semi-coma. Quand j'ai commencé à pouvoir réaliser, j'ai refusé de manger. Comme j'étais juste à côté de la salle de soins, j'ai réussi à piquer encore des médicaments, mais pas suffisamment pour être malade. De là on m'a envoyée au Mans dans une clinique spéciale. J'ai dû vivre une sorte de folie. Je me prenais pour l'inspecteur Colombo, et je hantais les couloirs de la clinique la nuit. Bref, un an de traitement de maison en maison. Je ne pouvais plus recommencer. J'avais le sentiment que tout le monde me reprochait de m'être ratée.

Quand je suis sortie de cet état pour vivre normalement, la peur ne me lâchait plus. Qu'un ami me touche et c'était la crise : une violence meurtrière. J'ai bientôt été interdite de séjour dans tous les bars de la région. La seule fois, avant Dick, où j'ai pensé aimer un garçon, a été source de tant de violences de ma part que j'ai vraiment eu très peur. J'étais à Soizé, il y a 4 ans de ça. J'avais rencontré un instituteur et j'étais amoureuse. Pour une fois, ce n'était pas un immigré. J'ai dû avoir dans mon lit toutes les nationalités d'Amérique du Sud et d'Afrique du Nord.

Yannick et moi, nous ne vivions pas ensemble, il avait son logement, moi le mien, je l'aimais mais, en fait, il se suffisait à lui-même, et je n'ai jamais compris pourquoi il m'avait fréquentée. Très vite, autant que je l'avais aimé, je me suis mise à le détester, mais sans pouvoir expliquer cette peur de lui. En quelques mois, j'ai accumulé les scènes de vandalisme, je ne pouvais pas m'en prendre à lui, alors je détruisais tout. Un soir qu'on était dans une discothèque, j'avais peut-être bu, toujours est-il que je dansais seule sur un slow. Un type s'est approché de moi, en me disant que c'était pas normal de danser seule. Qu'est-ce qui s'est passé dans ma tête ? Je ne sais pas, le mot « normal » a dû me choquer, et j'ai commencé à me déshabiller, en ne gardant que mon jean. J'ai très souvent eu ce réflexe dans les cafés. Je ne sais pas, un démon sommeille en moi, et quand il me possède, je vais au bout de ma folie. Personne n'a pu me contrôler, j'ai tout cassé, une bouteille d'Orangina à la main, je me suis mise à frapper et cogner. J'ai cassé les baies vitrées, arraché les rideaux et j'ai failli dévaster la sono. Personne ne pouvait m'approcher, j'avais la main ouverte, je ne sentais rien. Ils ont cru que j'avais fumé ou bu, j'avais simplement peur.

Quelques semaines plus tard, même scandale à Nogent. Après quelques verres, et encore une fois par l'attitude ou la réflexion d'un homme, je suis devenue complètement folle. Courant à travers les rues comme si j'avais le diable à mes trousses, je me jetais contre les voitures qui pilaient de justesse. Je suis entrée dans le plus grand hôtel de la ville, balayant tout sur mon passage, et ce sont finalement les pompiers qui m'ont emmenée à l'hôpital. Je hurlais : « Appelez ma mère, appelez ma mère ! » Il était une heure du matin, l'interne ne pouvait me calmer, il a appelé mes parents. Quand j'ai vu ma mère, j'ai pleuré comme une gosse, traitant de con l'interne. Ma mère m'a giflée et mes parents m'ont emmenée. Mon père ne m'a absolument rien dit. Après quoi, j'ai vécu seule avec Réda, et je me suis assagie.

Aujourd'hui, Réda me manque terriblement. Je pense que je dois lui manquer aussi, car, durant les derniers mois que nous avons passés ensemble, il n'acceptait pas que je le laisse seul chez les copains qu'il s'était faits à Soizé ou chez mes parents quand je sortais le soir pour aller au cinéma. D'ailleurs, j'ai eu à me défendre contre l'animosité de bien des gens, à commencer par mon père qui ne comprenait pas que je puisse autant m'attacher à un enfant arabe.

A Nogent, il y a une institution d'enfants sourds et muets qui viennent des Antilles ou d'Algérie. Ce sont des enfants qui ont besoin d'une famille d'accueil en France, et moi, il y a 4, 5 ans, j'en avais marre des week-ends que je passais toujours ivre, je me disais, il faut que je trouve quelque chose, et j'avais déjà besoin d'avoir un enfant. Je suis donc allée voir cette association, j'ai demandé à prendre un petit garçon, enfin un enfant, et ils m'ont proposé un petit Algérien de 4 ans.

C'était un beau garçon blond. Le pauvre était complètement perdu, et il restait dans un coin de la cour, il n'arrêtait pas de pleurer depuis son arrivée. Je me suis rappelé mon séjour à Saint-Jean-le-Vieux, je comprenais sa solitude et sa peur. Le premier week-end a été difficile. Réda pleurait beaucoup. Il ne me connaissait pas et je l'emmenais dans une maison inconnue. Il refusait de jouer. C'était un enfant sauvage et indépendant. La première année à été décevante, il ne manifestait ni joie ni plaisir quand j'allais le chercher. En fait, je me suis demandé s'il n'était pas mieux avec ses copains. Quand, après les grandes vacances, il rentrait d'Algérie, c'était pire, il voulait sa maman, et j'avais pour moi le handicap du langage gestuel que je ne connaissais pas.

Cette année, il s'est enfin habitué à moi. Nous nous comprenions, il écrivait mon nom, le sien et nous dormions ensemble. Il était heureux avec mes amis, il avait besoin de présences masculines, son père est mort dans le tremblement de terre d'El Asnam et sa mère n'a pas pu lui expliquer l'absence d'un papa qu'il réclamait. Il était mon gamin. Il n'a jamais été très affectueux, mais j'étais heureuse de l'entendre rire aux éclats, de l'entendre dire ses premiers mots, il était sourd mais pas muet. Il savait ce qu'il voulait. Nos meilleurs moments, on les passait au cinéma, et le dimanche matin quand on flânait au lit. Là, il chahutait, il oubliait sa réserve. Il m'a été très difficile de quitter la France. J'étais déchirée entre deux amours, et j'avais le sentiment d'abandonner Réda.

A 25 ans, j'ai retrouvé un certain goût de vivre malgré toutes les étiquettes qu'on me collait. Et je me suis mariée. A l'époque, je m'occupais beaucoup de travailleurs immigrés. J'avais eu des enfants marocains dans une classe, et un jour, une amie est arrivée de Paris. Elle connaissait un jeune Tunisien qui devait absolument faire un mariage blanc. J'ai dit oui au téléphone et un mois plus tard je suis montée à Paris me marier avec un jeune homosexuel que je n'avais jamais rencontré. Je crois qu'effectivement le jour où j'ai dit oui, au café, je l'ai fait un peu par bravade. Et puis le lendemain je me suis dit que, de toute façon, ça ne pouvait pas marcher. On ne se mariait pas en trois semaines. Je n'y croyais pas. Et deux jours après, j'ai reçu un coup de fil de cet ami tunisien qui me demandait si vraiment j'étais d'accord et qui était tellement soulagé que je n'ai pas pu dire non. Et je suis toujours mariée. Trop heureuse d'ailleurs de ne plus porter le nom de mon père. J'étais donc institutrice, et même directrice d'une petite école. Je m'étais enfin stabilisée. J'étais mariée sans mari et mère sans enfant.

Comment expliquer les obsessions ? J'ai essayé de m'adapter à cette vie qui s'accroche à moi. Entre-temps, j'ai perdu deux amis qui m'étaient chers et, à nouveau, tout a craqué. Harold avait eu 5 ans d'interdiction de séjour en France pour avoir déserté du service militaire. C'était un écorché vif et il buvait beaucoup. Nous nous étions retrouvés un soir. Presque ivre, il m'avait demandé de dormir chez moi. J'avais hésité. Il m'avait dit : je ne te toucherai pas. Nous avons dormi dans le même lit et il ne m'a pas touchée. Il a pris l'habitude pendant 8 jours de venir dormir avec moi et jamais il n'a violé notre contrat. Il me serrait fort contre lui, il me racontait des histoires drôles. Il m'avait dit : « On devrait aller à Paris un week-end, voir ta sœur. » J'avais ce projet dans la tête en le quittant le vendredi matin. Quand je suis rentrée à Nogent, le samedi midi, un copain m'attendait, des larmes dans les yeux. Il a juste dit : « C'est Harold », et j'ai compris. J'avais eu 8 jours de sa vie et il s'était tué en voiture après une nuit d'ivresse. Il avait 30 ans.

Ce soir-là, je me suis assise au volant de ma voiture et j'ai pleuré. J'ai pleuré longtemps. Quand je me suis décidée à faire marche arrière, j'étais encore saoule. Je n'ai pas vu qu'il y avait un clochard affalé dans le caniveau, et je l'ai heurté à la tête. Je suis aussitôt descendue de la voiture. Je l'ai porté sur le trottoir et j'ai vu la plaie sur le front. J'ai hurlé. J'ai pensé que je l'avais tué. La vue du sang, plus toutes les nausées que j'avais de la veille, je ne sais pas ce qui s'est passé, j'ai eu une sorte de crise. Le patron du café ou les passants ont dû appeler une ambulance. Elle s'est arrêtée quelques instants plus tard avec une voiture de flics. L'infirmière, en reconnaissant le clochard, a refusé de l'emmener. Elle a dit, après un bref examen, que la blessure était superficielle et qu'il voulait simplement passer l'hiver au chaud. Un habitué des services. Les flics m'ont demandé mes papiers, et j'ai tout déchiré. Ils m'ont montée dans l'estafette où j'ai tout cassé. Je me suis retrouvée à l'hôpital de Chartres. Il était minuit.

L'infirmière, que je continuais d'injurier, s'estimait trop fatiguée pour s'occuper d'une alcoolique. Elle a demandé aux flics qui étaient toujours là de me déshabiller et de me mettre en cellule isolante. Quatre flics, la main sur moi, à m'ôter tous mes vêtements avant de m'abandonner nue dans une cellule sale et puante. J'étais assommée.

Personne n'était au courant que j'étais enfermée, le lendemain matin, à 7 heures. Et pas moyen de sortir de cet hôpital. Mais tout m'était si égal. Je n'avais plus qu'à assister, abrutie, à la suite des événements. Le psychiatre est arrivé, il m'a demandé ce qui s'était passé, j'étais incapable d'avoir des propos cohérents. Tout était fou depuis la veille, personne n'aurait pu me croire. J'ai voulu partir, il n'avait aucun droit de me retenir, mais comme il me voyait à la limite d'une crise de nerfs, il m'a assurée que je partirais une fois calmée. Résultat : un trou noir de deux jours. J'ai appris plus tard qu'il m'avait mise en cure de sommeil. Je suis sortie de l'hôpital, je ne savais plus rien du temps, je n'avais que la force de foncer chez moi, à Nogent, j'ai claqué la porte et j'ai avalé tout ce que j'ai pu trouver de Valium. Nouveau trou noir. Lavage d'estomac. Je suis retournée au Mans, j'ai demandé un entretien avec mon psychiatre, qui a porté plainte contre l'hôpital de Chartres et les 4 flics. L'histoire a été classée, après un entretien à la gendarmerie de Nogent. Et le clochard, que l'infirmière avait refusé de soigner, avait, selon les gendarmes, été examiné le lendemain : il avait un traumatisme crânien.

A la mort de Bruno, il y a un an, ça a été pareil, j'ai dit carrément, je vais en finir. Je pensais me foutre à l'eau. Ça risquait de réussir. Malheureusement, je me suis endormie avant d'avoir eu le temps de mettre le contact dans la voiture. C'est un peu con, hein ! Bruno avait 19 ans. Il roulait à mobylette. Ce n'était pas de sa faute du tout. Un très beau garçon, en plus. Il n'y a pas eu d'aventure amoureuse avec Bruno, c'était un copain qui faisait partie de notre bande. Il me plaisait, en fait il me plaisait beaucoup, mais visiblement je l'agaçais. Il avait 19 ans, j'en avais 29, et il vivait sa première grande déception amoureuse et se réconfortait en fumant beaucoup trop.

Bruno est mort en décembre 1981. En février 82, je me voyais approcher de la trentaine. J'avais toujours été persuadée que je n'atteindrais pas les 30 ans. Encore une fois, je sentais que je n'étais pas très équilibrée, et je me disais que peut-être la seule solution, après tout, pour en finir avec tout ça, c'était d'avoir un enfant. Donc je suis allée dans un café, et j'ai cherché un géniteur, comme on se jette à l'eau. Et je me suis retrouvée dans un lit avec un psychologue que je ne connaissais pas. Je l'ai d'abord trouvé sympathique, et je pensais que l'enfant ne pourrait que profiter de la présence d'un homme qui était d'accord pour me faire un enfant et me laisser l'élever seule, à condition de le voir quelquefois.

Quand j'avais 18 ans, j'avais très envie d'avoir un enfant, de n'importe qui, et puis je ne sais pas pourquoi, on m'a toujours laissé croire que j'étais stérile, que ça ne marcherait jamais. On m'a fait pas mal d'examens et on me trouvait toujours des tas de choses qui n'étaient pas normales, si bien que je n'ai jamais eu recours à aucun contraceptif. Donc je me suis retrouvée avec cet homme et un mois après, j'étais enceinte. Ça avait marché. J'étais très heureuse, épanouie. Je suis allée voir un médecin qui me connaissait, et qui ne me sentait pas très solide pour assumer cette maternité toute seule. Il m'avait conseillé l'avortement. J'étais absolument contre. Et puis, au fur et à mesure que les semaines passaient, je me suis mise à détester ce type, comme chaque fois que j'avais un rapport avec quelqu'un. Je ne sais pas, je lui en voulais de m'avoir possédée tout simplement. Curieusement, j'avais une telle haine pour lui, un tel dégoût, que j'ai commencé à avoir peur. Et si cet enfant allait ressembler au père ?

Entre-temps, je ne savais pas encore que j'étais enceinte, j'ai continué à boire pas mal, et au bout de deux mois, je me suis dit que j'aurai un enfant anormal et que je serai seule à l'élever. J'ai eu très peur aussi de ça. Alors, une amie m'a proposé de partir en Irlande pour me changer les idées. Et quand je suis arrivée, j'ai rencontré exactement le sosie de Bruno que j'avais perdu quelques mois avant. Et je suis tombée amoureuse de lui. C'était Dick.

Sur le coup, quand je l'ai vu, je me suis dit que j'avais envie de faire l'amour avec lui. Je le lui ai dit, il a accepté. Et pour la première fois, j'étais dans les bras d'un homme parce que je le voulais, je découvrais que l'amour n'était pas fait que de violence. Une nuit calme et douce. J'étais plus maternelle que passionnée. J'avais un enfant dans les bras, et j'avais bien l'intention de le garder.

Mais il fallait que je lui avoue que j'étais mariée, que j'attendais un enfant et que j'avais 30 ans. Il en avait 22. Pour un Irlandais catholique, ça faisait beaucoup de choses à annoncer. Alors je n'ai rien dit. Et je suis rentrée. Étant tombée amoureuse, je me suis dit que c'était absolument égoïste de ma part d'avoir fait un enfant sans amour et que si j'avais à faire un jour un enfant, je le ferais avec un homme que j'aime. Donc, je suis retournée voir mon médecin, ça s'est fait très vite.

Dick a tout accepté de moi, sauf l'avortement. Je sais qu'il ne veut pas d'enfant, c'est ce qu'il dit, et j'ai longtemps pensé que je ne lui demanderais pas son avis quand je déciderai de rentrer en France enceinte, mais maintenant, après 3 mois de vie commune, je sais que je ne ferai pas deux fois la même erreur. Je ne suis pas faite pour enfanter.

Ce soir, j'étais prête à me saouler au Black-Bush. Quelques whiskies et je suis simplement satisfaite. Bref, voilà que ce soir à Monaghan, au nord de l'Irlande du Sud, j'abandonne Dick et ses amis à leur table pour rejoindre le bar.

6 décembre 1983

Après avoir passé une nuit blanche et essayé en vain de trouver de bonnes raisons pour m'accrocher à la vie, j'ai failli, sur les 4 heures du matin, filer vers le Nord, franchir en trombe la frontière et les barrages anglais, persuadée qu'ils n'hésiteraient pas à tirer. Depuis deux nuits, je suis hantée par cette même décision. En fait, comme je n'ai pas le courage de me jeter à l'eau, je sais maintenant que l'idéal de mort m'est offert en Irlande. J'ai rêvé, il y a longtemps de cela, qu'on me tirait dessus, et je me voyais tomber, étonnée de ne ressentir aucune douleur. Ce matin, je me suis donc levée, à peine un regard pour Dick. Mon amour est mort. Je devais aller pointer au chômage. Avant de partir, une lettre de ma mère, une longue lettre comme elle m'en écrit chaque semaine. Elle m'attend pour Noël. Je n'ai pas ouvert la lettre avant de quitter Monaghan. J'ai filé vers le Nord.

Premier objectif, trouver un pub, et rédiger cette lettre. Trois fois, j'ai été arrêtée pour un contrôle. La région est quadrillée avec les événements d'Acmagh, à 8 km, où chaque jour l'I.R.A. multiplie ses attaques. Une sorte d'ivresse m'a réchauffée, à l'idée de partir ainsi, laisser les garçons se débrouiller, ne plus être seulement bonne qu'à allumer les feux et ranger leur désordre.

J'ai lu la lettre de ma mère. Comment lui faire accepter que cette vie est à moi et que j'en suis lasse ?

Je tourne en rond dans ce café. Je dois attendre 4 heures. La nuit tombe et c'est le meilleur moment. Les soldats sont nerveux, le doigt sur la gâchette.

Je suis simplement désolée pour ma mère.

8 décembre 1983

C'est raté. Lettre suit.

Nadia

Graffiti

L'orange

« Cet autre que nul ne connaît, écrivait-il en prison, cette chose sans nom, venue on ne sait d'où, sans raison, pour détruire... Elle ne vient pas en vous, non, elle vous prend. Le mal ? La folie... »

En avril 1983, Daniel G., 30 ans, mécanicien-avion à Roissy comparaissait devant les Assises de Melun pour avoir violé 4 femmes dans un rituel sadique. L'une d'elles, une petite boulangère de 17 ans, est morte sans préméditation. Elle a été étouffée par une orange.

Daniel G. réparait le jour les réacteurs d'avion, et torturait la nuit ces femmes qu'il enlevait. Avec la même application. Une bande magnétique avait été retrouvée dans sa cave. Quand le juge d'instruction lui a dit qu'il allait, en sa présence, procéder à l'audition de la bande, G. s'est récrié violemment : « Je ne veux pas écouter cette bande, car cela me fait peur. Dans cette bande, ce n'est pas moi qui parle. C'est ma voix, mais ce n'est pas moi. » Puis il a fini par accepter. Il dira par la suite, dans son second procès, en octobre 1984, qu'à l'époque, c'était comme s'il ne pouvait pas, ou ne devait pas se défendre.

G. paraît réciter, d'une voix rauque, lente, monotone, en ponctuant les mots de brefs silences, ce petit précis de torture mécanique. Cette bande était destinée à être écoutée de ses victimes avant la cérémonie du supplice. Elle avait, en somme, la fonction d'entraînement jubilatoire des Historiennes dans les 120 journées de Sodome. *Pendant tout le temps de la diffusion, environ une demi-heure, G. a gardé la tête basse en pleurant. Enfin, il a déclaré : « Je veux simplement dire que si l'on m'identifie au personnage qui ressort de l'écoute de l'enregistrement que vous avez transcrit je demande la peine de mort. » G. a finalement été condamné, en 83, à la détention à perpétuité.*

Le rituel de ses rapts (et de ses viols) était méthodique et immuable. C'étaient des femmes raflées au hasard, en rase campagne. Des femmes qui partaient le matin à bicyclette prendre un train, ou qui rentraient à pied, à la nuit tombée, chez leurs parents. Car la plupart étaient jeunes. C'est alors, dira G., que « l'idée était là. Il fallait que j'agisse ». Il dit encore : « Cela revient quand je suis seul, dans le noir surtout. Ça doit être le mal, comme un démon. C'est cela : un démon. » G. les fourrait, sous la menace, dans le coffre de sa voiture, et les conduisait alors dans son studio du Plessis-Belleville. Il les séquestrait toute la nuit, avant de les abandonner à nouveau au bord de la route. On a retrouvé, de la même façon, dans un champ de maïs, le corps nu de la petite boulangère, dans les liens qui l'entravaient. C'était près de Mauregard.

Il les déshabillait d'abord et les lavait sous la douche. Il les enduisait alors d'une crème grasse excitante, les ligotait aux poignets et au cou, en les suspendant à une barre métallique fixée à hauteur d'homme, il leur enfonçait ensuite, en guise de poire d'angoisse, pour étouffer leurs cris, une orange dans le larynx, ou parfois une gousse d'ail. Leurs yeux aussi étaient bandés par un masque de caoutchouc. Les sévices sexuels pouvaient alors commencer : piqûres, viols, sodomies, tout s'accomplissait, diront les psychiatres, « selon un scénario pervers très contraignant dans sa logique ». Il utilisait, à cet effet, aiguilles, pinces de chirurgien et tuyaux d'arrosage qu'il introduisait dans le vagin ou l'anus, conformément aux prescriptions.

La mort était toujours possible, sinon fatale. C'était le viol méthodique, le délire organisé qui importait. C'est ainsi que la petite boulangère est morte étouffée, après avoir perdu l'équilibre, sans doute en voulant se défaire de ses liens. Selon les médecins légistes, l'agonie de la jeune fille avait été lente et longue.

« C'est le procès du sadisme absolu », titrait un journal du matin, lors du second procès de G., en octobre 84, devant les Assises de Créteil (puisque l'arrêt de Melun avait été annulé pour vice de forme). Le jury paraît d'ailleurs en avoir été intimement convaincu, puisqu'il a confirmé ce premier arrêt, en ne reconnaissant aucune circonstance atténuante à l'accusé. G. fut donc condamné à la réclusion perpétuelle, contrairement aux réquisitions du ministère public. Un verdict sans commune mesure, pourrait-on dire, avec les faits : quatre viols, certes accompagnés de tortures, et un meurtre par accident. Mais il est vrai que ce qui était jugé ici, ce n'était pas le viol de hasard, même cruel, même mortel (le même jour, aux Assises de Paris, on condamnait trois hommes à 10, 12 et 15 ans de réclusion pour avoir violé une jeune inconnue, et frappé à mort son ami uruguayen, rencontrés une nuit boulevard Saint-Germain), mais le système du viol et la démonstration glacée de son mécanisme. C'est l'effroi d'une théorie sadique du lien sexuel (fondé sur le rapt, la possession et la répétition monotone des sévices) qui a saisi les jurés. C'est la froideur d'une pensée comme pensée démonstrative de la cruauté qui fut condamnée[1]. Croira-t-on alors que ceux-ci ont abusé en retour de la loi à l'encontre de celui qui la fustigeait avec tant

1. Cf. Gilles Deleuze, *Présentation de Sacher Masoch*, Ed. de Minuit, 1967.

d'apathie ? *Qu'ils en ont, en somme, abusé comme un tyran face à celui qui manifeste tant de mépris anarchique dans l'idée du mal absolu ?*

Description de la torture d'une jeune fille de 20 ans (Transcription de la bande magnétique retrouvée dans la cave de G.)

Une jeune fille blonde d'environ 20 ans, cheveux longs, mignonne, petite, environ 1,60 m, de beaux yeux, bien moulée. La jeune fille semble assez intelligente et assez émotive, elle semble aussi assez difficile à raisonner. Tout d'abord, une entrée en matière très directe sans aucune tendresse mais pas de brutalités. Ton sec pour un raisonnement rapide, des arguments du genre interrogatoire pour soupçons sur une ou plusieurs filles de ses proches suivant ses réponses, puis une punition pour refus d'aveu. La punition consiste à la déshabiller et la laisser ainsi réfléchir longtemps, tout en entretenant une ambiance de plus en plus affolante, c'est-à-dire par exemple des préparatifs, des préparatifs visibles d'instruments, d'ingrédients. Ensuite, la phase de préliminaires. Des préliminaires qui doivent être très longs, paroles sous-entendues et très affolantes, des contemplations et des commentaires très osés, mais très peu de contacts. Ensuite, dernier interrogatoire suivi d'un verdict. Le verdict : une très grosse punition d'ordre corporel. Ne pas donner de détails.

Nous allons commencer par une longue excitation d'une dureté progressive pour arriver ensuite à une très grosse jouissance, puis nous allons utiliser des ingrédients pas trop durs d'abord, puis des instruments progressivement durs jusqu'à de très douloureuses pénétrations anales et vaginales d'assez longue durée, une courte interruption sera la bienvenue pour des arguments, des prétextes à flagellation. La flagellation debout : la jeune femme devra être attachée debout, le ventre et les seins bien en évidence, les bras et les jambes légèrement écartés. La flagellation ne devra pas être de trop longue durée. On fera ensuite boire abondamment la jeune fille, puis on la mettra en place sur le banc de torture. A ce moment, la jeune fille sera absolument terrorisée. La mise en place d'un bâillon sera nécessaire. Attachée sur le banc de torture, nous allons nous livrer à une flagellation active, c'est-à-dire sur les parties du corps intime de la jeune fille. La violence de la flagellation sera alors légèrement plus intense que la précédente. Surtout ne pas se laisser attendrir par les souffrances de la jeune fille.

A ce moment on peut commencer à expliquer le fonctionnement et mettre en évidence l'efficacité de la torture électrique. La torture électrique, c'est-à-dire d'abord les aisselles et les seins puis l'entre-cuisse, puis l'anus, puis le vagin. L'intensité sera progressive pour chaque phase. On pourra simuler des lectures de cadran et prendre des notes. On pourra également simuler une visite génitale et anale très complète, par exemple une inspection visuelle très osée, un prélèvement du liquide vaginal et puis faire uriner la jeune fille dans un flacon. Ensuite préparer visiblement une piqûre. A ce moment-là, la jeune fille devra être terriblement torturée mentalement, à la vue de la piqûre particulièrement. Il ne faut pas hésiter à faire tout d'abord la piqûre dans les seins, puis renouveler la chose dans l'anus, puis renouveler la chose dans le vagin. Après quelques instants, on pourra appliquer un lubrifiant excitant dans le vagin de la jeune fille. Puis à nouveau on pourra appliquer des décharges électriques, cette fois-ci avec des canules dans le vagin de la jeune fille avec une intensité à la limite du supportable.

Après cela on pourra laver le vagin de la jeune fille torturée, un lavement pas trop abondant, puis un lavement plus abondant dans l'anus. On la détachera pour la faire uriner et déféquer. On lui gardera les mains liées par précaution. Après cela on pourra procéder à un bain et une toilette très poussés de la jeune fille. Après le bain, un léger repos si nécessaire pour dicter les conditions et faire promettre toute soumission. Cela ne devrait pas poser de problèmes à partir de cette phase, la jeune fille en effet sera totalement soumise, sinon une nouvelle séance de flagellation très dure cette fois. Elle devra s'imposer pour totalement raisonner la jeune fille. Quand la jeune fille aura promis de se soumettre totalement, on pourra passer à la phase de l'amour.

Après cela, la jeune fille pourra se reposer, prendre un repas puis, aussitôt après le repas, on pratiquera des soumissions diverses, des poses et des humiliations. Presque aussitôt après, on pourra également procéder à une initiation aux très grosses pénétrations, c'est-à-dire la jeune fille sera de nouveau attachée entièrement nue dans la position la plus favorable pour ces pénétrations. Nous commencerons d'abord par une lubrification abondante et très excitante du vagin, puis plusieurs pénétrations de grosseur progressive jusqu'à la limite. Il ne faut pas se laisser attendrir par les cris de la jeune fille. Nous rappelons qu'elle est à ce moment bâillonnée, mais ces gémissements étouffés ne doivent pas attendrir le bourreau. Des pénétrations progressives également pour l'anus jusqu'à la limite de la souffrance. On pourra laisser quelques instants la jeune fille avec un goupillon dans le vagin et dans l'anus, sur le banc de torture toujours. On retirera ce goupillon violemment, très violemment. A ce moment la jeune fille a franchi une étape de souffrance.

Si elle a surmonté ces tortures de pénétration, presque aussitôt la soumettre au supplice du pal. Tout d'abord, le pal de l'anus. Le pal comportera des diamètres progressifs, trois diamètres, 5 cm, 6,5 cm, et 8 cm. Pour commencer nous irons jusqu'à 6,5 cm pour l'anus. Après cela nous procéderons encore à une légère toilette. Puis la jeune fille devra se soumettre à nouveau et faire l'amour. Après un très léger repos après l'amour, une nouvelle séance de pal endurée par la jeune fille jusqu'à 8 cm pour l'anus cette fois. Ces souffrances ne doivent pas du tout attendrir le bourreau. L'anus doit être pénétré jusqu'à un diamètre de 8 cm. C'est vraiment énorme pour une jeune fille, mais un pal de 8 cm bien lubrifié après pénétration préalable devra être possible. Il est bien entendu que ces souffrances seront d'un degré très élevé à ce moment. L'anus sera déchiré et les chairs risquent de saigner. Même si les chairs se mettent à saigner, ce qui est fort probable, ne pas la soigner tout de suite. Procéder aussitôt après à des injections vaginales très dures cette fois. Puis mettre la jeune fille au pal par le vagin jusqu'à 8 cm. A ce moment, la jeune fille sera au sommet de la souffrance qu'elle n'aura jamais connue jusqu'alors. Nous pourrons arrêter après le pal du vagin pour procéder à une toilette puis au repos mérité.

Après cela, un repas léger, très léger, et puis elle fera l'amour encore une fois. Immédiatement après l'amour, on recommencera les pénétrations vaginales et anales avec une énorme prothèse. Attachée cette fois sur le lit, le supplice de la bouteille. Le supplice de la bouteille consiste à faire pénétrer presque entièrement une bouteille de vin, c'est-à-dire environ 7 à 8 cm de diamètre. La jeune fille est attachée sur le lit, la bouteille entièrement pénétrée dans l'anus dans laquelle on versera de l'eau bouillante. Après cette souffrance par l'anus, on pourra procéder au rasage du pubis de la jeune fille. L'opération doit être assez longue. Il ne faut pas hésiter à l'exciter par le clitoris, à exciter les petites lèvres avec le rasoir. Une fois le pubis rasé on pourra introduire une grosse boule métallique dans l'anus et une très grosse éponge ronde et sèche. Il faut qu'elle soit sèche dans le vagin de la jeune fille. On recoudra le vagin de la jeune fille torturée. On lui coudra le vagin et l'anus avec un lubrifiant bien sûr, puis on la fera jouir au maximum. On injectera alors un liquide excitant dans l'éponge, en quantité maximum, pour bien faire gonfler l'éponge et on laissera ainsi la jeune fille sur le banc de torture pendant assez longtemps. On contemplera ses souffrances, on pourra procéder à des pelotages des parties très intimes, très osés, à des frottements, des massages des parties de son corps les plus sensibles.

Après cela, on pourra découdre et mettre la jeune fille au pal. Le supplice du pal sera alors très poussé. Il ne faut pas hésiter à forcer la jeune fille à se pénétrer complètement, en particulier l'anus, puis le vagin bien au fond, bien au fond. La jeune fille devra absorber par le vagin le pal le plus gros de 8 cm tout au fond de son ventre. Quelles que soient ses souffrances et le degré de sa souffrance et l'amplitude de ses cris. Après cela procéder encore une fois à une toilette, une toilette très poussée et à ce moment-là la jeune fille sera totalement abandonnée à son bourreau. Puis à nouveau, on pourra faire l'amour.

Les soumissions diverses et les humiliations consistent en particulier dans le déshabillage volontaire avec des poses obscènes, des autopénétrations et des autojouissances, des propos obscènes et dépravés. On fera fumer à la jeune fille du tabac, on lui fera absorber de l'urine, son urine bien sûr, et on pourra prendre quelques photos. Après cette précédente séance de pal très poussée, quelques séances de toilette et l'amour bien sûr, la jeune fille pourra se reposer assez longtemps cette fois. Puis on l'attachera de nouveau au banc de torture en lui faisant bien comprendre que, cette fois-ci, c'est la vraie torture qui commence pour elle. Nous commencerons d'abord par la torture des seins. La torture des seins commencera par des compressions et des étirements avec les mains, des compressions et des étirements très forts, qui déforment les chairs et font très mal. Les petits seins devront être rougis au maximum, ils devront visiblement augmenter de volume, les tétons devront être bien tendus, bien pointés, les seins devront être très rouges. A ce moment, on arrêtera les compressions puis on massera, mais sans exagération quand même, avec du Dolpic. Le massage devra être quand même très violent. Puis quand la pommade commence à faire ses effets et à brûler les mains, on fera visiblement apparaître des aiguilles.

La jeune fille sera très affolée à la vue de ces aiguilles et devinera tout de suite leur but. On trempera les aiguilles dans le vinaigre, on les enfoncera jusqu'au profond des chairs. On retirera quelques aiguilles, on en laissera quelques-unes quand même dans chaque sein et on procédera à une flagellation très violente des seins. Le fouet devra laisser des marques sur les globes de chair. Les globes de chair devront être très rouges à ce moment. Nous passerons alors à la torture du vagin. Nous commencerons par un excitant très puissant, en injection très profonde, puis à une torture du vagin par des aiguilles trempées dans le vinaigre que l'on plantera tout d'abord dans les lèvres doucement, et, après l'avoir annoncé à la jeune fille, dans son clitoris. A ce moment la jeune fille atteindra un point culminant dans la douleur. La pénétration d'une aiguille trempée dans le vinaigre dans le clitoris est très très douloureuse chez une jeune fille, surtout si elle est vierge. Il est bien entendu qu'il ne faut pas non plus se laisser attendrir à ce moment, et planter peut-être plus rapidement et très sûrement l'aiguille dans le petit organe sexuel de la jeune fille. Il est bon de rappeler que cet organe aura été mis bien en évidence par les excitations et devra être proéminent bien sûr, c'est-à-dire avoir atteint une certaine taille.

Avant de piquer complètement le clitoris, on devra peut-être procéder à des petits picotements avec la pointe de l'aiguille, des petits picotements pour la faire frémir, et d'un seul coup on enfoncera l'aiguille. Après cela, un lavage du vagin s'impose, puis on procédera à une masturbation très violente de la jeune fille. La masturbation progressivement profonde, érective, avec un énorme goupillon, puis on fera une très grosse injection d'huile chaude dans l'anus et une masturbation également pour l'anus avec le goupillon. Le goupillon pourra pénétrer l'anus sans aucune crainte d'abîmer les chairs qui sont moins fragiles que celles du vagin. Une très forte masturbation donc pour l'anus jusqu'au sang. Peu importe si l'anus saigne quelque peu. Après cette pénétration du goupillon, la jeune fille se prêtera certainement à une séance de pal pour l'anus, jusqu'à 8 cm évidemment. On commencera par 6,5 cm. Le pal sera bien évidemment toujours enduit de vaseline et à 8 cm, il devra s'enfoncer sans problème jusqu'au fond, jusqu'au fond de l'anus. Après cela, on retire le pal et on fait une très grosse injection d'eau de Cologne dans l'anus. On remet la jeune fille au pal. On enfonce plus profond, on la laisse après l'avoir longuement longuement fait remuer sur ce pal, après avoir longuement fait ressortir et rentrer le pal de 8 cm dans l'anus injecté d'eau de Cologne. On immobilisera la jeune fille avec le pal entièrement enfoncé et on contemplera ses souffrances.

On pourra recommencer à piquer des aiguilles dans les seins, dans cette position. Après cela, on procédera à un lavement final, on retirera les aiguilles de toutes les parties du corps et on laissera la jeune fille se reposer. Après cette courte séance de repos plus ou moins courte, suivant son état, on pourra la faire manger un peu. Après cela, on lui fera l'amour. Cette fois l'amour est plus total avec le plus de soumission possible, d'abord sans prothèse, puis avec une énorme prothèse sur le phallus. La jeune fille devra supporter cette pénétration sans problème et on peut ainsi obtenir une énorme jouissance en voyant la jeune fille se faire pénétrer par une chose énorme au bout du phallus. On pourra ensuite, après cette pénétration énorme, faire pénétrer dans le vagin la main jusqu'au poignet. On pourra essayer d'en faire autant pour l'anus, et également le pied, qui serait certainement plus douloureux. Il sera peut-être possible de faire pénétrer le pied dans le vagin, certainement pas dans l'anus.

Voilà pour la torture type d'une jeune fille d'environ 20 ans. Il n'est pas précisé que la jeune fille soit vierge ou non. Il est préférable qu'elle ne soit pas vierge dans un sens, c'est-à-dire qu'elle se prêtera plus facilement aux jouissances et les chairs s'ouvriront et se prêteront plus facilement aux pénétrations. Maintenant si la jeune fille est vierge, on peut s'attendre à la voir souffrir beaucoup plus au départ, mais une fois rodée à certaines pénétrations, à une certaine phase de la torture, la jeune fille sera peut-être beaucoup plus docile, beaucoup plus excitante à voir, certainement beaucoup plus excitante aussi au vu de ses souffrances beaucoup plus vives. Nous vous souhaitons beaucoup de plaisir au cours des différentes tortures que vous aurez effectuées.

La prochaine torture décrite sera celle d'une femme légèrement plus âgée, une femme ayant déjà fait longuement l'amour et connaissant la pratique de l'amour et des plaisirs sexuels, mais n'ayant pas forcément accouché. La torture d'une femme plus âgée ayant déjà accouché sera décrite en dernière phase.

L'homme illuminé

Lettre n° 1

Très cher H.

Je me présente : j'ai 28 ans, 1,75 m, 70 kilos, brun. J'habite Paris où je suis avocat. Je vis en concubinage depuis 5 ans, j'ai une maîtresse comme tout le monde, et pour ainsi dire, je suis heureux de vivre.

Je gagne largement ma vie et n'ai pas de problème, sauf un qui m'obsède, c'est la raison pour laquelle je t'écris. Qui sait, peut-être auras-tu une adresse pour réaliser ce que je vais te décrire.

J'arrive dans une maison de campagne isolée. Je décharge mes paquets. Je me rends à la cave qui est immense. Au milieu de cette cave, un poteau en bois est fixé au sol. Tout autour de ce poteau, je place de longs cierges (environ une centaine), puis je me déshabille, et je fixe à l'aide d'élastiques, en pinçant mes tétons, une centaine d'allumettes géantes 28 cm à chaque sein. J'entoure mon sexe de plusieurs centaines d'allumettes, puis j'introduis dans mon anus un cierge auquel j'ai fixé 100 ou 200 allumettes.

Je m'approche du poteau, et là, je l'entoure de fagots jusqu'à la hauteur de mes genoux. En face, une grande glace pour me voir, le moment venu. Je m'attache les pieds au poteau, me bande les yeux et m'attache les mains derrière avec des menottes, et l'attente commence.

Au bout d'un temps indéterminé, j'entends mon bourreau arriver. Sans un mot, il pénètre dans la pièce et s'empare d'une grande boîte d'allumettes. Il doit prendre bien soin de craquer fortement chaque allumette pour allumer les bougies et ce, en craquant une allumette par bougie. Je compte avec lui, et lorsqu'il a fini d'allumer les bougies, il s'empare d'une autre boîte qu'il enflamme entièrement. Il tient donc dans sa main 100 allumettes enflammées. Il s'approche de moi, je le sens, et dans l'ordre suivant, il m'allume les seins, l'anus et le sexe et m'enlève le bandeau des yeux. J'ai quelques secondes pour admirer toutes ces bougies et ces allumettes enflammées.

Au bout de 5 à 6 secondes, la morsure des flammes est horrible. Aveuglé par la douleur, je vois mon bourreau approcher de mes fagots une flamme. Ça s'embrase très vite.

Dans la glace, je me vois entouré de flammes qui montent vers mes seins, mes fesses, mes couilles et mes genoux. Je hurle de douleur encore quelques secondes et perds la vie.

Je viens de t'écrire entièrement cet obsédant fantasme, que j'ai en partie réalisé. Je peux te dire que j'ai déjà senti la chaleur de ces flammes sur les fesses et les seins, sans que cela dépasse les premiers cris de douleur et de peur, et que j'ai longuement joui, avec mon bourreau enfoncé en moi, et les seins entourés d'allumettes enflammées. Mais mon bourreau est mort dans un accident de voiture il y a un mois et j'en suis réduit à m'allumer moi-même, et sans m'attacher. Alors, si tu penses avoir un ami qui voudrait jouer avec le feu et moi, je suis tout prêt à le rencontrer.

Lettre n° 2

Très cher H.

Il est 13 heures, je suis chez moi, seul. Je viens d'allumer 20 cierges et je me suis fixé 100 allumettes à chaque sein. C'est très douloureux. J'ai également entouré mon sexe d'une centaine d'allumettes et j'allumerai le tout après t'avoir écrit.

J'attends avec impatience le moment où je serai attaché à un poteau par mon bourreau ou suspendu par les mains, les yeux bandés, le sexe entouré d'allumettes, les seins également, le gros cierge fixé dans mon anus, et des fagots autour de mes cuisses, ou au-dessous de mes pieds, si je suis suspendu. J'entends déjà le bruit que feront plusieurs centaines d'allumettes allumées en même temps, je sens déjà la chaleur monter vers moi.

Pour augmenter mon plaisir, il faudra augmenter ma peur, et mon bourreau, une fois allumées toutes les allumettes, devra me dire qu'il les laissera brûler jusqu'au bout, je lui demanderai certainement. Bien entendu, il n'en fera rien, mais est-ce que je sais ce qu'il lui passera par la tête ? Et lorsqu'il m'enlèvera le bandeau des yeux, et que je verrai ces flammes monter vers moi, j'aurai vraiment très peur. C'est ainsi qu'il jouira en moi qui serai enflammé.

Je ne peux en aucun cas recevoir, car j'ai une femme qui est très méthodique. Tout à l'heure, après avoir fait joujou, je devrai ouvrir la fenêtre pour aérer et parfumer l'atmosphère, afin qu'elle ne sente rien.

J'ai confiance en toi, et j'espère que tu pourras trouver quelqu'un qui veuille bien s'occuper de moi.

P.S. Maintenant, je vais jouir dans les flammes.

Lettre n° 3

Très cher H.

Après notre conversation d'hier après-midi, j'étais dans un tel état que je n'ai pu m'empêcher de me faire une gâterie. J'ai attendu le soir. Après avoir dîné avec ma femme, j'ai prétexté une réunion entre collègues du Barreau, et je suis parti à la campagne. Ce fut grandiose, il ne me manquait qu'une chose pour être vraiment satisfait, j'aurais voulu être attaché solidement et ne pouvoir bouger.

Arrivé dans les bois, j'ai garé ma voiture dans un endroit secret, et je suis parti me cacher dans une grotte que je connais. Je me suis mis nu et me suis fixé 200 allumettes à chaque sein. C'est la première fois que j'en mettais tant. J'ai également fixé 200 allumettes à mon sexe, et me suis enfoncé un long cierge d'un mètre dans l'anus, avec à son bout également 200 allumettes. Après avoir vérifié une dernière fois les attaches qui retenaient toutes les allumettes, je les ai enflammées, ce fut sensationnel. J'ai vraiment eu l'impression que ma dernière heure était arrivée. L'atmosphère était devenue irrespirable. J'ai même senti les flammes sur mes cuisses. Mes seins me faisaient atrocement souffrir et mon sexe était entouré d'une énorme flamme de près de 80 cm de haut. J'ai joui fabuleusement. Je ne voudrais pas que tu croies que je suis un affabulateur, car si tu doutes de moi, je peux recommencer cette expérience devant toi, que tu participes ou pas. Je préférerais que tu participes, car si j'avais été attaché, nul doute que ma peur aurait été grande. Aurais-tu éteint ces allumettes ? Je vais acheter demain un Polaroïd et te faire des photos montrant mes seins, mon sexe et mon anus avec des allumettes, et j'essayerai de prendre des photos lorsque je serai enflammé. Tu pourras te rendre compte que je ne mens pas.

Lettre n° 4

Très cher H.

J'espère que tu ne m'en voudras pas de t'écrire chaque jour, mais le fait d'écrire fait baisser ma pression.

Cet après-midi, je me suis mis nu, j'ai entouré mon sexe de deux boîtes d'allumettes, c'est-à-dire 200, puis j'ai allumé deux bougies et me suis versé de la cire brûlante sur les seins. Cela brûle un peu, mais ne laisse aucune marque. J'ai fini l'après-midi en me branlant au-dessus des flammes. Tu sais, si tu acceptes de me recevoir pour jouer le rôle que tu sais, il me plairait assez que la séance dure plusieurs heures, car les seins ainsi équipés d'allumettes commencent vraiment à me faire souffrir au bout d'une heure, et plus il y aura d'allumettes, plus je souffrirai, car le poids augmente.

Il y a un film de Ken Russell qui s'appelle *Les Diables,* dans lequel un prêtre est condamné au bûcher. Il est attaché, on allume le bûcher, et les flammes montent doucement. Le prêtre parle toujours, on voit son visage qui commence à transpirer, puis à cloquer. On a une dernière vision du prêtre qui tout à coup penche la tête et meurt dans les flammes. Je peux te dire que j'ai vu ce film dix fois, et à chaque fois, j'ai été m'entourer le sexe d'allumettes dans les toilettes du cinéma, et je me suis branlé au-dessus des flammes.

Je crois que le fait de pratiquer mon obsession dans des endroits publics me fait jouir encore plus fort.

Il y a une dizaine d'années de ça, poussé par le désir, je me suis entouré le corps d'une centaine de longues bougies, j'étais par terre, les mains et les pieds écartés et attachés par un nœud coulant, et je m'étais entouré le sexe de 10 boîtes d'allumettes, c'est-à-dire 1 000 allumettes. J'avais vraiment l'intention de les allumer et, au dernier moment, j'ai renoncé, car 1 000 allumettes, ça allait du nombril jusqu'aux cuisses, inutile de te dire que j'y serais resté.

Je m'étais donc arrangé pour fixer une bougie au milieu de ces allumettes. J'avais allumé toutes les bougies entourant mon corps et la bougie placée au milieu des allumettes, puis, mettant mes mains dans les nœuds coulants et tirant dessus, je m'étais attaché. Je suis resté plusieurs heures dans cette position. Je voyais tour à tour fondre les bougies et la flamme se rapprocher des gros bouts rouges des allumettes. Je ne pouvais avoir qu'une solution, l'éteindre en la soufflant. J'ai attendu que la flamme soit à 3 ou 4 cm du sommet des allumettes pour l'éteindre, et je n'ai réussi à me détacher qu'au bout de 10 minutes en me cisaillant les poignets à force de tirer sur les cordes.

J'ai toujours présent à mon esprit que, si je vais trop loin, ce sera définitif, alors je continue de jouer le plus prudemment possible, afin de connaître les plus folles joies.

Ma satisfaction est entre tes mains. A bientôt de te lire, très cher bourreau,

Daniel le flambé

L'incendiaire

C'est la fatalité qui a pris la forme de mes mains.
Jean GENET, *Haute Surveillance*

L'histoire de Christian, l'incendiaire des hôtels, m'a fait penser longtemps à Le Van Duc, ce Laotien de 22 ans qui, un soir de novembre 1982, d'un coup de savate bien balancé dans le dos, poussait soudain sous la rame du métro un sexagénaire qui attendait là, par hasard. « C'est un homme très dangereux, absolument imprévisible, avaient dit à l'époque les policiers. Il suffit d'un regard, d'un tutoiement, pour qu'il décoche à son interlocuteur un coup redoutable. »

Ce sont des choses qui arrivent comme ça. Ce sont des types qui ne tiennent à rien. Voilà ce qu'on dit. C'est à 14 ans, à la mort de sa mère, que Christian est lâché dans le monde, lâché dans le vide. Son destin sera celui d'un fuyard. D'un plus-rien. A tout moment, pour lui, tout vacille. Il peut tuer, ou se tuer, dans une réversibilité totale du crime ou du suicide. Il dit qu'il a cherché la mort déjà dix fois. Toujours pour des histoires d'amour. Mais sans savoir quoi, ni comment. Comme si Dieu jouait aux dés.

Christian a aujourd'hui 33 ans, et la mort est derrière lui. Dans une lettre qu'il écrivait de la Santé, en avril 1984, il disait : « Voilà, j'ai recommencé comme il y a 8 ans. C'était un garçon que j'aimais beaucoup. Il y a eu de jour en jour une rupture et c'est arrivé enfin. J'ai tout quitté. Et pendant deux mois j'ai beaucoup pleuré. Je me suis mis à boire et le jour de Noël, il y a eu un grand trou pour moi. J'ai avalé tellement de cachets que j'ai dû m'écrouler. Et j'ai mis le feu dans une chambre d'hôtel. Je finis au trou. Mais je l'aime toujours. »

— Toute ma vie jusqu'à aujourd'hui, ça a commencé vraiment quand ma mère est morte.

— Que faisaient vos parents ?

— Mon père était directeur d'école, et ma mère est morte, j'étais très jeune, j'avais 14 ans. Ça a été la catastrophe.

— Vous l'aimiez beaucoup ?

— Oui. Et puis il y a aussi une chose, j'ai été homosexuel.

— Vous l'êtes toujours ?
— Toujours !
— Vous l'avez su très tôt ?
— Bien sûr ! Mon père devinait que j'étais homosexuel.
— Depuis quel âge ?
— Depuis 13, 14 ans.
— Pas avant ?
— Si, j'avais des tendances, mais à l'école, comme beaucoup de gamins, ce sont des attouchements. Moi, je l'ai su surtout après que ma mère est morte. Après ça, j'ai fait 17 fugues à Paris...
— 17 fugues à 14 ans ?
— Oui, à peu près. Ça s'est passé pendant un an, tout ça.
— Mais qu'est-ce que vous faisiez à Paris ?
— Je commençais déjà à draguer...
— Vous alliez où ?
— En principe, gare du Nord. Parce que ma sœur travaillait à l'hôpital Lariboisière. En réalité, je venais pas pour draguer, je venais pour rencontrer ma sœur. Mais arrivé à une certaine heure du soir, gare du Nord, on se fait draguer, il n'y a pas de problèmes...
— Vous le disiez à votre père ?
— Non, mon père, je lui parlais pas. Il pouvait pas savoir. Enfin, il le devinait. Donc, j'arrivais dans la journée. Ma sœur, pour ainsi dire, je la voyais pas. Ou elle refusait de me voir. Et comme le soir, il fallait dormir, je me promenais à la gare du Nord, et là, je rencontrais des garçons.
— Pour passer la nuit, c'est tout ?
— C'est tout, oui. Et puis, j'ai été pris par la police la dernière fois.
— Racontez-moi peut-être la première fois...
— J'allais directement quai des Orfèvres chez le juge des enfants, et mon père revenait me chercher au Palais de Justice.
— Et pourquoi vous étiez pris ?
— Quand je faisais une fugue, la nuit je la passais chez un garçon, et le lendemain c'était fini. J'avais déjà un avis de recherche contre moi. Parce que j'étais mineur.
— Votre père lançait un avis de recherche ?
— Oui, à chaque fois.
— Il ne pensait pas que vous étiez chez votre sœur ?
— Oh, avec ma sœur, ils se téléphonaient... Donc, automatiquement, je revenais le lendemain matin dans la gare et là, j'allais dans la salle d'attente m'asseoir. C'est là qu'il y avait un contrôle et j'étais pris par la police des mineurs.

— Vous alliez au dépôt ?

— Non, j'allais directement au quai des Orfèvres. La dernière fois, mon père est arrivé, il a vu le juge des enfants, ensuite il est passé dans le bureau du procureur, et je suis allé coucher au dépôt le soir. C'est là que le procureur lui a dit : « Il faudra faire voir votre fils à un médecin. C'est quand même pas normal. » Et j'ai repris le train pour Nantes. Le lendemain, j'ai été voir le médecin de famille...

— Vous êtes fils unique ?

— Non, on est 8. Mais ça fait maintenant depuis l'âge de 18 ans que je n'ai pas revu ma famille. Mes belles-sœurs, mes beaux-frères, je les connais même pas. Et pourtant mon père m'écrit. Noël arrive, je sais qu'il va m'écrire, pour me dire comment ça va, mais c'est tout. Mes frères et sœurs, aucune nouvelle.

— Alors ce médecin de famille, qu'est-ce qu'il a dit ?

— Donc, le médecin de famille, je m'en rappellerai toujours, a dit à mon père : « Écoutez, on va quand même présenter votre fils à un psychiatre, à l'hôpital de Nantes. »

— Vous aviez quel âge à cette époque-là ?

— Quinze ans... C'est ce qu'a fait mon père. Il m'accompagne à l'hôpital de Nantes, je vois le psychiatre, et je suis resté là-bas 3 ans.

— Trois ans où ça ?

— En psychiatrie. En fait, j'ai jamais très bien su si mon père m'avait fait interner ou pas. Je suis rentré à l'hôpital, j'en suis sorti au bout de 3 ans ! J'étais libre, hein ! J'allais en permission, je faisais ce que je voulais, simplement quand j'ai eu 18 ans, mon père est arrivé un beau jour dans le bureau du médecin, il me dit : « Christian, je t'ai fait émanciper, tu fais ce que tu veux maintenant. Est-ce que tu peux signer la feuille ? » Et je suis sorti de l'hôpital tout de suite, j'ai pris la direction de Paris.

— Mais qu'est-ce que vous avez fait pendant ces 3 ans ?

— Je travaillais dans une cafétéria de l'hôpital psychiatrique. J'avais mes habits civils, je sortais en permission, j'avais 2 jours, je rentrais, je sortais, je faisais ce que je voulais.

— Mais vous n'aviez pas envie de partir ?

— Non. Je me sentais en sécurité. J'avais pas à me plaindre, j'étais dans un service ouvert, c'était le seul de tout l'hôpital, je sortais comme je voulais du pavillon, j'étais libre.

— On ne vous faisait pas de piqûres ?

— Non, absolument rien. J'avais juste un cachet pour dormir. Du Mogadon. C'était tout ce que j'avais.

— Vous aviez des aventures à cette époque-là ?

— Ah oui, à Nantes. Je sortais en permission. J'allais chez des mecs. Des mecs que je rencontrais comme ça.
— Des aventures sans lendemain ?
— Oui, sans lendemain.
— Donc, Paris, à 18 ans.
— Voilà. Et puis... j'ai commencé à draguer.
— Pour de l'argent ?
— J'ai commencé à draguer gare du Nord, gare de l'Est... J'ai eu des occasions de me faire payer. C'est là que ça a commencé. Ça a été une première personne. Une deuxième, une troisième, et puis, pour ainsi dire, je me suis mis presque gigolo. Par la suite, j'ai rencontré un garçon qui m'a emmené à Saint-Germain...
— Au Drugstore ?
— Oui ! J'ai fait ça quand même 4 bonnes années.
— Et au bout de 4 ans, vous en êtes parti ?
— C'est-à-dire qu'on vieillit... Ça ne marche plus.
— Ça s'est fait du jour au lendemain ? Vous vous êtes dit, ce jour-là, c'est mon dernier jour ?
— Non. Absolument pas. Ça s'est passé comme ça, je devais être à la gare Saint-Lazare... J'ai rencontré un garçon qui était très mignon, 20 ans...
— C'était le grand amour ?
— Oui, parce que je suis très sentimental. Ce qui m'ennuyait dans le métier de gigolo, c'est que vous rencontrez des garçons qui sont très jeunes et qui vous plaisent. Et leur expliquer votre situation, c'est difficile. Si vous êtes gigolo et si vraiment vous avez envie d'arrêter, vous dites, tiens, le mec est pas mal, peut-être que je vais essayer de m'en sortir avec lui. Mais il n'y en a pas beaucoup. C'est tombé sur celui-là... Il s'appelait Jacques. Il avait une vingtaine d'années, il sortait du service militaire et moi j'avais 2, 3 ans de plus que lui...
— Qu'est-ce qu'il faisait ?
— Il travaillait aux Impôts.
— Donc il vous a emmené chez lui ?
— Oui. Au début, il savait pas qui j'étais, donc fausse profession, j'en inventais. Le lendemain, il me dit, est-ce que je peux te revoir, je l'ai revu. Et c'est arrivé que je lui dise ma vie. Que j'étais ça et ça. Il a accepté. Il m'a pris.
— Il vous a pris chez lui ?
— Oui. Il m'a pris et je suis resté assez longtemps, mais sans travailler. Au moins plus d'un an...
— C'était le premier amour ?
— Je l'aimais bien et lui aussi. Mais moi, j'étais gigolo, je

voulais m'en sortir. Je n'arrivais pas à trouver. C'est lui qui me nourrissait, il me logeait... Il est arrivé un moment où lui en a eu marre...

— Ah !

— Oui. Je devenais agressif à la fin. Très violent.

— Pourquoi ?

— Comme ça !

— Vous étiez jaloux ?

— Oui, je suis très jaloux. Je m'imposais et je ne travaillais pas. Il ne pouvait pas supporter. Et en plus de ça, il avait une maladie, la tétanie. C'est une maladie des nerfs.

— Et alors ?

— Ça ne l'arrangeait pas, hein ! Il était très nerveux, et comme je suis aussi nerveux, ça n'arrangeait pas la situation.

— Qu'est-ce que vous lui faisiez comme reproche ?

— J'étais jaloux. Quand il arrivait en retard, c'était la jalousie complète. A la fin, comme il avait énormément de crises de tétanie, il tombait par terre, un peu comme une crise d'épilepsie, mais ça, c'est les nerfs. C'était pas la boisson, il buvait pas. Il est arrivé un moment où j'en avais marre. J'aimais ce garçon et je voyais qu'il n'y avait plus rien entre nous, qu'il voulait se débarrasser de moi. C'est là que j'ai commencé à faire toutes ces conneries, je prenais des cachets et tout...

— Vous avez fait une tentative de suicide en sa présence ?

— Non, jamais. Voilà comment ça s'est passé. Ce garçon, déjà le médecin lui avait ordonné du repos. C'était comme une convalescence. Il est parti dans sa famille 2 mois en Bretagne. Et moi, je me suis retrouvé seul dans son appartement... Plus personne le soir, dans la journée, plus personne... C'était le néant complet pour moi.

— Vous n'étiez pas habitué à ça ?

— Non. Donc il avait des cachets qui étaient très forts. C'était de l'Aldol. C'est des cachets qui rendent fou. Il suffit d'en prendre une surdose, avec de l'alcool, ça rend fou. Vous tombez dans un état épouvantable.

— Et alors ?

— C'est là que j'ai commencé un peu à boire. Du whisky, du Martini, du Ricard, au café en bas. J'ai commencé à y prendre goût. J'aimais déjà la grande vie. En tant que gigolo, j'aimais le champagne, le cognac, le Ricard, enfin j'aimais ça. J'avais arrêté. Et puis, c'est reparti. Quand cet ami m'a laissé, pour moi c'était une rupture. Je me suis senti comme perdu. Et sous l'effet de la saoulerie, j'ai dit, je vais me tuer. Mon idée, c'était de me jeter par sa fenêtre.

— Vous avez essayé ?

— Non, mais je l'ai fait plus tard. Et pas avec lui. Donc, l'alcool, l'Aldol, ça a duré 2 mois. Je mangeais plus. D'ailleurs, je n'avais plus d'argent... Il est revenu au bout de 2 mois, on a continué la même vie, il a supporté. Il reprit son travail. Moi, je ne sortais pas, j'étais presque cloîtré, mais je m'étais mis à boire, je m'étais mis à boire. Lui, comme il aimait énormément le whisky, c'étaient ses bouteilles que je vidais, et ses médicaments en même temps, parce qu'il avait des gouttes de Théralène. Lui s'en rendait même pas compte.

— Vous étiez toujours agressif avec lui ?

— Oui. J'aimais qu'il m'obéisse. Mais sous l'empire de l'alcool. Et moi je le poussais à boire...

— Et ça a duré comme ça...

— Dix mois à peu près, oui. Mais quelquefois, le soir, j'en avais marre et je sortais. Et malheureusement quand je sortais, j'étais drogué, Aldol, Gardénal, Largactyl, enfin tout le bordel. Je foutais le camp et je faisais des conneries, mais sans m'en rendre compte...

— Des conneries ?

— Je prenais mon cognac dans ma poche, j'avais mes petites bouteilles, enfin ses bouteilles puisque lui dormait. J'allais dans un bistrot, je descendais aux toilettes et je prenais mes deux trois gouttes d'Aldol et mes cachets. Moi, je préparais mes cachets, parce que je partais dans le but de me tuer. Je disais, je vais prendre ça, et je vais me tuer, me jeter dans la Seine... Donc, j'étais à moitié dans le coma et sur ce, je prenais le premier hôtel venu. Je rentrais comme un voyageur qui arrive.

— Vous disiez ?

— Je disais tout simplement : « Je voudrais une chambre d'hôtel. » Le gars me répond, c'est tel numéro. Je dis, je voudrais visiter. En principe, l'hôtelier n'a pas le droit, il doit monter avec la personne. Moi, il me donnait la clé. Ce que je faisais, j'avalais les quelques médicaments que j'avais, l'Aldol et le Gardénal. Je me servais d'un briquet et je mettais le feu partout, au dessus-de-lit, aux rideaux, le feu prenait...

— Vous ne regardiez pas par la fenêtre ?

— Non, rien du tout. Je fermais les rideaux et je foutais le feu.

— Vous fermiez les rideaux ?

— Ah oui, pour pas qu'on voie le lit flamber ! Je descendais normalement : « Bien monsieur, votre chambre est impeccable, je reviens. » Le gars me revoyait plus. J'attendais un peu dans le coin de la rue, et puis les pompiers arrivaient, le gars savait très vite que, dans l'hôtel, il y avait une fumée louche.

— Vous attendiez les pompiers ?

— Oui, oui. Les fenêtres étaient très très éclairées et le feu, quand même, ça pétillait. La chambre s'illuminait. Mais je me barrais parce que les flics arrivaient, et puis les pompiers. La dernière fois que j'ai été pris, je suis retourné dans le même hôtel où j'avais mis le feu un an avant. J'étais drogué. Cet ami est tombé malade, et j'ai pris les médicaments qui restaient. Je suis rentré dans l'hôtel, alors que j'y étais déjà venu et j'ai mis le feu. Mais le portrait-robot était déjà quai des Orfèvres. Donc je rentre, je demande une chambre. Le gars m'a laissé rentrer. Quand je suis redescendu, il y avait une huitaine d'inspecteurs en bas. Je me suis écroulé à la porte d'entrée.

— Mais entre le premier et le dernier hôtel, il y en a eu un certain nombre ?

— Ça alors, est-ce que j'en ai fait d'autres ?...

— Peut-être même des appartements ?

— Oui... Peut-être des appartements de garçons que j'ai rencontrés. J'ai peut-être mis le feu... Puisque au quai des Orfèvres, je suis resté quand même 48 heures en garde à vue. Ils ont examiné tous les incendies qu'il pouvait y avoir dans les hôtels, les maisons, les appartements. Aucun signalement ne correspondait à moi. Donc, je ne pense pas. Je ne pense pas.

— Comment ça s'est passé chez le juge d'instruction ?

— J'ai été conduit à la prison de la Santé, je suis resté un bon mois tout de même parce que je suis rentré début novembre, et ma dernière instruction a été le 24 décembre. L'huissier a amené l'expertise psychiatrique qui venait du tribunal, signalant que j'avais bénéficié d'un non-lieu, j'avais l'article 64 du code pénal. C'est-à-dire l'asile d'aliénés. Irresponsable de ses actes au moment des faits. Ça aurait pu me coûter la réclusion criminelle ou la peine de mort...

— Qu'est-ce qu'il a dit, le juge, à ce moment-là ?

— Il m'a regardé, il m'a fait un sourire... Quand j'ai vu le sourire, j'ai compris que j'allais chez les fous. J'avais peur. J'avais peur d'aller à Henri-Colin, à Villejuif, la prison psychiatrique. Il a regardé mon avocat, il a dit ceci : « Eh bien, maître, je pense qu'on peut brûler le dossier. » Alors j'ai compris tout de suite que j'étais... Il m'a dit, je pense que vous nous avez compris, nous fermons le dossier. Vous allez faire rentrer, Maître, les témoins de l'instruction.

— Combien il y a eu d'hôteliers ?

— Oh, j'avais pas un hôtel sur le dos, j'en avais une quinzaine. Il y avait une quinzaine d'hôtels qui avaient brûlé dans Paris et la région parisienne...

— Il y en a combien qui vous ont reconnu ?

— Trois. Trois qui ont témoigné comme quoi... ils me reconnaissaient.

— Après quoi, vous êtes allé à Maison-Blanche. Combien de temps ?

— Deux ans en placement d'office et un an en placement volontaire.

— Vous regrettez d'avoir mis le feu ?

— Ah bien sûr ! C'est quand même criminel.

— En fait, c'était beau ?

— Ah oui, avec des morts !

— Il y a eu des morts ?

— Des gens qui se sont jetés par les fenêtres.

— Combien sont morts ?

— Pas mal, mais enfin... Le juge et mon avocat ne m'ont jamais donné de précisions là-dessus. Parce que j'ai eu un non-lieu. Ce que je sais, c'est qu'il y en a eu au moins 2. Il y en a certainement plus que ça.

— Mais pour qu'ils sautent par la fenêtre, il faut quand même que l'incendie se soit généralisé.

— Bien sûr. Il y a un hôtel qui a brûlé entièrement. l'Arona, dans le IXe, vers les Galeries Lafayettes, ça c'est connu.

— Il y a eu combien de morts ?

— Dans cet hôtel, il y a eu, je sais pas, 2, 3 morts certainement plus. Vu que j'ai eu un non-lieu, le juge n'a pas donné de détails. Il m'a dit, vous avez beaucoup de morts sur la conscience, c'est tout. Mais vous avez un non-lieu, donc vous avez la vie sauve.

— Vous avez vu des photos de ces chambres ?

— Ah bien sûr ! Les lits brûlés, les rideaux, les fenêtres, les tables de nuit, l'hôtel incendié, les photos qui étaient sur les journaux.

— Le feu s'était étendu très vite ?

— Oui, en l'espace de 5 minutes, même pas, tout avait brûlé. Les pompiers sont restés toute la nuit, de 8 heures du soir jusqu'au lendemain matin 6 heures, c'était pas encore éteint, l'incendie ! Ça a brûlé très vite !

— Vous êtes parti tout de suite ?

— Ah, tout de suite, tellement j'ai vu les flammes ! Je me rappellerai toujours, j'ai vu les flammes, j'aurais très bien pu brûler. C'était plus ou moins du préfabriqué, et le feu commençait à prendre dans la cage d'escalier. J'ai eu le temps de sortir, c'était plein de fumée, je m'asphyxiais, j'aurais pu brûler moi aussi.

— Et vous vous enfuyiez comme ça...

— Ah non, j'allais boire un coup au café et je rentrais chez moi, je me couchais. J'étais complètement abruti.

— De toute façon, vous vouliez vous tuer ?

— Oui, je voulais me tuer. Quand j'entrais dans la chambre d'hôtel, en principe, c'était pour me jeter par la fenêtre. Et à la dernière minute, je la fermais...

— Jamais vous ne le faisiez ?

— Non. C'était le feu que je mettais à la place. Et je me rappelle, j'ouvrais même les robinets de salle de bains, les douches, les baignoires se remplissaient à fond et c'est ça qui débordait dans tout l'hôtel. Je me rappelle, dans un hôtel, tout débordait dans la salle de bains, j'ai mis le feu et je me suis barré... Il y avait le feu partout, ça coulait du 5e ! (Rires.)

— Vous aimiez lire le récit de vos exploits dans les journaux ?

— Non, je les regardais même pas. Même pas les journaux, même pas la radio, je m'en foutais. Je repassais le lendemain, je disais, tiens, toutes les fenêtres sont noires. C'est tout.

— Vous espériez que Jacques le sache ?

— Ah non !

— Mais ça ne vous a rien fait qu'il l'apprenne ?

— Non. J'ai tellement souffert, ça m'a rien fait. J'ai dit, après tout, c'est la vie.

— Vous avez dit ça ?

— Je l'ai même dit au juge d'ailleurs : « C'est la vie »... Je m'en rappellerai toujours... « C'est la vie »...

— Vous ne vous sentez pas coupable ?

— Ah, j'y pense ! Quand je me suis jeté par la fenêtre, je me rappelle même pas m'être jeté par la fenêtre, c'est parce que j'ai vu sur les journaux, ma concierge me l'a dit. Le feu que j'ai mis à l'hôtel, c'est pareil. Je l'ai fait involontairement, c'est le coma...

— Votre ami est venu vous voir, quai des Orfèvres ?

— Je l'ai aperçu dans la cage de verre, il est passé pour m'apporter tous mes papiers de Sécurité sociale, mes bulletins de paie, tout. Il m'a regardé, il est reparti.

— Et à la Santé ?

— Oui, il est venu une fois.

— Comment ça s'est passé ?

— On a un peu parlé. Il m'a donné quelques affaires qu'il avait amenées au parloir, enfin pas à moi, au gardien.

— Vous me disiez qu'il était resté silencieux ?
— Oui. Il ne parlait pas.
— Il a pleuré ?
— Oui, en partant, et c'est tout.
— Vous, vous lui avez dit quoi ?
— Rien. Je lui ai dit qu'il revienne me voir. Et il n'est jamais revenu me voir.
— Vous lui avez écrit ?
— Oui. Plusieurs fois. Mais j'ai jamais eu de réponse.
— Ça s'est fini...
— ... Comme ça. Ça s'est fini trop vite...
— C'était une grande passion ?
— Oui.
— Alors la deuxième passion, c'est avec un garçon que vous avez connu pendant 6 mois ?
— Il s'appelait Pierre... Et c'est lui qui est parti.
— Qu'est-ce que vous faisiez à l'époque ?
— C'est pas vieux, ça remonte à 2 ans, c'est tout. J'étais sorti de l'hôpital. Je travaillais dans un bar de nuit.
— Vous viviez avec lui ?
— Là, il vivait chez moi.
— Il avait quel âge ?
— 23 ans.
— C'était une passion partagée ?
— Oui... Mais je ne sais pas maintenant si c'en était une. Il y a des fois, j'ai envie de lui téléphoner, et je me dis, c'est peut-être ridicule.
— Donc il vous a quitté, et ensuite vous vous êtes jeté par la fenêtre ?
— Oui.
— Comment ça s'est passé ?
— Toujours par médicaments. J'avais des médicaments prescrits par mon dispensaire. J'en ai fait la collection. J'en ai pris une bonne dose et je me suis jeté par la fenêtre du 4e étage. C'est une voiture qui m'a sauvé. Une R 16. Je suis tombé sur le toit de la voiture, ça a fait tremplin. J'ai eu une fracture du calcanéum, et juste le bout de l'oreille esquinté.
— Vous vouliez mourir vraiment ?
— Oui. Quand on se jette par une fenêtre, on ne sait même plus ce qu'on fait. C'est comme les gens qui veulent se jeter sous le métro, ils savent plus. Là, je me suis jeté par la fenêtre, je suis incapable de vous dire... C'est le journal qui me l'a appris, et ma concierge. Je me suis réveillé à Fernand-Vidal, à moitié dans le

coma, et de Fernand-Vidal, je me suis retrouvé en orthopédie à Saint-Louis...

— Mais ça n'allait plus avec lui, à l'époque ?

— Non. Je voyais que moi je l'intéressais pas. Est-ce qu'il avait quelqu'un dans sa vie, j'ai jamais su. Est-ce que c'était pour une question d'argent, j'ai jamais vraiment su pourquoi.

— Vous pensez qu'il vous reprochait votre passé ?

— Peut-être, oui. Les incendies, je lui ai jamais dit, mais que j'avais été gigolo, il le savait. C'est ça peut-être qui le refroidissait.

— Vous étiez peut-être encore trop jaloux ?

— Jaloux et nerveux, oui.

— Vous étiez tout le temps après lui ?

— Non, mais il travaillait, il finissait beaucoup plus tard que moi. Quand il arrivait en retard, une heure ou deux heures de retard, je poussais des cris, c'était la colère. C'était violent. Mais je ne frappais pas : « Tu as une heure de retard... » Des cochonneries, je lui lançais, quoi ! Tout se réconciliait dans le lit, ça c'est sûr. Mais il en prenait plein la gueule... A la fin c'était mortel ! A un moment donné, je voulais lui prendre les pieds, le jeter par la fenêtre ! (Rires.) Parce qu'on rigolait pas mal, je me saoulais quelquefois, il était chez moi, hein, il était chez moi ! Ça m'arrivait d'avoir l'intention de lui prendre les pieds et de le jeter par la fenêtre. Mais je l'ai jamais fait.

— Pourquoi ?

— Ah ben comme ça ! Je voulais le tuer. Par jalousie, par jalousie !

— Il avait d'autres aventures ?

— Non. Je pense pas, non. Mais j'étais jaloux de lui. Parce qu'il était très beau. Et quelquefois je me saoulais. Quand il était penché à la fenêtre, on rigolait ensemble, je me disais : je lui prends les pieds, je le balance du 8e ! Et puis hop ! On se mettait à rigoler. C'était fini. J'avais cette idée de quelques secondes.

— Mais s'il apprenait que vous avez voulu le passer par la fenêtre ?

— Oh, il aurait pas de réaction. Il dirait, j'y suis pas passé ! Ça le ferait rire ! Il dirait, il était fou ! Il était fou ! Il lirait ça, il dirait : « Merde ! Le salaud ! » et c'est tout. Il rigolerait ! Ça s'arrêterait là !

— Pour vous, la mort ça n'a pas une grande importance ? (Silence.)

— ...Quelqu'un qui est mort, il y a pas de suite, hein !... Je suis quand même resté 32 jours dans le coma, j'étais comme mort. Je me souviens pas de mon coma. Je pense que la mort, c'est pareil. La mort, c'est un coma, c'est tout.

— Vous regrettez aujourd'hui de ne pas être mort ?

— Oh, je sais pas... Aujourd'hui, je suis bien, ça fait 6 mois que je suis bien, je vois pas pourquoi je pourrais mourir. Le jour où ça n'ira pas, je dirai, il faut mourir, c'est tout.

— Ce qui vous est arrivé, vous pensez que c'est un malheur ? Un malheur qui ne s'explique pas ?

— Qui ne s'explique pas. Indéfinissable. C'est comme ça, la vie. Je cherche même pas. Je cherche pas.

— C'est la faute à personne ?

— C'est arrivé comme ça. C'est comme les enfants qui viennent au monde, ben, il leur manque un bras ! Ou deux doigts en moins ou paralysés, c'est comme ça.

— Vous, vous êtes arrivé au monde avec un briquet dans les mains.

— Voilà ! Non, c'est un passage, je ne pouvais pas me défendre autrement... Par exemple, vous avez le gars à Saint-Germain-des-Prés qui a poussé ce vieillard sous le métro, il aurait très bien pu mettre le feu. Il avait envie de tuer quelqu'un. Il l'a poussé.

— Mais vous, vous avez été très attiré par la mort...

— Ah oui, oui !

— Vous avez songé à d'autres moyens de vous suicider...

— Oui, la Seine. Quai de Valmy...

— Vous l'avez regardée, la Seine, à cet endroit-là ?

— Oui, sur le haut du pont. Et je me suis dit non, alors je suis rentré dans un café et je me suis saoulé.

— Vous étiez à deux doigts de tomber ?

— Oui. Je l'ai pas fait. J'ai dit, tiens, je vais draguer. Effectivement, j'ai trouvé ce soir-là.

— Pourquoi ? Vous aviez eu une aventure malheureuse ?

— Ah oui ! C'est juste avant de rentrer dans ce foyer. Je me suis retrouvé vraiment au bout du rouleau. J'avais fait un stage de 6 mois à Maison-Blanche. Et puis je me suis trouvé à la rue carrément, j'allais presque revenir sur le trottoir. Puis non, je suis rentré dans le foyer.

— Vous n'aviez plus de travail, plus rien ?

— Plus rien, plus rien. Ma valise, je l'avais même foutue à la Seine, ma valise avec mes vêtements. Elle est dans la Seine.

— Pourquoi vous aviez quitté ce travail de barman ?

— Comme ça. Parce que j'avais envie de partir.

— Ça s'était mal passé ce soir-là ?

— Non. Très bien. Mais le lendemain, on me revoyait plus.

— Du jour au lendemain ? Comme ça ?

— C'est la vie, ça ne s'explique pas.

— Vous pensez que chez vous, tout peut basculer d'un moment à l'autre ?

— Oui, ça bascule très vite. En l'espace de quelques secondes. En une minute, brrrou ! ça bascule très vite !

— Vous êtes donc parti draguer cette nuit-là ? Vous avez trouvé ?

— Je trouve toujours !

— Et c'était bien ?

— C'était bien, oui, mais je savais que le lendemain, j'avais plus rien.

— A chaque fois, c'est la rupture ?

— Ah, c'est dur ! C'est dur, les ruptures...

— Toujours ?

— En principe, oui, parce que je suis un garçon sentimental. Les ruptures finissent à la catastrophe. A la tentative de suicide. Mais il y a longtemps que j'en ai pas fait. Il y a longtemps...

— Vous y croyez encore quand vous recommencez ? A retrouver quelqu'un et à...

— Je suis plus le même homme. Quand je rencontre quelqu'un, je suis plus le même. Je dis maintenant, je vais peut-être faire ma vie avec lui. Et j'oublie ce qu'il y avait derrière.

— Vous y croyez encore ?

— Ah oui ! Je pense que je trouverai un ami, oui. En lui disant la vérité.

— La vérité ?

— Ah ben, la vérité !

— Sur votre vie ?

— Ah bien sûr !

— Sur le feu ?

— Ah non, non ! Jamais de ça, jamais de conneries pareilles !

— Les gigolos ?

— Ah non ! Dans ce cas-là, vous ne trouvez plus personne. Vous dites que vous avez été gigolo, que vous avez fait de la prison et tout, le mec, il est refroidi.

— Alors quelle vérité vous voulez lui dire ?

— La vérité, c'est que je suis dans un centre de réinsertion. C'est ça la vérité. Avant, je l'aurais jamais dit. Mais j'ai tellement loupé d'amis, d'aventures, de mecs qui auraient voulu vivre avec moi parce que je disais pas la vérité. Maintenant, je vieillis un peu, je pense qu'il vaut mieux dire la vérité.

— La vérité, sauf tous les secrets que vous avez...

— Oui, parce que si vous dites que vous avez mis le feu, que vous êtes passé quai des Orfèvres, le mec, il dit oh là là ! Vous êtes rayé, c'est fini, ils ont peur.

Le boucher

Ça arrive qu'on retrouve, un matin, dans un jardin public, un homme découpé. On dit alors que l'identification sera difficile. Le mardi 10 avril 1984, France-Soir *titrait à la une : « Un homme découpé en six morceaux à Paris. Agé de 30 à 35 ans, il était petit, brun, hâlé. » On l'avait découvert place Péreire (XVIIe). Le visage était défoncé, il n'avait pas de pièces d'identité sur lui. Des torchons maladroitement noués contenaient le tronc. De chaque côté, on avait disposé les bras. A une extrémité, la tête, elle aussi, était roulée dans un linge, et à l'autre extrémité, les jambes. C'était un corps défait. On retrouve à Paris, chaque année, 7 à 8 cadavres nus et mutilés comme ça. Près de la moitié ne sont jamais identifiés.*

Il y en a dont la jouissance s'accommoderait volontiers d'un tel assassinat. Qui voudraient finir sciés en morceaux par la main de l'aimé, ou d'ailleurs la main de n'importe qui, pourvu qu'il fût boucher ou fît semblant. Une lettre reçue un jour le laissait croire. Elle venait d'un homme de 50 ans, cadre commercial, aux manières d'une excessive politesse et même un peu cérémonieuses. Comment croire qu'il fût en amour, aussi barbare qu'il le disait ? « Ce rêve que j'ai depuis mon adolescence, et qui s'est fortifié avec le temps, c'est d'être confié à un boucher, de préférence nord-africain. J'aime beaucoup me faire sodomiser par ce type d'hommes, et ils sont connus pour leur cruauté. C'est entre les mains de ce boucher que je serai torturé, mutilé durant de longues heures, suspendu par les poignets à des crocs pour être écorché vif, et travaillé au couteau et à la scie jusqu'à ce que mort s'ensuive. »

— Depuis combien de temps tu pratiques le sadomasochisme ?

— Depuis une dizaine d'années.

— Tu fais ça où, en général ?

— J'ai un endroit très précis à 60 km de Paris, dans une forêt, une clairière, très bien équipée.

— Ça se passe de jour, de nuit ?

— De nuit.

— Et tu subis le fouet ?

— Oui. Les tenailles, aussi.

— Les tenailles aux seins ?

— Aux seins, sur le ventre, sur la poitrine, dans le gras des bras...

— Quoi encore ?

— Des pointes de couteaux rougies. Aux mêmes endroits... L'écartèlement des membres... Avec les arbres, c'est très pratique.

— Écartèlement avec des chaînes ?

— Oui, et un treuil, qui évidemment tire les chaînes, qui elles-mêmes tirent les membres.

— Quoi encore ?

— C'est à peu très tout. Ça peut durer 2 bonnes heures.

— Ces fouets, ces chaînes, ce sont des choses que tu possèdes ?

— Oui, bien sûr.

— Et que tu as achetées où ?

— Ah, au BHV...

— Tu n'as jamais été surpris, pendant ces randonnées ?

— Jamais. Je n'en reviens pas, mais j'ai jamais été surpris.

— Tu n'as jamais eu peur ?

— Si j'ai eu peur, je ne m'en souviens pas.

— On aurait pu te braquer et te dire, laisse-moi ta voiture...

— Oui, j'y ai pensé. De toute manière, je prends mes précautions. Quand je quitte la voiture, je retire les clés et je les planque sous un pneu. Il faut penser à tout.

— On peut te torturer pour te demander où sont les clés.

— Oui. Mais en l'occurrence, ce n'est jamais arrivé.

— En l'occurrence, ça te plairait ?

— Oui, mais je ne serais peut-être pas torturé comme je le souhaiterais.

— Et alors ?

— Ce qui m'ennuie, si tu veux, c'est de continuer à vivre avec des plaies qui risquent de me mettre dans l'incapacité de travailler pendant un certain temps. J'ai un ami, il y a quelques mois de ça, au cours d'une séance sadomasochiste, il s'est fait brûler un paquet d'allumettes sur le ventre. Il est resté quand même trois mois sans pouvoir travailler. Brûlé au 3e degré.

— Il ne pouvait rien faire ?

— Il a laissé faire. J'ai vu aussi des photos de séances en Allemagne. On voyait un type à poil fouetté au sang. Je ne sais pas combien de temps il lui a fallu pour s'en remettre.

— Ta peau n'a jamais été mutilée ?

— Non, parce qu'en fait, les traces de brûlure, ça reste infime. Je suis marqué pendant 15 jours, un mois, et puis ça s'estompe. Non, je n'ai pas une peau lacérée.

— Il n'y a jamais de sang non plus ?

— Non. Avec des fouets en cuir, tu ne peux pas faire éclater la peau. Il faut qu'il y ait des pointes.

— Tu as toujours le même bourreau ?

— Non, non. Ils sont épisodiques. Simplement, je leur demande de s'habiller en boucher. Avec une veste bleue et un tablier. Ils ne sont pas toujours d'accord.

— Tu as aussi des vêtements de boucher ?

— Oui. Je dois avoir trois vestes et à peu près une quinzaine de tabliers.

— Ton bourreau doit correspondre à un type physique particulier ?

— Non, absolument pas. Sinon que je préfère quand même faire l'amour avec quelqu'un de costaud et nord-africain.

— Tu en rencontres facilement ?

— J'ai eu l'occasion de rencontrer plusieurs Arabes qui adorent ça, effectivement.

— Dans quelles circonstances ?

— C'est moi qui les entraînais dans ce cirque... Je les rencontre dans des quartiers où il y a particulièrement des Arabes. Du côté de Vitry ou Ivry, du côté de Suresnes aussi. Il y a beaucoup de foyers...

— Tu les dragues dans des cafés, dans des terrains vagues ?

— Non, dans la rue.

— Tu en as connu beaucoup ?

— Oh, une bonne dizaine !

— Qu'est-ce qui t'attire en eux ?

— Disons que ce sont des types virils, et puis ce sont des gens qui effectivement savent être cruels très facilement...

— Très facilement ?

— Oh oui !

— A quoi tu le vois ?

— Je dirais qu'ils en ont la réputation, puisque je les connais un tout petit peu. J'ai vécu quelques années au Maroc, et les événements de l'indépendance ont prouvé qu'ils pouvaient égorger des gens avec une facilité déconcertante. Et d'après les rapports que j'ai eus avec ceux que j'ai recrutés, effectivement, je sais qu'ils aiment faire souffrir...

— Cette idée que tu as de mourir dépecé, c'est pour accroître ta jouissance ?

— Non, non, absolument pas.

— Mais tu ne l'as pas tenté ?

— Non, je ne l'ai pas tenté, alors que j'en ai eu l'occasion...

— L'occasion ?

— Oui, de me faire découper en morceaux. Par un légionnaire... Ça doit remonter à 2 ans, j'ai rencontré un ancien légionnaire du côté de Bercy. La trentaine. Moyen, un peu blondasse... Nous avons eu plusieurs séances sadomasochistes, et un jour je lui ai dit, est-ce que tu serais capable de me couper en morceaux ? Il m'a répondu : « Si ça te fait plaisir ! Je vois que tu en as tellement envie ! »... Et d'ailleurs il aimait ça aussi...

— Ça lui était déjà arrivé ?

— Oui. Pas de cette manière-là, c'était un ancien repris de justice qui avait été condamné pour meurtre.

— Tu le vois encore ?

— Non, non.

— Et tu aurais accepté que ce soit de sa main ?

— J'aurais préféré effectivement que ce soit un véritable boucher... J'en ai rencontré d'autres, pas des légionnaires, mais des marginaux, qui étaient prêts à tuer moyennant de l'argent.

— Combien ?

— Un million, je crois. C'était deux gars qui vivaient ensemble dans un squat. Ils m'avaient dit, si tu veux souffrir, on te fait souffrir. On commence par t'arracher les ongles des pieds, puis les ongles des mains, puis on te sciera les doigts avec une scie à métaux, on t'arrachera les dents, etc. Et quand je les ai quittés, il y en a un qui m'a dit : « Et qui te dit que tu seras le premier ? »

— Des paroles en l'air, non ?

— Je ne crois pas, parce qu'il y en a un des deux qui était d'une violence extrême. Dans tout son comportement, dans la manière de t'attacher, de te frapper de coups, le type avait besoin de ça... A vrai dire, je me suis trouvé confronté trois fois à des gens vraiment capables de tuer. L'an dernier, j'ai rencontré un Nord-Africain qui m'a dit qu'il connaissait un boucher, un Français, qui était prêt à le faire. Je l'ai même vu.

— Comment est-il physiquement ?

— Oh, il est assez carré, plus petit que moi, un peu plus râblé, les cheveux ondulés. Je ne l'ai pas détaillé dans la mesure où je n'ai su qu'après que c'était lui... Quand on est sorti du bistrot où on buvait une bière, le Nord-Africain qui le connaissait m'a dit : « Tu vois, c'est lui ! »

— Il t'a plu ?

— Non. Mais il n'a pas besoin de me plaire. Ça n'a aucune importance.

— Et ce boucher est homosexuel ?

— Oui.

— Mais ça fait quel effet de voir son bourreau ?

— Eh bien, crois-moi, un drôle d'effet. J'ai été déglingué pendant 24 heures. Drogué sans drogue. Alimenté par mon propre fantasme.

— Tu pensais que c'était arrivé.

— Non. Je pensais que je pouvais vivre mes dernières heures et qu'il suffisait que je fasse un pas de plus pour basculer de l'autre côté. Et crois-moi, à ce moment-là, tu es absolument retranché du monde.

— Tu penses qu'il l'avait déjà fait ?

— J'ai posé la question, j'ai dit : « Et les morceaux ? » Il m'a répondu, c'est pas un problème.

— Mais il l'avait déjà fait ?

— Je n'en sais rien.

— Donc il te suffit de prendre contact avec lui. C'est possible encore maintenant ?

— Je ne sais pas. Je n'ose pas y penser... A vrai dire, quand j'ai rencontré ce boucher, j'ai craqué. Ça a duré 48 heures, et j'ai éprouvé le besoin d'en parler à une amie, qui évidemment tombait des nues.

— Elle ne le savait pas ?

— Rien.

— Et alors ?

— Ça a quand même été un choc. Mais elle m'a dit, ce qui est terrible avec toi, c'est que tu es capable d'aller jusqu'au bout. Elle sait que je suis capable de le faire.

— Qu'est-ce qui te force ainsi à tant vouloir la mort ?

— Eh bien, j'ai aimé un garçon, il y a 5 ans, je l'aime toujours d'ailleurs, on continue à se voir mais à partir du moment où il m'a fait comprendre que nous ne pourrions pas faire notre vie ensemble, je reconnais que la vie ne m'intéresse pas.

— Il est unique au monde ?

— J'ai beaucoup aimé ce garçon, je l'aime toujours, je ne pense pas retrouver l'intensité de sentiment que j'ai trouvée avec lui.

— Et tu justifies ton désir de mort ou ton besoin d'en finir...

— Oui, du fait de cette déception, la vie ne m'intéressait plus. Je n'avais plus de motif...

— C'est un besoin réel, ce besoin d'en finir ?

— Ah oui !

— Mais tu dis ça de façon très tranquille. Presque souriante...

— Oui, parce qu'on arrive justement à se dégager, je dirais, de ce que peut représenter l'existence.

— La mort ne te fait vraiment aucune peur ?

— Raymond, un ami médium, m'a demandé un jour si j'étais suicidaire. J'ai répondu oui.

— Tu t'es déjà suicidé ?

— Non. Mais le jour où je le ferai, je ne me louperai pas. Quand j'ai connu Raymond, il n'y avait pas une heure que nous étions ensemble, il s'est tourné vers moi en me disant : « Mais Jean-Pierre, il y a quelque chose que je ne comprends pas, je vous vois entouré de sang. Pourquoi vouloir aller jusqu'au bout de vos jouissances ? »

— Cette aventure a duré combien de temps ?

— Elle a duré un an et demi. Elle s'est terminée il y a pratiquement 2 ans.

— Tu n'avais jamais connu ça auparavant ?

— Ce genre de passion, non. Dès que j'ai vu ce garçon, j'ai été pris. Il n'a même pas eu le temps d'ouvrir la bouche, de dire un seul mot, j'ai ouvert la porte, il était là et j'étais amoureux.

— Et lui l'était autant que toi ?

— Non.

— Mais des garçons, tu en avais connu tellement avant...

— Oui, bien sûr. Mais, tout d'un coup, j'ai eu l'impression de vouloir vivre pour quelqu'un.

— Sans qu'il ait ouvert la bouche, sans qu'il ait manifesté d'amour pour toi ?

— Exactement. Et sans qu'il corresponde à mon type physique en plus. Il était même à l'opposé. J'aime les hommes grands, plutôt blonds, alors que lui était petit, châtain, ni beau ni laid...

— Et il a manifesté ensuite de l'amour ?

— De la tendresse, oui, pas de l'amour.

— Et pour toi, c'était comme un défi de le rendre amoureux ?

— Oui, je me suis lancé un défi, effectivement.

— Comment ça s'est terminé ? La dernière fois ?

— Oh, il n'y a pas eu de dernière fois. Ça a duré jusqu'au jour où il m'a dit qu'il avait rencontré quelqu'un.

— A ce moment-là, tu as voulu mourir tout de suite ?

— Oh, je crois que j'étais trop écrasé... Avant, ces fantasmes de mort, j'y pensais, mais c'était un peu plus irréel, et du jour où je me suis rendu compte que ma vie était totalement vide, autant, comme disait Raymond, aller jusqu'au bout de mes jouissances.

— Parce que c'était ça, le bonheur ?

— Je l'aimais. Et quand on aime quelqu'un... Personne ne peut te faire entendre raison. Il n'y a que ta vérité.

— Donc c'est à partir de ce moment-là que tu t'es dit...

— Puisqu'il me manque l'essentiel, je vais mettre mon désir à exécution.

— Et pourtant, il y avait 10 ans que tu faisais des séances de sadomasochisme ?

— Oui.

— Est-ce que ça n'est pas lié aussi au fait que tu as connu une progression dans la torture ?

— Je suis effectivement arrivé à un stade où on peut peut-être aller plus loin, mais sans grand intérêt, à moins de sauter le pas et d'aller à la mort.

— Il y a eu une rémission de ces expériences pendant ta période amoureuse ?

— Oui, absolument. Je n'y pensais plus. Parce que j'avais envie de vivre pour lui. La vie avait pris un sens et, tout à coup, ne l'a plus eu. Est-ce qu'au bout de 2 ans de vie avec ce garçon, je n'aurais pas souhaité vivre ces séances de sadomasochisme ? Je n'en sais absolument rien. C'était peut-être ça mon attachement à lui. Il me faisait oublier tout ce qui était l'empoisonnement de mon existence.

— Qu'est-ce qui te plaisait le plus chez lui ?

— Rien. J'avais besoin de respirer l'air qu'il respirait. J'étais malheureux s'il n'était pas là.

— A côté de toi ?

— A côté de moi. Je n'ai jamais rencontré ça dans mon existence. Il a fallu que je le voie. Il lui a fallu le temps de prononcer un mot, et j'étais amoureux.

— La dernière séance, tu l'imagines comment ?

— L'utilisation qui sera faite de mon corps me soucie très peu. Simplement, c'est la grande séance de sadomasochisme.

— Une séance qui durerait combien de temps ?

— Ça peut durer 4 ou 5 heures, si on sait s'y prendre...

— Décris-la-moi.

— C'est un lent découpage du corps. Qui commence effectivement par l'arrachage des ongles, par le découpage des doigts, par le découpage des mains, des mutilations au visage, au nez, à la langue... L'écorchement du corps peut être extrêmement long.

— Tu n'as jamais subi ça ? Aucune de ces mutilations ?

— Non, je me refuse à subir ce genre de mutilations, car je veux rester intact, j'ai besoin de vivre en attendant, mais si un jour j'ai l'occasion, je le ferai. Et ce sera une occasion sans retour.

— Tu aurais souhaité connaître des situations de torture, dans des pays de dictature ?

— Non, parce que ça ne correspond pas aux tortures de mes fantasmes. Un traitement à l'électricité ne me dirait rien.

— Quelles sont uniquement les tortures qui te plairaient ?

— Tout ce qui se rapporte à la mutilation ou au découpage d'un corps. Avec des couteaux, des scies, des crochets éventuellement, mais ça ne va pas au-delà. Tout se ramène à la boucherie.

— Il n'y a aucune relation sexuelle à ce moment-là ?

— Ça m'est égal qu'il y en ait, mais je pense qu'on est dans un état... où on ne pense plus à ça. Et je suppose, dans l'histoire qui m'est arrivée, que l'Arabe qui connaissait ce boucher avait l'intention d'assister, parce qu'il m'a dit : « Avant, si tu veux, on fera l'amour », mais je ne sais pas si c'est une chose importante.

— Tu souhaiterais être accroché dans les poignets ?

— Oui. Être pendu à des crocs pour être écorché vif.

— Et que ton ami le sache ?

— Non, non. Ce sera une disparition mystérieuse.

— Quel est le contrat qui te liera avec ce boucher ? Un contrat d'argent ?

— S'il le souhaite, aucune objection.

— Tu as déjà rêvé à ça ?

— J'ai rêvé de ce genre de choses. A plusieurs reprises...

— Tu t'es vu les mains...

— Une main, oui. Une main sanglante...

— Tu aimeras ton bourreau quand il te découpera ?

— Je pense, oui. On aime toujours son bourreau.

— Tu l'aimeras d'amour ?

— Un amour un peu particulier, mais vraisemblablement une reconnaissance envers celui qui te fait souffrir et te permet d'accomplir ton fantasme.

— Et tu ne penseras pas à lui ?

— Ah non, absolument pas.

— Et pourquoi tu n'as pas accepté avec le légionnaire ?

— J'ai encore ma mère. Je souhaite qu'elle disparaisse avant. Je me sentirai alors beaucoup plus libre. Cela dit, je crois que, quand tu es enfoncé dans ton fantasme, il y a des choses que tu oublies... Non, je souhaiterais que ça se passe dans une boucherie, en fait. J'ai besoin du décor. Le légionnaire, il était prêt à le faire, mais dans la carrière où on a fait nos petites séances... Mais est-ce qu'il n'arrivera pas un moment où je me foutrai aussi du décor ?

— Comment ça ?

— Parce qu'on est drogué par ce désir de mourir, de se retrouver sur un étal de boucherie avec des bouchers autour de soi...

— Est-ce que c'est aussi fort que de s'enfoncer dans la passion ?

— C'est aussi fort.

— Donc l'un sauve l'autre ?

— Oui. Mais l'un ne dépend pas de l'autre.

— Tu pourrais ne plus penser du tout à ça ?

— Non. Parce qu'en plus, toute ma vie sexuelle arrive à tourner autour de ça.

— Tu ne peux plus aimer sans ça ?

— Exactement.

— Même dans la passion amoureuse ?

— Je n'y suis plus, je ne peux pas répondre. Mais il est évident qu'il y a une déformation.

— Tu as besoin souvent de ces séances ?

— Oui, oui. Enfin, quand j'ai le partenaire, je le fais une fois par semaine, effectivement. Sauf si je suis très marqué, auquel cas il faut le faire tous les 15 jours, mais en ce moment, je suis en état de manque. Depuis 6 mois. Et c'est dur !

— Quand tu en sors, tu te sens dilaté, jubilant ?

— Oui, en forme !

— Et si tu allais trop loin, sans le vouloir encore ?

— C'est un ami à moi qui me disait qu'au cours des séances SM, il fallait énormément de contrôle sur soi pour ne pas, sous le coup de l'excitation, aller jusqu'au bout. Lui, il avait été provoqué par son compagnon qui avait pris sur le bureau un poignard et l'avait retourné contre lui, en disant : « Enfonce-le ! enfonce-le ! » Il disait qu'à ce moment-là, il faut avoir un self-control énorme pour ne pas appuyer. On est dans un tel état que plus rien ne compte. On échappe au monde du réel, et la notion de vie et de mort... comment dirais-je ?... ça ne correspond plus à rien. Il y a quelque chose qui te subjugue...

— Et à quel moment tu as été dans cet état ?

— A partir du moment où je suis rentré chez moi en me disant : ma vie est entre mes mains, j'accomplis ce que j'ai envie de subir, ou pas.

— Ça, c'était une preuve de démesure chez les Anciens.

— Je pense que je suis dans la démesure, de toute manière, et mes sentiments à l'égard d'Yves étaient aussi démesurés.

— Parfois tu me dis que tu considères ça presque comme un cancer, dans ta vie, comme une espèce de tumeur qui serait là, extérieure à toi, et d'un autre côté, tout à l'heure, tu me disais que c'était quelque chose qui donnait presque un sens à ta vie, dans la mesure où cette vie ne t'apportait plus rien, qu'elle n'avait plus de signification, et que cette mort, c'était un peu ta vérité. Alors ?

— Je pense qu'il n'y a pas de contradiction dans tout ça. Dans les moments de lucidité, je le prends comme un cancer, comme quelque chose de lourd avec lequel je vis. On se familiarise, au fur et à mesure des années, avec ce fantasme, avec cette idée de finir de cette manière-là, mais je ne dis pas pour autant, même si ça comble mes désirs masochistes, que j'aurai donné un sens à la vie. Ça sera une fin que je me donnerai, par pur plaisir physique. Et effectivement, quand on a cette idée-là, il s'agit de savoir si on peut aller jusqu'au bout, et si on est capable de vivre ce genre de mort. La réponse, elle ne sera qu'au bout. Mais à partir du moment où je serai entre les mains de ces bouchers, ils iront jusqu'au bout. Et je serai obligé de les accompagner, même si à un moment je souhaite faire demi-tour, mais ça, c'est la vérité du moment...

— Tu dis que tu éprouves une jouissance aussi à être sadique ?

— Oui. Je pense que je serais capable de découper quelqu'un de vivant.

— Jusqu'à la mort ?

— Ah oui, oui, si le type est consentant. Je pourrais, avant d'y passer moi-même, découper quelqu'un en morceaux, par pur plaisir.

— Et de prendre immédiatement sa place ?

— Oui.

— Tu as déjà rencontré des types qui étaient prêts à tout comme toi ?

— Oui. Il y a un garçon de 25 ans à Marseille, dont le grand rêve est de se faire découper à la tronçonneuse. Dans le milieu SM marseillais, ils le connaissent tous. Et il ne se cache pas de ce désir. Je crois d'ailleurs qu'il y a beaucoup de gens qui rêvent de ça, tu ne penses pas ? J'en ai rencontré un à Strasbourg, il a 36 ans. Il mène une vie d'enfer, il est complètement mangé par ça, c'est son obsession à lui. Il parle de ses cuisses, il souhaite les voir découpées et exposées à la vente au milieu des autres viandes...

— Il t'a dit ça ?

— J'étais la première personne à qui il en parlait. Ça a été pour lui une libération de l'esprit, il se considère comme un monstre. En fait, il a bâti tout un scénario. Un soir, il verrait un boucher par hasard, près de son camion frigorifique dans une rue noire. Ce boucher le ferait rentrer dans le camion et l'accrocherait par les poignets comme un quartier de bœuf. Il le conduirait ensuite jusqu'à la boucherie, le débarquerait de sa camionnette en le chargeant sur son dos et le transporterait comme ça jusque dans l'arrière-boutique. Là, il l'accrocherait par les chevilles, à l'envers, et scierait la jambe au-dessus du genou. Tête en bas, il assisterait à son dépeçage, c'est-à-dire à la préparation des morceaux. Il veut finir en viande consommable. Tous les morceaux devraient être étalés dans la boucherie. Le boucher attaquerait ensuite la cuisse sanguinolente, et fendrait le corps en deux avec un hachoir. Mais il garderait son jean jusqu'à la fin, il veut qu'on lui découpe la peau avec le jean. Lui, il pense à ça depuis qu'il a 15 ans.

— Mais ce milieu est plein de gens un peu mythomanes, non ?

— Je dirai que je n'en sais rien. Ce qui me réconforte dans cette idée, c'est que cet ami médium a quand même vu tout ce sang autour de moi. Je risque de le vivre, mais je ne m'en plaindrai pas.

— Et toi, tu penses à ça depuis toujours ?

— Oui. J'écrivais des séances de torture, avec la mort au bout d'ailleurs, dès l'âge de 14, 15 ans...

— Ce qui est frappant finalement, c'est que tu parais heureux, tu as une bonne situation, tu t'attends à des promotions...

— Je suis absolument indifférent à ça, ça me permet de vivre mieux, en attendant.

— En attendant quoi ?

— De me retrouver entre les mains d'un boucher.

— Toute ta vie n'aura été que pour te retrouver entre les mains d'un boucher ?

— Oui. Et puis, il faut quand même dire une chose, c'est qu'en définitive, depuis l'âge de 12 ans, je voulais faire le métier de boucher. Mais, dans ma famille, la chose aurait été plutôt mal vue. Je n'ai jamais osé l'avouer, mais je faisais l'école buissonnière déjà, et j'allais dans les rues connues pour leurs boucheries. Je les regardais. Les boucheries à cette époque étaient en plein vent, il y avait des grilles et on fermait avec un rideau.

— Tu as aimé des bouchers ?

— J'en ai rencontré un, mais je ne l'ai pas aimé.

— Qu'est-ce qui te plaisait en lui ?

— Je suis très excité par leur tablier plein de sang. C'est la tenue qui m'excite. J'aime cette odeur de sang.

— A chaque fois que tu vois une boucherie, tu y penses ?

— Oui.

6.

L'amour muet

La loutre.
Dessin de R. Hainard.

La loutre

> *J'ai toujours aimé l'eau. Les oiseaux des rivages, et surtout les canards, ont été la passion de ma première jeunesse. Mais, si replets, guillerets et somptueux qu'ils fussent, quelque chose était encore davantage la bête du fleuve : la loutre...*
> Robert HAINARD, *Mammifères sauvages d'Europe*, 1961.

Christian a les yeux toujours à l'affût. Les yeux qui s'affolent d'un rien, comme s'il était sur le qui-vive, ou qu'il se sente déjà menacé. J'étais là, évidemment, pour elle. La loutre. Lutra lutra, *selon la terminologie de Linné. Ça fait plus de 10 ans, maintenant qu'on l'appelle, ses collègues du Centre ornithologique d'Auvergne, ou ses voisins un peu ébahis, l'homme à la loutre. Plus de 10 ans qu'il est parti à la recherche de la bête improbable. Parce qu'elle disparaît. Christian s'était pris de passion pour une ombre. Qui eût dit que, dans cette cave d'un petit pavillon de Cournon (près de Clermont-Ferrand), un type prenait le Graal pour une animale ?*

Christian a le ton un peu détaché du pisteur, du naturaliste ou du trappeur. La loutre, en 12 ans de vie commune, il ne l'a vue que trois fois. Vue, hein, pas touchée ! D'ailleurs, il ne souhaiterait pas l'avoir touchée. C'est la sauvage. Non, il ne veut pas l'avoir touchée, à moins de la recueillir blessée. Il dit que sa fourrure est splendide. Bien plus luisante et plus dense et plus drue et plus chaude que celle du renard. La loutre est incomparable.

Il l'a vue trois fois. Trois fois sur son territoire. D'abord, ça n'a été que quelques secondes. Au loin. Elle a longé le mur mitoyen d'un étang à l'autre. C'était il y a 8 ans. Sur le moment, il n'y a pas cru. Ou plutôt, il n'y a pas pensé. Il n'a pensé à rien. Elle s'était enfuie quand il a pensé à elle. Et puis il l'a revue en 1980. Une nuit. Elle lui est vraiment apparue. Dans le faisceau lumineux d'une torche. Elle a été saisie. Elle a regardé la lumière et n'a pas bougé. Et puis elle s'est échappée très vite. La dernière fois c'était il y a 2 ans. Mais là, elle l'a senti, à cause du vent. Et lui a échappé encore plus vite.

Il a passé des années et des années à sa poursuite, et elle ne lui a donné, d'ailleurs à son insu, que quelques secondes d'elle-même. Elle lui abandonne ses déchets, ses restes puants, qu'il recueille dans des papillotes, et qu'il garde chez lui. Et puis il la piste. La loutre le pousse un peu à faire n'importe quoi. A ramper sous les ponts pour recueillir des empreintes encore fraîches dans la vase, en prenant un vrai bain de boue. A renifler à quatre pattes, au bord des étangs ou des rivières, des journées entières. A rester immobile toute la nuit, assis contre un sapin, le plus souvent à écouter, quand elle vient manger des crapauds. Il l'attend.

Il note tout. Ses déplacements, ses trajets, ses restes, ses traces, ses écorchages, ses odeurs de musc. Cette façon qu'elle a de glisser, de filer entre les doigts, de fuir. Elle ne bondit pas, elle coule. La loutre est peut-être ce désir à lui-même inconnu, ou dont on se défend toujours. Je n'en ai recueilli, à mon tour, que les tracés, les croquis, les statistiques : les restes du naturaliste. Que les empreintes, les empaquetages et les petits dépôts dans la cave.

— La loutre, c'est encore un des animaux les plus mystérieux, non ?

— On ne peut pas évaluer, mais par exemple, sachez qu'il y a moins de 15 loutres dans toute la Suisse, moins de 30 loutres dans toute l'Autriche, c'est vraiment catastrophique ! En Belgique, il y en a moins de 10 ! C'est irrémédiablement la disparition. En Auvergne, il doit en rester une centaine...

— Alors vous, vous êtes le spécialiste de la loutre et finalement, vous ne l'avez presque jamais vue. Presque jamais ou jamais ?

— Presque jamais.

— Vous en avez vraiment vu ?

— Oui. J'en ai déjà vu, c'est sûr ! J'en ai même photographié, mais en France, depuis 1972, où j'ai commencé sérieusement à prendre des notes et à la suivre sur le terrain, je l'ai vue trois fois. La première fois, c'était entre deux étangs, elle passait. Probablement qu'elle m'a vu et qu'elle est allée sur l'autre étang pour se planquer. Ça a duré quelques secondes. La deuxième fois, c'était beaucoup plus récent, en 1980. C'était le soir. Pour gagner une nuit d'observation, quand j'arrive le vendredi soir pour le week-end, je vais relever les traces et les crottes qui sont anciennes, ce qui fait que le samedi matin, en me levant, si j'en trouve une, je suis certain qu'elle est passée la nuit. C'est très important, parce que ça fait une date de passage certaine. Et puis en y allant, justement, elle était en train de déposer une crotte sur la pierre que je voulais aller nettoyer. C'était en novembre, je me souviens qu'il gelait assez fort, il faisait nuit déjà depuis longtemps. Je l'ai vue avec une torche électrique, il y avait une belle lune. C'était ce genre de nuit où il gèle et où il fait très clair. J'ai vu une forme, j'ai éclairé. D'abord elle n'a pas réagi, elle est restée là. Une ou deux secondes, elle était en train de marquer son territoire et elle a plongé très vite dans l'eau. Et quand je me suis approché, je m'en souviendrai toute ma vie, j'ai vu cette épreinte toute fumante, à cause de la différence de température. Donc là, je l'ai vue de dos. Et puis une belle observation que j'ai faite, c'est l'an dernier, un soir, je l'ai vue traverser tout l'étang à la nage dans ma direction, alors je suis resté debout sans bouger contre un tronc de sapin, et puis elle a abordé, elle est montée sur l'herbe, elle était peut-être à 3 m, 3,50 m de moi, et d'un seul coup, elle m'a vu. Elle a eu une grosse frayeur et elle est repartie dans l'eau. Probablement qu'elle m'avait senti aussi à cause du vent...

— Elle voit loin ?

— Non. Ça a une mauvaise vue. C'est surtout l'odorat. Et comme j'étais appuyé contre un tronc et que j'avais d'autres troncs tout autour, en effet, elle ne devait probablement pas me voir. En tout cas, elle m'a découvert et elle est partie.

— Vous n'aviez pas d'appareil-photo ?

— Non.

— Vous l'avez regretté ?

— Non, parce que, de toute façon, quand je vois quelque chose de vraiment merveilleux, je suis tellement ébahi, je suis tellement pris que je pense à tout sauf à faire une photo. Il faut être plus voyeur pour ça, mois je suis complètement pris par ce que je vois, je le vis trop.

— Qu'est-ce que vous vivez ?

— Vous savez, la rencontre avec un animal sauvage aussi fascinant que la loutre, aussi rare, aussi difficile... Je crois qu'on ne s'en rend pas compte, mais quand on passe plusieurs années à observer un animal sans jamais le voir, et que d'un seul coup on le voit, il y a certainement un moment d'émotion intense. Ça existe, enfin !

— C'est un moment de vérité, quoi !

— Oui. On croit que ça existe.

— Mais en Écosse, vous l'avez vue plus longtemps ?

— Oh oui ! Elles étaient au bord de la mer, elles nageaient, elles chassaient. Parce qu'en Écosse, elles sont diurnes, tandis que chez nous, elles sont nocturnes. Alors imaginez, comment voulez-vous voir un animal la nuit dans les rivières comme ici, un peu torrentielles ? Les Anglais qui font du radio-tracking, c'est-à-dire qui placent des colliers émetteurs sur une douzaine de loutres, ne les voient pas plus, bien qu'ils sachent exactement où elles sont. Elles ont un collier au cou, qui émet un bip bip en permanence, sur une certaine fréquence, chacune la leur, et ils les retrouvent et les suivent comme ça, ils étudient leurs déplacements, mais malgré ça, ils ne les voient pas plus. Ils m'ont même raconté qu'une fois ils étaient deux dans une toute petite rivière, moins large que la pièce, ils avaient chacun un émetteur pour calculer un angle. Parce qu'il y a toujours une marge d'erreur importante, donc, pour calculer au plus juste, l'idéal, c'est de faire deux pointages : comme ça, on obtient un angle et on peut localiser à peu près l'animal. C'était la fin de la nuit et le bip bip se rapprochait, se rapprochait, ils étaient au maximum d'intensité, c'est-à-dire moins de 50 m, et ils l'ont entendue qui passait entre eux au milieu de l'eau. Ils m'ont dit, on était là, on regardait tous les deux comme des fous, on ne l'a pas vue. Elle est passée au milieu.

— C'est l'animal invisible ?

— Enfin, pas totalement invisible, mais très très difficile à voir. De toute façon, presque toutes les photos de loutres que vous voyez ce sont des loutres du Canada, d'Asie, de n'importe où, mais pas des loutres d'Europe. Il y a quelques exceptions, ce sont les films et les photos qui ont été faits, par exemple, en Irlande ou en Écosse, là, ce sont vraiment des loutres sauvages. C'est très rare.

— Alors, vous pouvez me la décrire un peu, cette loutre ?

— La loutre ? Il faut compter entre 5 et 10 kilos, 1,20 m de long avec la queue, et une forme aérodynamique, pas de front, le crâne très plat, les oreilles courtes, cachées dans la fourrure, une fourrure extrêmement dense, fauve, et une queue énorme, très musclée à la base qui lui sert à la fois de propulseur et de gouvernail. Des pieds palmés comme les canards, et des moustaches assez longues, très sensibles, qui lui permettent de repérer les proies en eau trouble ou sous un rocher.

— Elle a des dents, je crois, très...

— ... Crochues, oui. Et qui claquent... Des canines longues et pointues, légèrement recourbées, qui crochètent bien les proies. Elle casse un os d'un coup de dent !

— Elle crie ?

— Elle a un petit cri qui ressemble à celui d'un oiseau. Un seul coup, comme ça, sec... C'est pas un animal très causant, la loutre. Ça grogne, ça souffle, mais dans l'intimité. Ça ne s'entend pas de loin. Entre elles, quand elles se chamaillent, elles grognent un peu...

— Elle se nourrit essentiellement de poissons, c'est ça ?

— Oui, à 90 %. Je viens de terminer d'analyser un régime alimentaire dans des rivières du Limousin où on trouve beaucoup de truites. Eh bien, dans 80 % des crottes de loutre que j'ai ramassées, il y a de la truite. Le reste, c'est des grenouilles et des crapauds. Par contre, dans le marais de Rochefort, j'ai un copain qui fait aussi une étude du régime alimentaire de la loutre, eh bien lui, c'est du 80 % en anguille ! En Suède, la proie la plus constante, c'est la lotte, c'est très variable !

— Elle vous a fait peur parfois ?

— Ah non, jamais ! Même quand je fous la tête dans un trou, ça ne me vient jamais à l'idée qu'elle va me sauter dessus.

— Pourtant, elle pourrait !

— Bien sûr, il y en a qui se sont fait attaquer ! Mais ça, ça vient du fait que je passe ma vie dans les bois. Je n'ai aucune appréhension par rapport à la faune, quelle qu'elle soit, je fais attention de ne pas attraper une vipère à pleines mains, mais enfin, je n'ai pas peur du tout.

— Vous êtes né dans la région ?

— Oui. Dans le sud de la Creuse, à La Courtine, là où il y a un camp militaire. Et la Creuse, la Corrèze, ce sont les dernières régions de France où il y a encore des loutres. Et donc énormément de chasseurs et de piégeages.

— Vous en faisiez quand vous étiez gosse ?

— Non, jamais j'ai chassé, jamais j'ai piégé ! Quand j'étais gamin, bien sûr, mon grand-père m'emmenait chaque fois qu'il partait pour la chasse. Mais c'était un très mauvais chasseur, il était maladroit et il s'en foutait un peu. Lui, ce qui l'intéressait, c'était de tirer un lapin ou un faisan. A l'époque il n'y avait pratiquement plus de chevreuils, et le sanglier, c'était trop dur pour lui, il n'y avait pas de battues comme maintenant. En fin de journée, quand il rentrait, il était énervé parce qu'il n'avait rien tué, alors il tirait sur les corbeaux et les corneilles dans la décharge. Ce qui me plaisait surtout avec lui, c'était qu'il connaissait tout. Ça m'impressionnait. Surtout quand on quittait un chemin, qu'on coupait à travers bois, qu'on montait sur une crête et qu'on retombait de l'autre côté. Pour moi, c'était le bout du monde, je ne savais pas du tout ce qu'il pouvait y avoir, on rentrait toujours à la maison sans difficulté. Je crois que le sentiment qu'un grand-père doit inspirer à son petit-fils, ce n'est pas le savoir à la Pierre Jakez Hélias, c'est plutôt la confiance. Il sait plein de choses et on peut s'en remettre entièrement à lui. Il connaît les choses. Je crois que ça, c'est très important, ça donne envie après de suivre les chemins et de les reconnaître pour savoir à son tour où on va et comment revenir. D'abord, c'est purement pratique, parce qu'il faut bien rentrer à la maison, il ne faut pas se perdre, et puis jamais on ne se régale autant que quand on trouve un nouveau chemin qui rejoint un autre qu'on connaît déjà, ça fait un point de plus. Quand on a fait un triangle complet, on se dit, maintenant, je ne pourrai plus jamais me perdre dans le coin. Si je veux, je vais en plein bois, peu importe la direction où j'irai, je trouverai toujours un chemin pour revenir, et on peut s'aventurer davantage.

— Il vous a parlé des loutres ?

— Jamais il m'en a parlé. Il m'a parlé des blaireaux, des renards, mais jamais des loutres. Les loutres, je les connais parce qu'il y en a qui sont empaillées dans les bistrots. Ça se faisait. Quand on trouvait une bête assez rare, on l'empaillait. Tout ce que j'ai vu, c'est ces espèces de peau mitées, desséchées qui traînaient dans les bistrots. Je me rappelle aussi, la femme du dentiste chez qui j'allais quand j'étais gamin avait fait savoir à tous les piégeurs qu'elle achetait au meilleur prix les peaux de loutre pour se faire un manteau !

— Et vous ne verriez pas une loutre empaillée au milieu de votre salon ?

— Ah, surtout pas ! C'est pas un cimetière, ici ! D'ailleurs, je trouve qu'il n'y a rien de plus horrible que les musées d'histoire naturelle, j'ai horreur de ça. Moi, j'ai fait des dizaines de conférences sur la loutre, j'ai jamais présenté une seule bestiole empaillée !

— Alors, à 14 ans, vous vous intéressiez à quoi ?

— Moi, tout ce que je pouvais trouver comme bestiole, je le ramenais chez moi. Je me souviens avoir ramené une colonie de souris, ou avoir ramassé une fourmilière, mais je les prenais pas pour les observer. Ce qui m'intéressait, c'était de les voir. Avec des copains, on faisait ce qu'on appelait des exercices...

— C'était quoi, ces exercices ?

— Ça consistait à faire des choses un peu difficiles. Par exemple, approcher de très près un oiseau, pour voir comment il était fait. Après, on notait les couleurs des plumes. Tous les petits passereaux de la campagne, quand on en trouvait un de mort, on coupait les plumes qui étaient en bon état et on en faisait une collection sur des feuilles de carton, on collait les plumes pour les reconnaître. Ça consistait aussi à grimper sur l'arbre le plus haut, à sauter des rivières de plus en plus larges, à se balancer sur une branche au-dessus de la rivière et puis à sauter sur la berge, à construire une cabane, à vivre en trappeur, quoi ! C'est Jack

London ! Et Curwood ! Surtout Curwood ! Je les ai tous. *Le Chasseur de loups, Le Grand Silence blanc*, toute la bibliothèque verte des garçons... Justement un des exercices, c'était de suivre la trace dans la neige jusqu'à ce qu'on arrive à la bête. Évidemment, on n'y arrivait jamais. Une bande de gamins qui hurlent comme ça ! La bête était toujours partie avant nous ! Ça aurait pu durer toute la vie ! Mais déjà on identifiait la trace. On allait aussi le matin, à une croisée des chemins, dans une grande clairière, quand il avait neigé la veille. On comptait tous les passages et on se disait : tu te rends compte, si j'étais resté là cette nuit, j'aurais vu ça, j'aurais vu ça... Évidemment, si on avait été là, on n'aurait rien vu. Mais on imaginait quand même le mouvement qu'il y avait eu pendant la nuit. Et ça, à mon avis, ce sont les trappeurs russes ou nord-américains qui l'ont dit le mieux dans leurs romans. A chaque fois que je les relis, je découvre quelque chose de nouveau. Par exemple, un jour, je suis une piste dans la neige que je croyais être celle d'une belette, et puis, d'un coup, ça se met à devenir la trace d'un campagnol. Vous voyez ça ! Un petit rongeur et son prédateur ! La même trace ! J'étais vraiment intrigué. Alors, j'ai très très soigneusement noté le parcours, mais je n'ai pas pensé à noter la hauteur des obstacles qui se présentaient. C'est une erreur que je ne fais plus maintenant. J'avais lu Formosov déjà deux ou trois fois, et dernièrement, en le relisant j'ai remarqué qu'il disait : « Attention, les traces de belette ou de campagnol, on peut les confondre ! Quand la belette ne peut plus bondir, quand elle passe sous des branches très basses ou sous un tas de bois, elle fait des petits sauts qui ressemblent à ceux du campagnol. » Lui l'avait vu !

— Alors la première fois que vous êtes tombé sur une loutre ? Enfin, une trace de loutre...

— C'est un jour où je me promenais à La Courtine, et le lavoir avait été inondé, il était entièrement recouvert de vase. C'était dans les années 1960, je ne sais pas quand... Et je vois une trace magnifique que je ne connaissais pas, il y avait cinq doigts. Moi, je connaissais bien le chien domestique, quatre doigts, le renard quatre doigts, les belettes cinq doigts, bien que le cinquième marque très peu... Mais là, cinq doigts énormes, vraiment beaux, avec une palmure au milieu. J'ai dit, ça, ça doit être la loutre ! J'ai fait un moulage en plâtre, et puis je me suis dit, il faut absolument que j'identifie de façon certaine cette trace. J'ai suivi la rivière, j'en ai trouvé beaucoup d'autres et j'ai commencé à trouver des crottes de loutre, sans savoir ce que c'était. Il n'y a rien de pire quand on est tout seul, qu'on trouve quelque chose et qu'on ne sait pas ce que c'est. Au fil des années, j'ai fait des progrès. A partir de 72, systématiquement, j'ai noté tout ce que je voyais, j'ai dessiné les traces, j'ai fait des moulages en plâtre, et puis je me suis procuré les bouquins qui existaient et qui étaient très peu nombreux à l'époque. Voilà, ça s'est fait tout seul !

— Et combien vous en avez des bouquins ?

— Je sais pas, 300, 400 ! Mais venez voir en bas ! C'est une pièce un peu originale...

— Oh là là ! Tous ces petits flacons bleus !

— C'est environ 500 crottes de loutre, on appelle ça des épreintes. C'était le terme qui désignait les crottes de loup. J'ai fait une recherche sur l'étymologie de ce mot, et en vieux français, « épreinte », ça voulait dire « faire par petits paquets, en se forçant ». C'est très bien observé, parce que la loutre, contrairement à beaucoup d'autres mammifères, au lieu de faire tout et de s'en aller, elle se retient et elle fait par petits bouts, en déposant sur des pierres bien en vue, sur des touffes d'herbe ou des bancs de sable, pour marquer son territoire.

— Et donc dans ces petits flacons...

— C'est des crottes de loutre ! Je vais sur le terrain, je ramasse des crottes de loutre, voilà la gueule que ça a !

— Mais vous les ramassez d'abord dans une petite papillote en papier...

— Voilà ! Parce que si on les met dans une fiole, ça pourrit, c'est complètement infect. Donc, je les laisse sécher, elles sont dans mon garage depuis une quinzaine de jours, voyez la tête que ça a ! Elle a mangé un mammifère...

— Vous voyez ça à l'œil nu ?

— Il y a des poils ! Ensuite, je les fais sécher et je les lave.

— Vous les lavez ?

— Oui, à l'eau chaude et à la Javel très diluée. Parce que dans les crottes de carnivore, il y a tout un tas de saloperies très dangereuses pour l'homme, en particulier, on risque d'attraper une maladie qui est mortelle à 100 %. Personne n'en n'a jamais été guéri. C'est un œuf microscopique qu'on peut avaler, on se le fout sur les doigts, on l'avale, ensuite ça se développe dans l'organisme et ça vous nettoie en quelques années infailliblement ! Ceux qui en meurent le plus, en ce moment, ce sont les cueilleurs de myrtilles, parce que les renards urinent sur les myrtilles. L'idéal, pour moi, ça serait d'avoir un four à microns, par exemple, on pousse à 200° , on est tranquille, l'œuf est mort ! Donc, je les javellise, ça les débarrasse de toutes les impuretés, et ça permet de les reconnaître à la loupe binoculaire ou au microscope. Ensuite, il a fallu que je constitue une collection de référence, c'est-à-dire un exemplaire de chaque type de proie pour être certain de ce que j'ai en main, savoir si c'est une taupe, ou une carpe, vous comprenez ? Les poissons, la plupart, c'est moi qui les ai pêchés. Il suffit de garder les mâchoires, les vertèbres, les écailles, on fait bouillir dans l'eau, et ensuite, c'est le truc classique de la classe de 6e . Ce catalogue de références avec les dossiers, ça m'a quand même pris plus de 2 ans !

— Et combien vous en avez, des petites fioles comme ça ?

— Je ramassais ça dans le désordre au début, mais je ne l'ai pas jeté parce qu'on ne sait jamais. J'ai foutu ça dans des cartons un peu n'importe où, j'en ai plusieurs milliers, je ne sais pas combien, 2 000 ou 3 000 je crois, je ne me suis pas amusé à compter. Là, je peux vous dire qu'en 1982, il y en a 521 pile ! Rien que des crottes de loutre !

— Mais c'est toujours la même ?

— On ne sait pas. J'ai choisi un territoire. Ça fait une douzaine de kilomètres carrés...

— Et là-dedans, combien il y en a, à peu près ?

— A mon avis, il y en a 4 ou 5. Je suis certain qu'il y a eu une femelle et deux jeunes pendant cette période. Parce que j'ai trouvé une *catiche*, c'est encore un terme de vieux français, c'est le terrier de la loutre... L'entrée était sous l'eau, mais il y avait une cheminée d'aération assez grande par laquelle on pouvait passer la tête, alors un jour que la femelle venait de sortir, j'ai passé la tête. J'ai vu qu'elle avait amené de la litière toute fraîche, avec des fougères et des joncs. Je me suis dit, si elle fait la litière, c'est certainement qu'il va y avoir de la reproduction. Donc, pendant 3 ou 4 mois, j'ai évité d'y aller. Et j'ai pris des accords avec le propriétaire, il a mis un barbelé autour du vieux chêne pour que les vaches ne viennent pas boire et n'effondrent pas la berge à cet endroit-là. L'hiver est arrivé, il a neigé, je suis allé faire des pistages dans la neige et j'ai relevé les traces des deux jeunes avec la mère qui rentraient et qui sortaient. Je les ai suivies pendant plusieurs kilomètres.

— Et le mâle, alors ?

— Ça lui arrivait de passer par-ci par-là, j'ai vu ses traces, mais il n'était pas cantonné. Tandis que les femelles, surtout quand elles ont des jeunes, elles restent au terrier, elles ne sortent pratiquement pas.

— Donc, finalement, avec tous ces milliers de petits bocaux, vous ne vous intéressez qu'à 3 ou 4 loutres ?

— Et encore, peut-être qu'à une seule !

— Vous ne les avez jamais vues en train de faire l'amour ensemble ?

— Non, j'en ai vu deux qui se chamaillaient au bord de la mer en Écosse. C'était un couple, probablement, mais je ne pense pas que personne les ait jamais vues s'accoupler. D'ailleurs, on ne sait pas comment elles font, si ça se passe dans l'eau ou sur la terre ferme, on ne sait même pas à quelle époque ça se passe, puisque la loutre peut se reproduire toute l'année, alors que les renards, les blaireaux, les chevreuils naissent toujours à la même époque, en général au printemps. On ne sait pas combien de temps le mâle reste avec la femelle, parce que c'est très différent d'une espèce à l'autre. On dit que les lions, ça dure des heures et des heures, et qu'ils font ça des centaines de fois ! Il y en a d'autres, c'est deux secondes et c'est fini, ils s'en vont et ils reviennent plus. Pour la loutre, on n'a aucune idée.

— Mais est-ce que ce n'est pas un peu décevant de ne s'intéresser qu'aux déchets, aux restes de la loutre ? La loutre elle-même, vous la voyez si peu !

— Mais chez nous, c'est complètement impossible de faire de l'observation directe ! Alors, je pouvais faire comme le chasseur d'autographes qui veut sa photo, qui va passer des heures et des jours à l'affût, qui va voir la loutre pendant dix secondes, et qui va dire, je l'ai vue. J'appelle ça des « cocheurs ». Vous savez chez les ornithologues, on dit : « Est-ce que tu as fait la coche ? » Il y a des gars qui en sont malades ! Il me faut 120 espèces ! Et toi, combien t'en as ? Moi, j'en ai 150 ! C'est des cocheurs. Ils vont spécialement dans les Pyrénées pour voir l'ours, ils vont aller en Écosse, parce qu'ils espèrent voir une espèce rarissime, mais ils ne connaissent rien, et leurs recherches sont complètement inefficaces pour la protection de l'espèce. Moi, ce qui m'intéresse, c'est de sauver la loutre, et pour la sauver, de comprendre sa biologie, donc le régime alimentaire, c'est primordial. Moi, je peux vous dire chaque mois ce qu'elle a fait. D'après les relevés des traces.

— Comment, ce qu'elle a fait ?

— Où elle a été, comment elle s'est déplacée, sur quelles distances ? Je fais des pistages en suivant les traces. Regardez ça, c'est des traces de jeunes de 3 mois, quand ils commencent à sortir de la catiche. Alors, moi, je retourne à la catiche un mois ou deux mois après : les traces des jeunes ont grandi, vous voyez ? Après, je vois la trace d'un mâle, elle est beaucoup plus grande parce que, lui, il fait presque 10 kilos. Sans jamais les avoir vus, je sais qu'il y a un mâle qui est dans le coin, je sais qu'il y a deux jeunes qui sont sortis à telle époque, qui ont suivi la mère pendant tant de mois, donc j'ai des informations sur la vie de la loutre. Beaucoup plus intéressantes qu'une fugitive observation d'une loutre qui va fuir devant moi, vous comprenez ? Par exemple, en décembre 1981 et janvier 1982, je ne sais pas si vous vous souvenez, il y a eu des inondations terribles. Toute la vallée était entièrement noyée. J'ai donc suivi les nouveaux marquages qu'elle avait faits, puisque toutes les pierres habituellement marquées étaient sous l'eau. Et je me suis aperçu qu'elle s'était réfugiée dans l'étang, et que pendant tout le mois qu'ont duré les inondations, elle n'a pas quitté les abords de cet étang. Elle a complètement oublié ses anciens abris. Et la preuve, je la retrouve dans ses crottes. Et vous constatez quoi ? C'est qu'il y a une baisse très forte de la truite. Le brochet est réduit à zéro, et on n'observe presque plus ces deux petits poissons qui fréquentent les rivières aux eaux rapides, le chabot et la louche. Alors où se trouve la compensation ? Dans des espèces qui vivent dans les étangs : les gardons, les tanches et les perches. Or, il n'y a qu'un seul étang dans les trois où il y a de la perche, parce que j'ai étudié la répartition spatiale des crottes au mois de décembre, je sais où je les ai ramassées, j'ai tout noté sur un plan avec la date et l'emplacement exact. Chaque pierre était répertoriée, chaque touffe d'herbe, je sais très exactement à un centimètre près où je les ai ramassées. C'est comme ça que je me suis aperçu que c'était cantonné autour d'un seul étang. Je n'en avais pas trouvé ailleurs. Donc, la loutre s'est adaptée à la montée des eaux et elle s'est nourrie d'une proie qui habituellement ne représente presque rien dans son régime. C'est beaucoup plus intéressant pour moi de savoir ça que de l'avoir vue vivante. Maintenant si je peux la voir en même temps...

— Vous vous sentez des affinités avec elle ?

— Je l'aime bien, c'est sûr, mais j'aime bien le muscardin, c'est un petit mammifère qui fait un nid en boule comme les oiseaux et qui fait ses petits dedans, j'aime aussi l'hermine et la belette. Si je vois une loutre, ça va me faire une forte impression, c'est sûr. Je ne sais pas comment dire ça ?

— Avoir tant pensé à elle et la voir enfin ?

— Oui, ça fait un drôle d'effet !

— Vous n'aimeriez pas en dépecer une ?

— Ah non ! Ça m'arrive de dépecer des animaux, mais ça ne me plaît pas... Un jour, un copain m'avait amené une hermine qu'il avait trouvée morte sur la route, elle était déjà bien avancée, j'ai dit mince, je vais pas la laisser passer ! Je n'avais pas d'hermine dans ma collection de référence. Je l'ai fait bouillir, tout le quartier s'est sauvé. Une bestiole pourrie qui bout, ça pue !

— Alors vous n'avez pas de loutre dans votre catalogue de référence ?

— Non, je n'en n'ai pas.

— On a écrit des choses sur elle, en dehors des livres de naturalistes ?

— Oh ! que ce soit La Fontaine ou Gaston Phoebus ou le *Roman de Renart*, on ne parle pratiquement jamais de la loutre. Il arrive même, sur des faunes anciennes, qu'ils oublient complètement la loutre. Pourtant, elle a existé manifestement. Mais ça a toujours été un animal très discret, qui est passé relativement inaperçu. S'il n'y avait pas eu les primes pour sa fourrure qui est très belle... Il y a même un illuminé au XIXe siècle qui voulait exterminer toutes les loutres. Il a fait une campagne monstre, il a obtenu des crédits énormes du ministère de l'Agriculture, il s'appelait Joseph Levître. Il a dit : « Nous exterminerons la loutre comme nous avons exterminé le loup ! » Il s'était mis ça en tête parce qu'elle mangeait du poisson et qu'elle coûtait cher à l'État. Il a créé un service en 1927, la loutrerie française. Ça a marché, ils en ont tué des centaines et des centaines... Voilà ce qu'il écrivait : « Prenons une théorie désavantageuse pour nous, mettons qu'une loutre mange un seul kilo par jour, que nous multiplions par le prix du kilo de poisson, cela fait 5 511,50 francs. Admettons qu'il y a 5 loutres pour 100 km de cours d'eau, nous avons en France 180 000 km de rivières non flottables et 40 000 flottables, soit au total, 220 000, auquel il faut ajouter 225 000 ha d'eau. Nous avons donc, à 5 loutres pour 100 km, un total de 12 125 loutres pour la France, multiplié par 5 511,50 francs soit : 66 826 937,50 francs par an de perdu pour l'économie nationale. » Donc, laissez-moi détruire les loutres, et je vous ferai économiser un budget fantastique ! D'ailleurs, après, il a refait les calculs il est arrivé à un chiffre beaucoup plus élevé, il dit : « Plus d'un milliard et demi de francs par an que nous pourrions économiser et qui serait si bien placé pour le soulagement des mères nécessiteuses, des vieillards infirmes et des populations agricoles. » Vous voyez, il fallait détruire la loutre pour les mères nécessiteuses et les vieillards infirmes ! C'est comme ça, évidemment, qu'ils ont réussi à la nettoyer de pas mal de régions.

— Mais votre femme, elle ne trouve pas un peu bizarre votre passion ? Ou elle a fini par s'en accommoder ? Elle n'a jamais été très jalouse de la loutre ?

— Ça s'est passé en douceur. J'ai l'intention de la ménager, mais on s'entend bien, ce qui fait que j'évite que ça empiète trop sur elle. D'ailleurs, parfois elle vient avec moi. Quand je vais au milieu de la rivière explorer les pierres, c'est très difficile pour moi de sortir le carnet et de noter tout, au milieu du courant. Alors ma femme reste sur la berge et je lui crie : « Deux épreintes sur la pierre n° 5, une fraîche de la nuit, une de la semaine dernière. Donc, deux passages... » Et elle me note tout sur le carnet. Le collectage des 500 qu'on a vues, on l'a fait comme ça, tous les deux.

— C'est féminin, pour vous la loutre ?

— Ah ! la loutre, c'est très féminin, c'est sûr ! Déjà, la morphologie. C'est comme l'hermine, la belette, la martre, c'est des animaux qui sont assez longs, courts sur pattes, très agiles et très mouvants. C'est pas le passage en force, c'est pas le cerf ou le sanglier, c'est très fuyant, très coulant, très souple... Justement, c'est drôle, ce que vous dites, parce que les copains y ont pensé. Ils m'ont fait une blague. Le dessinateur de notre association a fait un dessin avec un corps de loutre et ma tête dessus !

— Et qu'est-ce que ça vous a fait de vous voir avec un corps de loutre ?

— Ça m'a pas plu !

— On vous a fait d'autres plaisanteries comme ça ?

— Il y a des gens qui m'amènent des crottes à identifier. On m'en envoie par la poste aussi. Une fois, une fille de la Haute-Loire croyait avoir trouvé la loutre, et c'était du rat musqué. Un plein carton de rats musqués ! « J'ai trouvé la loutre, est-ce que vous pouvez l'analyser ? » C'était tout du rat. Une fois, il y en a un qui m'a envoyé un brochet aussi de Bretagne, il avait mis ça dans la glace, je sais pas ce qui s'est passé dans le transport, ça a tout fondu, ça sentait le pourri.

— Le facteur est habitué à tous ces paquets inhabituels ?

— Oui. Les voisins aussi. En ce moment, je fais une étude sur les escargots, je me suis aperçu que dans toute la bibliographie sur les escargots, on ne parlait jamais de leurs déplacements, alors j'ai pris de la peinture laquée, j'ai numéroté une centaine d'escargots, je leur ai mis des numéros de couleur sur la coquille. J'ai pris des adultes qui ne grandissaient plus, je leur ai mis des numéros, et j'ai étudié leurs déplacements. Ça fait déjà 3 ans qu'ils sont numérotés, alors bien sûr, ils vont dans les jardins des voisins. Et l'autre jour, le voisin me dit : « Eh ! J'ai trouvé le 24 rouge hier. » Je lui dis, surtout ne le déplacez pas, ne le remettez pas dans mon jardin, gardez-le chez vous ! Il me dit, c'est embêtant, il mange toutes mes salades, vous pouvez pas leur mettre un petit coup de produit ? Il y en a même un qui a fait le loto avec le numéro des escargots ! Un jour, je les ai invités à l'apéritif. Ils ont compris qu'ils avaient rien à craindre. 80 % des escargots que j'avais numérotés et qui s'étaient éloignés sont revenus à leur point de départ. Il semblerait qu'ils connaissent leur coin !

— Ça vous arrive de vous planquer des nuits entières pour observer la loutre ?

— Non, pas souvent, parce que je ne suis pas un affûteur.

— Vous êtes un pisteur ?

— Voilà. Moi je vais plutôt à sa rencontre en suivant, plutôt que rester à la planque et à l'attendre.

— Et qu'est-ce qui se passe la nuit ?

— La nuit, c'est vivant, c'est très vivant. On est sans arrêt à guetter, à épier, on guette tellement que, dès qu'on voit quelque chose, on n'est même pas sûr que c'est vraiment le moment et que c'est bien là. Un jour comme ça, j'étais à l'affût de la loutre justement, et j'étais caché dans un tas de bois, dans des branchages qui avaient été abandonnés près d'une mare où elle venait, et j'ai vu tout sauf la loutre. J'ai vu d'abord des renards. C'était au printemps, j'ai vu la femelle qui arrivait, qui marquait, le renard qui sentait derrière, qui marquait à son tour et qui la suivait, et puis je l'ai vu « muloter », c'est-à-dire qu'il sautait dans les champs pour attraper sur les berges des campagnols. J'ai vu un chevreuil qui est venu boire, et, à un moment, il y avait une lune splendide, un cerf, un grand cerf mâle, avec les bois, est passé à quelques mètres de moi. Je ne sais pas si c'est à cause de la lune, on aurait dit qu'il était tout blanc. Il ne m'a pas senti, il ne m'a pas vu, il est passé raide comme un i, sans s'arrêter et j'ai entendu des chouettes clamer. Des chouettes et des hiboux. Et puis, je ne sais pas, j'étais assis, et juste en dessous de moi, sous les feuilles, il y avait un petit mulot qui s'est mis à sortir et à gratter les feuilles. Ou un lombric. On ne peut pas imaginer le bruit qu'un ver de terre peut faire dans les feuilles, la nuit, dans le silence complet, quand l'attention est tendue au maximum. On croirait que quelque chose marche sur les feuilles.

— C'est toujours solitaire, cette traque dans les bois ?

— Ah ! On n'est jamais aussi bien que seul dans les bois, ça ne fait pas l'ombre d'un doute ! Deux, ça va, mais on a toujours tendance à parler, on est moins attentif et surtout, on ne peut pas s'intégrer complètement, c'est-à-dire faire abstraction des notions de temps et d'espace pour arriver à la perception maximum. D'ailleurs, les premiers trappeurs qui sont partis dans l'Ouest américain, ils vivaient seuls et ils disaient qu'ils retrouvaient des intuitions.

— Finalement, vous êtes toujours un peu à l'affût...

— C'est sûr. Par exemple, je passe en voiture dans un bois, bien qu'il y ait du vent, que toutes les branches remuent, il y a un écureuil ou un oiseau qui va bouger, ça va faire un mouvement au milieu du reste, mais je saurai que c'est celui-là qui est intéressant. C'est pareil, dans un paysage qu'on connaît parfaitement, quand on cherche des indices ou à revoir des espèces, il y a des choses qui attirent l'attention. On prend les jumelles, on regarde, on se dit : « Merde, c'est une taupinière ! » Ou alors on voit une trouée claire dans les feuillages. On croit que c'est un oiseau qui est posé, on regarde, c'est simplement un trou dans les branches et c'est la lumière qui passe. On ne se fait feinter une fois, deux fois, dix fois, et au bout d'un moment, on ne se fait plus feinter !

— Il n'y a pas de phénomène d'hallucination ?

— Non, non, pas du tout ! Au contraire, moi je crois que plus ça va, moins j'ai de visions, plus je vois les choses comme elles sont.

— Cet hiver, vous n'êtes pas sorti beaucoup ?

— Si ! Même pendant que j'étais malade ! Je faisais gaffe, j'allais doucement, mais je sortais quand même. J'allais faire des pointages. Des fois, ça me prenait une bonne crise, je me roulais par terre, je prenais des cachets sur place et je rentrais vite faire ma piqûre, mais je sortais !

— Vous faites parfois de drôles de rencontres quand vous partez à l'affût comme ça ?

— Justement, j'appelle ça mes chemins parallèles... Il y a par exemple l'histoire des deux filles qui vivaient dans une ferme reculée. Elles avaient une trentaine d'années et elles n'avaient jamais vu d'hommes. Elles souhaitaient par tous les moyens foutre le camp, parce qu'elles vivaient avec un père tyrannique. Lui, d'ailleurs, n'avait pas du tout l'impression d'être tyrannique, il vivait encore comme au siècle dernier en Creuse. C'était un jour où je me suis perdu. A Pâques, je m'en souviens très bien, j'avais 17 ans. Je me suis perdu en plein bois, et à un moment j'ai vu une éclaircie avec quelques petits champs autour d'une ferme. Il y avait un homme au milieu de la cour, je me suis approché et j'ai eu l'impression de voir un Gaulois, avec une grosse moustache blonde qui tombait comme ça, il était noir des pieds à la tête, sauf les mains qui étaient blanches jusqu'aux coudes parce qu'il était en train de pétrir le pain...

— Il vivait de quoi ?

— C'est un paysan. Seulement, il n'avait aucun engin mécanique, il semait à la main, il avait un cheval, des bœufs, et je lui ai dit, je voudrais rentrer chez moi, seulement il n'y a pas de chemin, je ne sais plus du tout. Ça n'a l'air de rien, le relief du sud de la Creuse, mais c'est très compliqué. Ça a l'air plat, parce que c'est un plateau, mais en fait, ce plateau est creusé d'une infinité de petites vallées à cause des ruisseaux, ce qui fait qu'on passe d'une vallée à l'autre et qu'on se retrouve à l'opposé sans s'en être rendu compte, alors qu'on va toujours dans la même direction. En plus, il y a des broussailles très denses et les forêts ne sont pas entretenues. Donc, le type me répond : « C'est pas bien compliqué, il n'y a qu'à suivre l'eau. » Comme il y avait une source chez lui, je suis parti de la source et j'ai suivi l'eau. Je suis arrivé à un ruisseau plus grand et à un autre confluent et à la rivière principale qui passe par la grande vallée où j'habitais. J'ai eu seulement à remonter la rivière pour revenir chez moi.

— Et ces filles qui étaient dans la maison ?

— Moi, je ne suis pas entré dans la maison, mais j'ai vu qu'on me regardait derrière les carreaux. Je ne voyais pas qui c'était. Mais ça m'a intrigué, et je me suis renseigné pour savoir dans quelle ferme j'étais tombé. On m'a dit, c'est la ferme du père Frioux, t'as pas vu ses filles ? J'ai dit non. Il paraît qu'il a deux filles, deux belles garces, bien plantées...

— Quel âge elles avaient ?

— A l'époque, elles devaient avoir plus de 20 ans.

— Et la mère était morte ?

— Oh ! Il n'y a jamais eu de mère là-dedans. Elles se sont élevées avec le père et une grand-mère. Et un jour, il y a un gars qui est venu à la porte et qui a demandé au père : « Tu pourrais pas me donner ta cadette parce qu'elle me plaît bien ! » Alors, il lui a répondu : « Te donner la cadette ! L'aînée est encore pas casée ! Si tu veux, je t'en donne une, mais c'est l'aînée ! » Et le type a dit : « Va pour l'aînée ! » Il ne connaissait que la jeune, c'est celle qu'il voulait, mais il a quand même eu la grande. Ça s'est fait en deux heures. Et la petite est partie avec le premier corniaud qui est passé. D'ailleurs, elles sont parties toutes les deux maintenant. C'est des bonnes filles, c'est pas des violettes en hiver et rouges en été ! Tout le monde les adore dans le pays.

— C'est récent ça ?

— Oui, ça s'est passé ces années-là, entre 1978 et aujourd'hui. Vous imaginez le gars qui a été la demander, c'était un commis de ferme complètement abruti. Il avait trouvé personne, et il s'est dit, je vais aller demander celle-là. Mais pour elle, c'était déjà merveilleux.

— Elles vous avaient remarqué ?

— Non, probablement qu'elles ne savent pas qui je suis. Si elles me voient, elles ne pensent pas que c'est moi qui, il y a 15 ans, passait un jour comme ça demander mon chemin. Un autre jour, comme ça, j'étais en train de me promener dans une grande forêt, qui s'appelle la forêt de Châteauvert, c'est dans la Creuse. Une forêt immense, qui fait plus de 2 000 ha et qui est elle-même contiguë à d'autres forêts. C'est un endroit très sauvage, réputé malfaisant, parce que certaines personnes s'y sont perdues, et en général, quand il y a des événements bizarres dans la région, c'est toujours là que ça se passe. Par exemple, un braconnier qui commençait à encombrer les chasseurs, un beau jour, ils l'ont tué, ils l'ont foutu dans une tourbière, au milieu de la forêt, on ne l'a jamais retrouvé. On dit, chez moi, que c'est une forêt *peureuse*. Jusqu'ici, j'y étais jamais allé. Tout simplement parce que dans l'inventaire régional des espèces animales, c'était un grand trou, on ne savait rien, la carte se brouillait. C'était comme ces taches blanches sur les vieux atlas. Elle était provocante, mais je la gardais comme le courrier dont je suis sûr qu'il est porteur d'une bonne nouvelle et que je tarde à ouvrir...

— Et finalement, à l'intérieur, il y avait un roman...

— Voilà ! Donc, un jour, je pars le matin, j'étais tout seul et je commence à suivre les chemins. Je fais mes relevés habituels de traces, je fais des observations d'oiseaux et d'un seul coup, je trouve une trace très belle, bien dessinée, mais vraiment étrange, une trace que je n'avais jamais vue et que j'étais incapable d'identifier. Ça faisait comme deux gros doigts. C'était pas un animal domestique, c'était pas le cheval, c'était pas le cochon, c'était pas le mouton, c'était pas la chèvre, bref, je ne savais pas quoi. J'ai dit, il faut que je suive absolument cette trace. Je ne pouvais pas supporter de ne pas savoir. Et je suis arrivé à une source. Donc l'animal en question était venu boire à la source. Après, il avait traversé une grande forêt de hêtres qui est très dense, avec des ronces, du houx, des genêts, c'est une forêt qui est encore très sauvage. J'avais un peu peur de la traverser, parce que j'étais loin. Mais là, la trace était fraîche, les pieds venaient de remuer les feuilles. C'était du matin, ou de la nuit. Alors je l'ai suivie, et je suis arrivé dans une espèce de clairière que je n'avais jamais vue auparavant, et au milieu de cette clairière, j'ai vu une cabane qui m'a fait un effet... Vous savez, quand vous voyez quelqu'un de trop couillon, mais qui est gentil quand même, vous avez une impression désagréable, vous avez de la sympathie mais de la peine aussi, parce qu'il est trop con ! C'était une cabane de gosse, mais faite avec la technologie d'un grand.

La clairière était pourtant rocailleuse, le sol n'était pas du tout plat, il n'y avait absolument rien de régulier, mais entre chaque bloc de rocher, le nettoyage était parfait. Comme un travail de cantonnier. Et au milieu, il y avait cette cabane en planches et en rondins, avec un petit bout de jardin, mais qui donnait un peu dans le ridicule : il y avait des bouteilles retournées, juste le cul qui sortait pour dessiner les quatre côtés, et puis un petit clapier à lapins, mais manifestement abandonné et une petite bordure de fleurs, des primevères, un peu de bruyère et des jonquilles. Il y avait de la friche qui commençait à reprendre un peu, et des scellés sur la porte. Des scellés de justice, rouges, qui étaient arrachés. Ils étaient d'ailleurs assez vieux. J'étais quand même intrigué, parce que je connais le pays à fond, et je n'avais jamais entendu dire que quelqu'un vivait dans les bois comme ça. Alors, je suis rentré, et là tout était intact. Ça avait été fouillé, certainement, peut-être par des gamins qui se promenaient, mais rien n'avait été déplacé. Il y avait un lit, un vieux lit en fer, quatre planches qui servaient de placard, une table, une chaise, et puis, sur une planche qui faisait tout le tour, de la breloque qui était déposée avec des petits mots dessus, des petits bouts de papier fixés avec des élastiques de couleur. Il y avait marqué : « Acheté le tant à Ussel », « Offert par monsieur le maire pour les services que j'ai rendus » et, sur une potiche genre Vallauris, une sorte de poisson qui fait de la lumière, il y avait un morceau de papier tout chiffonné, et dessus, était marqué : « Offert par les fous pour ma gentillesse », avec la date.

J'étais de plus en plus intrigué. Il y avait un paquet de lettres aussi, des lettres officielles, des lettres privées, des lettres que le gars lui-même avait faites, avec une écriture bourrée de fautes, très pénible, mais enfin compréhensible quand même. C'est comme ça que j'ai appris que c'était un gars de l'Assistance publique qui avait été placé dans une ferme et qui avait été exploité à mort par des paysans, des vraies brutes. Un valet de ferme, quoi, comme il en existe encore, qui ne touchent aucun salaire, qui dorment dans la paille, qui sont maltraités, qui vont à l'école parce que c'est obligatoire, mais le strict minimum. Il était resté chez ces paysans jusqu'au service militaire. Il n'était pratiquement jamais sorti de ce coin-là. Au service, il avait connu un gars du RPR en Corrèze qui lui avait dit : « T'as qu'à venir coller des affiches avec moi et tu gagneras 200 F la nuit ! » C'était pendant la campagne présidentielle. J'ai retrouvé des affiches dans un coin. Alors lui, avec son argent, il s'était acheté une mobylette. Et il avait cherché du travail un peu partout dans la région. Dans un premier temps, il a été bûcheron avec les Turcs. Il y a des familles entières de Turcs, ils ont une tente et un poêle, c'est tout, et ils se louent pour faire l'exploitation itinérante des forêts. Donc il s'était loué comme homme de main pour faire l'exploitation forestière. Et il y avait une lettre comme quoi untel lui devait de l'argent qu'il n'avait jamais payé, et comme ce gars n'avait pas les moyens de le payer, il lui avait dit : « Si tu veux, je te donne un bout de forêt, où il y a de la pierraille, où on ne peut pas planter. En paiement de tes services, je te le donne. » Pour lui, c'était de la folie, parce qu'il avait sa mobylette, il pouvait se déplacer, il avait du travail, et il avait cette parcelle qui était proche d'ailleurs de la propriété où il avait été élevé. C'était à 3 km environ à vol d'oiseau. Par la suite, il a trouvé du travail chez les fous, grâce à Chirac. Personne ne veut plus y travailler, parce que c'est des fous perdus. Il est entré là comme homme de main. C'est lui qui torchait les fous les plus malades, enfin il faisait n'importe quoi. Mes parents m'en ont parlé, ils le connaissaient bien, il était d'une gentillesse incroyable, c'était vraiment le brave gars, le gros costaud gentil. Chez les fous, il a été très apprécié. Et tous les ans, il y avait une fête et les familles des malades lui avaient offert cette poterie de Vallauris infecte, ils avaient mis un papier autour et lui, certainement, avait récupéré le papier chiffonné dans la poubelle pour le garder en souvenir.

— Et les traces dans la forêt, alors ?

— Donc, ce gars pendant qu'il était paysan, avait, pense-t-on, couché avec la femme du fermier quand il était jeune, et il devait continuer à la voir. Le paysan l'a su, et il est devenu complètement fou. C'est une brute bien connue dans le pays. Dès qu'on passe sur ses propriétés, c'est une offense pour lui. Il ne pouvait évidemment pas supporter de voir s'installer à proximité comme un propriétaire ce bon à rien de l'Assistance ! Et un jour, il est venu avec le fusil pour le tuer. Il s'est approché de la cabane et lui a dit : « Espèce d'ordure, je vais te tuer ! » C'est le mari qui l'a raconté après. Il y a eu un procès-verbal de gendarmerie. Il a donc commencé à tirer des coups de fusil sur la cabane. Lui a pris peur, il a tiré avec son fusil et il a blessé gravement le paysan qui a d'ailleurs perdu un bras depuis. L'autre a cru qu'il était mort, il a pris peur, il est parti dans les bois avec son fusil et il s'est suicidé en se tirant des chevrotines sous le menton. Les gendarmes ont cherché pendant 15 jours, ils n'ont pas pu le trouver. Et un jour, ils ont vu le fox-terrier du gars qui était revenu à la maison et grâce au fox-terrier, les jours suivants, ils ont pu retrouver le cadavre, passablement esquinté. Les renards l'avaient mangé. Et ce gars, justement, était chargé de l'entretien d'un petit zoo qu'il y a chez les fous, avec entre autres des poneys nains. Comme ils avaient beaucoup de reproduction, ils en vendaient aux gens qui passaient. Et lui en avait acheté un qu'il avait attaché dans un petit enclos près de sa cabane, et avant d'aller se suicider, il a lâché ses lapins, ses poules, les chiens et le poney. C'est les traces de ce poney que j'ai trouvées sur le chemin. On l'a vu à plusieurs reprises dans les bois, qui tournait autour de la cabane. Mais on ne l'a jamais retrouvé. J'en ai reparlé depuis, avec des chasseurs, ils m'ont dit : « On ne le voit plus, il doit être mort. On ne sait pas ce qu'il est devenu. »

Tatouage

Mathieu est un voyageur au long cours. Juste avant de s'embarquer sur un cargo pour Valparaiso, il m'a remis ces deux lettres qu'il avait adressées à une inconnue. Une fois encore, il parlait de l'histoire de cette femme qui s'est défaite sous ses yeux, en se jetant sous un train, il y a longtemps, peut-être quand il était enfant. Une femme qu'il avait rencontrée par hasard, à la terrasse d'un café. Il dit qu'il aime donner ces mots à des inconnus, alors qu'il n'y a entre eux ni mémoire ni affection. Il me parle à ce sujet d'un conte d'Alphonse Daudet, L'Homme au crâne d'or, *ou quelque chose comme ça. L'homme était né avec la tête trop lourde et le crâne démesuré. Ébloui des richesses qu'il portait dans sa tête, il avait fini par tout gaspiller. D'ailleurs, il se laissait manger le crâne innocemment. Il est mort ainsi, avec à la main des bottines bleues à bordure de cygne et des raclures d'or au bout des ongles. Il avait donné toute sa douleur.*

Mathieu m'a remis ces lettres qui racontent l'histoire de l'inconnue qui l'avait entraîné, sans raison, à sa mort : comme s'il était las de souffrir, lui aussi.

1

Je me suis fait tatouer le cerveau, le cœur et la rétine. Bientôt j'embarquerai au Havre pour Valparaiso, à bord d'un cargo mixte de la Générale Transatlantique. Il y a des voyages qui comptent et d'autres qu'on oublie sitôt rentré. Chaque souvenir, chaque histoire est un coup d'aiguille dans la peau.

J'ai traversé des déserts. Je suis allé de l'Atlantique à la mer Rouge en compagnie de gens pourris, que chaque nuit je rêvais d'assassiner. Tout avait commencé à Marseille, s'était poursuivi à Dakar, dans les bordels de la ville africaine, avait continué dans les sables de Mauritanie, du Mali, du Niger, de Libye et d'Égypte où nous étions arrivés, 4 mois plus tard, fous de haine. Le bateau attendait à Alexandrie un ferry italien dont les stabilisateurs étaient cassés. Nous avons passé le détroit de Messine en pleine tempête, nous avons longé le Stromboli. Il fumait. De la lave incandescente allumait le sommet.

Je suis retourné dans le désert, plus tard avec une unité du Front Polisario. Pour la première fois de ma vie j'ai été chargé par un serpent. Je suis monté au nord, les Féroé, l'Islande. Rien à dire, seulement des landes, cette drôle de lumière pâle et des gens muets dont les yeux ressemblent à de la flotte.

Je suis redescendu vers le centre. Il y avait l'enfer en Haïti. Des gens nus vendaient des douzaines d'allumettes liées par un cheveu, d'autres, à Port-au-Prince, cherchaient de la nourriture, nus, sur des tas d'ordures.

Dans les arrière-salles des bars du port, de grosses Canadiennes se faisaient baiser, ivres, par de jeunes types noirs. Des Canadiens gras se saoulaient à crever, une fille à chaque bras. Ils leur avaient payé une robe à 10 gourdes pour se faire sucer la moitié de la nuit.

Dans un hôtel délabré qui surplombait la mer, une femme cuisinait du poisson « désossé ». On dormait dans des lits coloniaux, des voiles de moustiquaires descendaient du plafond quand on manœuvrait la ficelle.

Je suis parti vers l'est, au Liban, à Beyrouth, puis Tripoli. Il ne s'y passait rien que des choses ordinaires. Dans le quartier de Fakhani, près de l'Université arabe, une maison venait de s'écrouler quand je suis arrivé. Le corps d'une fillette restait empalé au milieu de ce qui restait de la façade. Il faisait nuit, d'énormes projecteurs illuminaient l'endroit. Des gens de la Croix-Rouge, dans une cage qui pendait au bout d'une grue, ont réussi à récupérer le cadavre.

A Bab Tabaneh puis à Kobbeh, on m'a tiré dessus. Des pro-Syriens du camp d'en face. Ça m'a fait du bien de sentir le bitume gicler dans mon dos sous les balles. Je me sentais vivant.

Si je vous connaissais, je ne vous raconterais pas ça.

Le jour du Maouled, des millions de pétards éclataient dans la ville. Ils ont descendu un type au silencieux, sous mes fenêtres. Trois coups : un dans le cœur, un dans la cuisse, le dernier à la cheville.

J'ai cru que j'avais rêvé tellement ils ont emporté vite le corps. Le lendemain, je suis allé vérifier, il restait un peu de sang dans les creux d'une plaque d'égout.

Je suis parti vers l'ouest. Du centre de Managua, il ne reste rien. Le tremblement de terre puis le feu ont tout détruit, en 1972, à minuit vingt, je ne me rappelle plus quel jour.

Les hommes qui se battent dans le Nord passent des semaines entières dans la jungle. On ne voit rien, il pleut, on se sent las, moisi.

Je n'ai pas fini de voyager, je m'arrêterai le jour où je me sentirai trop amer ou trop faible pour continuer. Je n'ai jamais encore connu de femme aux cheveux très courts.

2

Ne me demandez pas pourquoi Ivéa ? Ni de décrire la ville. Je ne me souviens de rien, excepté ce qui suit.

C'était il y a longtemps, je me rendais à l'étranger pour la première fois. Je l'ai rencontrée à ma sortie de la gare, autant dire dès mon arrivée en Italie, dans un café, en hiver, la nuit tombait. Il faisait froid, humide. Je n'avais pas encore d'hôtel.

Je me suis installé près de la vitre donnant sur la rue. Elle était assise en retrait, seule à sa table. Une jeune femme, un peu plus âgée que moi, sans doute, je ne sais pas. Au bout d'un moment, j'ai fait glisser ma chaise pour mieux la voir. Elle regardait dans ma direction, l'air las. Je n'ai pas pu m'empêcher de l'observer tout le temps que je buvais mon chocolat. Elle jetait de fréquents coups d'œil à sa montre, son regard ne quittait jamais la zone dans laquelle je me trouvais. Quand on ne sait rien des étrangers qu'on visite pour la première fois, on s'attend à tout. On est naïf. Je croyais que c'était moi qui l'intéressais. Pourquoi pas ? Sa préoccupation de l'heure pouvait me laisser croire qu'elle attendait quelqu'un.

Elle a payé sa consommation, et en se levant, elle m'a souri. J'ai appelé le serveur. Elle s'était immobilisée sur le trottoir brillant à cause du crachin, elle m'a regardé une nouvelle fois à travers la vitre, a souri encore. Le garçon tardait à me rendre la monnaie. Je crevais d'impatience. Elle a traversé la rue en direction de la gare. J'ai empoigné mon sac, le type m'a tendu l'argent à la caisse, vaguement narquois. Je me suis précipité dehors.

La tache claire de son imperméable longeait les barrières de la voie de chemin de fer.

Je l'ai suivie en me rapprochant pour ne pas la perdre. Elle allait tout droit, suivant les rails. Elle me savait dans son dos, j'en étais certain. Les lumières des réverbères étaient sinistres, jaunes. Je me tenais une centaine de mètres derrière elle, je ne savais pas où elle m'emmenait, je me demandais si nous saurions nous comprendre, qui elle était, pour quelle raison elle avait décidé de m'embarquer à sa suite.

Nous sommes sortis de la ville. Je pensais que si on continuait comme ça, il serait trop tard pour retenir ma chambre d'hôtel. Qu'est-ce qu'on pourrait faire dans cette campagne mouillée, froide, noire ?

Une lumière est apparue, lointaine, il y a eu ce bruit caractéristique des convois qui roulent en cognant les rails. La tache claire de l'imperméable de la jeune femme a obliqué sur la gauche. Elle s'est baissée pour se glisser sous les fils de fer, elle a trébuché en escaladant le talus. Je me suis mis à crier, de toutes mes forces, merde ! Je n'ai même pas lâché mon sac pour courir, je suis resté planté. Il était trop tard. Il y a eu sa silhouette dans les phares de la locomotive un instant. Je ne parviens pas à me souvenir comment elle a disparu. Je ne conserve aucune image qui raconte ça. La motrice est venue à ma rencontre à une vitesse folle, j'ai regardé le train défiler sous mon nez : des wagons de marchandises opaques. Je suis retourné dans la ville, assommé.

Pardonnez-moi si j'arrête là : ce qui a suivi n'a aucun intérêt.

A vous,

Mathieu

L'homme étendu

Manolo a 30 ans. Il a le visage fermé d'un caballero. Dur, presque tendu. Boucles noires et yeux noirs, on le prend d'ailleurs parfois pour un juif, un séfarade. Mais chez lui, on parle espagnol depuis toujours. Stendhal trouvait l'Andalou dur, brusque, peu élégant, plein d'un orgueil sauvage et jamais occupé des autres, et il ajoutait qu'il voyait là justement le contraste entre le xve *siècle et l'esprit français trop poudré. L'Espagnol lui paraissait tenir du Moyen Age. Il y a du farouche amoureux, aussi, chez Manolo.*

Il est infirmier la nuit. Il lave les vieux cancéreux à leur extrémité, depuis... oh, depuis toujours, il touche des peaux, des peaux parfois si fines qu'on dirait une porcelaine. Voilà, il veille ces corps malades, et la respiration de leurs nuits. Justement, sa première passion, il l'a connue là. Il avait tout juste 18 ans, c'était à Nice. Il vivait à l'époque avec une juive grosse comme une malle arabe, dans ce qu'ils avaient appelé la maison Monteverdi. Et la nuit, il le gardait, lui. Un beau mâle, plutôt fonceur, qui s'était planté avec sa Porsche. Et qui s'était retrouvé comme ça, entre ses mains.

Manolo a aimé cet homme à disposition, peut-être à son corps défendant, cet homme qui était là par la force des choses et qui devait se souvenir, par-delà le coma, simplement d'avoir été touché. Manolo n'a rien dit de son amour pour lui. Ce n'était pas nécessaire. Des mots, il y en aura, bien sûr. Après. Des mots de trahison. Des mots qu'il ne comprendra pas.

Il pensait toujours à cet homme comme à un guerrier blessé, et se voyait, lui, comme un amant d'opéra égaré de douleur.

— J'étais étudiant à l'école d'infirmières. Il n'existe pas d'école d'infirmiers. J'ai d'ailleurs un diplôme d'infirmière. A l'époque, je faisais mes études, je n'avais pas d'argent, comme c'est courant, et la nuit, à l'hôpital où je travaillais, je gardais des gens. Des gens mourants, des gens malades, des gens qui demandaient des gardes particulières, parce qu'ils ne voulaient pas rester seuls la nuit. Des vieillards dans des services de pneumologie, enfin des gens qui mouraient et qu'il fallait soulager. Je travaillais en gastro-entérologie à ce moment-là, et un jour, une de mes amies me demande de la remplacer pour garder un jeune homme de 30 ans, qui avait eu un accident de voiture. Il avait des fractures aux vertèbres cervicales, des fractures extrêmement graves. Je suis reste 61 nuits d'affilée à son chevet. C'est-à-dire que je suis devenu un peu cinglé.

Au bout d'un moment, je ne pouvais plus imaginer de ne pas rester la nuit près de son lit. C'était un jeune type qui tenait un garage de voitures de sport sur la Côte d'Azur. Et qui, en conduisant une Porsche sur l'autoroute, a dérapé et s'est fracturé une vertèbre en donnant un coup sur son siège. Le toit de la voiture a été décapité par un camion, mais il n'y a pas eu de sang, rien. Lui a reçu simplement un choc très violent sur la tête, et il est immédiatement tombé dans le coma.

— Et ce garçon a fini par entrer dans votre vie ?

— Attendez ! Il ne parlait pas. Parce qu'il était atteint. Gravement atteint. Les 10 premiers jours, il était dans le coma, immobile, couché sur une planche, avec une broche qui lui transperçait la tête. Quand je suis arrivé, il y avait à ses côtés une vieille dame, qui était sa maman. Vous savez, ces femmes un peu ridées, avec des vêtements sobres, mais chics quand même. Elles n'ont plus le corps pour porter du chic, mais les vêtements le restent encore. Une femme assez petite, un peu sèche, toujours habillée avec des imprimés très choisis, les mains soignées, elle fumait des blondes, comme ça, de façon très énervée, en tirant dessus, l'air de rien, mais folle, folle de douleur, de ce qui arrivait à son fils unique. Une femme absolument effondrée, les yeux cernés de noir. Elle me dit : « Voilà, mon fils va mourir, les médecins m'ont prévenue. Je ne veux pas qu'il reste seul. Je vous le confie. »

Il était couvert d'un drap, on voyait juste son visage, un visage clair, régulier, complètement... respirant. Les premiers soins à faire, ce sont les massages, parce que les gens qui sont alités comme ça, sans mouvements, ont des escarres. Ce qu'il faut éviter à tout prix, c'est que leur peau ne s'entame. Donc, il faut masser longuement à tous les points d'appui du corps, on commence ici sur la nuque, mais on n'osait pas le bouger, donc je ne le massais jamais sous la nuque, ensuite sur les omoplates, les fessiers, les mollets et les talons. Rien que ça, ça dure 2 heures, 2 heures et demie. On est assis, on se déplace le long du corps et on caresse, avec un peu de savon liquide, pour faire venir le sang. Il avait en plus une trachéotomie. Et il fallait absolument éviter qu'une surcharge de salive n'obstrue les bronches. Il n'aurait pas pu tousser. On lui avait donc introduit une canule qu'on aspirait, et ça sur quelqu'un d'inconscient, c'est la chose la plus délicate à faire, la plus dangereuse... Quand on aspire, ça fait un bruit du diable, et ça donne des spasmes, des spasmes réflexes aux poumons. A chaque fois, je pensais qu'il mourait. Il était inconscient, avec une tension très basse. Ses fonctions végétatives fonctionnaient, il y avait de l'urine, des matières, mais c'était quand même très troublant. Il allait s'arrêter. Le médecin avait prévenu sa mère. Ce ne devait pas durer longtemps. De toute façon, il resterait paralysé à vie, puisque sa moelle épinière était sectionnée.

Moi, j'étais fasciné par le corps de cet homme. Un jeune homme de 30 ans, absolument à votre merci et dont vous devez assurer toutes les fonctions : il fallait le prendre en charge complètement, lui changer ses poches à urine, le nettoyer, l'alimenter, parce qu'il avait une sonde dans l'estomac et on le gavait comme un nouveau-né. C'était un être magnifique, sans blessures, inerte, chaud, sur une planche, avec un système de poids qui tiraient ses jambes et cette broche très allongée dans la tête qui le tirait en arrière. Un homme à 30 ans est très beau. Les imperfections n'ont pas encore apparu. Et je me suis pris à ne plus pouvoir me passer de le soigner. Dans la journée, je descendais fréquemment de mon service pour aller le voir, pour m'assurer que les soins étaient bien faits, comme si, tout d'un coup, c'était devenu quelqu'un qui m'importait. Je demandais aux infirmières ce qu'il en était, si les examens avaient bien été faits, s'il s'infectait, et j'ai commencé à devenir très intime avec sa mère.

Cette femme venait tous les jours et m'a parlé de lui forcément. Elle m'a parlé d'une sorte de flambeur, un risque-tout qui était ingénieur, qui en avait marre de faire des calculs, qui avait décidé d'ouvrir une boîte de voitures de sport et qui commençait à réussir, qui avait une femme et deux gosses que j'ai vus d'ailleurs à la fin. Mais les choses se sont corsées le jour où il s'est réveillé. Déjà dans la nuit, j'avais pressenti quelque chose : je n'avais pas eu besoin de l'aspirer, et il avait eu un peu de température. J'avais l'impression qu'il remuait. Je ne savais pas trop que noter, parce que j'étais tellement proche de lui, j'avais tellement envie de ça que j'avais l'impression... de le voir bouger, quoi ! Et puis sa mère est arrivée un matin, et elle l'a trouvé les yeux ouverts. Il ne parlait pas, mais il communiquait. Et là, tout a commencé, parce qu'il ne savait pas qui j'étais, mais il avait le souvenir d'avoir été touché. Après, quand on lui a mis une petite sonde pour qu'il puisse parler, il racontait que la seule chose dont il se souvenait, c'était qu'on le caressait. Moi, je lui ai dit de garder ça pour lui.

Surtout, ce qui l'a beaucoup troublé, c'est quand on lui a enlevé sa broche sur la jambe, puisque au bout d'un moment, il n'avait plus besoin d'être étiré comme ça : il fallait le rééduquer, donc une partie de la nuit, quand il ne dormait pas, je lui prenais cette jambe inerte et lourde, et je la repliais vers lui, pour éviter que les articulations ne rouillent. Je bougeais la cheville, le genou, je bougeais l'articulation de la hanche, et là, pour une raison physiologique incroyable, enfin que personne ne connaît, il bandait. Mais il bandait ! A tel point qu'il m'en a parlé. Mais il était hors de question pour lui de s'avouer que je pouvais provoquer ça par ma présence : il a fixé ça sur le mouvement. Et c'est devenu un rituel. C'est-à-dire qu'il me le demandait. Et je le faisais. Je bandais dans mon pantalon aussi, mais je me taisais. Peu à peu, il a senti qu'il commençait à avoir des sentiments peut-être un peu trop... Je continuais à le masser, je continuais à le laver... et il a refusé ça. Il est même devenu très violent.

Il a commencé par dire qu'il n'avait plus besoin de moi, et que j'exploitais sa mère en venant toutes les nuits le garder. J'étais profondément vexé qu'il dise ça. Je lui ai dit que pas du tout, si j'étais là, c'est parce qu'on me le demandait. Il a beaucoup insisté, et devant sa mère, il m'a dit de ne plus venir. C'était le quarantième jour. Et je suis parti. J'étais malade comme un chien, parce que je ne pouvais plus descendre le voir, je ne pouvais plus m'occuper de lui. Ça a duré deux nuits. Il a eu une infirmière pour s'occuper de lui et, au bout de ces deux nuits, sa mère m'a fait appeler et m'a demandé de revenir le garder. Pour quelle raison, je ne sais pas. On n'en a jamais parlé. Paraît-il que l'infirmière n'était pas compétente, qu'elle ne venait pas à l'heure, des choses comme ça. Le fait que je sois revenu, c'était de ma part une sorte de déclaration. Parce que je n'aurais pas dû revenir. J'aurais dû dire non, maintenant vous n'avez plus besoin de moi, débrouillez-vous ! Mais j'étais vraiment accroché. En plus, il commençait à parler de son travail et on sentait le personnage, le beau mec, fonceur, les aventures faciles, la vie qui lui claquait dans les doigts... Avec un côté sud aussi, c'est-à-dire la gourmette, probablement la chevalière un peu grosse, et puis, bon, on va pas lui en remontrer !... Une personnalité comme ça, plutôt forte, qui n'aura aucun problème pour marcher sur les gens lorsqu'il voudra réussir.

— Mais comment a-t-il justifié ce retour ?

— Il a été muet. Et je n'ai rien demandé. J'ai eu la pudeur de ne pas faire le grand seigneur en disant : « Qu'est-ce que c'est que cette histoire, on me chasse, on me rappelle ! » Parce que moi aussi, je savais le besoin que j'en avais, et que de toute façon, il aurait été de mauvais aloi de dire tout ça : c'était un malade, je n'avais pas à demander de justifications, ce n'était pas quelqu'un qui pouvait se défendre. Il ne m'a pas regardé du tout, et il m'a demandé son somnifère très vite.

— Il sentait qu'il dépendait de vous ?

— Probablement. Il y avait déjà un lien entre nous, et il mesurait sa solidité aussi. Il ne pensait peut-être pas que c'était si fort.

— Il vous regardait ?

— On se regardait forcément. Il m'avait demandé de lui installer un miroir au-dessus de lui. Quand vous êtes allongé sur un lit, que vous ne pouvez pas bouger la tête ni à droite ni à gauche, la seule vision que vous ayez, c'est le plafond. Et vaguement, des mouvements à droite ou à gauche. Avec ce miroir, il pouvait avoir d'autres visions de son corps et des choses qui étaient autour de lui. Et je suis sûr qu'il y avait des regards qui étaient échangés, oui.

— Mais il était toujours nu sur sa planche ?

— Oui. Il était simplement couvert d'un drap qui était toujours propre, et posé sur le lit très délicatement. Rien n'était bordé, puisqu'on ne pouvait pas le soulever : c'était vraiment comme un linceul que l'on pose sur quelqu'un.

L'hôpital donnait sur une grande rangée de platanes, et il y avait, dans la chambre, un store Michler qui laissait des interstices de lumière. A Nice, il fait jour à 4 heures et demie, 5 heures, le matin. Lui était toujours réveillé, parce que ces platanes sont bourrés d'oiseaux, et il faisait tellement chaud qu'on ne pouvait déjà plus dormir... C'est quand même un moment de bonheur le matin, après une nuit qui n'a pas été vraiment une nuit, plutôt une nuit de chien de garde, avec l'œil toujours un peu ouvert... Et deux êtres qui ne se disent rien, où il n'y a pas d'amour nommé, mais où une relation est installée qui a la qualité de l'amour. Qui a la qualité, oui, d'un amour.

Moi, je dégageais la santé. Je faisais du kayak, j'allais nager, je vivais dans l'eau, au bord de la mer, j'avais un corps exultant à côté de lui. Ça, il me l'a reproché. Il m'a reproché d'être trop vivant à côté de lui. Et j'ai senti tout à coup qu'on allait se séparer, la rupture a commencé comme ça. Je lui parlais forcément de ce que je faisais, puisqu'il semblait se nourrir de ça aussi. Je lui racontais que j'allais jusqu'au cap Ferrat, il y a un gouffre et des poissons bizarres qu'on ne trouve que dans ces coins-là, tellement c'est profond, des sortes de petits requins-marteau. Et il me reprochait ça, que je fasse du kayak, que je bouge autour de lui, que je sois si vivant.

— Jean-Pierre subit donc vos assauts, vos caresses, votre santé insolente. C'est assez cruel, non ?

— Oui, et en même temps, je lui suis aliéné. Il mesure la différence qu'il y a entre nous, lui, fixe, avec la fonte de ses muscles, parce qu'en 61 jours il avait maigri, et moi, si vivant. Mais je lui étais aliéné. Toute cette énergie que je pouvais avoir, elle passait dans ces 12 heures de nuit que je passais près de lui.

— Donc, peu à peu, vos relations se sont dégradées.

— Oui, j'ai commencé à être une insulte à son état. J'étais d'ailleurs beaucoup plus jeune que lui à l'époque. J'avais 18 ans, il en avait 30. Et peu à peu, il est devenu assez violent, les choses ne sont plus allées comme avant, il devait sentir qu'il avait besoin de moi et envie malgré lui d'un contact avec moi...

— Vous l'imaginiez ?

— Non. Par exemple, quand je le massais, il n'avait jamais frissonné. Or, les derniers massages que je lui ai donnés, il frissonnait et il en était très irrité. Il me disait : « Ah ! je ne supporte pas de frissonner comme ça ! » C'était à une espèce de lutte qu'il se livrait, il refusait de se laisser aller sous mes mains, d'être complètement tranquille avec moi. Et je ne comprenais pas pourquoi il luttait, alors que je n'avais encore pas outrepassé ce que je pouvais faire auprès de lui. Jusqu'au jour où j'ai dit moi-même que je ne viendrais plus. La rupture, c'est moi qui l'ai créée. Il était allé le plus loin qu'il pouvait dans sa relation avec moi. Et d'ailleurs, je trouvais que 61 nuits, c'était beaucoup d'énergie dépensée, suffisamment en tout cas pour qu'il se rende compte des choses. Il avait fait des déclarations, mais des déclarations sur le ton de... la nécessité. Qu'effectivement, je m'occupais mieux de lui que les autres...

— Ça ne suffisait pas ?

— Je voulais des choses plus dites. Les mots sont les seuls garants de ce qui se passe entre les êtres. Malgré tout. Vu qu'il ne disait rien, moi j'en avais ma claque, et il était temps que je change d'air. Sa mère alors m'a invité au restaurant. Une scène très belle entre sa mère et moi. Sa mère m'a offert à dîner, sous la treille, dans un hôtel de la rue Tonduti-de-l'Escarène. Elle m'a parlé comme si j'étais l'épouse de son fils. Moi, j'étais baba, parce que c'était la seule chose que j'attendais. Ça me permettait aussi de finir cette histoire. Je la complétais d'une certaine manière. Elle m'a remercié encore de ce que j'avais pu faire pour lui, maintenant il vivrait, c'était quelque chose de magnifique.

J'avais eu assez peu de contacts avec elle, uniquement le matin ou le soir. Comment va-t-il ? Urine-t-il ? Oui, il urine. A-t-il passé une bonne nuit ? Oui, il a passé une bonne nuit. A-t-il parlé ? Qu'a-t-il dit ? Il a dit : « Je veux boire », il a dit : « J'ai froid... » Elle avait un amour pour lui qui n'était pas que de l'amour filial. Et au fond, elle saisissait assez bien le rapport amical qui avait pu naître entre son fils et moi, parce que, ce que je ne savais pas, et qu'elle m'a révélé à ce moment-là, c'est qu'il lui parlait sans arrêt de moi quand je n'étais pas là. Il lui disait que j'étais quelqu'un avec qui il aurait aimé avoir une espèce d'amitié, mais que je ne me livrais pas, que je restais toujours enfermé dans mon rôle d'infirmier. C'était troublant pour moi, parce que ça prouve qu'il ne percevait rien de ce qui pouvait se produire, ou que, tout à coup, j'étais très étanche, et que je croyais déployer des signes là où il n'y avait qu'un travail. En même temps, c'était révélateur du rapport qu'il pouvait comprendre. C'est curieux de voir l'incompréhension des signes. Aucun finalement ne percevait les signes que l'autre voulait donner.

Le dîner a été très cordial, elle m'a même offert un chèque. Elle était très gênée et, en même temps, elle voulait absolument me témoigner d'une façon ou d'une autre qu'elle m'était reconnaissante, et quand les gens veulent vous être reconnaissants, il vous donnent de l'argent. Ils pensent que c'est la seule chose qui va vous toucher. Donc, elle m'a fait un chèque, en le mettant dans une enveloppe très pudiquement, et en me disant : « Excusez-moi, de vous donner ça, mais vraiment, c'est la seule chose que je peux faire. » C'était vrai, sans doute. Pour l'époque, d'ailleurs, c'était beaucoup d'argent.

— Elle vous a dit, il vous aime tant !

— Voilà. Il a besoin de vous, pourquoi vous l'abandonnez maintenant ? Et moi, je lui ai répondu : « Madame, je suis très fatigué, il faut que je dorme. »

— Il était sauvé ?

— Oui, oui. C'était fini, il n'avait plus besoin de moi.

— Vous ne pensiez qu'à lui ?

— J'étais très encombré par sa présence. Très encombré. Et si j'ai découvert effectivement l'orgasme physique très tard, c'est que j'ai toujours pressenti que j'avais des prédispositions pour ce type de rapports. Je ne les ai jamais utilisés. Son corps par exemple, dans mes masturbations, était envahissant. Il prenait une place inconsidérée. Ce qui était un paradoxe incroyable, parce qu'il était d'une fixité mortelle.

— Si bien qu'aujourd'hui encore, vous y pensez parfois ?

— J'y pense à chaque fois que je passe dans une salle de polytraumatisés, et que je vois des jeunes gens avec des poids sur leurs jambes, complètement beaux et immobilisés, je ne peux pas m'empêcher d'évoquer cet homme.

— Comment a-t-il réagi quand vous l'avez quitté ?

— Quand je lui ai dit : « Demain, je ne viendrai pas », il a commencé : « Mais comment, mais pourquoi ? » J'ai dit : « Parce que je suis fatigué, il faut que je dorme. » C'était mon alibi. Et c'est vrai que j'étais vraiment mort. En fait, il était furieux. Très furieux, parce que j'étais un lâche, parce que... comment allait-il pouvoir s'en sortir sans moi ? C'était une espèce de chantage.

— Vous étiez plus que sa femme ?

— Oh oui ! De toute façon, sa femme, c'était pas grand-chose. Visiblement, elle en avait marre que son mari soit dans cet état, parce qu'elle était très jolie. Vous savez c'était le genre de femmes qui laissent tomber leurs cheveux en arrière et qui les remontent avec une petite pince : elles ont des visages de vierge, en fait ce sont des salopes. Elle était enfermée derrière un visage un peu ovale, toujours un peu dégoûté. Mais bien foutue. Une femme comme ça très chaude, et qui avait d'autres chats à fouetter que de venir veiller ce garçon.

— Il vous a écrit par la suite ?

— La mère m'a écrit pour me donner des nouvelles de son fils. Alors que je n'avais rien demandé. Je n'avais surtout pas demandé ça. Un jour, j'ai reçu une lettre qui disait : « Cher Manolo, voilà, je vous donne des nouvelles de Jean-Pierre, il est sur sa chaise roulante. Tout va bien. Les médecins ont même l'intention de le rééduquer, nous sommes allés en Suisse lui acheter un appareil pour qu'il puisse marcher. Physiquement il se sent de mieux en mieux, il a repris son magasin... » Des nouvelles, quoi. Jusqu'au jour où lui a laissé un mot sur une lettre de sa mère.

— « Souvenir d'un bon copain » ?

— Non, non. C'était mieux que ça ! (Rires.) C'était : « Cher Manolo, je me souviens de vous. » Une très jolie litote pour quelqu'un qu'on a eu mourant entre ses doigts et qui aujourd'hui est capable d'écrire. Ensuite, il m'a envoyé du courrier. Mais du courrier rédigé par lui seul. Il me disait que j'avais abusé de lui. Je n'ai jamais répondu à ce courrier, jamais, jamais. Il me reprochait mon attitude, alors qu'il était, disait-il, sans défense... Il me disait que j'avais abusé de lui et que j'étais un troubleur de conscience. Je me souviens, quand j'ai reçu ce courrier, j'étais mal à l'aise et malheureux en même temps, parce que je me suis dit, mon Dieu, qu'est-ce que ça veut dire, troubleur de conscience ? Qu'est-ce qu'il raconte ? Comme si je l'avais violé !

— Vous lui avez répondu que vous l'aviez sauvé, après tout ?

— Non. Mon boulot, c'était de le sauver. C'était d'être à côté de lui au moment où il ne se rendait pas compte qu'il était entre la vie et la mort... Non, tant pis pour lui ! Tant pis pour lui !... L'important était que j'aie pu à un moment donné être encombré de lui. C'est tout. Je garde de lui une image très sainte. C'est l'image d'un tableau de Mantegna qui représente le Christ mort. Quand je suis entré dans la chambre, j'ai vu ses pieds en gros plan comme ça, ce corps qui n'était pas vert, mais brun, c'était ça ! Visiblement j'étais enfin à côté d'un fantasme inavoué, d'une image d'homme. Ça existait enfin pour moi.

— C'est le premier qui vous ait fait ce choc ?

— Ah oui ! Après, il y a eu tous les légionnaires carbonisés de la guerre sahraouie, au moment où j'étais infirmier des grands brûlés, à l'hôpital Percy.

— C'est au moment de votre service militaire ?

— C'est ça. J'ai fait 3 mois de prison au moment de mon service militaire, et on m'a donné à choisir ensuite entre la forteresse et le service des grands brûlés. J'ai choisi les grands brûlés. C'est une prison stérile dans laquelle on ne peut entrer que casqué et botté, et au moment où je suis allé dans cet hôpital militaire, c'était la guerre sahraouie. Tous les militaires français qui partaient là-bas étaient rapatriés sur l'hôpital Percy quand il y avait des chocs d'hélicoptères ou des accidents graves. Et j'ai vu arriver sans arrêt, pendant 9 mois, des hommes plus beaux les uns que les autres, tous carbonisés au 3e degré, condamnés à mourir. Il y avait 15 lits dans ce service, et les 15 lits n'ont pas désempli d'hommes au corps absolument développé, lumineux et en 9 mois, il n'y en a pas un qui soit sorti sur ses jambes. Nous, on était autour comme des abeilles, en train de nourrir ces hommes qui mouraient. On leur donnait des bains tous les jours, on les dépeçait tous les jours, et moi j'étais fou. Fou d'être là enfermé.

— Quand avaient lieu ces bains ?

— Tous les jours, on leur donnait des bains, pour arracher les peaux mortes. Avec d'infinies précautions, on faisait passer des sangles sous leurs corps, c'est affreux, parce que ces sangles en caoutchouc déchirent les peaux qui sont d'une fragilité de vieille soie, et on les plongeait dans de grandes baignoires d'aluminium, remplies d'eau, à 37°, avec un antiseptique très violent, et puis on les lavait. C'est-à-dire qu'on arrachait à la pince à épiler tout ce qu'on pouvait, on déchirait toutes les peaux mortes pour laisser les plaies à vif, parce que ce sont les peaux mortes qui créent les infections possibles.

— Ces hommes sont de quelle couleur en général ?

— Vous savez, quand la peau est déchirée, dessous, c'est rouge. C'est rouge sang les premières fois. Si on veut suivre la chronologie, quand ils arrivent, ils sentent le feu. Il y a une odeur de feu sur eux, sur les parties carbonisées, mêlée à des odeurs de cambouis et de graisse. Et puis on déchire les vêtements. Souvent, on a une sorte de gros bébé emmailloté dans des pochons d'aluminium. Donc, la première chose, c'est de déchirer les pochons de la façon la plus délicate possible, parce qu'en enlevant le vêtement, on enlève la peau avec. Puis on les plonge immédiatement dans ces baignoires et les morceaux de tissu qui restent et toutes les peaux mortes s'en vont. Mais il y a des parties qui sont simplement brûlées au 2e degré, et la peau réagit alors en gonflant, et ça donne des excroissances folles, comme de gros champignons pleins d'eau, de grosses méduses. On les crève évidemment, et on découpe la peau délicatement, c'est du travail de couturière. Enfin, il y a des parties blanches, blanches comme du poisson, ce sont des parties brûlées au 3e degré qui vont devenir comme du parchemin, cartonnées comme un vieux carton qui aurait trempé...

— Et vous ne leur parliez jamais ?

— Ce sont des hommes qui ne sont pas en état de parler. Ils ne parlent plus, ils sont dans le coma. Ils hurlent de douleur, et il est impossible d'avoir le moindre contact avec eux. Sinon, par le regard, quand le regard est encore présent. Et on devient cinglé de voir des hommes de 20 ans, 25 ans allongés sur des lits, et leur famille qui vient les voir derrière des miroirs immenses avec des parloirs, les gens qui pleurent, et en pleurant, les appellent, et les autres, à moitié délirants qui entendent leurs parents, qui disent maman, papa, ou le nom de leur frère...

— Et comment pouviez-vous, dans un tel climat, éprouver de la sensualité ?

— Mais... Tenez, vous vous promenez dans une galerie de peinture, et vous voyez des Hubert Robert. Hubert Robert, c'est un peintre qui a peint des bâtiments détruits, sur lesquels la nature a repris le dessus, morceau par morceau. C'est-à-dire qu'il y a des morceaux de végétation sur des colonnes. L'émotion naît de ce contraste du barbare et du civilisé. Des choses si mêlées, où les morceaux de civilisation prennent le dessus. Sur un corps brûlé, c'est pareil. Ces gens, ce sont des guerriers, ils ont un corps de guerrier, ils font du sport, ils ont besoin de leur corps, leur force s'exprime à travers la musculature, et ces hommes sont brisés, ils sont envahis par la barbarie, par ces gros morceaux de brûlure, mais il reste des parties intactes. Et l'émotion, c'est de se trouver en face de ces hommes souvent inconscients, mais qui respirent quand même, qui ont un regard, qui ont des mouvements, et qui sont mêlés comme ça de barbarie et de civilisation. On pouvait rentrer dans les chambres et voir un homme sur le ventre, avec les fesses intactes, parce que souvent c'était la marque du pantalon qui les avait protégées, et le dos absolument carbonisé, parcheminé, un dos massif et énorme, et l'homme restait dans cette position tous les jours. Quand ils arrivaient dans le service, c'était au minimum pour 2 ou 3 mois, ensuite ils mouraient. Ils pouvaient rester une semaine et mourir. Mais c'était très émouvant de voir des hommes sur la tranche, complètement brûlés sur un côté, ou bien allongés sur le dos et brûlés sur le devant, parce que c'est devant qu'ils avaient reçu les déflagrations de la chaleur ou l'obus qui les avait atteints. Voilà, les hommes sont morts, et pourtant il reste des morceaux vivants, des morceaux de ce qu'ils ont été.

Trahisons

... Et certes le trou du cul est le plus vivant des trous, un trou lyrique, qui se fronce comme un sourcil, qui se resserre comme une bête blessée se contracte, qui bée enfin, vaincu et près de livrer ses secrets.
Jean-Paul Sartre, Les Carnets de la drôle de guerre.

H. s'est d'abord présenté à moi comme un traître, un fourbe, un infidèle, qui reniait toujours ce qu'il prétendait être, comme ceux qu'il disait aimer. Une vie de comptable, à 40 ans, taciturne et déplorable. C'est la nuit seulement que la vie, pour lui, était désespérée. Il traînait toujours et les repérait dans les gares, ou les jardins. H. prenait les hommes par le dos, et les aimait ainsi, en les payant forcément. Il les léchait par le cul pendant des heures, et ne savourait d'eux que ce « trou obscur et froncé comme un œillet violet », comme dit Rimbaud.

La nuit en faisait l'amant le plus lâche, quand il n'arrivait plus à respirer, qu'il sentait le sang battre en lui, la gueule écrasée comme sous les gnons, les lèvres qui gonflent, aveuglé de bonheur. Clodos bourrés ou troufions dociles, il leur filait un peu de pèze et leur foutait la langue au cul comme un salaud : ce qu'il appelait ses traîtrises n'était en somme qu'une volte-face de l'amour.

— La première fois, je crois, ça se passait quand vous étiez gosse, en colonie de vacances...

— Oh ! vous savez, dans cette colonie de vacances, on n'était pas tellement surveillés. On avait des après-midi libres, quoi ! Il y avait une grande salle des fêtes, avec un tréteau comme un théâtre. Alors, dans les coulisses, on s'amusait à toutes sortes de jeux comme des enfants peuvent jouer. Et j'avais un copain qui était plus grand que moi, physiquement et par l'âge aussi. Je voulais attirer son attention par tous les moyens. En fait, je n'étais plus un gosse, j'avais 14 ans. On faisait des jeux comme les Indiens et les cow-boys. J'étais lié à un poteau, comme un poteau de torture, et il me frappait, il me faisait mal jusqu'à ce que je crie. Et moi, je ne criais pas. Le jeu pour moi, c'était de voir jusqu'où il irait, jusqu'où il oserait aller pour me faire mal, et lui, c'était de voir jusqu'où il pouvait aller pour me faire crier. En particulier, il me faisait des brûlures indiennes...

— C'est quoi les brûlures indiennes ?

— Si vous prenez le bras de quelqu'un comme ça et que vous le tordez dans les deux sens, ça fait très mal.

— Ah oui, comme si on essorait la peau. Et alors ?

— Alors il a vu mon émotion, ça se voyait.

— Mais une nuit, qu'est-ce qui s'est passé ?

— Ça ne s'est pas passé du jour au lendemain, c'est une colonie qui a duré 2 à 3 semaines, il y avait des moments où on jouait avec d'autres. Moi, je n'étais absolument pas conscient de mes tendances ni de ma forme de sexualité. D'abord, homosexuel, je ne pensais pas... C'était pour les autres, pas pour moi. C'est venu d'un seul coup. Une révélation vers 18, 19 ans. Avec un amour, un grand amour. C'était plus la même chose.

— Alors, la nuit ?

— Alors la nuit, il se passait beaucoup de choses, c'était facile à voir. Par-ci par-là, il y avait des types qui étaient quand même plus évolués que d'autres et qui s'amusaient avec les copains. C'était un dortoir, comment vous dire, un peu comme une chambrée de caserne. Tous les lits d'un côté et de l'autre, avec des rideaux pour séparer les lits, et des petits lavabos. Il y avait des surveillants et des moniteurs aux deux coins du dortoir. Généralement, ça se passait avec le voisin, mais il y avait parfois des affinités, c'est-à-dire des grands qui allaient avec des plus jeunes, ou des copains. Donc une nuit, il est venu vers moi comme ça, et il m'a dit, je t'attache. Moi, j'ai cru qu'il voulait m'attacher comme il faisait au poteau de torture. Pour jouer avec moi, sexuellement. C'était un grand lit. Il m'a attaché. Les deux poignets, les deux chevilles. Aux quatre coins du lit. Ce sont des vieux lits comme on faisait autrefois.

— Oui, les lits de pension.

— Exactement. Donc, me voilà en croix, sur le dos. Avec mon pyjama. Parce qu'à l'époque, je mettais un pyjama. C'était le règlement. Mon copain aussi avait un pyjama. Une fois que j'étais attaché, je me dis, maintenant il peut faire ce qu'il veut, il va certainement me faire ça. Et il m'a fait autre chose, auquel je m'attendais pas.

— C'est-à-dire ?

— Il a enlevé son pyjama et il s'est assis sur moi, sur mon visage.

— Et alors ?

— Ben... J'ai été un peu suffoqué. D'abord, on ne respire pas. Et puis j'aurais pu crier, mais je ne pouvais pas. Si je criais, il y avait d'autres voisins qui auraient vu la situation, donc je ne pouvais pas parler. Absolument pas.

— Qu'est-ce que vous avez fait ?

— Rien, je n'ai pas bougé. Au début, je me suis un peu débattu. Lui m'a dit : « Bouge pas, j'aime comme ça ! Bouge pas ! » Je ne sais pas s'il voulait m'humilier ou bien que je m'amuse avec lui par là.

— Il se branlait en même temps ?

— Non. Mais il bandait, bien entendu. Moi aussi d'ailleurs, ça m'avait...

— Vous voyiez son dos ?

— Non. Maintenant, c'est une technique que je fais souvent, donc je m'arrange toujours pour avoir la lumière à un certain endroit, pour voir le dos, la cambrure, les fesses, c'est extraordinaire.

— Ça a duré combien de temps ?

— Je ne peux pas vous dire, mais un bon bout de temps. Je me rappelle surtout l'intensité. Pour moi, c'est vraiment quelque chose qui ne se fait pas, ce qu'il m'avait fait.

— Ça vous plaisait ?

— Oui.

— Justement pour ça ?

— Oui.

— Mais de quoi vous vous souvenez, surtout ?

— C'est l'odeur. C'est ça qui me plaît le plus. L'odeur et le goût. Les deux.

— Mais à l'époque, vous ne l'avez pas léché ?

— Ce jour-là, non. Mais par la suite, oui. C'est des copains qui m'ont demandé de les lécher comme ça. Et je me suis déjà fait, comment dire, déféquer dessus. Ou uriner dessus, ça me plaît aussi. J'ai jamais dit ça à quelqu'un avec qui je n'ai pas fait l'amour. Parce que c'est le genre de choses qu'on dit seulement à quelqu'un avec qui on est entré en intimité.

— Mais vous payez toujours ?

— Autrefois non, mais maintenant oui, parce que je commence à prendre de l'âge. Alors, pour pas avoir l'air d'un type trop riche, j'ai un jean plus dégueulasse que ça, j'ai un polo assez crado, une casquette de marin, un blouson en simili cuir usé. Pourquoi ? Parce que je fréquente surtout des types qui sont un peu des clochards, des gars qui sont dans le besoin. Comme ça, je peux leur demander quelque chose qu'ils accepteront, peut-être pas par goût, mais pour bouffer, pour dormir, pour boire un litre de vin.

— Vous préférez les forcer un peu comme ça ?

— Il n'est pas question de morale là-dedans, vous comprenez, moi j'ai besoin de ça. J'en ai vraiment besoin. Comment obtenir ça ? Il n'y a pas trente-six moyens, ou bien je rencontre des types à qui ça plaît, mais c'est pas facile. Ça arrive. Des copains, des gens avec qui on est en affinité, ça arrive, mais généralement, la plupart des homosexuels, ce qu'ils aiment, c'est se faire enculer ou bien se faire sucer. Devant. Moi, je veux bien le faire s'ils m'accordent ce que je demande. Mais c'est pas mon plaisir à moi. J'ai eu un copain pendant 2, 3 ans, avec qui ça marchait très bien. Mais maintenant, c'est fini. Maintenant, je change tout le temps. Et puis je n'aime plus me lier. Je suis complètement indépendant. J'ai pas cassé avec ma famille, mais je les vois pas beaucoup. Dans mon travail, les gens me connaissent peu. Enfin, j'ai une façade, c'est tout. Ici, à Paris, je crèche, mais j'ai pas de logement vrai. Je suis arrivé en 1971, ça va faire 13 ans que je travaille à Paris, eh bien, je crèche à droite à gauche. Enfin je n'aime pas me fixer, vous voyez ! Ce n'est pas par peur, hein !

— Et donc, les mecs que vous payez, vous les trouvez où ?

— Voilà, les lieux de dragage, pour moi, essentiellement, c'est les gares. La gare du Nord, c'est celle qui marche le mieux, mais je ne la fréquente plus parce qu'il y a vraiment trop de types intéressés, financièrement quoi ! L'année dernière, les prix variaient entre 5 000 et 15 000 balles, et maintenant, c'est autour de 10 à 20 000 balles, c'est pas possible pour moi de faire ça chaque soir. Et encore, il n'est pas sûr que le gars fera ce que tu veux, qu'il te cassera pas la gueule...

— Ça vous est arrivé ?

— Bien sûr, comme à tout le monde. Il y a deux ans, je me suis fait casser la gueule par une bande, j'avais des points de suture, ici, là... C'est un peu pour ça que je vous dis, maintenant, quand je sors, je m'habille en gars tout à fait ordinaire, une casquette de marin, n'importe quoi, je me déguise... Et ça me plaît beaucoup, ça. Si vous voulez, c'est ma deuxième vie. C'est ma vraie vie.

— Et pourquoi vous aimez les clochards ?

— Parce qu'ils sont dans le besoin.

— Mais vous les aimez bien physiquement, aussi ?

— Oh ! Ça dépend. Vous avez remarqué ? Les clochards, maintenant, sont de plus en plus jeunes. Et ça va vite. Des gars qui cherchent du boulot et après, qui n'ont plus de travail, qui vivent d'expédients, qui volent, qui cassent des bagnoles, ils se retrouvent en prison pour un mois, et puis après, il y a un cycle infernal.

— Vous les aimez aussi parce qu'ils sont sales ?

— Oui, il y a un peu de ça, puisqu'ils ne vont pas à la douche, rien ! Souvent, l'odeur est forte.

— Vous prenez des militaires qui ont raté leur train ?

— Les militaires, c'est la chance, hein ! Ils sont souvent en groupe, les militaires. C'est rare que je trouve un soldat tout seul. Et même, quand j'en trouve un, il y a un autre copain qui est plus loin, donc c'est difficile. Parce qu'un gars avec un autre, il marchera pas, même s'il a envie. Mais quelquefois, je trouve un gars seul, qui est vraiment crevé, qui cherche une piaule, ça dépend, quoi ! Si vraiment le gars est bien, je préfère payer une piaule, mais avant je lui dis carrément.

— Vous lui dites, j'ai envie de te renifler le cul ?

— Oui. De te bouffer le cul, c'est l'expression courante, on dit ça pour les femmes. Je dis, tu sais, c'est ça que j'aime. Les mecs, ils ont toujours peur de se faire baiser. C'est ça qui leur fait peur. Alors je leur dis, moi je n'accepte que ça. Les gars, ils sont toujours un peu réticents, parce que, déjà, donner son cul, le donner à la langue, c'est le donner pour autre chose. Et les types ont toujours peur que ce soit un prétexte pour aller plus loin.

— Vous donnez combien en général ?

— Ah ! Ça dépend. Ça oscille entre 30 F et 150 F, 200 F. Je vous dis, vraiment ça dépend.

— Toujours dans les parcs ?

— Ah non, pas forcément. Dans les hôtels aussi. Par exemple ce soir, il faut que je parte à 10 heures, j'ai rencart, il faut que je me change, que je passe chez moi, mais ce soir je pourrai pas aller dans un parc parce qu'il a plu, c'est pas pratique. Il faut que je me couche, que je m'allonge, vous comprenez. Alors je crois que je vais être obligé d'aller dans un hôtel, un hôtel pas trop cher, près d'une gare.

— Rencart avec qui ?

— Avec un Portugais. Je l'ai rencontré vendredi dernier près de la gare de l'Est. Ça marche bien la gare de l'Est, c'est plutôt des soldats. On a parlé, je lui ai offert un verre, tout ça, un peu pour voir le gars à qui j'ai affaire. Je savais pas ce que c'était comme nationalité. Parce qu'il y a quand même des affinités, quoi ! Un Antillais, c'est pas pareil qu'un Africain, hein ! Pour moi, les Antillais, c'est mieux, parce qu'ils sont plus doux, ils sont mieux cambrés.

— Et alors, le Portugais ?

— Ben, pour le Portugais, je l'ai invité à prendre un pot, il m'a dit qu'il était en panne, qu'il attendait des copains, je sais pas exactement si c'est vrai ou pas, mais j'ai tout de suite compris que c'était faisable. Je ne savais pas trop où aller, les hôtels étaient pleins et j'étais très pressé, je suis allé dans une cabine de sex-shop qui est près de la gare de l'Est, vous savez les cabines où on ferme. Les garçons de cette cabine, c'est des Cambodgiens. J'ai dit, j'ai un copain, on peut regarder un film à deux, ils ont dit d'accord. J'ai donné un petit peu plus, ça m'est revenu à 20 F ou 30 F, c'est moins cher qu'une chambre d'hôtel. J'ai pris un film de 20 minutes. 20 minutes, je peux déjà prendre mon pied, enfin un peu quoi. Et ça a été très bien. Le gars était debout à regarder le film, moi, j'étais à quatre pattes. J'étais pas vraiment couché, mais enfin presque. Parce que les cabines sont en hauteur, on ne peut pas se coucher. Et moi, je le trouve très bien. Il est très chaud. Il me plaît.

— Le film que vous avez regardé, il était comment ?

— Oh moi, je prends toujours un film où il y a des hommes et des femmes. Pour que le gars soit pas gêné. Si je prends un film purement homosexuel, il croit que je le prends pour un pédé. Enfin, je lui dis, tu prends ce que tu veux. Si je vois qu'il est pas déterminé, je dis le 403, puisque je connais le numéro des films, et voilà ! Alors le Portugais, je lui ai dit après, on va se revoir lundi ? Il a dit oui.

— Vous l'avez payé ?

— Je lui ai donné 5 000 balles. Il était content. 50 F pour 20 minutes, je trouve que c'est bien. C'est vrai, d'homme à homme, c'est pas grave. Je n'ai pas l'impression de l'exploiter. Ni que lui m'exploite.

— Ça dure combien de temps d'habitude ?

— Ah ! Dans les conditions optimales, quand je suis avec un type en qui j'ai entière confiance, quand je suis dans un lieu fermé, une chambre, par exemple, je sais pas combien de temps ça peut durer, mais... Ça dépend si le gars est d'accord, parce que c'est long pour le type aussi... mais moi, mon idéal, ça serait entre 30 et 45 minutes. Je peux tenir le coup très longtemps comme ça, sans jouir, je sens le sang battre en moi, je sens venir le plaisir comme une femme. Je me sens très heureux.

— Qu'est-ce que vous aimez finalement dans tout ça ?

— Je pense que la première chose, c'est l'odeur. Mais la toute première chose, c'est l'idée. Parce qu'avant même que ça commence, l'idée de ce qui va m'arriver, ça me fait un grand plaisir. C'est déjà un apéritif. C'est pour cette raison souvent que je demande à un gars de ne pas s'asseoir sur moi directement. De le faire d'abord avec son jean, ensuite avec son slip, ensuite sans le slip, progressivement. Pour l'habituer lui, et moi, pour que ça n'arrive pas direct.

— Et après, il y a l'odeur ?

— Oui, c'est évident. Même un gars qui vient de la douche, même un gars qui est excessivement propre... parce qu'il y a des gars qui demandent à faire la douche avant : « Je suis d'accord, mais excuse-moi, il faut je me lave », ils ont un peu honte. Je dis non, reste comme ça, je préfère. Ils se disent, j'ai affaire à une drôle de bête, mais enfin ils acceptent en général. De toute façon, même s'ils passent à la douche, il y a quand même l'odeur.

— Mais en plus, il y a le dos, il y a la cambrure, les fesses ? Vous ne faites jamais ça dans le noir complet ?

— Ça dépend. Parce que dans le noir, l'odeur est plus forte, dans la mesure où on est plus concentré. On n'est pas distrait par autre chose. Mais comme généralement, ça se passe sur un lit et que la lampe est souvent en haut du lit, on peut allumer. Alors, il faut voir. Je dis au gars, si t'as honte, on le fait dans le noir. Ou bien je lui dis, on allumera après. Ça dépend. Mais généralement, je le fais dans la lumière. Il y a un peu une mise en scène, si vous voulez. Mais quand c'est dans un parc, je ne peux pas. Il y a une lumière diffuse, on ne peut pas vraiment régler les choses.

— Vous avez une technique de respiration ?

— Oui, il ne faut pas qu'un type soit trop lourd. Parce qu'après, j'ai mal ici, au nez... Je ne sais pas comment dire, c'est comme un bleu. Comme si quelqu'un m'avait foutu un gnon. Même chose sur les lèvres, quelqu'un qui s'assoit sur mes lèvres par exemple, au bout d'un moment, s'il s'assoit trop pesamment, s'il est trop grand, trop gros, ou bien si ça lui plaît, qu'il s'ouvre bien, au bout d'un moment, les lèvres gonflent.

— Qu'est-ce qu'ils font les mecs pendant ce temps-là ? Ils n'ont pas grand-chose à faire ?

— Eh oui, c'est ça ! Généralement, même un gars qui n'a pas l'habitude de ça, ça lui fait plaisir. Rien ne m'empêche de le rattraper à la main pendant ce temps-là. De le tenir. Là, j'ai le choix, ou bien je l'achève à la main, ou bien je l'achève à la bouche. Le grand problème, c'est de retenir les types, parce que souvent les types, en 5 minutes, ils jouissent, c'est tellement inédit pour eux, ça leur fait tellement de bien. C'est vrai ! Et une fois qu'ils ont joui, ils n'accepteront plus. Ils réclament l'argent, et terminé ! Donc, le problème, c'est que le gars jouisse pas. Qu'il ait pas envie de faire autre chose.

— Alors ?

— Ça dépend. Là, je vous racontais le coup du clochard qui boit son litre de rouge tranquillement.

— Devant les copains ?

— Oui. Et c'était dans le noir.

— Alors il parlait à ses copains en se faisant lécher le cul ?

— C'est le truc le plus incroyable. Mais c'est des clochards un peu fêlés, qui fument, qui boivent, qui prennent le temps...

— C'était où ça ?

— Au square Satragne, dans les buissons. Mais à ce moment-là j'y allais plus, parce qu'il y avait des bandes qui attaquaient. Comme il a fait très chaud, ces temps derniers, il y a beaucoup de touristes allemands qui sont venus avec un sac à dos dormir là, en attendant le train, et qui se sont fait dévaliser. Donc la police fait des rondes toutes les deux heures. Alors, coincé entre les clochards qui boivent, les voyous qui attaquent et les flics qui passent, j'y vais plus !

— Sinon, qu'est-ce que vous faites, pour les occuper ?

— Ben... dans le temps, quand j'étais en studio, je logeais chez un ami qui était assez à l'aise, financièrement. Il avait un magnétoscope, avec des cassettes-vidéo homo, je mettais une cassette, et le gars la regardait pendant qu'il était assis. C'était une technique. Il y avait aussi, avant, quand j'avais pas le magnétoscope, un truc beaucoup plus simple, c'était les diapos. Je disais au gars, tu regardes les diapos, tu me parles pas. Tu essaies de m'oublier. Et il regardait les diapos. Mais le truc le plus simple, c'est les revues pornographiques. Ça, j'en ai toujours deux trois dans mon sac de voyage. Les soldats de la gare de l'Est, je les amène à l'hôtel, je leur dis, tiens, tu regardes des bouquins pendant ce temps-là, pour pas perdre de temps, ou bien tu fumes une cigarette, il faut de l'imagination !

— Mais les types s'emmerdent un peu, non ?

— Ça dépend. Il y a des gars à qui ça plaît. Ils l'avoueront jamais. Ils disent qu'ils font ça pour me faire plaisir, ou bien parce que j'ai été gentil avec eux. Parce que je les ai dépannés... parce que je dis, je paie, mais il y a différentes façons de payer. Il y a des gars qui sont très contents qu'on leur paye une piaule ou un repas. Ils te demandent pas d'argent. Généralement, quand on s'est mis d'accord, le gars, il est réglo, même si ça le gêne un peu, ça dure pas longtemps. Et puis, vous voyez je parle directement, je lui dis : « Merde, t'es un homme ! T'as été à l'armée comme moi, t'as fait de la douche, tu sais comment les gars sont faits ! » Le gars, il dit, oui, c'est vrai, qu'est-ce que ça peut foutre, il sait qu'il ne me reverra pas. Généralement, les mecs sont réglo. Je suis rarement déçu. Les histoires que j'ai eues, c'était justement avec des gigolos professionnels.

— Vous regardez pendant que vous faites ça ?

— Oui. Le dos, hein ! Déjà au métro, dans la rue, je vois, quoi ! Je vois le dos et les rondeurs.

— Les fesses très rondes, très dures ? Les dos un peu massifs, carrés, râblés ?

— Oui. Il y en a toutes sortes. Il y a des gars qui sont très maigres, qui ont pratiquement pas de fesses, les petits « culs-pommes », j'appelle ça. C'est mignon. Ou bien quand je vais en voyage, en Tunisie, j'ai souvent des jeunes, vraiment des enfants, quoi !

— Quel âge ?

— Alors là... je sais pas, moi, entre 12 ans et 15 ans. C'est vraiment petit. C'est très mignon. Ils ont les fesses et les muscles comme les biceps, c'est très ferme, la peau est très douce, le muscle très solide. Déjà, quand tu touches une fille de 20 ans, c'est déjà plus mou, un gars de 40 ans aussi. Les chairs se détendent. Mais c'est agréable d'avoir quelqu'un qui est complètement détendu. J'aime bien ça aussi.

— Et vous touchez les types ? Vous sentez leurs os ?

— Oui, je les caresse, le triangle du dos. Le dos, ça fait comme un triangle, un trapèze exactement, après les reins ça devient deux sphères, pour moi c'est tout des volumes, j'aime bien.

— Et les grands mastodontes noirs ?

— Oui, j'aime bien ça, mais il y a un problème de poids. La peau est généralement assez épaisse. Plutôt marron que noire. Et surtout ils sont très fessus, très ronds. Vraiment des paires de fessiers ! Ils sont assez âpres au gain, mais enfin ils sont très gentils.

— Mais vous, vous êtes à poil dans ces cas-là ?

— Non, parce que je veux pas dégoûter le gars. Je pars du principe que le gars, s'il est hétéro, il ne s'intéresse pas à moi. Généralement, il voit que je suis... ému, c'est le moins qu'on puisse dire. Il voit que je suis en train de bander. Il fait ce qu'il veut. Ça arrive assez souvent, mais pas toujours.

— Qu'est-ce qui arrive assez souvent ?

— Que des gars m'enlèvent mon pantalon et me branlent. Ils me touchent un peu, quoi ! C'est pas moi qui m'offre, vous comprenez ? C'est le gars. Evidemment, s'il a l'idée. C'est une manière pour lui de passer le temps.

— Vous disiez dans votre lettre : « Lorsque je suis couché sur le dos, et que prenant mon nez et ma bouche comme une selle de vélo, un gars s'assoit sur moi et me chevauche en jockey... »

— Comme un cheval, oui, oui.

— « ... Je suis heureux de ressentir le goût, l'odeur, la chaleur des muscles, même si le gars est maigre ou gros. J'ai pu connaître ainsi l'humanité sous son angle le plus vrai, je connais toutes les croupes, tous les dos du monde, les velus et les anémiques. Je les aime tous... »

— Et j'étais pas rond quand j'ai écrit ça ! On peut pas dire mieux !

— Vous avez l'impression de les déguster en les léchant ?

— Ça me rappelle le roman de Tournier sur les rois mages, *Gaspard, Melchior et Balthazar*. C'est très intéressant, il y a tout un panégyrique de la gourmandise qui n'est pas qu'alimentaire. Il y a même un quatrième roi mage qui a été inventé, et qui cherche le secret d'un loukoum ou d'une gourmandise qu'il trouve dans l'eucharistie, le sang ou le corps du Christ... C'est ça un peu le thème du roman, mais dans tous ses romans, il y a de ça. Moi, ça me plaît beaucoup, tout le côté excrémentiel. Manger, éjecter, vomir... Pour moi, mon érotisme est une sorte de prolongation de la gourmandise. C'est plus dégustatif qu'olfactif, en y réfléchissant. Logiquement, je devrais aller jusqu'à la coprophagie, mais je ne le fais pas.

— Vous préférez les bords de la croupe ?

— C'est difficile à dire. Parce qu'il y a une sensation, comme on dit, kinésique, de poids et de contre-poids.

— Très lourde ? Oppressante ?

— Oui, un peu oppressante. Et limitée. Ton champ de vision est totalement limité. Tu t'en sors pas. Tu es là-dedans, c'est ça qui me plaît.

Le camion

Oswald est camionneur. C'est un type écossais, dans la quarantaine, un peu sec, avec les cheveux ondulés et les yeux très bleus. Pas la gueule de l'emploi, non ! On l'imagine vraiment sorti tout droit de son trou du nord-est de l'Écosse. Là-bas, il n'y a que des moutons, des montagnes de bruyère et des coqs rouges qu'on vient chasser de très loin. Et quand on est pauvre, on fait le régiment. Lui, il s'est engagé dans la marine. Il a fait le tour de l'Afrique sur le Redoutable.

Il a atterri un jour, on ne sait pas très bien comment, comme liftier au Plaza-Athénée, à Paris. Il a passé son permis 19 tonnes, et on l'a embauché dans les camions-frigo qui font les ports de la Manche. Et puis son permis 38 tonnes, c'est comme ça qu'il charge maintenant pour Hambourg, Ostende ou Budapest. Il se souvient encore des camions qui venaient à la ferme quand il était gosse, pour livrer des graines ou ramasser des rutabagas. Le camion, ça a été longtemps son seul amour.

Des aventures, il en a eu, bien sûr. Dès que les filles voient que tu as une maison à toi, elles se mettent à rêver, non ? Et puis un jour, il y a 10 ans de ça, il était porte Dauphine, à draguer. C'était l'été. Bien sapé, et tout. C'est là qu'il a rencontré Elaine, une Américaine du Missouri, et mannequin en plus ! Une blonde superfaite, qui avait un cul comme du beurre et des yeux comme lui. Elle restera là presque 10 ans. Enfin, ils n'étaient pas souvent ensemble, ils n'avaient rien à se dire non plus. Ils baisaient bien, voilà.

Aujourd'hui, Elaine est partie, sans rien dire. Et il vend sa maison, dans la Brie. Il ne peut plus supporter de vivre à côté de l'autre. L'autre, c'est Manuel, un maçon portugais. Il ne pense qu'à lui depuis 4 ans, il n'en peut plus, il est tombé amoureux de lui comme ça, sans jamais comprendre vraiment comment il avait pu attraper une telle saloperie. C'est ça ! La seule passion de sa vie, ç'aura été un homme ! Ça l'a complètement chaviré. Mais il n'en dira rien. A personne. Il partira à son tour comme un voleur, quand Manuel sera au chantier. Sûr que l'autre non plus ne comprendra rien à cette foutue histoire.

1. J'étais en train de planter des jonquilles...

J'étais en train de planter des jonquilles dans la pelouse devant ma maison quand il est passé, poussant une vieille brouette en bois, chargée de seaux vides. Ce qui devient un événement quand on habite un village de 34 habitants, car je ne l'avais jamais vu auparavant. Sans me retourner, j'entendais le grincement de la chaîne du puits, qui descendait, qui remontait. Les seaux pleins, il est retourné vers sa maison, achetée depuis peu. La maison était vieille et il y avait énormément de travaux à faire.

« Sacré boulot », je pensais. J'en avais acheté une pareille quelques années auparavant, et comme je n'avais pas les moyens d'embaucher des professionnels, j'avais presque tout fait moi-même. C'était dur, après 10 ou 11 heures de route dans un 38 tonnes, de revenir à la maison pour faire les plâtres. J'ai entendu le bruit du versement d'eau, et il est revenu vers le puits. Cette fois-ci, je me levai.

« Si vous avez besoin de quelque chose... Il y a un robinet dans mon garage. » Il avait quelques années de moins que moi. Malgré la poudre de ciment qui couvrait son vieil anorak, je voyais qu'il était très brun et qu'il avait une bonne tête.

Je crois que ça va aller ! Et en me faisant un signe de la tête, il a continué vers la maison. Je le regardais. Sa femme, en salopette, était une grosse rouquine à la peau blanche. Silencieusement, elle a pris le seau et a disparu dans la maison.

Elle n'avait pas l'air très souriante, mais peut-être n'aimait-elle pas faire l'apprenti-maçon. Je l'entendais parler à haute voix dans la maison. Des enfants, sans doute. Et je me faisais du mauvais sang pour eux. Ils étaient plutôt mal tombés dans ce village, car de toute évidence le mari était portugais. Venu moi-même d'une ferme écossaise où il y avait trop d'enfants et pas assez de moutons, je n'étais pas accepté et les gens ne me parlaient pas. La fille avec laquelle je vivais était américaine, ravissante et gagnait beaucoup d'argent comme mannequin-vedette pour produits de beauté. Elle gagnait quatre fois plus que moi, et trouvait que je baisais bien. On ne se rencontrait pas très souvent, et elle se fichait de ce que les gens pensaient d'elle. Pas moi. Je voulais être accepté et si possible aimé. Les habitants du village m'avaient dénoncé à la mairie pour avoir transformé la façade de la maison, et ils se plaignaient du bruit du camion, que j'étais finalement obligé de garer à 5 km de chez moi. Ils ne me disaient pas bonjour non plus, quand on se rencontrait devant la fourgonnette qui livrait le pain.

J'avais décidé d'aller faire la connaissance de mes nouveaux voisins. J'ai laissé le planteur dans la terre. Je les ai trouvés au fond de leur maison. Ils avaient déjà terminé leur salle à manger, avec un carrelage brun flambé par terre, une moquette sur les murs, des meubles brillants et, au-dessus de la cheminée, une tapisserie en haute laine représentant deux tigres dans la jungle.

— Je ne vous dérange pas trop ? Voilà, je suis votre voisin...

Miguel était fanatique, comme moi, du football, et on discutait sans arrêt de Benfica, du Brésil ou du Paris-Saint-Germain. Je trouvais chez eux une conversation et une facilité de contact que je n'avais pas avec Elaine. Elle était toujours survoltée et quand on était tous les deux en même temps à la maison, on regardait la télévision ou on faisait l'amour. On n'aimait ni l'un ni l'autre faire le ménage et c'était toujours un peu la pagaille chez nous, tandis que chez Miguel, c'était toujours nickel.

Et puis, quand j'étais parti, quelquefois 3 ou 4 ou 5 jours, j'étais seul dans la cabine du Volvo, avec 16 vitesses et un poste radio pour m'occuper. Finalement, il n'y avait qu'avec Miguel que j'avais des conversations bien. « Mais qu'est-ce que tu leur trouves donc ? » me disait Elaine. Elle avait téléphoné trois fois à la maison pour me dire qu'elle ne rentrait qu'au petit matin. Elle pouvait être très désagréable. Ce soir-là, je pensais qu'une mésalliance marchait aussi dans les deux sens. Elle utilisait ma maison parce qu'elle aimait la campagne, et c'était une personne très physique comme moi. On s'était rencontrés un soir de drague à la porte Dauphine, et une semaine après, elle déménageait chez moi avec ses trois valises en cuir vert et ses flacons de vitamines pour chaque saison de l'année. Elle ne m'a jamais fait connaître ses parents, ils venaient pourtant deux fois par an en France, mais elle les invitait à la maison quand j'étais parti. Je pense qu'elle leur a dit que j'étais patron.

D'ailleurs, c'était une mésalliance pour moi aussi. Quand je pensais à elle, je pensais à sa chatte, et ça, c'est pas une bonne base pour vivre avec une fille.

Un jour, je traversais le village, j'ai remarqué les rideaux qui bougeaient à mon passage. Miguel n'était pas là. « Viens tout de même, je te ferai un café. » La petite fille de 5 ans est venue s'installer sur mes genoux. Elle ressemblait à sa mère, la peau blanche, les cheveux roux et décidément trop lourde. « Elle ne parle que de toi, tu sais. Elle dit que tu es son fiancé. » Je caressais la joue de « ma fiancée », quand sa mère m'a lancé : « Mais évidemment, je te mettrai à l'essai avant. » Elle riait fort. Je la regardais. Elle était sincère. Je n'avais jamais baisé une femme aussi lourde et j'imaginais ses seins taille deux gosses. Et je pensai à Miguel. « Mais Miguel ? »

— Il est sur un chantier à Strasbourg. Il rentrera après-demain.

Ma première pensée était qu'il aurait pu me prévenir. J'étais presque vexé.

— Mais nous allons au Parc des Princes samedi !

— T'inquiète pas, m'a-t-elle répondu, il reviendrait de Chine pour pas louper un match ! J'étais rassuré. Quand elle est revenue de la cuisine, elle avait sa blouse déboutonnée de deux trous. Elle a envoyé les enfants au lit et m'a servi le café dans un mazagran décoré avec une image du Christ-Roi. Je le savais, parce que c'était écrit dessus.

— Tu... J'hésitais beaucoup... Tu n'es pas bien avec Miguel ? Elle avait tout de suite compris le sens de ma question. Elle riait. « Oh là, oui ! Je suis gâtée de ce côté-là ! C'est un bon mari. » Je regardais le feu dans la cheminée de fausses pierres. « Regarde ! » Je regardais ses grands seins nus qu'elle tenait dans ses mains et je bandais dur. « Sont beaux ! » Mon cœur battait un peu plus fort et j'étais obligé de serrer les mains pour éviter de les toucher. Et j'ai dit presque malgré moi : « Tu sais, Miguel, c'est mon copain. »

Elle a été fâchée, je pense, car elle est retournée aussitôt à la cuisine. Elle est revenue boutonnée et silencieuse. Après ce jour-là, elle était un peu changée. Je ne voulais pas être fâché avec la femme de mon copain, mais peut-être, j'avais été con de ne pas la baiser. Elle avait une bonne bouche à piper aussi, et j'aime ça.

Le lendemain, comme je roulais vers la Belgique, je ne pensais pas trop à elle, mais plutôt au match du samedi. J'étais content quand même de pas avoir trahi mon copain. Si sa femme devait me faire la gueule, tant pis pour elle !

En roulant, trois jours plus tard, vers Paris et la porte d'Auteuil dans la Mercedes de Miguel, j'étais inondé de chaud. Et, dans un embouteillage sur le périphérique, la vérité m'a cogné comme un double cognac sur un estomac vide.

Merde ! Oh merde ! Depuis quand ? Je savais pas. Depuis maintenant. Depuis le jour où je l'ai vu. Il était tout : j'étais éperdument amoureux de mon copain. Il m'a fallu un peu de temps pour accepter ça. Il fallait que je sois avec lui le plus possible. Je le guettais. Je m'arrangeais pour être dehors vers 6 ou 7 heures du matin quand il partait. Le soir, si sa voiture n'était pas là quand je rentrais, je ne mettais pas la télévision, ni la radio, de peur de pas l'entendre. Dès que j'entendais le moteur, je me précipitais dans la chambre du premier pour le voir. Et chaque fois, j'étais amer de jalousie. Sa femme le recevait distraitement, sans l'enthousiasme qu'il méritait. Ça me dégoûtait. C'était chez moi qu'il aurait dû rentrer, pas chez cette grosse fille qui offrait son cul au premier venu. Au début, j'ai pensé lui raconter que sa femme s'était offerte à moi, que c'était une salope, qu'il devrait la quitter et venir chez moi. Mais je ne l'ai pas fait, car c'était impossible qu'un mec normal comme moi aime un mec normal comme lui.

J'ai commencé à me retourner chaque fois qu'Elaine m'approchait dans notre lit. Elle me dégoûtait. Deux semaines, trois semaines sans la toucher. « Eh bien, j'irai en chercher un ailleurs ! », elle m'a dit. « C'est ça ! » je lui ai répondu. Elle explosait. Je ne pouvais pas la regarder. Elle me reprochait tout. Elle pensait que j'étais un plouc et qu'elle s'encanaillait avec moi. Elle n'avait pas tort. C'était normal, vu les bases de nos relations.

Un mois plus tard, je suis revenu de Berlin, fatigué par le voyage, l'attitude des vopos dans le couloir, le déchargement à Garonor, que j'ai pratiquement été obligé de faire moi-même, vu le manque de chargeurs au quai. La maison était en désordre, la salle de bains vide de tous les tubes d'Elaine. Il ne restait que mon savon. J'étais trop crevé pour y réfléchir. J'ai ramassé le téléphone, car la voiture de Miguel était devant la porte. Il m'a dit de venir manger. Ils étaient au courant du départ d'Elaine. Je me rappelle que nous avons mangé des tripes à la sauce tomate et qu'en fin de soirée Miguel m'a dit que je ne paraissais pas trop triste. « Non, ça va ! Peut-être demain, je ne sais pas. »

Sa femme a ajouté que je devrais aller avec eux au Portugal. Mon cœur a fait un bond. Deux semaines avec Miguel, dans la même maison, toute la journée avec lui. Voir son pays, un pays plein de Miguel. Le berceau de Miguel. Le passé de Miguel. Rien que Miguel. Le beau Miguel, mon Miguel. Et il ne le savait pas. Mais ça ne faisait rien.

Je n'avais jamais été amoureux auparavant, et la nouveauté m'a totalement mangé. Ma vie était possédée par l'amour. Mes éternels voyages étaient allégés par l'amour, par le fait que Miguel était là, dans la maison en face de la mienne, et que nous pourrions vivre le reste de notre vie, l'un près de l'autre. Je voulais encore plus, je savais. Je voulais Miguel pour moi, à tel point que j'avais rêvé qu'il me pissait dessus et que son urine était douce.

Jamais je n'aurais pensé qu'une femme puisse me faire une chose pareille. Je n'aimais pas tellement leur manger la chatte, donc c'était bel et bien la preuve que j'étais amoureux. Je ne me posais pas de question morale. Non, une telle question ne se posait pas. J'étais deux fois plus un homme parce que j'étais amoureux d'un autre homme. Quand je regardais Miguel recevoir la bise sur la joue, quand il rentrait chez lui le soir, je le trouvais soudain efféminé et diminué. Rien, mais rien de plus viril qu'un homme qui aime un homme.

Je cherchais à créer des liens entre nous. Je lui faisais comprendre que nous n'étions pas aimés au village, parce que nous étions tous les deux des immigrés et que nous gagnions plus que les Français, mais que nous étions tous les deux fils de fermiers. Qu'il pouvait venir passer quelques jours dans mon camion quand il voudrait. On se voyait souvent, mais je faisais attention quand même. Quelquefois, je sentais que je pourrais aller trop loin. J'imaginais toujours que sa femme, très bête et en même temps très perspicace, avait deviné quelque chose. L'idée me faisait frémir de trouille, car elle allait sûrement mal traduire mon sentiment. Elle m'aimait ? Je n'en savais rien, mais de toute façon je me donnais beaucoup de mal pour lui faire oublier que j'avais refusé ses avances. Je flirtais comme ça avec elle, mais devant Miguel. En tête-à-tête, j'aurais pas pris le risque.

Je collectionnais aussi. La serviette en papier avec laquelle Miguel s'est essuyé la bouche est devenue une relique précieuse. Un de ses slips aussi que j'ai piqué une nuit d'été dans leur jardin. Des photos. Des masses de photos. Tous les prétextes sont bons. Je leur faisais des groupes de famille, et après je découpais juste la tête ou le buste de Miguel, pour le coller dans mon album secret. Pour la forme, il y avait, sur la cheminée, une photo de nous trois avec les enfants.

Dans le bâtiment, et dans les transports routiers, les patrons sont assez contents quand les ouvriers prennent leurs vacances en hiver. Miguel était à son compte, et il ne travaillait pas quand le ciment gelait. Mon patron me devait déjà 4 semaines, et j'en ai pris 2. Le voyage avec les gosses dans la Mercedes de Miguel fut assez pénible. On était harcelés par les flics espagnols qui n'avaient rien d'autre à faire en hiver. On dormait dans la voiture tant bien que mal, mais on continuait à rouler en se relayant. Et quand on est arrivé chez Miguel, on a trouvé le paradis. Mais comme au paradis, il n'y avait pas de fric.

Ses parents avaient tué deux cochons en notre honneur, et ils m'ont reçu avec une gentillesse un peu froide, qui me paraissait aristocratique. La maison consistait en un bâtiment où on restait la journée et de l'autre côté de la cour boueuse, un autre où on passait la nuit. Les cabinets, c'était un trou dans une cabine de cartons. A part ça, il y avait une truie encore en vie, deux veaux et 5 ha de pins. Mais avec les pins, c'est spécial, car il faut 30 ans pour les vendre. Je suppose que c'est pour cette raison qu'il n'y avait pas de pognon dans la famille. Ils se sont tous mis à parler en portugais, mais j'étais content. On me servait, on mettait encore du cochon dans mon assiette, mais je ne savais pas dire à la maman que j'avais assez mangé. Le feu était au milieu de la pièce, la fumée sortait par un trou dans les tuiles, et par le même trou la pluie rentrait.

Il y avait beaucoup de frères et sœurs qui étaient venus manger ce soir-là. La pièce était très sombre, mais lui, sa tête était illuminée dans le noir. Ceux qui travaillaient à Porto furent obligés de rester la nuit, et Miguel m'a emmené dans la chambre. Deux très grands lits. J'étais crevé, mais la vue de ces lits m'a réveillé comme un courant électrique. Miguel s'est assis sur un lit et a tiré la couverture, qui a glissé sur un fil suspendu, afin de cacher l'autre lit. Sa femme est entrée avec les gosses et a commencé à les mettre dans les draps. Je parlais de rien et de tout. La fatigue, le voyage, ses parents, la ferme chez nous, et tout ce temps je regardais Miguel se déshabiller. Son corps, presque trop musclé, sa tignasse de cheveux épais et noir. Il s'est mis entre les draps et m'a dit de me dépêcher. « On va dormir comme ça cette nuit. Demain, ça sera mieux ! » Sa femme couchait avec les gosses. A deux mètres de nous. Je me déshabillai et, comme Miguel, je me mis au lit en slip. J'étais pris par la tremblote, et je me plaçai le plus loin possible de lui. Les draps étaient froids et un peu humides. J'avais terriblement peur. Je ne savais pas pourquoi, mais j'imaginais que si je touchais Miguel, je perdais la tête et je perdais tout. Je n'avais jamais pensé à lui comme à un objet sexuel. Mon amour, ma passion pour lui refusait la chair. Après tout, ça, c'est des histoires de pédé ! Ils s'enculent et tout. Et tout ? Je pensais à mes premières nuits avec Elaine. Et si les pédés faisaient ça aussi ? Merde, c'est dégueulasse. Je sentais sur mon dos une vague chaleur qui venait du corps de Miguel. Avec mes doigts, je m'aggripai au bord du matelas, et je me suis endormi comme ça.

Quand je me suis réveillé, il faisait encore nuit. Il y avait dans la chambre ce silence qu'on trouve seulement dans les fermes. C'est un silence qu'on peut presque saisir. J'avais froid aux épaules mais mon ventre, mes jambes et ma poitrine étaient brûlants. J'étais accroché au dos nu de Miguel, mes mains autour de son corps. Sa peau était crémeuse. Je reculai un peu, et très doucement j'ai détaché mes hanches de ses fesses. La peur. J'étais complètement éveillé, éveillé partout, et j'avais peur qu'il sente que je bandais. Je ne saurai jamais si Miguel s'est rendu compte que je le caressais. Avec délicatesse, j'explorai de mes mains sa poitrine, son ventre, tout en ne bougeant pas le reste de mon corps. Je délirais, je prenais des risques, mais je n'étais plus moi-même. Miguel poussa un soupir. Soit il se réveillait, soit il sentait les paumes de mes mains. Dans les deux cas, il fallait que je m'arrête. J'étais fou. Je tremblais de fièvre, et cette sacrée peur qui me prenait ! Sa bonne femme à deux mètres de nous. Avec les gosses et tout. J'avais une expérience de la peur et je savais la combattre. Tout gosse, je plongeais de l'estrade la plus haute de la piscine pour épater les copains de Glasgow. Plus récemment, je passais du fric à l'étranger pour les milliardaires paniqués. Je savais me contrôler. Mais ce matin-là, j'ai failli craquer et fondre en larmes. Je ne l'ai pas fait.

Au petit déjeuner, ils parlaient de moi. Merde, qu'est-ce qu'ils se racontaient ? Miguel traduisait. Sa mère trouvait que je n'étais pas assez gros pour ma taille ! Évidemment, ses fils étaient plutôt bâtis comme des acrobates de cirque, et un Saxon comme moi ne faisait pas de cirque. Miguel ne s'était rendu compte de rien. Du moins, je le pense. J'ai passé deux semaines superbes. Sa femme restait à la maison avec sa belle-mère pour éplucher des montagnes de pommes de terre. Miguel et moi, on se promenait dans les pins. Il m'emmenait à la cascade dont il m'avait si souvent parlé, et un jour on est allés jusqu'à la mer. Il n'y avait personne. On a pris l'apéritif, et puis on s'est promenés sur la plage. On riait souvent. Les vagues d'hiver nous éclaboussaient, et on se prenait l'un l'autre pour éviter l'écume qui volait. Je ne serai jamais aussi heureux. Quatre lunes de miel ensemble.

Je suis content d'avoir connu ça. Maintenant la vie a repris. Miguel travaille comme un fou. Moi aussi. Il rentre chez lui le soir. Il vient me voir de temps en temps, et il porte la montre costaud que je lui ai achetée pour les vacances. Ils viennent manger chez moi tous les deux. Moi, je vais chez eux aussi. Sa femme me traite avec politesse. Quelquefois, elle me regarde de près. Je crois qu'elle sait. Mais il n'y a rien à savoir. Quand j'ai appris qu'elle était en cloque encore une fois, j'en ai fait une déprime. Je ne suis pas allé bosser pendant trois jours. Le toubib m'a donné des « équilibrants ». Je lui avait dit que je souffrais du départ d'Elaine ! Un an et demi après ! Alors, voilà ce qu'il en est maintenant de cet amour. Moi, c'est toujours pareil. Je l'aime. Je ne sais pas dans quel sens, mais je l'aime. Je veux le posséder pour moi. Lui, il a l'air de m'aimer bien. On va toujours au Parc ensemble. Je ne suis pas encore devenu pédé, mais je vais baiser un mec un jour pour voir ce que ça donne. J'ai déjà partagé une pute avec un autre chauffeur, je crois que c'est le doigt dans l'engrenage. L'autre la prenait par derrière, et moi devant. Elle avait l'air de trouver ça normal, et nous, on se regardait au-dessus de son épaule. On s'est arrangés pour jouir ensemble.

Miguel, je pourrai jamais l'oublier, et en même temps, je ne peux pas continuer à vivre à côté de lui. Je guette toujours ses allées et venues. J'ai vendu ma maison, et dans un mois je déménage. Je deviendrai un hors-la-loi. Je serai anar, je ferai quelque chose de cinglé, on verra quoi. C'est pas encore décidé. Je suis chassé de mon village par l'amour. Mais j'aurai le cœur léger. Et avoir le cœur léger, c'est une bonne raison pour se marier, non ? Moi, c'est le contraire. J'allégerai mon cœur en partant. Je ne lui ai pas dit que je pars. Je m'en irai en semaine. Il ne comprendra rien du tout, ou peut-être il comprendra tout.

Adieu Miguel. Je t'aime.

2. Mon adoré...

Mon adoré. Je n'oserai jamais te le dire ouvertement, j'ai essayé quelquefois du temps où tu venais chez moi le soir, mais je n'ai jamais pu. Est-ce que tu te rappelles le soir où ta femme est allée se coucher et que tu es venu regarder la télévision chez moi ? Tu avais une rage de dents, et je t'ai touché le front ? J'avais espéré que tu me laisserais faire, que le magnétisme de mes doigts te ferait du bien. Mais tu t'es levé et tu es parti. Je ne demande qu'à te toucher, te caresser, te déclarer mon amour pour toi. Je crois que cela me suffirait. Il y a des liens bien sûr entre nous. Notre passion pour le Paris-Saint-Germain, le fait que nous sommes deux travailleurs immigrés, de race totalement différente, mais élevés dans la pauvreté tous deux. Toi, tu es venu de ta ferme au soleil, et moi de ma ferme des brumes. En plus, nous sommes mis à l'écart par le reste du village, toi et ta femme, moi et mon chien. Toi, tu as réussi, moi je suis au chômage. Deux raisons de plus pour pas être aimés par nos voisins.

Tu sais, ta femme soupçonne quelque chose. Est-ce qu'elle en a parlé ? Elle devrait voir dans mes yeux que je te regarde d'une façon particulière. Je fais tout ce que je peux pour te regarder comme mon « meilleur copain », mais tu ne l'es pas. Les moments de plus grand bonheur, c'est quand nous sommes tous deux en train de rouler vers Paris, pour voir un match. Juste toi et moi. Je me sens rassuré dans ta compagnie, et tu mets des bulles dans mon sang. Et quand nous revenons tard le soir, ta femme nous fait des œufs au bacon, mais elle est froide envers moi. Elle m'a dit une fois que tu étais très influençable. Si seulement c'était vrai !

Si la force de mes prières pouvait t'influencer, on serait déjà partis tous les deux en laissant derrière nous ta femme, tes deux gosses, mignons, ça oui, mais qui ressemblent trop à ta femme. Merde que je t'aime, et c'est pas normal ! Les pédés ne savent pas comment un mec comme moi peut aimer un autre mec.

Tu vois le placard en métal blanc dans ma cuisine ? Là-dedans, il y a une boîte avec les souvenirs. Une serviette en papier qui a été à toi et avec laquelle tu t'es essuyé la bouche quand vous êtes venus chez moi tous les quatre pour les Rois. Les photos que j'ai pu faire de toi (en 4 ans d'amour, j'en ai fait beaucoup, tu te rends sûrement pas compte !) et celles que j'ai faites derrière mes rideaux quand tu étais en train de réparer ta voiture, habillé en short et tes muscles superbes qui caressaient la carrosserie de ta bagnole.

Oui, l'ange noir, j'étais comme tout le monde avant de te connaître. Les filles, les putes dans les bois ou dans mon camion, des branlées aux images de cul rond. Maintenant le cul de mes jouissances a des creux sur les côtés, c'est un cul de maçon. C'est ton cul. C'est comme ça que tout a commencé. Tu ne sais pas, mais une fois ta femme m'a fait comprendre que je pouvais la baiser. L'idée m'a troublé beaucoup. D'abord, je voulais, et puis j'ai imaginé son corps à côté du tien. Peut-être qu'elle n'a pas apprécié que je refuse. Elle t'a trompé aussi avec le mec qui livre à domicile. Enfin, il est resté beaucoup trop longtemps chez toi pour faire vérifier la marchandise. Mais je ne t'ai rien dit. Pourtant...

Maintenant, je pense plutôt dans mes rêves que nous regardons la télévision ensemble, que nous couchons dans le même grand lit, mais mes idées se bloquent sur ce qu'on pourrait faire là-dedans, et même est-ce qu'on ferait quelque chose sinon se tenir très fort ? J'imagine que tu reviens chez moi, et pas chez toi.

Mon cœur plonge quand je réalise les choses. C'est pour ça que j'ai mis ma maison en vente. Je vais partir, car c'est désespéré. Quelquefois je pense à me flinguer. Il sera dur d'habiter loin de toi, mais c'est beaucoup plus dur d'habiter à côté. Je n'attends que le bruit de ta caisse démarrant le matin et arrivant le soir. Quand je t'aperçois en train de traverser le seuil de ta maison, j'ai un dard dans mon âme. Tu embrasses ta femme avec un air si distrait, comme si ça t'emmerdait de revenir chez toi. Et si c'était moi. Non. Non. J'y pense pas, car c'est encore une vision de fusil de chasse qui prend la place. Je me tire dès que je peux. J'irai tout seul au PSG. Je me marierai avec une fille française, pour avoir les papiers qu'il faut, mais quand je la baiserai, je penserai à toi. Tu es salaud de traiter un autre type comme ça, mais je te pardonne, car je pense que vraiment, tu ne sais rien de ce que tu me fais. Après tout, on n'est pas des pédés. N'empêche que, si tu voulais, je boirais ta pisse et aucune fille pourrait me faire ça.

Je t'adore je t'adore je t'adore et c'est pour toujours. On n'aime pas deux fois et tu m'as vacciné contre cette maladie. Je t'aimerai jusqu'à la mort, et si la vie est trop pénible la mort sera pour bientôt.

Oswald

Illustrations

Table

PRESENTATION

PORTRAITS

La composition
et l'impression de ce livre ont été effectuées
par l'imprimerie Aubin à Ligugé
pour les Éditions Albin Michel

Achevé d'imprimer le 21 janvier 1985
N° d'édition 8679. N° d'impression L 19593
Dépôt légal, janvier 1985

ISBN 2-226-02232-5

Imprimé en France